# GRANDES BIOGRAFIAS DE MEXICO

# GRANDES BIOGRAFIAS DE MEXICO

**OCEANO**

GRANDES BIOGRAFÍAS DE MÉXICO

© MCMXCIV, OCEANO GRUPO EDITORIAL, S.A.
    Barcelona, España

© MCMCXV, EDITORIAL OCEANO DE MÉXICO, S.A. DE C.V.
    Eugenio Sue 59, Colonia Chapultepec Polanco
    Miguel Hidalgo, C.P. 11560, México, D.F.

ISBN 968-6321-46-2

IMPRESO EN MÉXICO / PRINTED IN MEXICO


Esta edición se terminó de imprimir
en el mes de octubre de 1999, en los talleres
de Litoarte, S.A. de C.V., San Andrés Atoto No. 21-A,
Col. Ind. Atoto, Naucalpan, 53519, Edo. de México.
Se tiraron 10,000 ejemplares más sobrantes para reposición.

# PRÓLOGO

La historia de México desde los lejanos tiempos del Imperio Azteca hasta la actualidad aparece, unas veces de forma lineal, otras desplegándose en zig-zag, a lo largo de estas semblanzas biográficas, para dar cuenta de la realidad multiforme de la geografía y la personalidad que conforma el abigarrado mosaico de pueblos y hombres y mujeres de México.

El éxito obtenido con la edición de la obra en cuatro volúmenes, *Grandes Biografías,* ha impulsado a los editores a ofrecer a los lectores mexicanos en este volumen un compendio de las biografías de los personajes más ilustres de la historia de México, el cual, bajo el título de *Grandes Biografías de México*, permite acercar a los lectores de una forma directa, mediante la pasión de la experiencia vivida por los hombres y mujeres que fueron sus protagonistas, a los acontecimientos trascendentales y cotidianos que constituyen el meollo por el que discurre el devenir histórico de un país.

El género biográfico, que opera a través de la reconstrucción de los itinerarios individuales, da a conocer el modo cómo las grandes figuras de la historia de México abordaron los acontecimientos, los proyectos y las empresas que emprendieron, las decisiones que tomaron y lo que esperaban conseguir con ellas. Permite, además, valorar, a partir de los resultados alcanzados, tanto el modo como paladearon las mieles del éxito o hicieron frente a los sinsabores del fracaso. Es, en suma, el recurso ideal para comprender de una manera vibrante y apasionada, aunque cabalmente juiciosa, como se han escrito las páginas más brillantes de la historia patria, a la vez que muestran el sendero de rosas y espinas, por el que personas de carne y hueso alcanzaron, con sus dichas, esperanzas y alegrías, pero también con sus grandes desvelos y decepciones, las más altas cotas de prestigio y popularidad.

Para la selección de los personajes se han tenido en cuenta varios criterios. Por una parte, un criterio de equilibrio histórico que permitiera la representación de las diversas épocas de las que poseemos información fiable. Así, aparecen varios personajes cruciales de la historia mexicana anterior a la Conquista española, cuya reconstrucción literaria posee fundamentos históricos sólidos.

Como los personajes principales de la conquista de Nueva España aparecían ya en las *Grandes Biografías,* este volumen recoge esencialmente aquellas semblanzas biográficas de hombres y mujeres que, por diversas razones sobresalieron en la lucha por la Independencia de México y en la historia política, social y cultural del México libre, sin descuidar aquellos que brillaron en las letras y las artes del período colonial.

Pero, por encima de todo, se han primado, desde el punto de vista histórico, aquellos personajes que, por su participación directa o la observación de los acontecimientos, fueron los auténticos protagonistas de la Revolución Mexicana, que escribieron, en el torbellino de pasiones, turbulencias, conquistas y decepciones de este agitado período de la historia patria, las mejores páginas del México contemporáneo.

La historia mexicana, con sus grandes sobresaltos pero también con sus largos intervalos de discurrir sereno, ha permitido el florecimiento de una pléyade de figuras señeras en todos los campos de la vida cultural, cuyo perfil se agiganta al adquirir una dimensión universal, como ocurre con escritores de la talla de Octavio Paz, Juan Rulfo y Carlos Fuentes, pintores tan destacados como los muralistas David Alfaro Siqueiros, Diego Rivera y José Clemente Orozco, directores cinematográficos como Emilio Fernández y Fernando de Fuentes, actores y actrices, como Mario Moreno *Cantinflas,* Pedro Armendáriz, María Félix, Dolores del Río, cantantes como Jorge Negrete y José Alfredo Jiménez, y así hasta un larguísimo etcétera.

Particular relevancia se ha otorgado en la selección de los personajes a aquellos que se han significado por su labor de creación cultural en sentido amplio, tanto en la creación literaria y artística cuanto en el campo del progreso científico y técnico o por su aportación universal a la gesta de la humanidad en la carrera del espacio, faceta en la cual México pone de relieve el formidable salto cualitativo que ha dado en el último decenio, entrando a formar parte de los países destacados en los campos de investigación y desarrollo.

El libro que tiene el lector en sus manos, *Grandes Biografías de México*, cuenta, además, con un soporte gráfico de excepción. La reproducción de óleos, grabados, fotografías y dibujos cumple perfectamente el objetivo perseguido por los editores de concretar en imágenes los momentos o anécdotas sobresalientes que hicieron de la vida cotidiana del personaje un instante significativo para la historia mexicana o facilitaron la proyección universal de las grandes figuras mexicanas del arte, la literatura, la ciencia y el pensamiento. La calidad y el impacto visual de las ilustraciones realzan el atractivo y la trayectoria del personaje biografiado, convirtiéndose en el testimonio imperecedero de su aportación al patrimonio cultural de la sociedad mexicana.

En suma, la obra *Grandes Biografías de México*, que OCEANO se enorgullece de ofrecer al público, sintoniza con las corrientes actuales del género biográfico, que apuestan por reescribir la aventura humana imaginando la reconstrucción del paisaje social, político e intelectual a través de las peripecias e itinerarios personales de personajes que han resultado decisivos en los momentos calientes de la historia patria o de aquellos otros que se han significado en la creación cultural en los llamados momentos fríos de la vida de la sociedad mexicana.

Los editores no podemos menos que congratularnos del alto nivel alcanzado tanto en los aspectos de aportación cultural y creación literaria cuanto en el ensamblaje de las diferentes piezas biográficas en una totalidad articulada, que ofrece una dimensión novedosa: la de ser un itinerario vital de la Historia.

LOS EDITORES

# Grandes
# biografías
# de México

# MANUEL ACUÑA
## *(1849-1873)*

*D*estacado representante, por su vida y por su obra, de lo que los estudiosos suelen denominar la *segunda generación romántica* de la historia literaria mexicana. Su inflamado carácter romántico, el lirismo que va apoderándose, poco a poco, de sus anhelos literarios y su naturaleza enfermiza conforman paulatinamente unos poemas en los que se advierten los destellos de su pasión y su extraordinario genio poético, características que la turbulencia de sus amores y desamores irán acentuando, para conducirlo, en medio del éxtasis romántico de la locura de amor rechazado, al suicidio, emulando de este modo el paseo por el amor y la muerte de los grandes dramas del Romanticismo.

## El amor por la literatura

Manuel Acuña vio la luz en Saltillo, capital del Estado de Coahuila, el 26 o el 27 de agosto de 1849, pues las fuentes difieren a veces en lo referente a la fecha exacta de su nacimiento, y recibió la primera educación en el Colegio Josefino de su ciudad natal. Adolescente todavía, apenas cumplidos los dieciséis años, se traslada a la capital de la República con la inicial intención de cursar estudios de latinidad, matemáticas, francés y filosofía, para acabar, luego, inscribiéndose en la Escuela de Medicina, cuyos cursos siguió a partir de 1868.

La incipiente afición a las letras se impondrá muy pronto en el espíritu del joven aspirante a médico que, ya en 1869, dispuesto a redimir a la humanidad por medio de la enseñanza, las artes y las ciencias, se lanza a lo que va a ser una prolongada y fecunda serie de colaboraciones en distintos diarios y revistas mexicanos. Manuel Acuña comienza así a colaborar en las páginas de numerosas publicaciones periódicas, como *El Renacimiento* (1869), *El Libre Pensador* (1870), *El Federalista* (1871), *El Domingo* (1871-1873), *El Búcaro* (1872) y *El Eco de Ambos Mundos* (1872-1873).

Influido a veces, como en *Hojas secas*, por el tardío romanticismo español de Gustavo Adolfo Bécquer y transido otras —en *Ante un cadáver*, por ejemplo— de un materialismo que cuestiona la propia existencia de Dios y se pregunta por el origen y el destino del hombre, por el sentido de su vida en la Tierra, por las razones del amor y el desamor, por la causa final de la injusticia, Acuña va adoptando un tono de encendida protesta existencial y revolucionaria, que no se ve mitigada por la fe religiosa o por el conformismo que debiera ser fruto natural de una cierta madurez, pero que asume en sus poemas humorísticos descarnados acentos de burla.

*Por el acendrado lirismo de su genio poético, que se eleva en muchos de sus versos a destellos de sublime pasión, Manuel Acuña es considerado como el genuino exponente de la segunda generación romántica.*

## Un encendido romanticismo

Perteneciente al Liceo Hidalgo, como su amigo el poeta Juan de Dios Peza, funda con Agustín F. Cuenca la Sociedad Literaria Nezahualtcóyotl, que se inspira en el ferviente ideario nacionalista del escritor, educador y diplomático Ignacio Manuel Altamirano, con su deseo de lograr que las letras mexicanas fueran, por fin, la fiel expresión de la patria y un elemento activo de integración cultural.

El 9 de mayo de 1872, Manuel Acuña pudo ver cómo subía a los escenarios mexicanos la única obra dramática que ha llegado hasta nosotros (pues escribió otra, *Donde las dan las toman*, que se ha perdido), *El pasado*. Violentamente romántico, este drama plantea la redención de una joven prostituta gracias al amor y, en sus páginas, pueden ya rastrearse todas las características de la personalidad humana y literaria del joven poeta; una personalidad balbuciente todavía y que, desgraciadamente y por su propia voluntad, no tendrá tiempo para llegar a sazón.

Su apasionado y no correspondido amor por Rosario de la Peña, a la que elige como inspiradora de todos sus escritos y el objeto de todos sus sueños, le dicta el poema *Nocturno de amor no correspondido*, la más popular y conocida de sus obras. Pese a cierta ingenuidad romántica, que convierte a Rosario en la musa por excelencia de las letras mexicanas, la elegancia de este poema, desprovisto de los oropeles, efectismos y exageraciones que desmerecen algunas de sus obras, puede hacernos pensar que se abría ante el joven Acuña un prometedor y esperanzado porvenir literario.

## Morir por el desamor de una musa esquiva

Pero el sufrimiento moral puede llegar a ser insoportable, el amor desgraciado no engendra tan sólo obras dramáticas o inflamadas creaciones literarias y, por lo demás, como nuestro infeliz enamorado sabe muy bien, los héroes románticos suelen morir jóvenes; ahí están para demostrarlo las tumultuosas vidas de Byron y Shelley, ahí está también Larra llamándole desde el otro lado del Atlántico.

Manuel Acuña, envuelto en su aura romántica, no desea recorrer el camino hacia la gloria literaria que sus jóvenes escritos parecen reservarle y se niega a soportar una vida en la que su pasión vaya paulatinamente extinguiéndose, privada del amor de su esquiva musa. El 6 de diciembre de 1873 decide truncar las esperanzas que en él se habían depositado y cierra, con el suicidio, el curso de su existencia y el florecimiento de su obra en ciernes.

Tendrán que pasar todavía muchos años para que los escasos poemas de Acuña abandonen las fugaces páginas amarillentas de los periódicos o revistas de la época y venzan por fin, ordenados en un volumen coherente, el silencioso olvido de las hemerotecas. Sus *Poesías completas* se publican, en París, en 1911.

Más tarde, tras haber permanecido durante algunos lustros en la Rotonda de los Hombres Ilustres, los restos mortales del infeliz poeta emprenden el camino del regreso y, en 1917, son inhumados en Saltillo, la ciudad que abandonó cuando era casi un niño para correr al encuentro de la poesía, del amor... y de la muerte.

| | |
|---|---|
| **1849** | **MANUEL ACUÑA** nace en Saltillo (Estado de Coahuila) el 27 de agosto. |
| **1868** | Comienza sus estudios en la Escuela de Medicina. |
| **1869** | Inicia su actividad literaria colaborando en *El Renacimiento*. |
| **1870** | Publica sus textos en *El Libre Pensador*. |
| **1871** | Realiza múltiples colaboraciones periodísticas en *El Federalista*, *El Eco de ambos Mundos* y otras publicaciones. |
| **1872** | Se estrena *El pasado*, drama en tres actos, único que el autor verá puesto en escena. |
| **1873** | Se suicida en Ciudad de México, el 6 de diciembre. |
| **1911** | Edición de sus *Poesías completas* en París. |
| **1917** | Sus restos mortales son trasladados de la Rotonda de los Hombres Ilustres a Saltillo. |
| **1949** | Aparece su obra reunida y editada por José Luis Martínez. |

# LUCAS ALAMÁN
## (1792-1853)

Considerado, posiblemente, como el más insigne intelectual del conservadurismo mexicano, Lucas Alamán y Escalada fue, ante todo, un hombre que dedicó grandes esfuerzos al progreso económico y cultural de su país. Historiador, político e impulsor de la industrialización de México, para Alamán la base de la igualdad política y social del individuo era la enseñanza: «Sin instrucción —decía— no hay libertad, y, cuanto más difundida esté aquélla, tanto más sólida se hallará ésta.» De ideología conservadora, se comportó en cambio como un verdadero progresista en el terreno industrial y económico. De él dijo Humboldt que era una de las inteligencias mejor cultivadas que había conocido.

## Viajero incansable

Hijo de una acaudalada familia española, dedicada a la minería, Lucas Alamán nació en Guanajuato, el 18 de octubre de 1792. Realizó sus estudios primero en el Colegio de la Purísima Concepción de su ciudad natal y, posteriormente, en el Colegio de Minas de Ciudad de México, donde destacó en disciplinas como mineralogía, física, química y botánica.

En 1814 se trasladó a Europa para emprender un viaje por varios países. Así, visitó España, Francia —donde conoció a Napoleón Bonaparte—, Italia, Escocia, Suiza, Holanda, Alemania y Bélgica. En la ciudad de Freyberg completó sus estudios de explotación y beneficio de minerales y, en la Universidad de Gottinga, llevó a cabo estudios de minería, mientras que en la Universidad de París siguió algunos cursos de química y ciencias naturales.

De regreso a México, fue designado secretario de la Junta de Salud Pública. Nombrado diputado por Guanajuato en las Cortes de España, viajó de nuevo a este país, donde publicó su famoso *Ensayo sobre las causas de la decadencia de la minería en la Nueva España*, al tiempo que elaboró un *Dictamen sobre el importante ramo de la minería*,

*Lucas Alamán fue la mente más preclara del pensamiento conservador mexicano del siglo XIX, pues comprendió que la forja de una nación moderna ha de estar abierta al progreso económico, y a ese ideal dedicó su vida intelectual y su energía de hombre de acción.*

que fue aprobado por unanimidad y transformado en decreto por la Junta Gubernativa del imperio de Iturbide. Su brillante actuación en la metrópoli, donde además defendió el plan del conde de Aranda respecto a los tronos que habrían de erigirse en México, Perú y Nueva Granada para los infantes de la casa real española y que convertirían en emperador al rey de España, hizo que se le ofreciera un puesto, justo en el momento en que México proclamaba su independencia. Pero Alamán rehusó para continuar su periplo por Europa.

## Una carrera política brillante

En 1822 se trasladó nuevamente a Francia y Gran Bretaña. En este último país fundó. la Compañía Unida de Minas, que contó con un capital muy importante para la época: seis millones de pesos. Regresó a México y el triunvirato que sucedió a Iturbide tras su abdicación lo nombró secretario de Estado del Despacho de Relaciones Exteriores, cargo desde el cual organizó el Archivo General de la Nación y fundó el Museo de Antigüedades e Historia Natural. A partir de entonces, Alamán dio comienzo a una brillante carrera política a lo largo de la cual fue nombrado diputado, senador y, por tres veces, secretario de Relaciones Exteriores. En uno de estos períodos, precisamente durante el gobierno de Antonio Bustamante, se encargó de fijar los límites territoriales entre México y Estados Unidos, logrando que el país vecino aceptase el famoso tratado Adams-Onís. Además, consiguió que los esclavos fugados de Estados Unidos fueran considerados libres al entrar en territorio mexicano y que, por tanto, no estuvieran sujetos a las leyes de extradición.

Durante este período se produjo el episodio más controvertido de su carrera, pues fue acusado por el general Juan Álvarez y el diputado José Antonio Barragán de haber permitido la captura y posterior ejecución del anterior presidente, el general Vicente Guerrero. Lucas Alamán llevó a cabo su propia defensa y fue absuelto de las acusaciones que se le imputaban en 1834. Sus intensas actividades políticas no le impidieron

emprender diferentes proyectos y así sentó las bases de un instituto de historia y se preocupó por mejorar la antigua Academia de San Carlos. En 1839, propuso también el establecimiento de escuelas de arte y agricultura y, poco antes de su muerte, logró la adopción e introducción del Sistema Métrico Decimal, que fue aprobada por el gobierno siguiendo sus informes técnicos.

Aunque en la esfera política Alamán fue un conservador a ultranza, en los ámbitos industrial y económico, en cambio, se comportó como un auténtico progresista, desarrollando en ambos una amplia actividad. Además de la Compañía Unida de Minas, fundó el Banco de Avío, con el objeto de impulsar el despegue industrial de la nación. Creó también la primera herrería de México, dos fábricas de hilados y tejidos de algodón e introdujo en su país carneros merinos, cabras del Tíbet y caballos sementales.

La muerte lo sorprendió cuando ostentaba, por tercera vez, la cartera de Relaciones Exteriores, período en el que, además, había conseguido la creación del Ministerio de Fomento, Colonización, Industria y Comercio. Lucas Alamán falleció el día 2 de junio de 1853 de una pulmonía. Dejó dos obras fundamentales: *Disertaciones sobre la historia de la República Mexicana desde la época de la Conquista que los españoles hicieron a fines del siglo XV y principios del XVI de las islas y continente americano hasta la Independencia* e *Historia de México desde los primeros movimientos que prepararon la Independencia en el año de 1808 hasta la época presente.*

| | |
|---|---|
| **1792** | Nace en Guanajuato, en el Estado homónimo, **LUCAS ALAMÁN**, el 18 de octubre. |
| **1822** | Durante su nuevo viaje a Francia e Inglaterra, funda la Compañía Unida de Minas en Inglaterra. |
| **1823-1824** | Regresa a México y el triunvirato provisional que sucede a Iturbide lo nombra Secretario de Relaciones Exteriores. Organiza el Archivo General de la Nación y funda el Museo de Antigüedades e Historia Natural. |
| **1830-1832** | Es nombrado de nuevo ministro de Relaciones Exteriores por Anastasio Bustamante, cargo desde el que firma el tratado Adams-Onís con Estados Unidos, que fijaba los límites fronterizos. |
| **1834** | Es absuelto de la acusación del asesinato de Vicente Guerrero. |
| **1839** | Es nombrado director de la Junta de Industria. |
| **1853** | Es nombrado ministro de Relaciones Exteriores por Santa Anna en abril, pero fallece en junio, víctima de una pulmonía. |

# DAVID ALFARO SIQUEIROS
## *(1896-1974)*

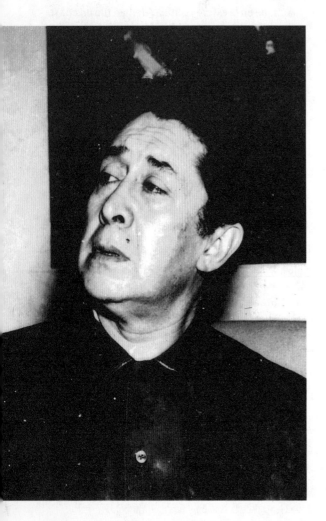

*Figura singular la de David Alfaro Siqueiros, quien supeditó su creación artística a una ideología política inspirada en los preceptos del realismo socialista.*

*F*ormas robustas y poderosas, amplitud en las proporciones y brillantez del colorido puestos al servicio de una ideología radical y unos sentimientos poco menos que violentos, esas podrían considerarse las características más relevantes de la obra de David Alfaro Siqueiros, una de las figuras fundamentales

del arte mural mexicano de la primera mitad del siglo xx. Personaje singular en la historia del arte, supeditaba por completo sus obras, especialmente por lo que se refiere a las grandes producciones murales, a una ideología política inspirada en los dictados del realismo socialista, que le hacía concebir el arte como un medio de incidir y cambiar la realidad, como la forma más adecuada de participar en la lucha de las masas por su liberación y por la justicia social.

Sin embargo, la osadía de los procedimientos, su búsqueda de nuevos materiales, con la utilización de plásticos y revoques industriales, así como la elección de unos temas trágicos que apoyaban su innato lirismo, la evidente influencia del expresionismo, el surrealismo e, incluso del arte abstracto, consiguieron liberar su obra del rígido corsé del realismo socialista que, por aquel entonces, hacía estragos entre los artistas que aceptaban el compromiso social.

Fiel a sí mismo, fue siempre consecuente con sus ideas, sin importarle la cárcel o el exilio, atento sólo a potenciar su personalidad artística, su inagotable imaginación, la variedad de sus recursos técnicos, para cumplir de ese modo lo que consideraba el deber de todo artista revolucionario.

## Y al principio fue la Revolución

Alfaro Siqueiros vio la luz en Chihuahua, en 1896, en el seno de una familia cultivada, algunos de cuyos miembros admiraban y estudiaban la arqueología y el arte popular mexicanos. De 1908 a 1911 hizo sus primeros estudios en el Colegio Franco-Inglés de Ciudad de México, que dirigían los padres maristas, y, terminados éstos, se inscribió en la Academia de Bellas Artes de San Carlos donde participó, en 1911, en una huelga estudiantil para exigir la renovación de sus métodos pedagógicos.

En 1913 formó parte también de la Escuela al Aire Libre de Santa Anita. Pero no pudo completar sus estudios, pues, tras haber participado en la protesta

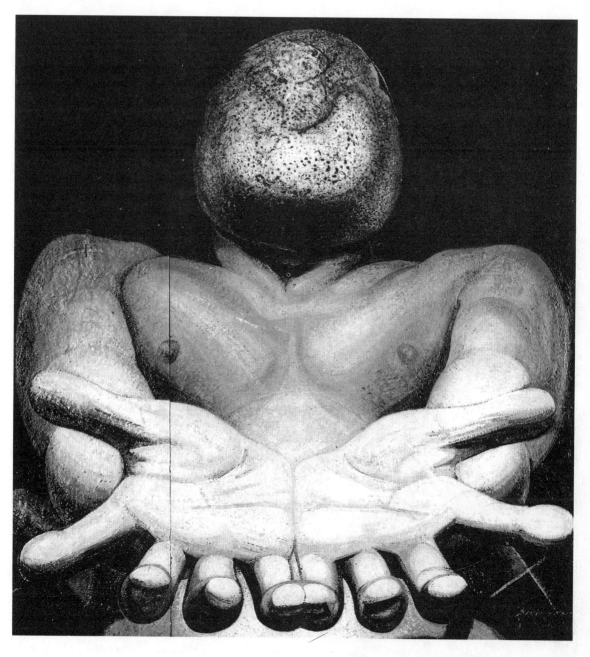

*Esta obra de Siqueiros,* La esfinge, *es una clara muestra de la predilección del muralista mexicano por las formas robustas y la amplitud de las proporciones. La fuerza de las manos, que avanzan hacia al espectador, consigue atrapar de inmediato su atención.*

estudiantil, su carácter indómito y su espíritu de rebeldía radicalizaron sus ideas y lo llevaron a abrazar, en 1914, la causa de la Revolución, incorporándose al Ejército Constitucionalista, en cuyas filas llegó a alcanzar el grado de capitán segundo y colaboró en *La Vanguardia*, órgano del ejército. En 1919,

siendo presidente Venustiano Carranza, Siqueiros fue enviado como agregado militar a Nueva York, donde conoció a Orozco y entabló con él conversaciones en las que discutieron problemas relacionados con la utilización de la mecánica en el arte. Luego, cobrando como si fuera una beca su paga de capitán, viajó a París donde tomó contacto con los círculos literarios y los movimientos artísticos de vanguardia. Dos años más tarde, en 1921, trasladó su residencia a Barcelona, donde fundó la revista *Vida Americana*, en cuyo primer número publicó sus «tres llamamientos de orientación actual a los pintores y escultores de la nueva generación», que constituyeron el primer germen de las ideas que, más tarde, intentaría llevar a la práctica en sus murales.

Europa —París sobre todo— no sólo le brindó la posibilidad de ponerse en contacto con las últimas técnicas y tendencias estéticas, sino que marcó también, y decisivamente, su vida al ofrecerle la posibilidad de conocer y tratar a Diego Rivera. Su posterior estancia en Madrid produjo también sus frutos. Alfaro Siqueiros seguía reflexionando sobre el arte y la política o, más concretamente, sobre el arte en la política, es decir, en último término, el arte al servicio de la Revolución.

En Madrid publicó un «Manifiesto de los Artistas de América», donde hacía explícito su rechazo de los criterios europeos e instaba a la creación de un arte específicamente mexicano, monumental, que pudiera ser contemplado por todos y no se viera limitado a un restringido núcleo de coleccionistas adinerados, un arte humano y popular, por lo tanto, que se sustentara en las tradiciones precolombinas, como había ya exigido en su anterior «Llamamiento», una pintura que se acercara «a las obras de los antiguos pobladores de nuestros valles, los pintores y escultores indios...».

## Nace el muralismo

Tras su regreso a México en 1922, los murales que realiza para la Escuela Nacional Preparatoria (*Los mitos*) y su relación con Rivera y Orozco señalan el nacimiento del gran muralismo mexicano.

La estancia en Europa había despertado en el artista un mayor apego por su tierra y, a partir de entonces —y durante diez años—, renunciando a la universalidad de las modernas formas de expresión que habían brotado en Europa antes de la Primera Guerra Mundial, adopta un lenguaje fácilmente accesible a las capas más humildes de un México en vías de desarrollo. Comienza a exaltar en sus obras, grandes composiciones al fresco de gran sentido dramático y polémico contenido, la sencilla vida del indio. Empieza así a ser conocido y, sin haber cumplido todavía los veintiséis años, es elegido secretario general del Sindicato de Pintores, Escultores y Grabadores revolucionarios de México, cuyo semanario *El Machete* funda y dirige. En la publicación se divulgan y defienden las teorías pictóricas sostenidas por el grupo de fresquistas que, tras haber sido esbozado en sus encuentros europeos, son la base de un nuevo manifiesto en el que se definen los principios fundamentales de la escuela muralista.

Las primeras grandes obras murales de Alfaro Siqueiros, sin embargo, aplican imperfectamente ese programa muralista, por el que se exige un «arte monumental y heroico según el ejemplo de las gran-

El diablo en la iglesia *(1947), obra de Siqueiros, se puede apreciar en el Museo de Arte Moderno de Ciudad de México. El dominio de la perspectiva fue una de las múltiples virtudes pictóricas del artista.*

des tradiciones prehispánicas de América»,; pues no pueden evitar la tendencia a un expresionismo simbólico teñido todavía de religiosidad.

## Exilio o prisión

La radicalización de sus ideas políticas y también, tal vez, un carácter violento que solía inflamarse con facilidad, le impulsaron a abandonar progresivamente su obra pictórica como cauce fundamental de sus ideas revolucionarias. Su militancia marxista-estalinista fue haciéndose más activa y dogmática, exigiéndole además intervenir directamente en los procesos revolucionarios de otros países latinoamericanos; apoyó, por ejemplo, la instauración del régimen castrista en Cuba, donde, años atrás, en 1943, había pintado los murales *Alegoría de la igualdad racial*, *Confraternidad de las razas blanca y negra* y *Nuevo día de las democracias*, que pueden verse hoy en La Habana.

Su militancia radical, unida a los vaivenes políticos de los gobiernos mexicanos, lo condenaron a una inseguridad personal que se tradujo, algunas veces, en estancias en prisión o en el exilio, inseguridad de la que tampoco se libraron algunas de sus obras que recibieron airadas reacciones conservadoras.

Esa azarosa vida, sus numerosas y obligadas salidas al extranjero, fueron aprovechadas siempre por Siqueiros para aumentar sus conocimientos teóricos o su bagaje técnico. En Buenos Aires, por ejemplo, donde permaneció en 1932 y 1933, descubrió el uso de las resinas sintéticas que le permitieron, en adelante, dotar de cierto relieve la superficie de las pinturas y conseguir así inesperados efectos gracias a su dominio de los espacios cóncavos y convexos. Viajó a Estados Unidos y permaneció en aquel país de 1933 a 1935, donde, en Los Angeles, realizó una de sus obras más importantes, los frescos del *Art Center*, y se interesó por la renovación de las técnicas pictóricas y del papel de los materiales mecanizados, que le fueron de gran ayuda en su búsqueda de una composición dinámica y de mayor libertad plástica.

## De la guerra civil española a agente de Stalin

Como si su extremismo ideológico y la inquietud de su temperamento no le permitieran permanecer largo tiempo en el mismo lugar, Siqueiros regresa a México y, coherente con su compromiso político, preside

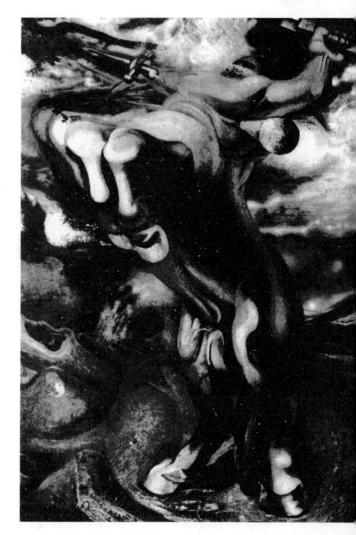

*Las formas redondeadas de las obras de Siqueiros constituyen una de las múltiples vías por las que optó el pintor para comunicar su fuerte poder visual.*

la Liga Nacional contra el Fascismo y la Guerra. Pero la guerra y el fascismo son difíciles de erradicar y, al otro lado del Atlántico, en España, comienzan a mostrar sus garras. A finales de 1936, Siqueiros se alista en el Ejército Republicano Español, donde alcanza el grado de teniente coronel.

Concluida la guerra civil española, con un resultado muy descorazonador para las ansias de libertad y justicia del pintor, Siqueiros regresa a México y recibe del propio Stalin la orden de organizar el grupo que debía llevar a cabo un primer atentado contra Trotsky y su esposa. El atentado tuvo lugar, efectivamente, en 1940, pero Trotsky, que por aquel entonces vivía en la casa de Diego Rivera y su esposa Frida

*El presidente de la República, Luis Echeverría, durante los funerales de David Alfaro Siqueiros.*

ópticos logrando una fusión de las distintas artes, un acercamiento de la pintura, la escultura y la arquitectura no conseguido, todavía, por artista mexicano alguno. Ese constante interés por la renovación de las técnicas, por la utilización de nuevos materiales que potenciaran el dinamismo de los planos y los espacios —sustituyendo los pinceles, el óleo y las telas tradicionales por la pistola de aire, los acrílicos, la piroxilina y las superficies de celotex, masonite y plástico— fueron, como se ha visto, una constante en la andadura artística del pintor y en la reflexión del teórico que desarrolló, desde sus inicios en el muralismo, una línea de pensamiento fundamentada tanto en la presencia del receptor del «mensaje» pictórico, como en la activa existencia del «espectador en movimiento».

Decoró gran número de edificios públicos y su trabajo se dilató muchas veces en el tiempo. Este es el caso de las obras iniciadas en 1959 y que no pudo concluir hasta 1964, pues tuvo que visitar de nuevo la cárcel debido a la radicalidad de las acciones con que defendía o proclamaba sus ideas comunistas, que le llevaron a enfrentarse al gobierno de López Mateos en su exigencia de libertad para los dirigentes y militantes detenidos a comienzos de aquel año. Durante su cautiverio, y a solicitud de El Colegio Nacional, pintó a caballete el retrato de Alfonso Reyes. Cuando recuperó la libertad, trabajó con un equipo de colaboradores en la realización de un gigantesco mural, *La Marcha de la Humanidad*, que ocupa unos 4.600 m² en el interior y exterior del Palacio de Congresos de Ciudad de México, y para ello fundó en Cuernavaca un taller de integración plástica en el que colaboraron artistas de distintas especialidades. Otro mural destacado de su última época es *Del porfirismo a la Revolución* (1966), en el castillo de Chapultepec.

Kahlo, salió milagrosamente indemne. Detenido de nuevo, el pintor se exilió en Chile (1942-1943) donde pintó algunas de sus mejores composiciones, como *Muerte al invasor* en la Escuela Nacional de Chillán.

Hasta aquel momento la vida de Siqueiros había sido un continuo vaivén, una sucesión de viajes, azares, trabajos, conspiraciones y peligros, éxitos pictóricos y persecuciones políticas. Al llegar la madurez, fatigado tal vez de una existencia ajetreada y azarosa, decidió instalarse definitivamente en México y se decantó por la pintura de pequeño formato, las obras de caballete, que había practicado ya en sus múltiples visitas a la cárcel. Pinta así un sorprendente autorretrato, *El coronelazo* (1945), y algunas de sus obras más interesantes que forman parte de las colecciones actuales de varios museos mexicanos. Vale la pena citar, por ejemplo, su obra *El diablo en la iglesia*, 1947, del Museo de Arte Moderno, México D. F., y una de sus últimas creaciones, *La Tierra desde la estratosfera*, 1971, propiedad de la Sala de Arte Público Siqueiros de México D.F.

No cabe duda que, como la de sus compañeros del grupo de muralistas, la obra de Siqueiros tiene su mejor representación en las creaciones monumentales donde el proyecto de una dramatización de los acontecimientos representados le permite utilizar perspectivas exageradas, recurrir a temas simbólicos, en los que es perceptible la inspiración surrealista, y elaborar montajes con volumen y dispositivos

## Una arraigada convicción ideológica

El conjunto de su obra temperamental, dinámica, brillante y sorprendente, recibió en 1966 el Premio Nacional de Artes como colofón a una vida contradictoria y a las fluctuantes relaciones que mantuvo, siempre, con las autoridades mexicanas. Al año siguiente, se le concedió el Premio Lenin de la Paz, cuyo importe donó al pueblo de Vietnam.

Su muerte en Cuernavaca, en 1974, supuso la desaparición de una de las figuras más emblemáticas de la pintura mexicana, un hombre de quien el reali-

La libertad encadenada, *una de las obras más representativas del muralista mexicano, no sólo desde el punto de vista plástico sino también desde la perspectiva ideológica, a la que el artista estuvo siempre ceñido.*

zador cinematográfico Serge Einsenstein había dicho: «Siqueiros es la mejor prueba de que un pintor verdaderamente grande es, ante todo, una gran concepción social y una convicción ideológica. Mientras mayor sea la convicción, más grande será el pintor»; y en cuyos labios puso Paul Eluard los siguientes versos: «Soy libre trabajando para los demás / porque me sé en la luz de cada uno / y se agitan las fronteras de mis manos más / que aquellas sepultadas en la tierra y que se olvidan».

| | |
|---|---|
| **1896** | Nace en Chihuahua **DAVID ALFARO SIQUEIROS.** |
| **1911** | Se inscribe para hacer sus estudios en la Academia de Bellas Artes de San Carlos. |
| **1913** | Forma parte de la Escuela al Aire Libre de Santa Anita y colabora en *La Vanguardia*, órgano periodístico del Ejército Constitucionalista. |
| **1914** | Se incorpora al Ejército Constitucionalista. |
| **1918** | Alcanza el grado de capitán segundo del Ejército Constitucionalista. Organiza el Congreso de Artistas Soldados. |
| **1919** | Viaja a Europa en misión informativa, artística y diplomática. |
| **1921** | Publica en Barcelona sus *Tres llamamientos de orientación actual a los pintores y escultores de la nueva generación.* |
| **1923** | Pinta su primer mural: *Los Elementos.* |
| **1926-1930** | Encabeza distintos movimientos sindicales y es secretario general de la Federación Minera y de la Federación Obrera de Jalisco. |
| **1932** | Expulsado de Estados Unidos, se afinca en Argentina, donde realiza, en Don Torcuato, la decoración de un bar, *Ejercicio plástico*, con materiales sintéticos. |
| **1933-1935** | Se traslada a Estados Unidos y encabeza un taller experimental. |

# IGNACIO MANUEL ALTAMIRANO
## *(1834-1893)*

*Ignacio Manuel Altamirano fue el infatigable apóstol de la cultura, que, desde su humanismo polifacético, colaboró en la renovación de la sociedad mexicana.*

**P**rofundamente comprometido con los acontecimientos que jalonan la andadura social y política del país donde nació, la vida de Ignacio Manuel Altamirano —escritor, publicista, maestro, diputado, militar, magistrado, cónsul— sigue un curso paralelo al de la historia mexicana de su tiempo.

## Una doble y fecunda pasión

Nacido en Tixtla, en el Estado de Guerrero, a mediados de 1834, en el seno de una familia indígena, Altamirano cumple sus catorce años sin hablar todavía castellano, lengua de la cultura oficial, y por lo tanto, sin saber leer ni escribir. Inicia precisamente por aquel entonces un proceso de alfabetización que

sorprende por su rapidez y consigue, en 1849, una beca para estudiar en el Instituto Literario de Toluca, donde imparte sus enseñanzas Ignacio Ramírez, *el Nigromante*, intelectual mulato y librepensador, futuro ministro con Porfirio Díaz, cuyo interés por la juventud indígena le convierte en mentor y amigo de Altamirano. ·

La influencia de su maestro prende rápidamente en el joven que pronto va a dar pruebas del doble amor —por sus raíces indígenas y por una cultura que bebe en las ardientes fuentes del romanticismo europeo— que dirigirá y determinará las opciones más relevantes de su vida.

Estudiante de derecho en el Colegio de San Juan de Letrán, Altamirano se lanza a la palestra política, se alinea con los revolucionarios de Ayutla, combate a los conservadores en la guerra de Reforma, y más tarde, tras ponerse decididamente al lado de los juaristas, es elegido en 1861 diputado al Congreso de la Unión, donde exige que se castigue al enemigo, enarbola el estandarte de la patria libre y, en 1863, lucha contra el imperio de Maximiliano y la invasión francesa, alcanzando, en 1865, el grado de coronel por su participación en las batallas de Tierra Blanca, Cuernavaca y Querétaro.

En 1867, restablecida ya la República, consagra por fin su vida a la enseñanza, la literatura y el servicio público, en el que desempeña muy distintas funciones como magistrado, presidente de la Suprema Corte de Justicia, oficial mayor en el Ministerio de Fomento y cónsul en Barcelona (1889) y París (1890). Funda, junto a su maestro Ignacio Ramírez y Guillermo Prieto, *El Correo de México*, publicación que le sirve para exponer y defender su ideario romántico y liberal; dos años más tarde, en 1869, aparece gracias a sus desvelos la revista *El Renacimiento*, que se convierte en el núcleo que agrupa y articula los más destacados literatos e intelectuales de la época con el común objetivo de renovar las letras nacionales. Ese deseo de renacimiento literario y el encendido nacionalismo, que tan bien se adapta a sus ardores románticos, desembocarán en la publicación de sus *Rimas* (1871), en cuyas páginas las descripciones del paisaje patrio le sirven de instrumento en su búsqueda de una lírica genuinamente mexicana. Antes, en 1868, había publicado *Clemencia*, considerada por los estudiosos como la primera novela mexicana moderna, y había tenido una destacada intervención en las Veladas Literarias que tanta importancia tuvieron en la historia de la literatura mexicana.

## Apóstol de la cultura

Su concepto del hombre y de la patria, su incansable actividad cultural, su defensa de los valores indigenistas, su decidida apuesta por las ideas de progreso justifican que se le haya comparado con una de las figuras míticas de la historia de México, al afirmar que fue el apóstol de la cultura como Juárez lo fue de la libertad mexicana.

La obra educativa de Manuel Altamirano fue también notabilísima, y puede afirmarse que, sin su figura, la cultura mexicana se habría visto notablemente empobrecida. Fue profesor en la Escuela Nacional Preparatoria, la Escuela de Comercio, la de Jurisprudencia, la Nacional de Profesores y otros establecimientos docentes; así, tanto por su vida como por su incesante magisterio, Altamirano se ganó a pulso el título de «Maestro» que tantos mexicanos le otorgan.

## Escritor, estadista y viajero

De entre todas sus obras cabe destacar las novelas *La Navidad en las montañas*, publicada en 1871 como una hermosa muestra del utopismo narrativo, y *El Zarco*, que apareció póstumamente, en 1901, así como una abundante producción de género costumbrista, reunida bajo el título genérico de *Paisajes y leyendas, tradiciones y costumbres de México*, compendio de escritos y artículos agrupados en dos volúmenes, el primero de los cuales había de editarse en 1884, mientras el segundo sólo pudo ver la luz en 1949, cuando había transcurrido casi medio siglo desde la muerte de su autor. Los mejores trabajos de crítica literaria sobre su obra se reunieron en *Revistas literarias de México* (1868).

Ignacio Manuel Altamirano, como si tratara de sembrar en el Viejo Continente la semilla del amor por su país natal, inicia en la última fase de su vida una serie de viajes que le llevarán a ocupar los consulados mexicanos de las ciudades europeas de Barcelona y París, a realizar un postrer periplo por Italia, país del que no regresará nunca. El 13 de febrero de 1893, enfermo en San Remo, nos lega, antes de lanzar el último suspiro, la más cáustica, breve y acertada definición de la muerte: «¡Qué feo es esto!», exclama.

Atendiendo a su voluntad, y tras ser incinerados, sus restos fueron trasladados a México, el país que tanto había amado, y depositados en la Rotonda de los Hombres Ilustres.

| | |
|---|---|
| **1834** | Nace en Tixtla (Estado de Guerrero) **IGNACIO MANUEL ALTAMIRANO.** |
| **1852** | Funda el que será su primer periódico: *Los Papachos.* |
| **1861** | Es elegido diputado en el Congreso de la Unión. Combate el imperio de Maximiliano y la invasión francesa. |
| **1867** | Tiene una destacada participación en el sitio de Querétaro. |
| **1868** | Publica *Clemencia*, obra que se convertirá en un clásico de la literatura mexicana. |
| **1869** | Funda la revista *El Renacimiento.* |
| **1871** | Primera edición de *Rimas*. Publicación de su novela titulada *Navidad en las montañas.* |
| **1884** | Primer volumen de *Paisajes y leyendas, tradiciones y costumbres de México.* |
| **1893** | Durante un viaje por Europa, fallece en San Remo. |
| **1949** | Edición del segundo volumen de *Paisajes y leyendas, tradiciones y costumbres de México.* |

# HERNANDO ALVARADO TEZOZÓMOC
## (h. 1520-h. 1610)

*A*ún se percibían en las calles, templos y palacios de Tenochtitlán los ecos de las explosiones, el silbido de las flechas, el chasquido de la espada en la carne y los ayes de los heridos de la Noche Triste, probablemente la del 30 de junio al 1 de julio de 1520, cuando nació Hernando Alvarado Tezozómoc. Esa lúgubre noche de encarnizada matanza los guerreros aztecas desalojaron a los españoles de la capital, ignorando que su destino ya estaba señalado por la derrota.

## La historia viva del Imperio del Sol

Con el transcurrir de los años, Hernando Alvarado Tezozómoc, depositario de la historia oral de su pueblo, repetida a través de los siglos de generación en generación, se convirtió en uno de los pocos cronistas de origen azteca que han dejado testimonio escrito de la estirpe y vicisitudes de la gran civilización mexica.

*La conquista de América fue aceptada por las dignidades eclesiásticas con la condición de que se realizara en aquellas tierras una labor evangelizadora. La pintura representa a un cacique indígena en el momento de ser bautizado por un dominico.*

«Sé que es un trabajo arduo y acaso excesivo para mis fuerzas...» —comentó Hernando a su madre acerca de su intención de escribir la historia azteca—, «...pero nuestros antepasados no habrán muerto en la memoria de los hombres, si consigo dar cuenta de los hechos que los hicieron tan grandes.»

«Bien has dicho, hijo, esa tarea tal vez supere tus fuerzas, pues, aparte de que los sacerdotes cristianos han destruido escrituras y haberse perdido muchas de ellas, también faltan los ancianos que pudieran hablarte de la fundación de esta tierra y ayudarte a recomponer la historia tomándola desde muy atrás.», —le comentó su madre, la aún hermosa princesa azteca.

## La semilla real

Hernando Alvarado Tezozómoc pertenecía a la casa real azteca, ya que sus padres eran príncipes mexicas. Su padre, Diego Huanitzin o Diego Alvarado Huanitzin, aunque llamado Diego Panitzin en los *Anales de Cuauhtitlán*, descendía de Axayácatl, sexto *tatloani*, soberano, azteca, durante cuyo reinado, entre 1469 y 1481, conquistó vastos territorios, construyó el templo de Coahuatlán e hizo esculpir el célebre Calendario Solar, y aseguró la hegemonía de su pueblo en el lago de Texcoco y en el valle de México.

La madre de Tezozómoc, llamada Francisca Moctezuma, era nieta del mismo Axayácatl y decimonovena hija de Moctezuma Xocoyotzin, noveno señor de México, soberano guerrero y sabio, que gobernó entre 1503 y 1520, y murió en extrañas circunstancias durante la ocupación española de Tenochtitlán. Como muchos otros jóvenes pertenecientes a la antigua casta gobernante, Tezozómoc fue educado en la fe cristiana y en el rechazo a los antiguos dioses, mitos y costumbres mexicanos. No obstante, él supo conservar dentro de sí la admiración y el respeto por sus antepasados y no quiso que las generaciones futuras ignoraran quienes habían sido los aztecas. Gracias a esta actitud, sus crónicas, escritas en castellano y náhuatl, ofrecen, desde el punto de vista de la cultura amerindia, datos fidedignos de la civilización azteca a partir del siglo XI.

## El señor de las crónicas

Hacia 1598, Hernando Alvarado Tezozómoc se había integrado en la administración española y trabajaba como intérprete o nahuatlato en la Real Audiencia de México, desde cuyo cargo hubo de suscribir el *Papel de tierras de Huauhquilpa*. Este puesto le permitía disponer del tiempo suficiente para dedicarse a escribir, en el idioma materno y en el de los conquistadores, las historias de su pueblo. Fue así como nacieron la *Crónica mexicana*, en castellano, y la *Crónica mexicáyotl*, en náhuatl, publicada la primera en 1878 y traducida al castellano, y la segunda en 1949. En la primera crónica, Tezozómoc parte del mítico asentamiento mexica de Aztlán, que quiere decir «blancura» –lugar identificado históricamente con Culhuacán, antigua ciudad tolteca en cuyas cuevas habitaron los primeros mexicas venidos del norte–, para finalizar en el momento en que Hernán Cortés llega a Tlaxcala. *La Crónica mexicáyotl* se inicia también en Aztlán, en 1064, año del comienzo de la peregrinación de los mexicas, y termina en el 1531. Algunos investigadores, como Paul Kirchoff, sostienen que Tezozómoc escribió tan sólo la primera parte de la *Crónica mexicáyotl*, mientras que la segunda fue obra de Francisco San Antón Muñoz Chimalpahin.

Lo oído de viejos sabios indígenas, antiguos sacerdotes y guerreros, y de sus padres, así como lo aprendido en los códices pictográficos —sobre cuyas láminas de cuero de venado o de papel de corteza de amate fijaba durante horas su mirada—, sirvió a Tezozómoc para dar cuenta de las tradiciones, leyes, mitos, religión, poesía y otras expresiones de la vida

*Tezozómoc empleó el náhuatl y el español para escribir sus crónicas, donde relata la historia de los mexicas desde la mítica Aztlán hasta la llegada de Cortés.*

y de la cultura de los aztecas hasta la llegada de Hernán Cortés, cuya audacia provocó el derrumbe del último imperio mesoamericano.

Hacia 1610, teniendo alrededor de noventa años, Hernando Alvarado Tezozómoc murió apaciblemente en la misma ciudad donde nació. La misma que, allá por el año 1325, fundaron sus antepasados en un islote del lago Texcoco llamándola Tenochtitlán, pero que los españoles, desde 1530, bautizaron con el nombre de Ciudad de México.

| | |
|---|---|
| **1520** | Nace **HERNANDO ALVARADO TEZOZÓMOC** en Tenochtitlán. Hijo de príncipes mexicas, descendiente de Axayácatl, sexto *tatloani* azteca. |
| **1598** | Entra a trabajar de intérprete castellano-náhuatl en la Real Audiencia de México. |
| **1610** | Muere en Ciudad de México. |
| **1878** | Se publican sus obras *Crónica mexicana* y *Crónica mexicáyotl* en castellano. |
| **1949** | Sale a la luz *Crónica mexicáyotl* en náhuatl. |

# PEDRO ARMENDÁRIZ
## *(1912-1963)*

*Pedro Armendáriz, el actor rudo de los ojos azules.*

**A**ctor que brilló fundamentalmente en el universo cinematográfico —aunque también trabajó en teatro y televisión— su prolífica trayectoria, que comprende un centenar de películas rodadas en México, Estados Unidos y Europa, se caracterizó por una interpretación de gran sobriedad y llena de emoción. Su varonil presencia y recia personalidad le convirtieron en una de las principales figuras del cine nacional, hasta el punto de que sus interpretaciones del «indígena» y el «revolucionario» se impusieron como auténticos arquetipos de las míticas virtudes del hombre mexicano.

## Un personaje en busca de actor

Pedro Armendáriz nació en Ciudad de México en 1912, hijo de padre mexicano y madre estadounidense; cursó sus estudios en San Antonio, Texas, y en San Luis Obispo, California, lo que le permitió dominar perfectamente la lengua inglesa y le fue de gran ayuda para poder alcanzar la cima de su carrera artística.

En 1935 debutó en la película *María Elena*, demostrando luego su ductilidad en realizaciones como *El corsario negro* (dirigida en 1944 por Chano Urueta y con June Marlowe como heroína, adaptación de la novela de aventuras de Emilio Salgari, donde, a título anecdótico, se entona la *Canción del pirata* del poeta romántico español José de Espronceda) y *Al rayar el Sol* (de Roberto Gabaldón, cineasta en cuyas obras se realiza la fusión perfecta del héroe con el fondo maravilloso del paisaje que le sirve de marco); pero desarrolló sus plenas posibilidades bajo la dirección del más conocido y celebrado de los realizadores mexicanos, Emilio Fernández, llamado el *Indio*, con quien interpretó dos de las películas por las que el realizador obtuvo sus premios Ariel: *Enamorada* y *La perla*, filme basado en la novela homónima de John Steinbeck y en el que interpreta el papel de un humilde pescador.

## Un arquetipo varonil

De Pedro Armendáriz destaca por encima de todo, a pesar de su evidente calidad interpretativa, una extraordinaria fotogenia; era el más puro ejemplo de lo que en los medios cinematográficos se denomina «enamorar a la cámara»; sus ojos y gestos, hasta el típico (y tópico) e inmenso sombrero de anchas alas que lucía en la mayoría de sus papeles, parecían potenciados por la magia del cinematógrafo. Evidentemente, era un gran actor e incluso podría decirse que un actor refinado, pero para el espectador que lo contemplaba era sólo *el hombre*, un personaje rudo y varonil en la mayoría de sus películas; a veces fiero y brutal, en ocasiones tranquilo e irónico; poseído hoy por la ira que desbordaba de sus negros ojos; dominado luego por la ancestral melancolía, por la proverbial indolencia de la raza, que con tan singular maestría supo captar el director Emilio Fernández.

## El aroma de los clásicos

Entre sus más destacados trabajos en Hollywood sobresalen las películas dirigidas por auténticos clásicos del séptimo arte, como John Ford —*The Fugitive* (*Los fugitivos*, 1946-1947); *Fort Apache* (1947); *Three Godfathers* (estrenada en español como *Los tres alegres compadres*, en una nueva versión que reunía, además, a Jorge Negrete y Andrés Soler, 1948)— y John Huston —*We Were Strangers* (*Éramos extraños*, 1949). También participó en numerosas producciones europeas.

En 1946, se le concedió la Palma de Oro del Festival de Cannes por *María Candelaria*, película emblemática del cine mexicano, dirigida también, como de costumbre, por el sempiterno *Indio* Fernández, y en la que se narra la historia de un amor imposible; en 1947, el León de Oro de la Bienal de Venecia; en 1948, el Ariel de México, por *La perla* y en 1953 de nuevo se le otorgaba el Ariel, por *El rebozo de Soledad*.

## Historias paralelas

Pero, como ya se ha dicho, el auténtico descubridor de las posibilidades de Armendáriz fue el director Emilio Fernández. Intérprete y realizador llegaron a compenetrarse absolutamente para elaborar unas historias de amor, prejuicios y supersticiones, donde los sentimientos parecían estar más cerca de las ardientes explosiones del instinto que de una humanidad ponderada y reflexiva.

Además de las películas ya citadas, Armendáriz participó también en otras muchas cintas del *Indio* Fernández, entre las que cabe mencionar: *Distinto amanecer, Las abandonadas, El capitán Malacara*, versión de la obra de Pedro Antonio de Alarcón, *El Capitán Veneno*, en la que encarna a un personaje misógino y mujeriego, y *Bugambilia*; *Juan Charrasqueado*, cinta de 1947, le brindó la posibilidad de

lanzarse a su creación del «charro» viril y sentimental, duro y tierno al mismo tiempo; en 1948, rodó *Maclovia* y en 1949 asumió papeles protagonistas en *La malquerida*, versión cinematográfica de una obra de Jacinto Benavente que obtenía, por aquel entonces, resonantes éxitos de público y crítica. Por estas fechas, interpretó así mismo el personaje del mítico guerrillero Pancho Villa, en *Pancho Villa vuelve*, figura que habría de encarnar en diversas ocasiones durante su carrera de actor. 1950 fue el año de *Rosauro Castro, Tierra baja, El bruto*, una de sus caracterizaciones más populares, y *Por la puerta falsa*. La lista podría hacerse interminable, pero, para no eternizarse, justo es añadir filmes como *Ella y yo* y *Los tres alegres compadres* (1951); *La rebelión de los colgados* (1954); *La escondida* (1955); *Los salvajes, Flor de Mayo* y *Así era Pancho Villa*, intento hagiográfico sobre la vida del célebre caudillo revolucionario, obras que representan lo más selecto de su filmografía.

## Un intérprete versátil

*Flor Silvestre*, protagonizada junto a Dolores del Río, con la que acabó formando una pareja mítica, es una trágica historia de amor en el marco de la Revolución, con un prólogo y un epílogo explicativos que se

*Pedro Armendáriz y Dolores del Río en* María Candelaria, *por la que el actor ganó una Palma de Oro en Cannes.*

mantienen al margen del argumento abriendo y cerrando la acción, ardid muy característico utilizado con frecuencia por el cine discursivo de la época, con voluntad de arenga cívica e «interés nacional». Para el equipo formado por Fernández y Figueroa, director y fotógrafo respectivamente, debía de ser una película de fondo moralizante y aleccionador, didáctico, que evocara la conflagración armada, aunque limitando los excesos patrióticos. En ella, la caracterización de Armendáriz trasluce una amargura primitiva, intuitiva y animal, aunque contenida. El actor, en un alarde de flexibilidad interpretativa, pone en pie una doble composición de su personaje: en la primera parte del filme se muestra como aristócrata culto y refinado, cuya vida se ve trastornada por el brutal asesinato de sus padres; a partir de entonces, el tono de la interpretación cambia, aflora en el protagonista un sentimiento de odio, un deseo de venganza que precipitará la tragedia y lo lanzará, por fin, aunque demasiado tarde, a un arrepentimiento que no consigue salvarle de la condena a muerte. La escena de su fusilamiento ha sido comparada con un pasaje similar de la célebre *Marruecos* dirigida Sternberg, con Marlene Dietrich y Gary Cooper como estrellas del reparto.

*Escena de* María Candelaria, *película dirigida por* Indio *Fernández en 1946. Dolores del Río y Pedro Armendáriz forman nuevamente pareja.*

En *Distinto amanecer* —filme perteneciente a lo que se ha dado en llamar *cine negro*— dirigido, en un ambiente urbano, por el realizador con pretensiones intelectuales Julio Bracho, Armendáriz encarna a un líder obrero idealista (Octavio), que lucha contra el corrupto poder del gobernador. La trama adquiere una extraordinaria tensión dramática en la cruel represión de una huelga, de la que nuestro héroe posee documentos que incriminan a los más elevados estamentos sociales de la ciudad. Cabe destacar, a título anecdótico, la inclusión de un número musical, perteneciente a la película de la etapa del cine mexicano, que recuerda con nostalgia los tiempos del dictador Porfirio Díaz *¡Ay, qué tiempos señor don Simón!* Toda la acción del filme transcurre en el curso de una noche, durante la cual Pedro Armendáriz descubrirá y perderá el amor, pues su enamorada, la actriz Andrea de Palma, antigua compañera de revueltas estudiantiles, le abandonará por otro compañero sindicalista tan desilusionado como ella.

## Del amor loco a la épica revolucionaria

El argumento de *María Candelaria*, película que tuvo que sortear bastantes dificultades antes de ser estrenada, se desarrolla en una isla de las chinampas de Xochimilco, y su interpretación se inspira en el personaje representado por el propio *Indio* Fernández en el filme *Janitzio*. En ella, Armendáriz (Lorenzo) es un hombre sencillo, enamorado de una mujer que vende flores en el mercado. Ambos planean casarse, pero los habitantes de la localidad no perdonan a María Candelaria que su madre fuera una prostituta y quieren echarla del pueblo. Aquí se pone de relieve la fuerza de carácter del protagonista, que entregará al villano de la película (don Damián) su único sustento —un cerdo— para conseguir quinina, el medicamento «mágico» que aliviará a su enamorada. Aunque la heroína es la mujer, Pedro Armendáriz lleva a cabo con singular maestría una réplica justa y moderada, no exenta de carácter. *Las abandonadas* es otra realización de Emilio Fernández protagonizada por Pedro Armendáriz, un tanto atípica, pues se trata de una combinación de cine negro y melodrama ambientado en los tiempos revolucionarios. En ella, el protagonista es un general, digno y viril, que muere en los brazos de la heroína; y ¡cómo no!, la protagonista es una melodramática, aunque extraordinariamente efectiva, Dolores del Río.

Durante los años cincuenta, interpretó algunos filmes del director español Luis Buñuel, en su exilio mexicano. Uno de ellos, realista y violento, fue *El bruto*, filme cuya acción transcurre en un marco urbano y en el que Armendáriz, junto con Katy Jurado como protagonista femenina (que pasaría al cine del dorado Hollywood desempeñando papeles de típica mexicana enamorada y perdedora), había de representar esta vez a un obrero con plena conciencia social de su situación, aunque sin el marcado dramatismo de *Distinto amanecer*.

## Paseo por el amor y la muerte

En 1943 intervino en una serie televisiva de 12 episodios titulada *Las calaveras del terror, western* con charros vestidos de negro en el que se daban cita todos los tópicos del cine de aventuras: duelos a espada, asaltos a diligencias, etcétera.

En su producción cinematográfica, también hay que destacar: *Jalisco nunca pierde* (perteneciente al cine ranchero de aventuras), *Pobre diablo, Sombra enamorada* y *Belleza maldita* (con María Félix), *El tirano de Toledo* (coproducción hispano-mexicana), *La loca de la casa, Dos mundos y un amor, La casa colorada, En la Hacienda de la Flor, Lucrecia Borgia* (filme histórico de escaso renombre de Christian Jacque), *Hombres y lobos* (de Giuseppe de Santis, 1955), *Historias de casados, La cucaracha* (de nuevo

*María Félix en una escena de* Maclovia, *dirigida por Emilio Fernández en 1948, donde el papel protagónico del galán era interpretado por Pedro Armendáriz.*

emparejado con María Félix, en un filme en el que aparecía, ya en el declive de su carrera como director y actor, Emilio Fernández), *Francisco de Asís, Astucias de mujer, Tulsa, El charro y la dama, La noche avanza, Por querer a una mujer, Historia de un amor imposible, Mulata, Tam-Tam Mayumba, Shaitan, Il diavolo del deserto, El indulto,* etcétera.

Tras saber que padecía un cáncer, Pedro Armendáriz se suicidó en Los Ángeles (California) el año 1963.

| | |
|---|---|
| **1912** | Nace en Ciudad de México **PEDRO ARMENDÁRIZ.** |
| **1935** | Debuta en el cine con la película *María Elena.* |
| **1943** | Realiza *Las calaveras del terror,* serie televisiva. |
| **1946-1949** | Trabaja en Hollywood con John Ford y John Huston. |
| **1946** | Palma de Oro en Cannes por *María Candelaria.* |
| **1947** | León de Oro en el festival de Venecia. |
| **1949** | Protagoniza *La malquerida,* versión cinematográfica de una obra de Jacinto Benavente. |
| **1952** | Protagoniza *El bruto,* de Luis Buñuel. |
| **1953** | Premio Ariel por *El rebozo de Soledad.* |
| **1963** | Enfermo de cáncer, se suicida en Los Ángeles. |

# JUAN JOSÉ ARREOLA
## *(1918)*

«*S*oy el cuarto hijo de unos padres que tuvieron catorce y que todavía viven para contarlo...» Así iniciaba el propio Arreola, hace ya algunos años, unos sucintos apuntes autobiográficos en los que introducía a su interlocutor en los meandros de una infancia y una juventud bastante alejadas de las preocupaciones literarias y los intereses culturales, aunque jalonadas por un rosario de numerosas y variopintas ocupaciones.

Su producción, ciertamente no muy extensa pero de un estilo muy depurado que algunos estudiosos han comparado con el del argentino Jorge Luis Borges, se mueve en un delicado equilibrio, casi metafísico, entre las inquietudes de índole personal y las preocupaciones sociales. Corre por sus páginas un

*En su prosa, Juan José Arreola, escritor, periodista y comentarista televisivo, hace gala de un gran rigor semántico y un alto nivel estético, puestos al servicio de una fantasía desbordante.*

aliento creador próximo al del realismo mágico, pero teñido siempre de una invencible angustia y una innegable originalidad, de la que es buena muestra su novela *La Feria*, premio Xavier Villaurrutia de 1963, cuya propuesta formal es un ensamblaje, riguroso y coherente, de distintas técnicas narrativas.

No es de extrañar, pues, que Juan José Arreola sea en la actualidad el escritor de mayor y más profunda influencia en las generaciones de nuevos narradores mexicanos.

## El difícil sendero de la fama

Nacido en Ciudad Guzmán, en el Estado de Jalisco, en 1918, abandonó sus estudios muy pronto, apenas a los doce años, entrando a trabajar, primero, como aprendiz en el taller de un maestro encuadernador y, más tarde, en una imprenta; tal vez ese contacto artesanal, aunque epidérmico, con el mundo de la edición y de los libros hiciera nacer los sueños que dominarían la vida del joven Arreola, la vocación que iba a convertirle en una de las figuras señeras de la literatura mexicana del siglo xx. Pero tenían que transcurrir muchos años aún, durante los que la trayectoria vital del muchacho se llenaría de inquietudes recientes e insólitas experiencias que irían moldeando su trabajosa formación de autodidacta. Fue sucesivamente vendedor ambulante, periodista, mozo de cuerda, cobrador de un banco, actor, camarero, panadero «y lo que ustedes quieran», como él mismo apuntó, con innegable sentido del humor, en su ya mencionada autobiografía.

## La aventura teatral

En 1943 ve la luz en la revista *Eos* su primer cuento, «Hizo el bien mientras vivió», y tres años más tarde, en 1945, conoce a Louis Jouvet, brillante director de teatro francés que realizaba una gira por México, y le acompaña en su regreso a París. El joven Arreola permanecerá allí durante un año, becado por el Instituto Francés de la América Latina, estudiando declamación e interpretación con Pierre Renoir, Jean Barrault y el propio Jouvet, a la vez que trabaja como figurante en las producciones teatrales de la *Comédie Française* y se impregna del estimulante clima cultural de la capital francesa.

De nuevo en tierras mexicanas, disfrutando de una beca de la sección de filología de El Colegio de México, parece perfilarse definitivamente su dedicación a las letras. Comienza a ganarse la vida como corrector de pruebas para la editorial Fondo de Cultura Económica, con la que colaborará frecuente e intensamente mientras prepara su *Varia invención*, donde define su posición estética y su estilo, un libro de narraciones que verá la luz en 1949 y que, junto a *Confabulario* (1952), son el núcleo y el germen inicial de una obra —*Confabulario total*— que, desde entonces, no ha dejado de crecer e incluye narraciones inéditas y nuevos detalles en cada una de sus ediciones.

## Una retahíla de premios

En 1953 recibió, precisamente por su *Confabulario*, el Premio de Literatura Jalisco. Su dominio de la técnica narrativa, especialmente del relato corto, su sorprendente rigor semántico y el alto nivel estético de su prosa puesta al servicio de una fantasía desbordante le valieron, posteriormente, otros muchos premios y distinciones, de entre los que pueden destacarse: el Premio Nacional de Lingüística y Literatura (1976), el Nacional de Periodismo (1977) y el Premio de la Universidad Nacional Autónoma de México (1987), de la que, además, fue catedrático en su Facultad de Filosofía y Letras, así como la condecoración del Ministerio de Cultura francés como Oficial de las Artes y las Letras Francesas.

Fundador y colaborador de revistas literarias (*Pan* y *Eos*), actor y director de programas teatrales (*Poesía en Voz Alta*), editor de la colección «Cuadernos y Libros del Unicornio» y de la revista *Mester*, publicada por el taller de escritores que él mismo creó, Juan José Arreola ha vertido sus colaboraciones en las más importantes publicaciones literarias mexicanas, como *Letras de México, El Hijo Pródigo* o los suplementos culturales de *Novedades* y *¡Siempre!*

En *La hora de todos* (1954), una obra que llamó poderosamente la atención de la crítica y con la que obtuvo el primer premio en el Festival Dramático del Instituto Nacional de Bellas Artes un año después de su publicación, Arreola ya da buena muestra del interés que siente por la originalidad de la composición literaria, originalidad que en su obra *Bestiario*, compuesta para veinticuatro dibujos a punta de plata de Héctor Xavier, se extiende a unas concisas descripciones de animales. En su obra *Y ahora la mujer*, publicada en 1975, refleja, como su título indica, una de sus preocupaciones literarias centrales: la dialéctica que contrapone, pero a la vez complementa, a ambos sexos.

| | |
|---|---|
| **1918** | **JUAN JOSE ARREOLA** nace en Ciudad Guzmán, Jalisco. |
| **1930** | Abandona la escuela y comienza a trabajar en distintos empleos. |
| **1943** | Aparece su primer cuento, «Hizo el bien mientras vivió», publicado en la revista *Eos*. |
| **1946** | Conoce al director teatral Louis Jouvet y viaja a Europa. |
| **1949** | Actúa como figurante en la *Comédie Française*. |
| **1953** | Su obra *Confabulario* recibe el Premio de Literatura Jalisco. |
| **1955** | *La hora de todos*, primer premio en el Festival Dramático del Instituto Nacional de Bellas Artes. |
| **1963** | *La Feria* es galardonada con el premio Xavier Villaurrutia. |
| **1977** | Se le concede el Premio Nacional de Periodismo. |
| **1979** | Premio Nacional de Lingüística y Literatura. |
| **1987** | Premio de la Universidad Nacional Autónoma de México. |

# MARIANO AZUELA
## *(1873-1952)*

*Mariano Azuela: la literatura se convirtió para él en una herramienta que permitía olvidar las dolorosas experiencias del oficio médico.*

*L*iberal en sus convicciones políticas y, lo que tal vez sea más importante, en sus comportamientos humanos. Hombre de vastísima cultura que sufrió en sus propias carnes, en los avatares y altibajos de su vida, los inconvenientes que comporta la integridad intelectual y la honradez cuando se enfrentan a un poder que se ha apartado de los principios que lo inspiraron, Mariano Azuela nació en Lagos de Moreno, en el Estado de Jalisco, el primero de enero del año 1873.

## Medicina y literatura

Una vez concluida su educación elemental, se inscribe en la Universidad para cursar estudios de medicina y, tras licenciarse en Guadalajara en 1899, comienza a ejercer su profesión y entra así en contacto con el dolor humano, con la enfermedad y la muerte, experiencias que habían de dejar huella muy pronto, y muy profundamente, en el sensible espíritu del joven doctor, determinando sin duda alguna su opción estética y su positivismo realista.

Más adelante, siendo ya un escritor consagrado, el propio Azuela confesará repetidas veces a sus íntimos que su vocación literaria, su constante recurso a la pluma, el deseo de plasmar en el papel sus inquietudes y sus pensamientos nacieron de la necesidad de buscar alivio, de liberarse en cierto modo, de las dolorosas experiencias, del sufrimiento moral producido por su incesante actividad médica y por el desencanto ante el acontecer político. Él mismo reconoce que escribe para desahogarse y por eso elige temas reales. Quizás sea cierto, quizás pueda atribuirse a ello la concisión de su estilo y, en ese caso, la literatura mexicana debe celebrar la delicadeza y la sensibilidad personal de aquel joven, pues permitió al reciente médico convertirse en uno de sus más distinguidos representantes y en la primera figura de la narrativa nacional del siglo XX.

Escritor vigoroso y profundo, maestro de un neonaturalismo de características peculiares, en sus obras predomina, por encima de las ideas y a pesar de no desdeñarlas nunca, la interpretación psicológica objetivista, alejada de los esquematismos maniqueos que tantas veces mancillan ciertos escritos de voluntad militante.

## Primeros escritos

En 1907 escribe su primera novela, *María Luisa*, basándose en un artículo que había publicado en su época de estudiante; inicia así lo que los críticos consideran la primera etapa de su actividad como escritor, etapa que se caracteriza por un realismo narrativo que parece preparar el compromiso revolucionario de Azuela. Aparecerán luego, en años sucesivos, *Los fracasados* (1908) y *Mala yerba*, editada en 1909, antes de que su autor se identifique con la causa de Madero, abrace definitivamente la bandera de la Revolución y combata la dictadura de Porfirio Díaz.

Durante el mandato de Madero fue nombrado jefe político de Lagos, su ciudad natal, pero a su muerte, perseguido por implacables enemigos, lucha contra el régimen de Victoriano Huerta y se incorpora como médico militar a las fuerzas de Julián Medina, abrazando los planteamientos villistas.

## Un paréntesis en el exilio

El gobierno convencionista lo designa para el cargo de director de Instrucción Pública de Jalisco pero, poco después, en 1915, con el triunfo de Carranza y debido a su militancia política, se ve obligado a exiliarse en El Paso, Texas, y, tras regresar a México en 1917, inaugura su segundo período narrativo en el que destaca la fuerza de su prosa puesta al servicio de un naturalismo de nuevo cuño, aunque ligado a la tradición española representada por don Pío Baroja; un naturalismo que, en definitiva, se quiere innovador y se libera de posibles prejuicios, adoptando una visión objetiva en la que prevalece el interés por la construcción psicológica de sus personajes.

A esta fructífera época pertenece la que se considera su mejor novela, verdadera obra maestra de la narrativa mexicana, escrita en El Paso, durante su exilio; esta obra, *Los de abajo*, que apareció en 1916, fue decisiva en la concesión del Premio de Literatura, obtenido por Mariano Azuela ventiséis años más tarde, en 1942, cuando el radical compromiso del autor con la realidad de su tiempo había perdido ya parte de su virulencia. Palpita en la novela un evidente desencanto ante los escasos logros y las evidentes contradicciones de la empresa revolucionaria a la que se había entregado por completo, desencanto que se advertía ya en las páginas de su *Andrés Pérez, maderista*, novela publicada en 1911 y en la que, con un estilo que revela aún las vacilaciones del novel, se cuenta la historia de un periodista que se ve comprometido con la Revolución y decide combatir junto con las tropas de Madero.

*Los de abajo, de Mariano Azuela: un fresco sobre la Revolución Mexicana de 1910, en el que el autor incluye un mosaico de tipos humanos con sus respectivas escalas de valores.*

## Un admirable fresco del desencanto revolucionario

En *Los de abajo*, Azuela nos ofrece un fresco sobre la Revolución de 1910, compuesto por dramáticas estampas de la vida de un campesino, Demetrio Macías, que se une a la causa maderista como reacción contra los desaguisados y los abusos de los caciques y los federales; su inicial rebeldía, espontánea e irreflexiva, acaba convirtiéndole en caudillo, en general revolucionario. La peripecia revolucionaria del caudillo y de los campesinos, que le apoyan hasta que se produce el inevitable final, es brillantemente utilizada, pues, para examinar la realidad que tan de cerca vivió el autor de *Los de abajo*. Con una concisión modélica, Azuela logra describir los móviles del protagonista, sus virtudes y defectos, en sólo dos admirables pasajes. Macías es presentado como un fruto, casi espontáneo, de la naturaleza, en la línea del «buen salvaje» que popularizó Rousseau, sin embargo, la profesora Jean Franco cree encontrar en el personaje unas resonancias que deben atribuirse, preferentemente, a Hobbes. Sus intereses se limitan al horizonte de lo cotidiano, al presente inmediato, pues la escasez de su educación, sus orígenes campesinos, no le permiten alcanzar una visión global de los acontecimientos.

Se ha reprochado injustamente a Mariano Azuela que no utilizara su novela para convertirse en portavoz de una ideología revolucionaria y adoptara, por el contrario, un fondo moral «burgués, pudoroso y antivitalista», crítica esta que no puede disimular cierto perfume maniqueo y sectario. Hay en *Los de abajo*, presentado con la brillantez —aunque no siempre la corrección— de una prosa fragmentada y vigorosa, un mosaico de tipos, arquetipos casi, que sirven al autor para establecer una verdadera escala de valores: el humilde campesino al que se engaña y cuyo valor resulta inútil, contraproducente incluso, a veces, al carecer de la educación que le permitiría proponerse más altas metas; el intelectual oportunista y carente de escrúpulos, y el idealista que muere en la batalla; la gente humilde, miembros de una «clase baja» maleada, corrompida ya por el ascenso de los valores de la sociedad burguesa; y, por último, el tierno personaje de Camila, la muchacha cándida e idealista. Pero, ante todo, lo que predomina en *Los de abajo* es el caos, la cólera y el afán de venganza, todos sentimientos que Mariano Azuela extrajo de sus experiencias militares y de las escenas contempladas en el campo de batalla.

## La influencia de la ciudad

El hecho de haber establecido su residencia en Ciudad de México supone la incorporación a sus novelas de los ambientes urbanos, aunque no por ello abandonó por completo el clima rural que prevalecía en sus primeras creaciones.

A este período literario pertenece también *Las moscas* (1918), la tercera novela que Mariano Azuela escribió durante el período revolucionario y que se distingue de sus obras anteriores porque el autor parece haber decidido potenciar en sus páginas su chirriante ironía y sus trazos caricaturescos. Utilizando como eje narrativo un viaje en tren de Ciudad de México al norte del país —y el tren, paradójicamente, parece convertirse aquí en una parábola de lo reaccionario, en el vehículo de los peores vicios—, la novela presenta una serie de personajes unidos por una característica común, su parasitismo, su absoluta inutilidad social, de la que sólo escapa uno de ellos, el médico observador y desengañado.

## Un oscuro poeta japonés

Mención aparte merece *La luciérnaga* (1932), novela en la que resulta muy patente la interrelación entre su práctica clínica y su inspiración artística. Algunos estudiosos han puesto de relieve una reveladora anécdota que el propio Azuela contaba a sus íntimos y que desvela los intrincados entresijos de la creación literaria. Cuando trataba las fiebres tercianas de una muchacha, hija de un destacado miembro de la colonia oriental en Ciudad de México, éste le descubrió, al parecer, las obras de un oscuro poeta japonés del siglo XVII, Maruyme, «el de los ojos redondos», intentando convencer, al escritor más que al médico, para que iniciaran a dúo la traducción de sus obras. La tarea nunca se llevó a cabo, pero uno de los breves textos del poeta, *Hotarú Monogatari* (*Cuentos de la luciérnaga*), se convirtió más tarde, en 1932, en la fuente de inspiración de la cual brotó la novela referida antes, *La luciérnaga*, en la que el autor pasa del desilusionado análisis del hecho revolucionario a la acerba crítica de la nueva burguesía ciudadana que surge en la capital cuando se afianza el nuevo orden. Su protagonista, mujer sumisa y sentimental como su antecesora del siglo XVII japonés, se mueve entre los arribistas, los ingenuos y los fanáticos, que componen la nueva fauna urbana, poniendo de relieve despiadadamente sus infamias y sus contradicciones. Hay en el estilo narrativo y la estructura de *La luciérnaga* un evidente interés por los experimentos literarios de los movimientos de vanguardia, que se había puesto de manifiesto ya en 1925, con la publicación de *El desquite*. En *La malhora*, publicada anteriormente, en 1923, se advierte también una exacerbación de la tendencia caricaturesca que nos recuerda, a veces, el Valle Inclán de los esperpentos. Tanto esta novela como *La luciérnaga* prosiguen el análisis y la interpretación de la historia mexicana desde la caída del porfiriato hasta el período termidoriano del largo proceso revolucionario que le tocó vivir a México.

Se iniciará luego el tercer período estilístico en la producción literaria de Azuela, caracterizado por un mayor costumbrismo, una actitud más serena pero, también, más personal y por ende menos objetiva, en el que siguen influyendo, de vez en cuando, las corrientes de ultimísima hora que el médico escritor sigue con interés y apasionamiento. A esta postrera época pertenecen sus *Sendas perdidas* (1949) y *La maldición* (1955) y *Esa sangre* (1956), las dos últimas publicadas póstumamente. Azuela también publicó un ensayo de crítica literaria, *Cien años de novela mexicana* (1947), y escenificó personalmente varias de sus obras en prosa.

Miembro fundador, en 1943, del Colegio Nacional, Mariano Azuela falleció en Ciudad de México el año 1952. Sus restos descansan en la Rotonda de los Hombres Ilustres del Panteón de Dolores.

*La valiente soldadera de la Revolución Mexicana, un trozo de historia que inspiró la obra literaria de Mariano Azuela.*

| | |
|---|---|
| **1873** | **MARIANO AZUELA** nace en Lagos de Moreno, en el Estado de Jalisco. |
| **1899** | Obtiene su título de médico en Guadalajara. |
| **1907** | Publica su primera novela, *María Luisa*. |
| **1910** | Se une a la insurrección maderista contra el dictador Porfirio Díaz. |
| **1915** | Debido a su militancia convencionista, se exilia en El Paso, Texas, tras la victoria de los carrancistas. |
| **1916** | Aparición de *Los de abajo*, su mejor novela. |
| **1917** | Regresa y se instala en Ciudad de México. |
| **1925** | Aparece *El desquite*. |
| **1942** | Obtiene el Premio de Literatura. |
| **1949** | Premio Nacional de Artes y Ciencias. |
| **1952** | El 1 de marzo, muere en Ciudad de México. |

# PLUTARCO ELÍAS CALLES
## *(1877-1945)*

*D*esde su puesto de gobernador y comandante militar del Estado de Sonora, meses antes de que las balas terminaran con el villismo en Sonora, en agosto de 1915, Plutarco Elías Calles dibujó para los sonorenses un programa de gobierno cuyos cimientos serían los «mártires de la idea», que seguían cayendo aún «frente al enemigo»; y su inspiración: el «anhelo de reformas sociales que cada soldado siente en su corazón y consuma con su fusil». La educación sería la «base más firme de la democracia» y se implantarían, contra las instituciones reaccionarias, «aquellas que el progreso y la civilización exigen». El gobierno favorecería a «las agrupaciones políticas de carácter permanente que defiendan ideales y principios bajo la forma de un programa: los principios lo serían todo, los hombres nada».

Una república antimonopolista de pequeños propietarios, dirigida por un Estado omnipotente del bienestar, que había de ser vigilante, regulador, distribuidor y, si era preciso mediante la expropiación de los bienes de los terratenientes y los enemigos del pueblo, creador de la riqueza nacional. Una república ilustrada cuyo programa sintetizaba maravillosamente el lema final: «Tierras y libros para todos».

## Del regeneracionismo apolítico al maquiavelismo del poder

La historia parece burlarse a veces de sus protagonistas, convirtiendo las bellas palabras de los programas en negras páginas para el futuro. Así, el ideal moralizador, que, con la rectitud de un ángel exterminador, emprendiera en 1915 (dictando leyes que prohibían la fabricación y el consumo de alcohol, ilegalizando el juego, mandando crear escuelas primarias en todo lugar donde hubiera más de veinte niños, obligando a las empresas a fundar escuelas nocturnas para los trabajadores, combatiendo la usura, el despojo y el pacto de retroventa o suprimiendo la tortura en las penitenciarías), cedería el lugar a un

*Plutarco Elías Calles realizó una importante labor social como gobernador del estado de Sonora: prohibió el consumo de bebidas alcohólicas, reguló el divorcio y fijó el salario mínimo.*

gobierno de la Nación, basado en un sistema que combinaba de forma equilibrada la propaganda obrerista del nuevo Estado proletario con el caciquismo, las prebendas y la represión de los intentos de organización independiente del poder.

Muy pronto, las exigencias prácticas de la consolidación del poder en Sonora fueron arrinconando la regeneración y la felicidad del pueblo por unas tareas menos brillantes pero más prácticas: la reconstrucción administrativa, financiera y fiscal de la maquinaria de un Estado devastado por la Revolución, tarea en la que Calles, en unas ocasiones, y De la Huerta, en otras, demostraron sus extraordinarias cualidades de gestores eficaces. Frente al caos administrativo y la destrucción de recursos del anterior gobierno dirigido por Maytorena, Calles supo emprender una política de restauración del Estado, basada en la defensa de la propiedad privada de los sectores que mostraran su lealtad a las nuevas autoridades.

## Un hombre hecho a sí mismo

Plutarco Elías Calles nació en 1877 en el pueblo de Guaymas (Sonora), fruto de una relación temporal entre un rico hacendado del Estado, Plutarco Elías, y una joven llamada María de Jesús Campuzano, la cual aceptó que su hijo fuera reconocido y recibiera el apellido de su padre, pero no consintió contraer matrimonio con él. Obligada a buscar posteriormente la protección de un modesto cantinero del pueblo de Hermosillo, el pequeño Plutarco pasó a vivir con él y, en agradecimiento a su padrastro, adoptó su apellido Calles, con el que entraría en la historia mexicana.

Tras quedarse huérfano a los cuatro años, no puede decirse de Plutarco E. Calles que su infancia y adolescencia fueran un camino de rosas. Durante toda su vida y a lo largo de su carrera política, los dos mundos en que se movió en sus años mozos iban a estar presentes en su futuro: la vida diaria de la cantina de su padrastro y su asistencia a la escuela, en la que se distinguió como alumno aventajado. A los dieciséis

*Plutarco Elías Calles acompañado por el general Álvaro Obregón, defensor de la incipiente burguesía mexicana, durante una visita a la capital de la República.*

años, Calles, considerado un muchacho hosco y enérgico, obtuvo el título de maestro y, poco después, se convirtió en profesor de la Escuela de la Moneda de Hermosillo. Durante estos años, simultaneó sus trabajos como profesor con los de encargado en Guaymas del hotel California y administrador de un negocio comercial en Agua Prieta. Allí conoció y entabló relaciones con los que habían de ser en el futuro personajes importantes de la Revolución, como Adolfo de la Huerta, Carlos Plank, Ignacio Bonilla, etc., a la vez que ejerció tambien como redactor en los periódicos *El Siglo XX* y la *Revista Escolar* del Estado de Sonora.

En 1912, Plutarco Elías Calles ingresó en el ejército en calidad de capitán para luchar contra el movimiento orozquista y, un año más tarde, participó activamente en el derrocamiento del presidente Huerta, desde las filas del Ejército del Norte del general Álvaro Obregón, llegando a alcanzar en 1915 el grado de coronel por sus destacadas actuaciones militares en la lucha contra Pancho Villa.

## Gran reformador social

En este mismo año, el presidente Carranza nombró a Calles comandante militar y gobernador de Sonora, cargo desde el cual realizó una excelente labor social y que fue para él una excelente escuela política. En sus dos períodos como Gobernador de dicho Estado, Calles prohibió la fabricación, venta y consumo de bebidas alcohólicas, reguló el divorcio tras la reforma del código civil, fundó escuelas y bibliotecas, suprimió el Tribunal Superior de Justicia, derogó las exenciones de impuestos, fijó el salario mínimo y adoptó medidas contra los sacerdotes católicos.

Durante su segundo mandato como gobernador electo de Sonora, a partir de 1917, promulgó una nueva Constitución para ese Estado y diversas leyes agrarias y laborales de marcado corte social. Dos años más tarde, Carranza lo nombró secretario de Comercio y Trabajo, si bien no duró mucho en esos cargos, ya que dimitió para apoyar la candidatura de Álvaro Obregón a la presidencia frente a Carranza, que pretendía ser reelegido. Tras el asesinato de Carranza y el acceso a la presidencia de Obregón, Calles subió un peldaño más hacia la jefatura del país. Nombrado secretario de Gobernación, cargo que desempeñó durante tres años (1920-23), Calles se convirtió en el brazo derecho del presidente y en su virtual sucesor. Finalmente, tras sofocar la rebelión de los seguidores de De la Huerta, fue elegido presidente para el período comprendido entre los años 1924 y 1928.

El paso de Calles por la presidencia de la República quedó jalonado por una serie de grandes reformas sociales, docentes, agrarias y laborales, lo que significa que durante su gestión la reconstrucción administrativa del Estado experimentó un fuerte impulso. No hubo área política en la que no incidiera. Así, durante los dos primeros años de su mandato inició un gran plan de obras públicas para el cual creó dos Comisiones, la Nacional de Irrigaciones y la Nacional de Caminos, que controlaron la aplicación de su política.

En otros terrenos, como el económico, Calles efectuó también diversas modificaciones que mejoraron el sistema fiscal, convirtiéndose éste en uno de los pilares de su política. Entre las reformas económicas más importantes figuran la creación del Banco de

*El entonces presidente Álvaro Obregón, con Fernando Torreblanca, José Vasconcelos y Plutarco Elías Calles, entre otros, en el tren presidencial (1923).*

México, como una entidad semiprivada; el establecimiento de la Comisión Nacional Bancaria; la promulgación de la Ley General de Instituciones de Crédito y Establecimientos Bancarios; la diversificación de los ingresos y la centralización de la carga tributaria, consolidando de esta forma una alianza entre el capital y el gobierno.

A fin de controlar otro de los pilares del Estado, el presidente procedió a la reforma del Ejército gracias a la gestión de su ministro de la Guerra, Amaro, quien consiguió modernizar a las Fuerzas Armadas y someterlas a la autoridad del poder central por medio de la Ley Orgánica del Ejército, la de Disciplina Militar y la de Retiro y Pensiones.

## Alianza con el obrerismo

Una de las promesas que hizo durante su campaña electoral fue la defensa nacionalista contra la injerencia extranjera principalmente en cuestiones económicas. Su política estaba centrada en la regulación del capital extranjero y la obligación de pagar impuestos en México, todo lo cual tuvo evidentes implicaciones en su política exterior. Gracias precisamente a esta política nacionalista pudo mantener la alianza con el movimiento obrero a través de la Confederación Regional Obrera Mexicana (CROM), aunque esta alianza no se debió sólo a esta política «obrerista», sino también a que Calles tuvo la habilidad de situar al líder de la CROM, Luis Morones, sucesivamente en las carteras de Industria, Comercio y Trabajo.

En su afán de ganarse a la clase campesina, Calles siguió una política de reparto de tierras, para lo cual, lo primero que hizo fue relegar a un segundo plano al Partido Nacional Agrarista, que seguía apoyando a Obregón. Su gobierno introdujo un nuevo matiz en la redistribución de tierras al establecer la sustitución del sistema de explotación colectiva por el individual y al reglamentar la forma de asignación de las tierras ejidales (1925).

## Intentona cismática

El rasgo más sobresaliente de Calles desde sus primeros escarceos en la vida política y sobre todo durante su campaña electoral fue su marcado carácter anticlerical. Durante toda su gira electoral, Calles hizo

*Estadio de México, 30 de noviembre de 1924. Plutarco Elías Calles presta juramento ante el presidente de la Cámara de Diputados en el momento de asumir la presidencia de la República. Su período de gobierno se extendió hasta 1928, cuando fue reelegido Álvaro Obregón; sin embargo, su influencia política continuó durante varios años más.*

gala de violentos pronunciamientos anticatólicos y estas tesis las llevó a la práctica una vez que hubo ocupado el sillón presidencial.

La primera acción dirigida contra la Iglesia la emprendió su gobernador de Tabasco, Tomás Garrido, quien estableció por decreto que únicamente seis sacerdotes podían ejercer su ministerio en el Estado y con la condición de que fueran casados. Esta disposición del gobernador tabasqueño era el comienzo del tragicómico intento presidencial de crear un cisma en la iglesia mexicana. En efecto, hay historiadores críticos de Calles que consideran que algún día, no muy afortunado para el Presidente, cayó en sus manos una biografía del rey Enrique VIII de Inglaterra, la cual le impresionó tanto que decidió seguir sus pasos y romper con Roma.

El primer paso fue fundar la Iglesia Católica Apostólica Mexicana bajo el pontificado de un buen señor apellidado Pérez, y al que se le dio el tratamiento de Patriarca. Es muy posible que esta situación no hubiera llegado a más si el gobierno no hubiese conseguido que para el establecimiento de esta iglesia nacional, tres sacerdotes firmaran un manifiesto en el cual desconocían la autoridad del Romano Pontífice. Las relaciones entre la Iglesia y el Estado se deterio-

raron inevitablemente. La Iglesia denunció en un acto público la Constitución de 1917 a lo que el Gobierno respondió con el cierre de conventos y escuelas católicas. La única medida que la Iglesia podía tomar en aquel momento (julio de 1926) fue la suspensión por decisión propia de la celebración de todo tipo de culto.

Con tales antecedentes era de esperar que este «conflicto religioso» desembocara abiertamente en una revolución armada, que recibió el nombre de *rebelión cristera,* y que rápidamente se extendió por los Estados de Jalisco, Guanajuato, Colima y Michoacán, movilizando particularmente al campesinado, aunque la Liga Nacional de la Defensa de la Libertad Religiosa, que era la que dirigía el movimiento, tenía profundas raíces urbanas.

## La lucha por seguir en la brecha

El año 1927 fue aciago para el gobierno callista, ya que a la revolución cristera se unió el descenso del precio mundial de la plata y el incremento de las tensiones con Estados Unidos, principalmente debido a las presiones de los petroleros norteamericanos.

Desde el punto de vista de la política interior el acontecimiento más importante de ese año fue la supresión, por el gobierno callista, del principio de la no-reelección, con objeto de que pudiera ser reelegido como presidente el general Álvaro Obregón.

Tras el asesinato del reelecto presidente, el Congreso entregó el gobierno a Emilio Portes Gil, sin que ello significara la desaparición de Calles de la vida política, pues al año siguiente fundó el Partido Nacional Revolucionario con el que pretendía poner fin a la era de los caudillos e iniciar la época institucional. Calificado como «Jefe Máximo de la Revolución», continuó ejerciendo su influencia entre 1928 y 1934, motivo por el cual se conoce a este período como el «Maximato». Fue secretario de Guerra y Marina, con Portes Gil (1928-30), los mismos cargos los ocupó con Ortiz Rubio (1930-32) y desempeñó además los de Hacienda y Crédito Público con Abelardo L. Rodríguez (1932-34). Pero su estrella se extinguió definitivamente en el año1936 cuando Lázaro Cárdenas lo desterró de México, yendo a vivir a la ciudad de Los Ángeles hasta 1941 cuando se le autorizó el retorno, instalándose primero en su hacienda de Soledad de la Mota, Nuevo León, y más tarde en Ciudad de México. Falleció en Cuernavaca en 1945 sin volver a intervenir en la vida política del país.

*En 1936 Calles fue desterrado por Cárdenas; volvió al país en 1941, instalándose en su hacienda de Soledad de la Mota, en Nuevo León, y luego en Ciudad de México.*

| | |
|---|---|
| **1877** | Nace en Guaymas, en el Estado de Sonora, el 25 de septiembre **PLUTARCO ELÍAS CALLES.** |
| **1913** | Tras el asesinato de Madero, apoya el levantamiento constitucionalista. Enrolado en las fuerzas de Obregón, se distingue por sus acciones, por lo que es ascendido a teniente coronel y nombrado comandante militar de Hermosillo y jefe de las fuerzas militares de Sonora. |
| **1914** | Enfrentado al gobernador Maytorena, abandona la capital y se refugia en la frontera, permaneciendo al frente de los carrancistas de Sonora en Naco y Agua Prieta. |
| **1915** | En julio, ataca las posiciones de Maytorena. En agosto, es nombrado por Carranza gobernador y comandante militar de Sonora. |
| **1917-1919** | Se inicia su segundo mandato como gobernador electo de Sonora, con la promulgación de una nueva Constitución para el Estado y diversas leyes agrarias y sociales. |
| **1920-1923** | Se ve obligado a dimitir para apoyar la candidatura de Obregón a la presidencia en contra de la reelección de Carranza. |
| **1924** | Sofocada la rebelión de los delahuertistas, es elegido presidente para el período de 1924 a 1928. |
| **1926** | Clausura de conventos, iglesias y escuelas, y expulsión de clérigos extranjeros, medidas que propiciarán la *rebelión cristera*. |

*El ministro de Guerra y Marina, Plutarco Elías Calles, conocido como el «Jefe Máximo de la Revolución», en el acto de presentación del nuevo subsecretario del ministerio, general Abelardo Rodríguez, a los jefes de esta dependencia, el mes de octubre de 1931, durante el mandato presidencial del ingeniero Pascual Ortiz Rubio.*

| | |
|---|---|
| **1927** | *Rebelión cristera* y tensiones con Estados Unidos por las presiones de los petroleros norteamericanos. |
| **1928** | Finaliza el mandato de Calles y es reelegido Obregón, asesinado al poco tiempo de asumir la presidencia. |
| **1929** | Calles funda el Partido Nacional Revolucionario. Es nombrado secretario de Guerra y Marina por el presidente Portes Gil para derrotar las múltiples sublevaciones contra el «Maximato». Calles se retira a su finca de Santa Bárbara, pero continúa dictando la política, convertido en el «Jefe Máximo de la Revolución». |
| **1930-1933** | Secretario de Guerra y Marina con el presidente Ortiz Rubio (1931-1932) y secretario de Hacienda y Crédito Público con Aberlardo L. Rodríguez (1933). |
| **1935** | Enfrentamiento con Lázaro Cárdenas por su política nacionalista y de expropiación de los petroleros norteamericanos. |
| **1936** | Calles es expulsado de México junto con los dirigentes callistas significados en la ola de atentados y sabotajes contra el gobierno de Cárdenas. Se instala en San Diego, California. |
| **1941** | Regreso de Calles a México, afincándose en su hacienda de Soledad de la Mota, Nuevo León, y después en Ciudad de México. |
| **1945** | Fallece en el Hospital Inglés de Ciudad de México, por complicaciones postoperatorias. |

# LÁZARO CÁRDENAS DEL RÍO
## (1896-1970)

*La figura de Lázaro Cárdenas trasciende las fronteras mexicanas y se proyecta como la de uno de los grandes estadistas latinoamericanos.*

*L*ázaro Cárdenas del Río fue un hijo de la Revolución, pero no de su violencia. Como militar, profesión en la que destacó por su brillante carrera, midió su valentía por el respeto a la vida de sus circunstanciales enemigos y como gobernante logró situar a México en el camino de la modernidad. Su defensa de los intereses campesinos y obreros frente a la ambición de los terratenientes y patronos, así como de los recursos del país frente al capital extranjero, que caracterizó toda su acción política, le dio una autoridad moral que perduró aún después de alejarse del poder.

Durante su gobierno, los postulados de la Revolución fueron profundizados en todos sus campos: fomento de la educación, modernización de la administración e impulso de la reforma agraria.

## El impresor revolucionario

El 21 de mayo de 1895, en Jiquilpan, Michoacán, Dámaso Cárdenas Pinedo y Felícitas del Río Amezcua recibieron con entrañable alegría el nacimiento de su hijo Lázaro. En el seno de aquel humilde hogar, lejos estaban de pensar que aquel niño que mecían en sus brazos llegaría a ser uno de los presidentes más populares y queridos de la República.

Lázaro tenía catorce años cuando terminó sus estudios primarios y entró a trabajar en la oficina de Donaciano Carreón. Fue ésta una experiencia enriquecedora para Lázaro, pues Carreón le despertó la afición por la lectura y lo inició en los secretos de la impresión en la imprenta «La Popular», de la que era propietario. Al estallar la revolución maderista en 1911, su padre murió y su protector marchó para unirse a las tropas de Madero. Lázaro se hizo cargo de la imprenta durante dos años y, en 1913, colaboró en la edición de un manifiesto revolucionario contra Victoriano Huerta. Perseguido por los federales, se adhirió al ejército rebelde con el grado de capitán segundo y, tras la derrota de Huerta, secundó al general Álvaro Obregón.

El joven Cárdenas inició una brillante carrera militar, destacándose en la lucha contra los partidarios de Zapata y, más tarde, contra Pancho Villa, bajo el mando del general Plutarco Elías Calles, con quien establecería una estrecha vinculación.

## El joven general

Hombre serio y disciplinado, Lázaro Cárdenas demostró valor e inteligencia en sus acciones militares. Defendió la causa constitucionalista y combatió a los rebeldes, lo cual le significó el ascenso a general brigadier y el cargo de gobernador interino de Michoacán a los veinticinco años.

En la batalla de Huejotitlán, el 26 de diciembre de 1923, el general Cárdenas fue herido gravemente y apresado por las tropas rebeldes del general Enrique Estrada. Derrotado éste y antes de que le llegara la orden de fusilamiento, Cárdenas otorgó al general y a otros sublevados salvoconductos para que abandonaran el país, en un gesto que ya definía su generosidad política.

Su repugnancia a la violencia gratuita quedó confirmada cuando en el año 1928, durante la *rebelión cristera*, logró reducir a los rebeldes de Coalcomán, convenciendo a los campesinos de las ventajas que reportaba siempre el respeto a la vida humana. Para sorpresa de todos, cambió las viejas escopetas de los alzados por fusiles.—«Son para cazar y no para matar hombres»— dijo.

Fue precisamente esta demostración la que le dio fama de hombre justo y de autoridad recta, rasgos que le permitieron reducir al año siguiente, cuando ya era gobernador de Michoacán, nuevos brotes cristeros entrevistándose con sus cabecillas y sin disparar ni un tiro.

## Un gobernador incansable

El general Lázaro Cárdenas fue elegido gobernador de su Estado en 1928 y, en el ejercicio de este cargo, desarrolló una impresionante labor, fundando centenares de escuelas, democratizando la universidad, repartiendo tierras entre los campesinos y fomentando la asociación sindical.

Al año siguiente se fundó el Partido Revolucionario Nacional para dar un soporte político al régimen y Lázaro Cárdenas, a instancias de su protector, el general Calles, fue nombrado presidente de la agrupación.

El partido fue la plataforma de la que se valió Lázaro Cárdenas para poner de manifiesto su independencia de criterios y su honesta defensa de los intereses del país. Su habilidad política quedó patente cuando logró mantener el equilibrio entre el bando militar callista y el del presidente Pascual Ortiz Rubio, en cuyo gobierno desempeñó la Secretaría de Gobernación, en 1931.

Por entonces, Cárdenas ya estaba totalmente convencido de que la tolerancia y la moderación eran dos virtudes que tenían la capacidad de solventar cualquier diferencia, por más insalvable que pareciese, sin necesidad de recurrir a las armas. Pero esto no implicaba, sin embargo, que debiera renunciar a la firme defensa de lo que creía justo y beneficioso para el pueblo mexicano.

## El señor presidente

En 1932, tras contraer matrimonio con Amalia Solórzano, pasó a ocupar la Secretaría de Guerra y Marina, y, durante los seis primeros meses de 1933, el general Lázaro Cárdenas aceptó ser el candidato a presidente, para el período 1934-1940. Las elecciones, que se celebraron el 4 de julio de 1934, supusieron una aplastante victoria para él y el 1 de diciembre tomó posesión del cargo vestido de civil. El presidente no era un general, sino un señor.

Tras unas primeras concesiones a su antiguo protector, el general Plutarco Elías Calles, pronto Cárdenas demostró su valor e independencia desmontando el aparato callista. Como presidente se había fijado unos objetivos, cuyo cumplimiento requería tener las manos libres. Y Cárdenas no dudó en romper cualquier tipo de ataduras, aún con aquellos que lo habían aupado al poder.

## Un objetivo: profundizar los postulados revolucionarios

El mismo año en que pasó a ocupar la presidencia de la República, había nacido su hijo Cuauhtémoc. Lázaro Cárdenas era un joven padre que soñaba con lo mejor para su recién nacido hijo, del mismo modo que ambicionaba lo mejor para su sufrido pueblo.

*Lázaro Cárdenas perteneció a una generación de estadistas que debió curtirse en un período de luchas. Sin embargo, su repugnancia a la violencia gratuita se puso de manifiesto en numerosas ocasiones.*

*El presidente Cárdenas dio un gran impulso a los proyectos revolucionarios mexicanos durante su gobierno en los años treinta; para ello contó con el apoyo de las clases populares.*

Gracias a la amplitud de poderes conseguidos tras la eliminación de la escena política del callismo, Cárdenas se dedicó a poner en práctica y profundizar los postulados de la Revolución mediante una labor metódica en todos los sectores, tanto de orden interno como externo.

En el ámbito interior, fomentó la educación y las ciencias en todos sus niveles y alentó la formación de organizaciones sindicales de obreros y campesinos. Así mismo, reorganizó y modernizó los estamentos de la Administración, dio impulso a la reforma agraria, repartiendo más tierras que en cualquier otro perío–do anterior, y promovió la creación de nuevas industrias para satisfacer el consumo local. Además, en una de las medidas que lo consagraron como un estadista valiente, Lázaro Cárdenas reafirmó la soberanía nacional frente a los poderosos intereses del capital extranjero.

En efecto, apelando a las causas de utilidad pública, nacionalizó los ferrocarriles en 1937 y, al año siguiente, hizo lo mismo con la industria petrolera, expropiando los bienes de las compañías británicas y estadounidenses existentes en el país y creando Petróleos Mexicanos (PEMEX).

El alcance de las medidas tomadas por el presidente Cárdenas se tradujo en el alzamiento del general Saturnino Cedillos y el embargo del petróleo mexicano en puertos extranjeros, entre otras reacciones provocadas por las multinacionales, pero también en el multitudinario apoyo popular que recibió en México y en las declaraciones de solidaridad de otros países latinoamericanos y europeos.

Precisamente, la proyección de su política interior fuera de las fronteras mexicanas se correspondió con una política exterior de carácter marcadamente progresista e independiente.

Esta política se puso de manifiesto en la condena de la invasión italiana a Etiopía, en 1935, y en la soviética a Finlandia, en 1939, así como en el apoyo prestado a la República española durante la Guerra Civil y posteriormente en el generoso trato a sus más de cuarenta mil exiliados que llegaron al país, etcétera.

México se había convertido en el país abanderado de la lucha antiimperialista. Más allá de las declaraciones retóricas, Lázaro Cárdenas mostraba con serena firmeza que, junto a la condena del expansionismo soviético, también era posible defender la soberanía nacional frente a su poderoso vecino del norte.

El fundamento de esta política de soberanía nacional se hallaba en la solidaridad internacional. Cárdenas consideraba que, si la fuerza de los campesinos y obreros se asentaba en la solidaridad popular, también la fuerza de los países más débiles se alimentaba de este ideal de solidaridad, que se implementaba en el derecho de los gobiernos legítimos a apoyarse y defenderse mutuamente.

## «Por una democracia de trabajadores»

La política gubernamental seguida por Lázaro Cárdenas afectó a todas las instituciones del país y a la vida de todos sus habitantes. Los sectores políticos más conservadores, algunos de manifiesta tendencia fascista, se agruparon en Acción Revolucionaria Mexicanista, grupo de presión conocido como «Los Dorados», y bajo los nombres de Unión Nacional Sinarquista, Salvación Pública y Acción Nacional.

Pero, hacia 1938, Lázaro Cárdenas ya era un presidente lo suficientemente fuerte y decidido como para no dejarse arredrar por las reacciones conservadoras. En sus manos no sólo estaba el control del gobierno, sino también el del partido. De modo que, consciente del apoyo popular y de su segura posición, dio un paso más con miras a institucionalizar la Revolución. El 30 de marzo de 1938 disolvió el Partido Nacional Revolucionario y fundó el Partido de la Revolución Mexicana (PRM). Bajo el lema «Por una democracia de trabajadores», el partido cardenista estaba integrado por obreros, empleados, campesinos y militares.

Los fundamentos del futuro Partido Revolucionario Institucional estaban sentados.

Concluido su mandato en 1940, Lázaro Cárdenas se retiró a la vida privada y, posteriormente, ocupó diversos altos cargos dentro de la Administración. Pero, aun retirado de la actividad política, Cárdenas continuó siendo una figura de gran peso en la vida social y política del país en general y dentro del PRI en particular, donde representó a su tendencia izquierdista.

Avalado por su carisma y su autoridad moral, Lázaro Cárdenas apoyó la revolución castrista contra el despótico régimen de Batista en Cuba, condenó la matanza de estudiantes en la plaza de las Tres Culturas, en 1968, y llevó a cabo una incansable labor conciliadora.

La figura de Lázaro Cárdenas, quien murió en México D.F., el 19 de octubre de 1970 y cuyos restos mortales fueron depositados en el Monumento a la Revolución, trasciende las fronteras mexicanas y se proyecta como uno de los grandes estadistas que ha dado el continente americano.

| | |
|---|---|
| **1895** | Nace **LÁZARO CÁRDENAS DEL RÍO** en Jipilquilpan, Estado de Michoacán. |
| **1910** | Al estallar la revolución, trabaja imprimiendo un diario con las tesis maderistas. |
| **1913** | En febrero, víctima de Victoriano Huerta, se une a los partidarios de Pancho Villa en el norte del país. |
| **1914** | Se integra en las fuerzas del general Álvaro Obregón para terminar siendo partidario de Venustiano Carranza y Plutarco Elías Calles. |
| **1920** | Ocupa su primer cargo político como gobernador interino del estado de Michoacán. |
| **1923** | Regresa a la vida castrense para enfrentarse a las tropas del general Estrada y es herido en la campaña. Consigue la pacificación del área de Coalcomán. |
| **1928** | Es designado gobernador del estado de Michoacán, cargo que debe abandonar por tres veces, las dos primeras para sofocar levantamientos y sublevaciones, y la tercera para presidir el Partido Nacional Revolucionario. |
| **1931** | Ocupa la secretaría de Gobernación durante el mandato de Pascual Ortiz Rubio. |
| **1933** | Ocupa la secretaría de Guerra y Marina. |
| **1934** | En diciembre toma posesión del cargo de presidente de la República de México. |
| **1936** | Crea la Confederación de Trabajadores de México (CTM). |
| **1938** | Nacionaliza la industria petrolera mexicana y crea PEMEX (Petróleos Mexicanos). |
| **1942** | Ocupa el cargo de secretario de Defensa Nacional, a petición del presidente de la República cuando México se ve involucrada en la Segunda Guerra Mundial. |
| **1955** | Recibe el Premio Stalin de la Paz. |
| **1970** | Muere el 19 de octubre en Ciudad de México. |

# VENUSTIANO CARRANZA
## (1859-1920)

*L*a confianza ilimitada en la legitimidad de su investidura, su fe ciega en el proyecto político constitucionalista de una revolución administrada desde arriba, que, barriendo la vieja clase política del porfirismo, pusiera los cimientos de una sociedad moderna, tal fue el norte que había de guiar, desde su frágil posición de fiel gobernador maderista del estado de Coahuila, al personaje que había de encarnar la estrategia de legalización de la revolución mexicana.

## Una voluntad de hierro al servicio de la razón de Estado

Una política de signo termidoriano, fundada en la hegemonía de un Estado equilibrador de las injusti-

*Transformar la política en el arte de lo posible fue uno de los objetivos de Venustiano Carranza, quien no dudó en recurrir a la astucia para alcanzar sus fines.*

cias sociales, pero en la que Carranza se erigía en vigilante y verdugo cruel e inapelable de un sistema político de capitalismo avanzado, cuya custodia se atribuía, ostentosa y directamente ya desde la redacción del Plan de Guadalupe en 1913, bajo el significativo título de Primer Jefe del Ejército Constitucionalista. Como afirma Héctor Aguilar Camín: «Carranza erigió dentro de sí la certeza de que era el único representante legítimo que quedaba en el país, mientras fuera el único en desconocer a Huerta. Y así se comportó desde entonces: como un gobernante, no como un rebelde ni como un simple jefe militar.»

Haciendo de la política el arte de lo posible, Carranza no vaciló en usar contra sus adversarios toda clase de triquiñuelas y astucias, pactando con ellos en los momentos en que veía comprometido su poder, para asestarles un golpe mortal cuando se encontraba en situación de fuerza. El asesinato de Emiliano Zapata por el coronel Guajardo, actuando a las órdenes del general Pablo González, fue una de las múltiples tramas urdidas por el Primer Jefe para acabar con un rival, dotado de una aureola de integridad y legitimidad revolucionaria, al que no había conseguido reducir ni por la fuerza de las armas ni con sus astucias.

No cabe duda de que Carranza percibió el peligro que suponía utilizar la maquinaria del Estado para poner en práctica ciertos procedimientos de guerra sucia —que a la larga acabarían por devorarlo y llevarlo a la tumba—, pero su visión política global, que consideraba a México como una totalidad articulada que no podía prescindir de ninguno de sus miembros, so pena de verse gravemente amputada, le hizo sacrificar a la razón de Estado cualquier otro tipo de consideraciones. Su fina intuición política le hizo comprender que, para contener la marea revolucionaria y domesticar las fuerzas centrífugas disgregadoras del poder del Estado, era necesario levantar, desde la legalidad de la Constitución de 1917, la bandera del agrarismo, tomando del Plan de Ayala aquellas reivindicaciones que, expropiando a los terratenientes porfiristas, permitían la creación de una nueva clase de propietarios para ponerlos al servicio del Estado benefactor. Carranza pensaba así neutralizar la marea revolucionaria del campesinado indígena, tal como consiguiera años atrás ganarse al incipiente proletariado urbano mediante la integración de éste en los engranajes del Estado a través de la Casa del Obrero Mundial.

## Primeras armas en la política

En la ciudad de Cuatro Ciénagas, hoy Cuatro Ciénagas de Carranza, en el Estado de Coahuila, y en el año de gracia de 1859, nació Venustiano Carranza en el seno de una familia de hacendados. Gracias a la posición social de su familia, fue enviado a cursar sus estudios de leyes a Ciudad de México. Una vez terminados sus estudios, Carranza volvió a su pueblo, a ocuparse de la granja propiedad de la familia, tarea en la que ocupó los primeros años de su vida activa, aunque ya comenzó a realizar algunas incursiones en el mundillo político del lugar. Así, por aquellas fechas comenzó a mostrar inquietud por la vida

municipal y en 1887, bien por su eficaz labor o bien por la influencia de su familia en la región, consiguió ocupar el cargo de presidente del consejo municipal de Cuatro Ciénagas.

Todo parece indicar que el ámbito municipal se le quedó pequeño y pronto aspiró a cargos políticos de más influencia. Así, tras conseguir el acta de diputado local y más tarde la de senador propietario, en 1908 desempeñó el cargo de gobernador interino de Coahuila.

## Del antirreeleccionismo al constitucionalismo

La pretensión de Porfirio Díaz de ser reelegido presidente de la República por un nuevo mandato desembocó, como era de esperar, en un levantamiento armado y Carranza, al no conseguir convencer al general Reyes para que se sublevara contra el presidente, no tuvo otra opción que la de unirse al movimiento revolucionario de Madero. El triunfo de éste significó que Carranza pasó a formar parte, en calidad de ministro de Guerra y Marina, del gabinete maderis-

*El primer jefe, Venustiano Carranza, junto al gobernador de Sonora, José María Maytorena, el general Álvaro Obregón y su comitiva saliendo del ayuntamiento de Hermosillo (28 de julio de 1913).*

*Venustiano Carranza junto al general Álvaro Obregón –luego designado comandante del Ejército de Operaciones–, Pablo González y otras personas en La Cañada, Querétaro (22 de enero de 1916).*

ta instalado en Ciudad Juárez, en 1911. Consolidado Madero como presidente, Carranza fue designado gobernador de su Estado, donde se encontraba cuando se produjo el asesinato de Madero y la ascensión al poder del general Huerta.

Tras el golpe huertista, Carranza en vez de proceder a la disolución de las fuerzas que estaban a su mando, se erigió en representante único de la legalidad constitucional violada por Huerta y consiguió, en una de sus muchas muestras de astucia política, ser reconocido por los jefes revolucionarios de Sonora —baluarte principal del constitucionalismo—, como el Primer Jefe del Ejército Constitucional, mediante la proclama conocida como el Plan de Guadalupe en marzo de 1913, por la que desconocía la autoridad de Huerta y reclamaba para sí el calificativo de constitucionalista. Por otra parte, en el Plan de Guadalupe, Carranza aceptaba, una vez que Huerta fuera derrotado, la asunción de la dirección del país y la convocatoria de elecciones generales.

El triunfo arrollador de los ejércitos constitucionalistas —las fuerzas del nordeste mandadas por Pablo González; el contingente del noroeste, cuyo jefe era Álvaro Obregón; la división del norte, a las órdenes de Francisco Villa y las tropas libertadoras del sur, acaudilladas por Emiliano Zapata— tuvo como consecuencia la derrota de Huerta y su huida del país.

Para garantizar el futuro de la nación, Carranza impuso a los jefes revolucionarios que habían contribuido a la victoria la firma del Convenio de Teoloyucan, por el cual debían disolverse los ejércitos oficiales y Carranza hacer su entrada en la capital mexicana. De ambas propuestas únicamente la segunda se cumplió el 20 de agosto de 1914, en que, en medio del entusiasmo popular, Carranza entró en la capital de la República. Aunque rehusó el título de presidente interino y conservó el de Primer Jefe, dictó medidas propias de un verdadero jefe de Estado.

## Lucha de facciones y derrota de los convencionistas

Con la caída de Huerta, se planteó de inmediato la lucha por el poder, que ya se venía gestando desde el comienzo de la insurrección, en el bando revolucionario, en tanto que representaban intereses contrapuestos de distintos sectores sociales y regionales que habían formado el Ejército Constitucionalista. El problema más grave para la puesta en marcha del programa carrancista era la negativa de Villa y Zapata a disolver sus ejércitos y, en consecuencia, su negación de la legitimidad del poder de Carranza. Éste rompió con los zapatistas el 5 de septiembre de

1914 y, poco después, Villa desconoció la autoridad de Carranza como jefe ejecutivo nacional. El caos en que estaba sumido el país no pudo resolverse en un primer intento en la Convención de México adonde no fueron ni los representantes de Villa, ni los de Zapata, ni tampoco en la de Aguascalientes, donde si acudieron los representantes de los principales jefes revolucionarios, en octubre de 1914.

En una de sus hábiles estrategias, Carranza ofreció su entrega del mando civil y militar si Villa y Zapata renunciaban a sus respectivas jefaturas militares y abandonaban la República. Pero la reunión, dominada por la cercana presencia de la División del Norte y del Ejército del Sur, transcurrió de manera muy diferente a los designios del Primer Jefe. En efecto, la Convención desconoció la autoridad de Carranza y eligió como presidente provisional al general Eulalio Gutiérrez. Carranza no acató esta decisión y ese mismo mes se trasladó a Veracruz, donde formó su propio gobierno.

Una de las primeras medidas que adoptó Carranza para combatir al ejército convencionista, formado por la División del Norte de Villa y las tropas libertadoras del Sur de Zapata, fue la de designar al general Álvaro Obregón comandante del Ejército de Operaciones, e implícitamente sucesor presidencial

«in pectore». Villa y Zapata, reunidos en Xochimilco, firmaron un pacto, que lleva el nombre de esta ciudad, por el que además de ignorar a Carranza decidieron entrar en México, en cuyo Palacio Nacional instalaron al general Eulalio Gutiérrez elegido presidente en Aguascalientes.

Las acciones militares de los convencionistas no fueron lo contundentes que requería la situación y, tras ser vencidos por los seguidores de Carranza, Eulalio Gutiérrez huyó en enero de 1915. Desaparecido pues el gobierno de la Convención y derrotado el villismo, Carranza volvió a Ciudad de México e incrementó el combate contra los zapatistas.

## Reforma constitucional

Instalado en la capital del país, Carranza comenzó una de las labores más importantes de su corto período presidencial, desde el punto de vista social y político. Después de que el Congreso constituyente de Querétaro le confirmara como presidente de la República en noviembre de 1916, Carranza presentó un proyecto de reforma de la Constitución, con objeto de adecuar la Carta Magna de 1857 a las necesidades de los tiempos que corrían. Esta nueva Constitución,

*El presidente Carranza, de fina intuición política, levantó la bandera del agrarismo con la intención de crear una clase de propietarios al servicio del Estado benefactor.*

promulgada el 5 de febrero de 1917, en Querétaro, era la síntesis de los ideales de revolución administrada que los grupos del norte, de Sonora y Coahuila, habían puesto en práctica con las armas siete años antes, excluyendo de forma deliberada las propuestas radicales de zapatistas y villistas. Entre los objetivos básicos de la nueva Ley Fundamental figuraban, en primer lugar, el establecimiento de un Estado fuerte en el que se cedían amplias atribuciones al poder ejecutivo.

De acuerdo con esta nueva norma, el Ejecutivo gozaba de amplias competencias sobre todas las cuestiones relacionadas con el problema educativo, fomentando la expansión de la enseñanza laica y en los asuntos sociales, como la protección de los trabajadores y el establecimiento de un salario mínimo. Igualmente, se ponía el énfasis en una política de defensa de los intereses nacionales que había de fomentarse mediante la nacionalización de las minas, concretamente las de plata, y los yacimientos de petróleo. Por otra parte, fijaba las bases para la defensa de la propiedad privada y preconizaba la

*Una de las labores más importantes del período presidencial de Carranza fue la promulgación de la Constitución de 1917, que reformaba la de 1857, y en la que el Estado salió fortalecido.*

confiscación de los bienes de la Iglesia y un mayor control del núcleo de poder representado por el estamento eclesiástico. Una vez aprobada la Constitución de 1917, este texto legal abrió el camino para que Venustiano Carranza pudiera ocupar la presidencia de la República, cosa que hizo después de ganar las elecciones el 1 de mayo del mismo año.

## Tres años de aciertos sociales

La administración carrancista tuvo numerosos aciertos durante los escasos tres años que duró, como fueron la reorganización de la Hacienda, así como el poner orden en la circulación monetaria; procedió al reparto de casi 200 mil hectáreas de tierras; reconstruyó los sistemas de comunicaciones que habían quedado prácticamente destruidos como consecuencia de la revolución y reanimó la actividad económica. Pero hubo una parcela que Carranza se reservó para sí mismo: la política exterior. Su nacionalismo le planteó serios problemas con Estados Unidos, sobre todo en cuanto a la defensa de las riquezas petrolíferas, pues su contencioso con Washington venía de antiguo. En efecto, ya en 1916 cuando desempeñaba el cargo de Primer Jefe, Pancho Villa había realizado una incursión sobre la ciudad de Columbus (Nuevo México) y Estados Unidos lanzó sus tropas en persecución de Villa, cruzando la frontera sin permiso de las autoridades mexicanas. Carranza presentó entonces una queja diplomática en la que protestaba por la «mala fe» de que había dado muestras Washington.

Al aproximarse la fecha de la sucesión presidencial, Carranza, que había defendido siempre la posibilidad de que su sucesor fuera el general Álvaro Obregón, cambió de opinión y apoyó la candidatura de un civil, el ingeniero Ignacio Bonilla, carrancista sonorense de primera hora considerado uno de los mejores administradores del Estado. La ruptura con el grupo obregoncista fue inmediata y Obregón y otros generales anticarrancistas firmaron el llamado Plan de Agua Prieta, por el cual se desconocía la autoridad de Carranza y se le acusaba de incumplir la Constitución y actuar contra los intereses de los diferentes estados. Presionado por el Ejército, Carranza abandonó México y en su huida hacia Veracruz se detuvo en Tlaxcalantongo (Puebla), donde fue asesinado por las tropas del general Herrero en 1920, que, aunque teóricamente debían velar por su seguridad, se enfrentaron a él.

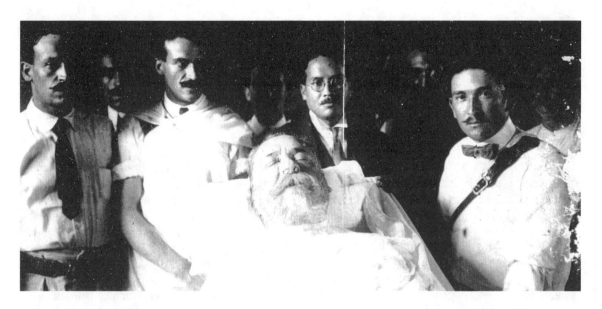

*Carranza abandona México tras el éxito obtenido por sus oponentes con el Plan de Agua Prieta y, en su huida a Veracruz, se detiene en Tlaxcalantongo, en el Estado de Puebla, donde es asesinado por las tropas del general Herrero, que debían velar por su seguridad. Su cadáver aparece aquí rodeado por los médicos que practicaron su autopsia. Villa de Juárez, mayo de 1920.*

| | |
|---|---|
| **1859** | Nace en la ciudad de Cuatro Ciénagas, en el Estado de Coahuila, **VENUSTIANO CARRANZA.** |
| **1887** | Ocupa el cargo de presidente del Consejo municipal de Cuatro Ciénagas. |
| **1909** | Desempeña el cargo de gobernador interino de Coahuila después de haber actuado de diputado local y senador propietario. |
| **1911** | Forma parte, en calidad de ministro de Guerra y Marina, del gabinete maderista de Ciudad Juárez y es elegido gobernador del Estado. |
| **1913** | Con el Plan de Guadalupe, en marzo, Carranza es reconocido como Primer Jefe del Ejército Constitucional y acepta la asunción de la dirección del país y la convocatoria de elecciones. |
| **1914** | Carranza entra en la capital de la República, aunque rehusa el título de presidente interino y conserva el de Primer Jefe del Ejército Constitucional. El 5 de septiembre rompe con los zapatistas y se niega a reconocer en octubre al gobierno surgido de la Convención de Aguascalientes, trasladándose a Veracruz donde forma su propio gobierno. |
| **1915** | Los carrancistas derrotan al gobierno convencionista de Eulalio Gutiérrez y Venustiano Carranza vuelve a Ciudad de México e incrementa el combate contra los zapatistas. |
| **1916** | El Congreso constituyente de Querétaro lo confirma como presidente de la República en el mes de noviembre. |
| **1917** | Se promulga la reforma de la Constitución y se aprueba, con lo que Carranza ocupa la presidencia, después de ganar las elecciones del 1 de mayo. |
| **1920** | Enfrentado a Obregón, Carranza abandona México y es asesinado en Tlaxcalantongo (Puebla) por las tropas del general Herrero que debían velar por su seguridad. |

# ALFONSO CASO
## (1896-1970)

*C*ierto día de 1943, Alfonso Caso subió a un cerro que dominaba el valle de Oaxaca, para admirar una vez más la belleza de las ruinas de Monte Albán. Durante casi catorce años había dirigido las excavaciones que sacaron a la luz el antiguo centro ritual de los zapotecas, próximo a la capital del Estado de Oaxaca. Su sueño de hallar las raíces del ser mexicano en las antiguas culturas que prosperaron en el país parecía a punto de cumplirse.

## Descifrar los enigmas de Mesoamérica

Alfonso Caso había nacido en Ciudad de México en 1896 y, desde muy joven, sintió la atracción de las enigmáticas historias que guardaban los templos y monumentos diseminados por el territorio mesoamericano. Fue por este impulso que, después de estudiar filosofía y abogacía, entre 1918 y 1919, obtuvo la licenciatura de arqueología en la Universidad Nacional, en 1925. Pronto destacaría en una doble vertiente: la docencia y la investigación. Su labor docente había de desarrollarse en ámbitos muy diversos: así, en la Escuela Nacional de Altos Estudios enseñó entre 1918 y 1928 epistemología, arqueología mexicana entre 1929 y 1943 y etnología general entre 1930 y 1933; impartió, además, clases de filosofía del derecho en la Facultad de Jurisprudencia entre 1918 y 1939 y arqueología mexicana en la Escuela Nacional de Antropología, institución en la que participó en su fundación.

Fue, sin embargo, su ingente y audaz labor investigadora en el campo de la historia y arqueología prehispánicas la que le otorgó prestigio internacional. Entre sus primeros trabajos, sobresale el libro *El teocalli de la Guerra Sagrada (monolito encontrado en los cimientos del Palacio Nacional)*, publicado en 1927, es decir, cuatro años antes de que se le diera el cargo de jefe excavaciones de la zona arqueológica de Monte Albán.

Aquellas monumentales ruinas de enormes plataformas, templos y tumbas eran todo lo que quedaba de las aspiraciones que alentaron a las culturas zapotecas y mixtecas, cuya perfección y monumentalidad artística y constructiva dan fe del alto nivel cultural alcanzado por el conjunto de las civilizaciones mesoamericanas.

Pero, aparte de esta enseñanza, Caso quería saber también en qué había consistido el pensamiento y cuáles habían sido los conocimientos que los antiguos habitantes de ese vasto centro ceremonial, de casi 40 km², se habían llevado a la tumba. Para saberlo, tenía que abordar la ardua tarea de descifrar los signos y pinturas hallados en los enterramientos.

## Los frutos de la investigación

Caso, que fue director del Museo Nacional de Arqueología, Historia y Etnografía, entre 1933 y 1934; director del Instituto Nacional de Antropología e Historia, entre 1939 y 1944; rector de la Universidad Nacional Autónoma de México, entre 1944 y 1945, y director del Instituto Nacional Indigenista, entre 1949 y 1970, dedicó gran parte de su vida a clasificar, estudiar y descifrar los jeroglíficos de las culturas mexicanas precolombinas.

El resultado de este paciente trabajo de desciframiento quedó registrado en numerosos libros, entre los cuales destacan *Las estelas zapotecas*, obra de 1928, *La religión de los aztecas*, publicada en 1936, *Trece obras maestras de la arqueología mexicana*, obra publicada en 1938, *Calendario y escrituras de las antiguas culturas de Monte Albán*, libro publicado en 1947, *El pueblo del Sol*, que apareció en 1953, *Interpretación del Códice Bodley 2528*, obra editada en 1960, *Los calendarios prehispánicos*, obra de 1967, *El tesoro de Monte Albán*, de 1969, y, publicada póstumamente en 1977-1979, la obra en dos volúmenes *Reyes y reinos de la Mixteca*, que establece las genealogías y cronologías de la cultura mixteca.

## Una obra fundamental

De los cuarenta códices conocidos de las culturas precolombinas mexicanas, treinta de ellos tratan de aspectos religiosos y el resto de acontecimientos históricos. Uno de los más importantes de estos diez códices es el *Bodley 2528*, que trata de las dinastías mixtecas desde el año 692 hasta la conquista española. Es «el más importante repertorio genealógico que se haya conservado», escribió Alfonso Caso en el libro que le dedica a su interpretación.

En esta obra fundamental, el historiador mexicano, a partir del relato de sucesos contemporáneos a la Conquista, estableció el correlato preciso de las fechas históricas nativas con las europeas.

## Una sólida contribución a la etnografía

El prestigio académico de Alfonso Caso le permitió acceder a la categoría de miembro del respetado Colegio Nacional y de la Academia Mexicana de la Historia, a la vez que, entre otros numerosos premios que reconocían sus importantes aportes al conocimiento de la historia mexicana, recibió el Premio Nacional de Ciencias, en 1960.

Alfonso Caso, murió en su ciudad natal, en 1970, admirado y reconocido por su talante científico, por

*Alfonso Caso es considerado como el padre de la arqueología y etnografía del México precolombino.*

su contribución a la labor de difusión del conocimiento de las altas culturas mexicanas y por la ardua tarea llevada a cabo, desde las instituciones en las que desempeñó cargos, en el impulso de nuevas vocaciones de etnólogos y etnógrafos de campo, así como por la erudición de su obra.

| | |
|---|---|
| **1896** | Nace **ALFONSO CASO** en Ciudad de México. |
| **1925** | Obtiene la licenciatura de Arqueología en la Universidad Nacional. |
| **1933-1934** | Es nombrado director del Museo Nacional de Arqueología, Historia y Etnología. |
| **1938** | Se publica *Trece obras maestras de la arqueología mexicana.* |
| **1939** | Director del Instituto Nacional de Antropología e Historia (INAH). |
| **1944-1945** | Nombrado rector de la Universidad Nacional Autónoma de México. |
| **1947** | Se publica *Calendario y escrituras de las antiguas culturas de Monte Albán.* |
| **1949** | Es nombrado director del Instituto Nacional Indigenista, cargo que desempeñará hasta su muerte en 1970. |
| **1960** | Ve la luz *Interpretación del Códice Bodley 2528*, repertorio genealógico de las dinastías mixtecas. Recibe el Premio Nacional de Ciencias. |
| **1970** | Muere en Ciudad de México. |
| **1977-1979** | Publicación póstuma de *Reyes y reinos de la mixteca.* |

# ROSARIO CASTELLANOS
## *(1925-1974)*

*A*tenta, con exquisita sensibilidad, al mensaje de la tierra, la constante presencia del amor, el tema de la muerte y también el de la vida, como expresión positiva de la creación, la poetisa y novelista Rosario Castellanos ahonda en la reflexión sobre el mundo indígena y su vívida conciencia de lo que para México representa la fecunda realidad del mestizaje.

*Rosario Castellanos es unánimamente considerada como una de las figuras más destacadas de la lírica nacional contemporánea. El mundo indígena y la realidad del mestizaje presiden su narrativa.*

## Una voluntad de servicio patriótico

Poco tiempo después de su nacimiento, ocurrido en Ciudad de México en 1925, Rosario Castellanos fue llevada a Comitán, pequeño pueblo del Estado de Chiapas, donde transcurrió su infancia y su adolescencia hasta los dieciséis años, edad en la que se instaló de nuevo en la capital. Inició estudios de filosofía que concluyeron en 1950, cuando obtuvo la licenciatura por la Universidad Nacional Autónoma de México (UNAM). Viajó luego a España y realizó estudios de estética y estilística en la Universidad de Madrid.

Concluida su formación, regresó a México, donde emprendió una intensa actividad vinculada al mundo del magisterio, impartiendo clases de humanidades en la Universidad Motolinía y en la UNAM de Ciudad de México, en el Instituto de Ciencias y Artes, en la Preparatoria de San Cristóbal y en la Facultad de Leyes de Chiapas, así como en prestigiosas universidades de Estados Unidos, como las de Wisconsin, Indiana y Colorado. Su pasión por el conocimiento y la divulgación de las culturas amerindias la impulsó a ejercer misiones de promoción cultural en el Instituto Chiapaneco, así como a vincularse al fomento de las artes escénicas del guiñol en el marco del Centro Tzeltal-Tzoltil, del que fue directora. Desempeñó también los cargos de redactora de los Institutos Nacionales Indigenistas de Chiapas y México, directora de información y prensa de la UNAM, colaboradora del diario *Excelsior*, secretaria del Pen Club y diplomática en Israel, donde le sorprendió la muerte en 1974, cuando representaba a su país como embajadora en Tel-Aviv.

## La tierra y la lírica

Su poesía gira alrededor de dos temáticas: la de carácter íntimo, presidida por la experiencia del amor, la soledad y la omnipresente angustia, y la que podríamos calificar de específicamente nacional, nacionalista incluso, en cuyos versos se refleja su preocupación por los dos elementos que integran y constituyen la mexicanidad, es decir, lo indígena y lo español. Al igual que ocurre con su narrativa, esa profunda conciencia de los vínculos ancestrales de la escritora con la tierra, de las fuerzas primigenias y, sobre todo, de la herencia indígena que empapan su quehacer literario fueron el motor de una obra lírica, que, sin adornos ni artificios, va levantando el atormentado testimonio de su tristeza y desolación. Poética y narrativamente, la obra de Rosario Castellanos representa una evolución del indigenismo mexicano, que, alejándose ya del tono vindicativo, combativo y, a veces, violento que caracteriza la obra de Ramón López Velarde y Carlos Fuentes, busca una expresión poética y a la vez inmediata del pensamiento indígena en un mundo dominado por la incomprensión y la injusticia. Este aspecto la emparenta con la obra de Juan Rulfo (escritor que también había trabajado en los Institutos Indigenistas) y Agustín Yáñez. De su obra poética sobresalen *Trayectoria del polvo* (1948), *De la vigilia estéril* (1950), *Presentación en el templo* y *El rescate del mundo* (1957), y *Lívida luz* (1960). En 1972, la editorial Fondo de Cultura Económica publicó toda su obra poética en cinco tomos.

## La novela indígenista

Su primera novela, *Balún Canán* (*Nueve estrellas*, nombre maya que en la época precolombina tuvo la ciudad de Comitán), publicada en 1957, describe con singular acierto la complicada y mal organizada vida social de un pueblo, con sus prejuicios de clase, la despiadada explotación del indio, los iniciales y definitivos reajustes de la Revolución a través de la visión de una niña que sirve de eje al relato.

El mismo marco e idénticos ambientes fueron utilizados por la escritora en *Oficio de tinieblas* (1962), novela indigenista en la que integra elementos antropológicos y psicológicos. La narración se elabora a partir del tema de los campesinos rebeldes y vencidos; sin embargo, en ese caso, la autora lo combina con una liturgia de Viernes Santo, que va trasformándose, a su vez, en un cruento ritual religioso indígena. *Oficio de tinieblas* es una gran novela que no pretende seguir los recursos estilísticos o el juego narrativo vigentes en su época, sobre todo por lo que se refiere a la descripción de los personajes, homéricamente abstractos, así como por el tono general que emana de sus páginas más bien con la epopeya, pese a la refinada prosa lírica que brota de su pluma.

*Ciudad Real*, publicada en 1960, y *Los convidados de agosto*, que vio la luz cuatro años más tarde, son libros de relatos en los que el protagonismo pasa de las clases populares indígenas a la clase media provinciana, llena de las pequeñas intrigas tejidas por los prejuicios, egoísmos e infidelidades, que sirven a la autora para edificar unas historias, casi cuentos morales, en las que palpita una evidente voluntad de parábola social. En su labor ensayística, destacan sus *Juicios sumarios* (1966) y *Mujer que sabe latín* (1974), además de un libro de memorias: *Álbum de familia* (1971).

Su fecunda labor lírica y narrativa fue galardonada con los premios literarios Chiapas, Xavier Villaurrutia, Sor Juana Inés de la Cruz y Carlos Trouyet.

| | |
|---|---|
| **1925** | El 25 de mayo nace en Ciudad de México **ROSARIO CASTELLANOS.** |
| **1925-1941** | Se traslada a Comitán, en el Estado de Chiapas, donde se instala con su familia. |
| **1941** | Regresa a ciudad de México y prosigue sus estudios. |
| **1948** | Publica *Trayectoria del polvo*, su primer poemario. |
| **1950** | Obtiene la licenciatura en Filosofía por la Universidad Nacional Autónoma de México. |
| **1957** | Aparece *Poemas* 1953-1955 y publica *Balún Canán*, su primera novela. |
| **1962** | Se publica *Oficio de tinieblas*, su novela más conocida. |
| **1964** | Sale a la luz su colección de narraciones breves, agrupadas bajo el título de *Los convidados de agosto*. |
| **1974** | Muere en Tel-Aviv el 7 de agosto, siendo embajadora de México en Israel. |

# ARTURO DE CÓRDOVA
## *(1908-1973)*

*Arturo de Córdova, la imagen del* latin lover *buscada por los directores norteamericanos.*

**A**rturo García Rodríguez, conocido en el mundo del celuloide bajo el seudónimo de Arturo de Córdova, ha sido una de las primeras estrellas del cine mexicano, en el que desempeñó papeles de galán protagonista e interpretó con frecuencia personajes atormentados y a veces desequilibrados. La grandeza de sus interpretaciones estriba en su peculiar forma de encarnar héroes anónimos dominados por un sentido fatalista, que otorgan al personaje una dimensión épica.

## Del periodismo a la cinematografía

Nacido en Mérida, en el Estado de Yucatán, en 1908, Arturo García Rodríguez no parecía destinado a la brillante carrera interpretativa que sería más tarde la suya. Desde muy joven y durante diez años, de 1919 a 1929, simultaneó sus estudios entre Spiza (Argentina), en un colegio de jesuitas, y el Instituto Cavin de Lausana (Suiza). Más tarde, su vocación periodística lo llevó a Santiago de Chile como subdirector de la agencia de noticias United Press y luego, a partir de 1930, trabajó en México como locutor de radio.

En 1935, inició su carrera cinematográfica en la película *Celos* (que obtuvo un resonante éxito de taquilla), dirigida por el emigrado ruso Arcady Boytler. Al mismo tiempo, participó en innumerables películas extranjeras, sobre todo en Hollywood, donde se especializó —y fue éste el triste sino de muchos actores y actrices mexicanos— en papeles de clásico *latin lover*: encarnaba, para los realizadores estadounidenses, el «hispano» principio de que cada uno debía encargarse de la defensa de sus agravios; el principio de la hombría llevado al límite.

## De galán apasionado a psicópata atormentado

De las muchas películas en las que actuó cabe mencionar: *Cielito lindo* y *¡Esos hombres!* (1936). De 1937 es *Ave sin rumbo*, melodrama de ambiente portuario sobre los amores imposibles de una antigua prostituta y un médico, decadente y alcohólico, que se esconde de la policía que le persigue por un delito que no cometió. Son también de 1937 *La paloma*, que narra los amores extramatrimoniales de la emperatriz de México Carlota, y *La Zandunga*, en la que se inicia la pareja Lupita Vélez-Arturo de Córdova que tan buenos resultados económicos daría al cine mexicano.

De 1938 es *Hombres de mar*, de nuevo un melodrama de mínima acción, que elude el terreno de la aventura para adentrarse en el de la comedia con acumulación de detalles grotescos; y *La noche de los mayas*. En 1939 intervino en *Odio* y en *¡Que viene mi marido!*, adaptación del sainete de Carlos Arniches, cuya efectividad se ve perjudicada, a veces, por los excesivos juegos de palabras que confieren a los personajes una barroca artificiosidad. Se iniciaba ya una época en la que Arturo de Córdova encadenaría, sin solución de continuidad, película tras película. Del mismo año son *Cuando la tierra tembló, El milagro del Cristo, Hombre o demonio, Mala yerba, Promesa heroica*. En 1940 interpretó *El secreto del sacerdote*, compartiendo estrellato con Pedro Armendáriz, filme confesional que seguía la moda de entonces, incluyendo la presencia de un niño cantante.

## El mito del héroe romántico

En 1941 contrajo matrimonio con la actriz Marga López. De esta fecha es *El conde de Montecristo* que ha sido considerada por los críticos como una de las mejores adaptaciones de la famosa novela de Alejandro Dumas, tantas veces llevada al cine, por encima de las producciones realizadas en Hollywood.

En un breve intervalo, contratado por la Paramount, fue a Estados Unidos e intervino en tres cintas: *Incendiary Blonde (La rubia incendiaria)*, de George Marshall, con Betty Horse; *For Whom the Bells Tolls* de Sam Wood, que en español se tituló *Por quién doblan las campanas*, según la novela de Ernest Hemingway, obra que relata las peripecias y la muerte de Robert Jordan, el idealista americano que combate en la guerra civil española con las Brigadas Internacionales; en ella, de Córdova compartía reparto con los míticos Ingrid Bergman y Gary Cooper; y *Hostages (Rehenes)*, de Frank Tuttle, con Louise Rainer. En 1944, a las órdenes de Julio Bracho, rodó *Crepúsculo*, melodrama psicológico —con un decorado aséptico perturbado hasta el delirio por juegos de luces—, sobre un médico apabullado por problemas éticos, que cosechó gran éxito entre el público.

Mientras en su tierra natal Arturo de Córdova se transmutaba por obra y gracia del director con veleidades intelectuales Julio Bracho en el personaje atormentado e «interesante» de *Crepúsculo*, la compañía Paramount se empeñaba en verlo como un amante latino espadachín, audaz y conquistador. En calidad de tal apareció en *Frenchman's Creek (El pirata y la dama)*, dirigida por Mitchell Leisen, con Joan Fontaine como su pareja.

En 1965 debe destacarse su presencia en el film de Luis Alcoriza *El gangster* —revisión de su personaje ya encarnado en 1938 en *Cuando México duerme*— y un año después, 1966, conjuntamente con su esposa, actuó en la televisión de Guadalajara (México).

La Academia Mexicana de Ciencias y Artes Cinematográficas le concedió el Premio Ariel al mejor actor en tres ocasiones: en 1952, por *En la palma de tu mano* (donde representaba a un adivino chantajista con ambiciones nietzscheanas); en 1954 por su interpretación de un «escritor» culpable de un triple adulterio en el melodrama *Las tres perfectas casadas*, y en 1958, por *Feliz año, amor mío*. En 1971 recibió la medalla Virginia Fábregas, concedida por la Asociación Nacional de Actores (ANDA), en reconocimiento a sus veinticinco años de labor ininterrumpida dentro de la profesión.

Cargado pues de honores y casi al pie del cañón hasta el último momento, Arturo García Rodríguez, el gran héroe romántico Arturo de Córdova, murió en México, D. F. en 1973.

| | |
|---|---|
| **1908** | Nace en Mérida (Yucatán) **ARTURO GARCÍA RODRÍGUEZ.** |
| **1935** | Inicia su carrera cinematográfica con *Celos*, de Arcady Boytler. |
| **1936** | Consigue grandes éxitos con sus actuaciones en *Cielito lindo* y *¡Esos hombres!* |
| **1943** | Rueda *Los miserables*, sobre la obra de Víctor Hugo. |
| **1952** | Se estrena *Abismos de pasión*, de Luis Buñuel. Y se le concede su primer Premio Ariel al mejor actor mexicano. |
| **1962** | Estreno de *Cena de matrimonios*. |
| **1971** | Recibe la medalla Virginia Fábregas, de la Asociación Nacional de Actores, por sus veinticinco años de labor profesional. |
| **1973** | Fallece en México, D. F. |

# DANIEL COSÍO VILLEGAS
## *(1898-1976)*

*D*aniel Cosío Villegas, economista e historiador, fue una de las personalidades intelectuales más relevantes de la vida cultural y política del siglo xx mexicano. Nacido en Ciudad de México, en 1898, cursó el bachillerato en el Instituto Científico y Literario de Toluca y en la Escuela Nacional Preparatoria; poco después realizaría un año de estudios en ingeniería y dos de maestría en filosofía en la Escuela de Altos Estudios, para graduarse en abogacía en 1925. Ese mismo año, el escritor y político José Vasconcelos, creador de la Secretaría de Instrucción Pública, que ocupó entre 1921 y 1924, publicaba *La raza cósmica*, uno de los textos de arranque positivista de mayor influencia en las corrientes culturales y de pensamiento mexicanas. Poderosamente atraído por las ideas expuestas en este ensayo y otros del mismo tenor, Cosío Villegas inició una estrecha relación intelectual con José Vasconcelos a través de la revista *La Antorcha*, publicación que llegó `!ir`

*Daniel Cosío Villegas, investigador y polemista, fue un destacado intelectual del siglo xx en México.*

## La década fundacional

Por ese entonces, México vivía bajo un régimen presidencial de carácter autoritario que se apoyaba en el ejército, pero que limitaba la figura del caudillo al prohibir constitucionalmente la reelección. Dos presidentes marcaron poderosamente la década de los años veinte y contribuyeron a establecer las estructuras del país sobre fundamentos sólidos, Álvaro Obregón, entre 1920 y 1924, y Plutarco Elías Calles, entre 1924 y 1928. Pero, la reforma constitucional que hizo posible la reelección de Obregón en 1928 fue así mismo la causa de su asesinato por un estudiante católico, en medio de la crisis imperante por la revolución cristera y el enfrentamiento entre obregonistas y opositores.

Daniel Cosío Villegas apoyó en las elecciones presidenciales de 1929 a José Vasconcelos, quien concurría con un programa progresista, en el que contemplaba la defensa de los derechos y la cultura indígenas. Vasconcelos no aceptó la derrota electoral y promovió un alzamiento que no prosperó, tras lo cual marchó del país y más tarde renegó de sus ideas indigenistas.

## Investigador y polemista infatigable

Cosío Villegas por su parte continuó tomando parte activa en la vida política y social de México convirtiéndose en un agudo y lúcido observador de su realidad. Comprendió así mismo la necesidad de contar con técnicos propios, capaces de analizar, planificar y administrar la economía de un país poseedor de grandes riquezas naturales, pero también sometido a profundas contradicciones étnicas y culturales. Imbuido de esta idea, Daniel Cosío Villegas promovió el estudio y desarrollo de las ciencias sociales en México, e integró el grupo fundador de la Escuela de Economía de la UNAM (Universidad Nacional Autónoma de México), de la que fue profesor, secretario general entre 1929 y 1933, y director de la Escuela Nacional de Economía de la UNAM de1933 a 1934.

En 1933, Daniel Cosío Villegas, que ya había dado muestras de su capacidad analítica en economía, así como en el examen de los mecanismos fiscales y de la estratificación social en México a través de sus libros *La cuestión arancelaria en México*, de 1932, y *Sociología mexicana*, de 1924-1925, hizo una nueva demostración de su capacidad y refinamiento analíticos en *Estudio sobre la creación de un organismo económico-financiero panamericano*, obra en la que ponía de relieve la necesidad de crear una entidad continental capaz de regular el mercado y las barreras arancelarias.

Como periodista económico, ejerció la dirección de las revistas *Trimestre Económico y Foro Internacional*, en las cuales escribió sobre asuntos propios de la economía nacional, continental y mundial, desde cuyas páginas realizó penetrantes análisis del comportamiento de las distintas fuerzas económicas y productivas en las diversas coyunturas nacionales e internacionales.

## La herencia de Vasconcelos

Elegido presidente de México el general Lázaro Cárdenas, en 1934, Cosío Villegas volcó sus esfuerzos en la ingente tarea de perseverar en la línea que imprimiera Vasconcelos en sus tiempos a la Secretaría de Instrucción Pública, promoviendo la enseñanza popular y creando bibliotecas. De acuerdo con esta premisa, intervino activamente en la fundación del Fondo de Cultura Económica, empresa editorial que dirigió hasta 1940. El Fondo de Cultura Económica era una editorial del Estado, que tenía por objetivo la publicación de libros a bajo precio, con objeto de contribuir decisivamente al mejoramiento del nivel cultural de la sociedad mexicana. Con el tiempo, el Fondo de Cultura Económica se convirtió en una de las más poderosas y prestigiosas editoriales del mundo hispanoamericano, en la que colaboraron eminentes intelectuales latinoamericanos y españoles exiliados a raíz de la guerra civil española.

## La Historia como lección

En 1940 México vivió días de extrema agitación. En julio tuvieron lugar las elecciones presidenciales en las que resultó triunfador Manuel Ávila Camacho, pero que se saldaron con el trágico balance de doscientas cincuenta víctimas, entre muertos y heridos. El oponente del presidente electo, Juan Andreu Almazán, denunció el fraude electoral, por lo que se vio obligado a huir a Estados Unidos, donde intentó sin éxito organizar una rebelión.

Al mes siguiente de estas tormentosas elecciones, León Trotsky fue asesinado, en su casa de Coyoacán, por el español Ramón Mercader, agente de Stalin que se había ganado la confianza del líder soviético. La política del nuevo presidente mexicano que había sucedido a Lázaro Cárdenas, si bien prosiguió el camino de institucionalizar las conquistas revolucionarias procurando un crecimiento económico armónico, lo hizo a costa de soslayar algunas de las reformas sociales fundamentales para las clases menos favorecidas. Daniel Cosío Villegas, próximo a la línea cardenista, con cuyo gobierno había colaborado, se apartó de los cargos públicos y dedicó su tiempo a la enseñanza y a la investigación histórica, colaborando y dirigiendo la revista *Historia Mexicana*.

## La cultura y la educación como pasión

Como historiador, Daniel Cosío Villegas se convirtió en un experto del siglo XIX mexicano y como tal dirigió *Historia moderna de México*, vasta obra de diez volúmenes, de los cuales cinco fueron obra suya, publicados entre 1955 y 1974, en los que se exponen y analizan los hechos y los protagonistas del devenir histórico mexicano. En realidad, esta obra respondía plenamente al nuevo espíritu que embargaba a México desde que Miguel Alemán asumiera la presidencia del país. Los analistas políticos y económicos, entre los que se contaba Cosío Villegas, habían reinterpretado el proceso revolucionario y los mexicanos habían empezado a vivir un extraordinario desarrollo con miras a convertirse en un país moderno, que se había beneficiado de la acumulación de capitales como consecuencia de la Segunda Guerra Mundial recientemente finalizada.

El ritmo de crecimiento económico se mantuvo durante la presidencia de Adolfo Ruiz Cortines, entre 1952 y 1958, apoyado por el Estado y el capital extranjero. Entre 1957 y 1963, Cosío Villegas asumió la presidencia del Colegio de México, institución de carácter universitario en cuya fundación había colaborado y en la que también había impartido durante años clases.

## Crítica del presidencialismo

Para un intelectual como Daniel Cosío Villegas, que conocía a fondo no sólo la historia del país y sus movimientos sociales y económicos, sino también las estructuras mismas del poder —no en vano llegó a ser consejero de la Secretaría de Hacienda y del Banco de México—, no era posible dejar pasar la oportunidad de hacer un análisis serio de los mecanismos que sustentaban el sistema.

Desde sus rigurosos artículos en las columnas del diario *Excelsior*, así como en las páginas de una serie de libros específicos, trató concienzudamente la secreta mecánica del sistema político mexicano, criticó duramente el presidencialismo y denunció la corrupción de la vida política hegemonizada por el PRI (Partido Revolucionario Institucional). Dentro de este espíritu de crítica y propuestas regeneracionistas

de la vida pública, se encuentran sus principales libros, como: *El sistema político mexicano*, publicado en 1972, *El estilo personal de gobernar*, de 1974, y *La sucesión presidencial*, de 1975, títulos éstos que esconden, detrás de su aparente asepsia, una descarnada exposición de los problemas que afectaban a la estabilidad del cuerpo económico y social del país. Problemas que ya habían empezado a manifestarse durante el gobierno de Díaz Ordaz, entre 1964 y 1970, quien debió enfrentarse a las primeras manifestaciones de la clase media y a las revueltas estudiantiles, y en el período siguiente del presidente Luis Echeverría, que no pudo detener la tendencia recesionista e inflacionista de la economía.

## Crónica de una crisis anunciada

Las aportaciones analíticas de Daniel Cosío Villegas, quien también había desempeñado el cargo de embajador en Portugal, recibieron el reconocimiento institucional a través del Premio Nacional de las Letras de 1971.

En 1976, el año en que murió Daniel Cosío Villegas y en el que aparecieron póstumamente sus *Memorias*,

*Miembros de la Federación Nacional de Estudiantes, en México, durante los años veinte. Entre ellos aparece Daniel Cosío Villegas (sentado en primer plano, en el centro de la imagen).*

*Los nuevos miembros del Ayuntamiento de la ciudad de México para el año 1924. Cosío Villegas integró, junto a otros, el gobierno municipal de ese año como edil.*

la sucesión presidencial se verificó en un clima de gran inseguridad económica, que, tras un breve período de aparente crecimiento, desembocó en una grave crisis acompañada del crecimiento espectacular de la deuda externa que afectó profundamente a la sociedad mexicana, haciendo justicia a las premonitorias advertencias del infatigable investigador y patriota que fue Daniel Cosío Villegas.

| | |
|---|---|
| **1898** | Nace en Ciudad de México **DANIEL COSÍO VILLEGAS**. |
| **1924** | Publica su primera novela *Nuestro pobre amigo*. |
| **1925** | Se gradúa en Derecho por la Universidad Nacional. Publica *Sociología mexicana*. |
| **1929** | Es nombrado secretario general de la UNAM. |
| **1932** | Publica *La cuestión arancelaria en México*. |
| **1933** | Es designado director de la Escuela Nacional de Economía de la UNAM. |
| **1934** | Publica *Estudio sobre la creación de un organismo económico financiero panamericano*. |
| **1934-1940** | Es nombrado director de la editorial Fondo de Cultura Económica. |
| **1955-1974** | Dirige la magna obra en 10 volúmenes *Historia Moderna de México*, de los cuales 5 fueron obra suya. |
| **1957-1963** | Preside El Colegio de México. |
| **1971** | Recibe el Premio Nacional de las Letras. |
| **1972** | Publica *El sistema político mexicano*. |
| **1975** | Sale a la luz *La sucesión presidencial*. |
| **1976** | Muere en Ciudad de México. Aparecen póstumamente sus *Memorias*. |

# SOR JUANA INÉS DE LA CRUZ
## *(1651-1695)*

*J*uana de Asbaje y Ramírez de Cantillana, la mujer que iba a convertirse con el tiempo en la personalidad lírica de más fuerza, la figura literaria más interesante de la época colonial americana, que ha ingresado en el Parnaso de las letras como sor Juana Inés de la Cruz, fue una personalidad inquieta, un espíritu rebelde y apasionado, que tuvo que buscar en el convento el recogimiento y la paz espiritual necesarios para la empresa intelectual que se había trazado.

Sin embargo, y en ello radica gran parte de su grandeza, esta elección de los hábitos había de ocasionarle no pocos quebraderos de cabeza y muchos sinsabores, al chocar su exquisita sensibilidad y su espíritu disconforme con el dique seco de la Iglesia y la gazmoñería oficial. Así, cuando movida por los impulsos contradictorios que rigieron su vida, la libertad de su inquieto espíritu y la sumisión a una regla que le imponía el servicio a los demás, sor Juana Inés de la Cruz muere de las «fiebres epidémicas» que asolaron su convento, se extingue con ella la más alta personalidad hispanoamericana de la lírica clásica española, una personalidad que se distingue de sus coetáneos del otro lado del océano por su perfilada mexicanidad que se concreta, fundamentalmente, en la libertad con que elige el tema, que la enfrenta innumerables veces con los convencionalismos de la época, con la restrictiva visión de la jerarquía eclesiástica escandalizada por el humanismo de sus sentimientos y su femenina comprensión del amor.

## La inagotable ansia del saber

Nacida en la aldea de San Miguel Nepantla, situada en la jurisdicción de Amecameca, municipio del actual Estado de México, en 1651, en su *Respuesta a Sor Filotea de la Cruz*, nos proporciona algunos detalles de su biografía. Sabemos así que antes de llegar a los tres años se encendió «de manera en el deseo de saber leer, que engañando, a mi parecer, a la maestra, la dije que mi madre ordenaba me diese lección». Su ansia de saber, su empecinamiento por superar las limitaciones que, en aquel tiempo, soportaban las mujeres, no se detuvo en aquella primera muestra de su interés por la cultura. En su obra ya citada, algo más adelante, sigue escribiendo: «Teniendo yo después como seis o siete años, y sabiendo ya leer y escribir..., oí decir que había Universidad y escuelas en que se estudiaban las ciencias, en México; y apenas lo oí, cuando empecé a matar a mi madre con instantes e importunos ruegos sobre que, mandándome el traje, me enviase a México, en casa de unos deudos que tenía, para estudiar y cursar la Universidad; ella no lo quiso hacer...» porque, sin duda, las aspiraciones de la niña chocaban demasiado con el destino que solía darse a una jovencita de buena familia. Sí tuvo, sin embargo, satisfacción su deseo de marchar a Ciudad de México, donde se instaló con su familia cuando tenía los ocho años de edad. Empezó allí a aprender gramática, aunque la propia Juana nos dice que «no llegaron a veinte las lecciones que tomé...», bastantes sin duda en su preparación para formar parte de la corte de honor de la marquesa de Mancera, virreina por aquel entonces, en la que ingresó la precoz jovencita cuando cumplió los catorce años.

## El convento como refugio

Se inicia entonces el período más sorprendente en la vida de Juana que, un año después ingresa en el convento carmelita de Santa Teresa la Antigua. Y es lógico preguntarse la razón de aquella repentina decisión. Ella misma se encarga de responder a la pregunta, y sus razones nos parecen llenas de una sorprendente sinceridad: «Entréme religiosa —dice— porque aunque conocía que tenía el estado cosas (de las accesorias hablo, no de las formales) muchas repugnantes a mi genio, con todo, para la total negación que tenía al matrimonio, era lo menos desproporcionado y lo más decente que podía elegir en materia de la seguridad que deseaba de mi salvación;

a cuyo primer respeto (como al fin más importante) cedieron y sujetaron la cerviz todas las impertinencillas de mi genio, que eran de querer vivir sola, de no querer tener ocupación obligatoria que embarazase la libertad de mi estudio, ni rumor de comunidad que impidiese el sosegado silencio de mis libros».

Las cosas claras pues, sor Juana no siente una especial vocación religiosa pero la vida matrimonial no la atrae en absoluto y tal vez imagina que la tranquilidad del claustro le permitirá entregarse a sus deseos de saber y de cultura. Algunos autores insinúan la posibilidad de que existiera un desengaño amoroso; novelesca posibilidad sin duda, muy adecuada para rodear a la novicia con un aire de precoz irregularidad, pero no parece probable que el 14 de agosto de 1667, cuando la muchacha ingresó en el convento para huir de su detestado matrimonio, llevara a sus espaldas una dolorosa historia sentimental. Sin embargo, la vida monástica no convino, de buenas a primeras, a sor Juana que, con la salud quebrantada al parecer, abandonó la orden religiosa el 18 de noviembre del mismo año. Tres meses habían bastado.

Pero tampoco el mundo exterior, la sociedad colonial de la época, satisfacía las exigencias de la joven que, en febrero de 1669 decide intentarlo de nuevo e ingresa, definitivamente ya, en un convento, aunque esta vez en el de la orden de las Jerónimas. Se ha visto en esta nueva decisión una prueba de la fuerza y la seriedad de su vocación, pero nos parece —y los textos ya citados de la autora así lo insinúan— que sor Juana busca en el claustro más un recogimiento imprescindible para su eclosión espiritual, para dar libre curso a su vocación de escritora, que el sacrificio monástico. Pero lo cierto es que, cuando, en 1695, a sus cuarenta y tres años, la ilustre monja contrae unas «fiebres epidémicas» y muere, deja a sus espaldas toda una vida entregada a la religión.

## «Con la Iglesia hemos topado...»

Su carácter decidido, la sorprendente sinceridad de sus escritos, su hondo sentido humano y la inspiración lírica de la gran poetisa mexicana no estaban hechas para que su vida conventual transcurriera tranquila; semejante en ello a la mística española, sor Juana Inés de la Cruz tuvo que enfrentarse con dificultades parecidas a las de Santa Teresa cuando siente el deseo de impugnar el sermón del jesuita Antonio de Vieyra, *Sermón del mandato,* y escribe su

*Juana de Asbaje y Ramírez de Cantillana, sor Juana Inés de la Cruz, una de las personalidades hispanoamericanas más ilustres en el cultivo de la lírica clásica española.*

*Carta Athenagórica o crisis de un sermón,* que le vale la represión pública, la cariñosa amonestación del obispo de Puebla, Manuel Fernández de Santa Cruz, firmada con el seudónimo de *Sor Filotea de la Cruz.* La religiosa no suele morderse la lengua y compone una *Respuesta a Sor Filotea de la Cruz* —de la que hemos entresacado los datos biográficos incluidos más arriba— en la que nos da una hermosísima muestra de su prosa y nos permite acercarnos a los rasgos psicológicos de aquella mujer ilustre y sorprendente, donde compone una portentosa y exaltada defensa de las letras profanas y de la cultura femenina, a la vez que crítica el tradicional antifeminismo judeocristiano.

Pero el estado de religión no es una buena plataforma para la polémica, sobre todo si los contradictores son gente más elevada en la jerarquía, y sor Juana Inés de la Cruz se ve obligada a comprobar en sus propias carnes que, para la Iglesia, una monja no debe escribir sobre cosas profanas y es inútil, además, que sepa demasiado. La sensible escritora, la poetisa de delicado acento acaba dando paso a la religiosa y doblegándose al voto de obediencia, aparta pues los libros de devoción incluidos en su biblioteca y se desprende del resto para consagrar a las obras de caridad los fondos así obtenidos.

Pero la medida no puede borrar de un plumazo los anteriores escritos de la «impertinencilla». Flota en toda su poesía —de carácter más intelectual que lírico— un tono discursivo que manifiesta sus preocupaciones por el conocimiento intelectual, por su extensión y sus limites. Revelador es, al respecto, el título de uno de sus romances: *Acusa la hidropesía de mucha ciencia, que teme inútil aún para saber y nociva para vivir*, en el que nos parece encontrar una clara denuncia de las dificultades y las coerciones que marcaron su vida.

## Un fecundo dualismo

La pugna entre los dictados de la razón y las pulsiones irracionales es un tema que aparece una y otra vez en su obra poética, un tema que le da muchas veces pie para plasmar lo que Jean Franco ha denominado «un ingenioso juego de contradicciones»: «En dos partes dividida / tengo el alma en confusión, / una esclava a la pasión / y otra a la razón medida.»

La misma contraposición, que tantas páginas ha inspirado, se plasma en otras de sus obras como una polémica entre enamorados, una disputa entre rivales por amor, Fabio y Silvio, Feliciano y Lisardo.

En la peculiar personalidad lírica de sor Juana Inés de la Cruz podemos encontrar las características y los matices que impregnan las corrientes literarias que dominaban su tiempo: el culteranismo y el conceptismo, y no cabe duda alguna de que la escritora mexicana conoció y admiró a Góngora, aunque su musa barroca, el frescor y delicioso ingenio de sus redondillas no parecen ser en exceso deudores de la inspiración gongoriana.

La musa poética de sor Juana encuentra su más alta expresión, la prueba de su refinada técnica literaria, en unos admirables sonetos que resisten, perfectamente, la comparación con los más conseguidos ejemplos de los maestros en este género métrico. Gracias a su extenso poema *Primero sueño*, posiblemente el más logrado de su producción lírica, y en el que se hace evidente la influencia del Góngora de las *Soledades,* podemos seguir de modo alegórico su evolución intelectual, en el cual predominan las ideas sobre las imágenes, pero que consigue —aun cuando abundan los pasajes de difícil comprensión— reflejar en versos de inusitada belleza y audacia el conflicto entre la tradición, representada por el mito y la noche, que utiliza el recurso a la explosión intuitiva, y la contemplación mística del universo, que mediante el sueño logra elevar el espíritu hacia el conocimiento puro, el cual debe basarse en la razón discursiva. El alba ¡qué apoteósica metáfora de la inteligencia humana! corta bruscamente el éxito del discurso.

*Portada de una obra de sor Juana Inés, que, como todas las demás, expresaba el profundo humanismo y la femenina comprensión del amor que tenía la religiosa.*

## Del voto de obediencia a la licencia poética

Menos logrados, o al menos con menos aspiraciones, nos parecen otros escritos de carácter exclusivamente religioso, cuando habla por ejemplo del Santo Rosario o de la Purísima, o cuando escribe su *Protesta que, rubricada con su sangre, hizo de su fe y amor a Dios;* y no sería arriesgado aventurar que esa sensible disminución en la calidad de su prosa, en la tensión y la fuerza del estilo, pueden achacarse a las presiones de sus superiores jerárquicos, es decir que, condenadas sus aspiraciones al saber, amonestada la libertad de su espíritu, sor Juana intenta componer unas obras que puedan satisfacer las exigencias de sus censores, y su prosa se resiente y, sin duda, también su vida.

Es sintomático al respecto que, cuando la escritora encuentra la posibilidad de optar por caminos menos ortodoxos, más próximos a los intereses «profanos», su prosa recupera el brillo y la agilidad que caracterizan su estilo, como puede advertirse en las páginas que redactó con motivo de la llegada del virrey, conde de Paredes, y que tituló *Neptuno alegórico*.

Sor Juana hizo también algunas incursiones en la literatura dramática y optando por el verso octosílabo y, tal vez, como algunos críticos han puesto de relieve, influida por Calderón de la Barca, se lanza a la creación de una comedia de capa y espada, *Los empeños de una casa* —¡sorprendente corazón el que latía bajo aquellos hábitos!—, en la que abundan las referencias autobiográficas que apuntan a que en aquella época la escritora albergaba aún esperanzas sobre el posible éxito mundano de una joven culta. Otra de sus obras teatrales, de sabor más culterano, es *Amor es más laberinto*, cuyo segundo acto —al menos en la versión que ha llegado hasta nosotros— no parece haber salido de la pluma de sor Juana y ha sido atribuido a su primo, el licenciado Juan de Guevara. Como es lógico, la escritora compuso, con indiscutible acierto, tres autos sacramentales: *San Hermenegildo, el mártir del Sacramento, El cetro de José* y *El divino Narciso*, que ha sido considerado como el mejor de todos ellos y en el que se incluyen villancicos de una excepcional calidad poética. Diversas fueron las recopilaciones de sus obras, que vieron la

*Convento e iglesia de la congregación de las monjas Jerónimas, donde sor Juana Inés tomó por segunda vez los hábitos, para no abandonarlos más.*

luz en 1689, 1691 y 1700, pero, desgraciadamente, ese magno trabajo editorial no pudo evitar que se perdieran algunas, como el ensayo filosófico *Equilibrio moral* y el tratado de música *El caracol*.

| | |
|---|---|
| **1651** | Nace Juana de Asbaje y Ramírez de Cantillana, **SOR JUANA INÉS DE LA CRUZ**, en la hacienda de San Miguel, jurisdicción de Amecameca, en el Estado de México. |
| **1665** | Entra a formar parte de la corte de la virreina, la marquesa de Mancera. |
| **1667** | El 14 de agosto ingresa en el convento carmelita de Santa Teresa la Antigua. El 18 de noviembre abandona el claustro por quebrantos de salud. |
| **1669** | Ingresa de nuevo en un convento, el de la orden de las Jerónimas. |
| **1683** | Se publica *Los empeños de una casa*. |
| **1690** | Publica su *Carta Athenagórica o crisis de un sermón* y es amonestada por el obispo de Puebla, Manuel Fernández de Santa Cruz. |
| **1691** | Publica *Respuesta a Sor Filotea de la Cruz*. |
| **1695** | Muere en Ciudad de México. |

# CUAUHTÉMOC
## *(1496-1525)*

*L*a vida del último rey azteca está marcada por el heroico y dramático fin de la batalla en la que se enfrentó a los conquistadores españoles, cuyo resultado fue la desaparición de una de las más importantes civilizaciones mesoamericanas. Víctima de la ceguera de las antiguas tribus aliadas de su pueblo, Cuauhtémoc intentó sin éxito agrupar a los aztecas para combatir a las huestes españolas, pero el recuerdo del poderío de Tenochtitlán en el valle de México y el deseo de otras ciudades de ocupar su destacado lugar hicieron que se

*Monumento a Cuauhtémoc, último emperador azteca, en el Distrito Federal de México.*

allanara el camino a los hombres de Hernán Cortés, que se apoderaron de la otrora inexpugnable ciudad sin excesivas dificultades.

### Rey accidental

Quien fuera último rey de los aztecas y defensor heroico de Tenochtitlán frente a los ejércitos españoles nació hacia 1496 y era hijo del soberano Ahuízotl. Perteneciente pues a la nobleza de Tenochtitlán, el joven príncipe fue educado, como correspondía a su rango, en un calmécac o colegio-monasterio, donde recibió amplios conocimientos científicos, humanísticos y religiosos.

Según las crónicas virreinales, Cuauhtémoc era de buena apariencia y de excelente carácter «muy gentil de disposición, así de cuerpo como de facciones, y la cara algo larga, alegre y los ojos más parecían cuando miraba que era con gravedad que halagüeños, y no había falta en ellos».

A la muerte de Moctezuma II en junio de 1520, su hermano Cuitláhuac subió al poder, si bien sólo permaneció en él durante cuatro meses pues murió a consecuencia de la viruela, enfermedad introducida por las tropas españolas, que acabó con la vida de muchos indígenas.

Cuauhtémoc, sobrino de este último monarca, fue entonces el sucesor designado por la nobleza azteca para ocupar la jefatura.

El nuevo rey, que a la sazón tenía veinticuatro años, había sido durante largo tiempo el tecuhlti o cacique de Tlatelolco, gracias a lo cual contaba con una excelente experiencia para ocupar el cargo, amén de haber participado activamente en la batalla contra los señores de Oaxaca y en las guerras floridas contra los tlaxcaltecas, pero, cuando fue nombrado Señor Supremo, no obtuvo el apoyo de las restantes comunidades indígenas, lo cual supuso para el soberano de Tenochtitlán una indefensión total frente al poderoso ejército español.

## Maniobras españolas

Cuando los españoles desembarcaron en Tenochtitlán en 1519, la ciudad se encontraba en su apogeo, por lo que no es extraño encontrar documentos que la ensalzan y la comparan con temas de encantamiento «decían si aquello que veían, si era entre sueños». La gran plaza de la ciudad estaba ocupada por los templos gemelos dedicados a los dioses Tlaloc y Huizilopochtli, y a Ehecalt, y Tezcatlipoca, mientras que el palacio de Cuauhtémoc, también situado en el centro de la ciudad, disponía de numerosas cámaras separadas por terrazas o patios, suntuosamente decoradas con madera pulimentada. En el momento en que llegaron los españoles, Tenochtitlán era una populosa ciudad que albergaba a unas sesenta mil personas, bajo una organización social y política altamente estratificada, que parecía reflejarse en su trazado geométrico. Tal era el aspecto de una ciudad que muy pronto sucumbiría a manos de los conquistadores españoles.

Aprovechando la enemistad y el rencor que muchos pueblos del valle de México sentían contra los aztecas por su manifiesta superioridad y, en su deseo de hacerse con la rica ciudad tenocha, Cortés encontró la inestimable e inmediata ayuda del pueblo tlaxcalteca. Durante el camino, el conquistador tuvo que enfrentarse al pueblo de Cholula, con el que libró una dura contienda que acabó con la vida de algunos de los más notables guerreros indígenas. Para Cortés este conflicto supuso el afianzamiento de su poder frente a los restantes pueblos del valle, muchos de los cuales prefirieron apoyarlo con la equivocada pretensión de que con ello gozarían de los beneficios obtenidos por los españoles, lo cual sin duda le fue muy útil cuando fue preciso reclutar indígenas. De Cholula el extremeño partió hacia Tenochtitlán, donde fue recibido por Moctezuma II, quien se mostró pacífico con los recién llegados. Sin embargo, las huestes españolas buscaron cualquier pretexto que les permitiera iniciar una contienda y les llevara a la rendición y sometimiento de la ciudad azteca. Así, en 1520, durante la ausencia de Hernán Cortés, los habitantes de Tenochtitlán y los españoles se enfrentaron en una dura contienda que finalizó en la famosa Noche Triste, que siguió al fallecimiento de Moctezuma II, días después de ser apedreado por su pueblo por considerarlo un traidor.

Incapaces de detener a los aztecas, los españoles debieron huir de Tenochtitlán y buscar refugio en la ciudad aliada de Tlaxcala. Mientras Cuauhtémoc, ya

*Lámina del* Lienzo de Tlaxcala *en la que se observa al conquistador dando indicaciones a los indígenas que se sumaron a sus campañas. El sitio y la toma de Tenochtitlán, así como la posterior ejecución de Cuauhtémoc, fueron los acontecimientos que precipitaron el desenlace definitivo de la Conquista.*

elegido soberano, intentaba reorganizar la ciudad, Cortés dirigió su política de conquistas en varias direcciones: hacia oriente en busca del mar, hacia el sur y hacia occidente en dirección a Morelos, venciendo y doblegando a todos los pueblos que hallaba a su paso. Los texcocanos, ansiosos por suceder a la ciudad de Tenochtitlán en los asuntos del valle de México, ayudaron a los españoles a ganar la batalla de Otumba y gracias a ello los conquistadores quedaron situados en una posición prominente en el lago Texcoco, que les permitió dirigir el ataque contra Tenochtitlán.

Viendo Cuauhtémoc que la situación era irreversible, intentó por todos los medios atraerse a los diferentes grupos indígenas del valle con una promesa muy tentadora: si se unían contra Cortés ofrecería a los pueblos vasallos de Tenochtitlán una exención en los tributos y el fin de las hostilidades a los pueblos enemigos. El acuerdo fue imposible por lo que este rey decidió fortificar su ciudad ante el inminente peligro del ataque español. El extremeño, por su parte, dio orden de construir 13 bergantines, que serían los encargados de limpiar el lago de canoas indígenas y de proteger a los españoles que marchasen hacia Tenochtitlán.

## El sitio de Tenochtitlán

En el sitio de Tenochtitlán emprendido por los españoles el 20 de mayo de 1521, participaron 650 infantes, 194 arcabuceros, 84 caballeros, la artillería y una gran masa de auxiliares indígenas. Cortés ordenó a sus aliados indígenas que destruyeran todas las casas y que llenaran de escombros los canales de agua que rodeaban Tenochtitlán, para que los ejércitos españoles pudieran entrar a caballo, disponiendo asimismo que debía arrasarse cada sector de la ciudad a medida que se fuera conquistando. Además, al dominar el acueducto de Chapultepec, los españoles controlaron también el suministro de agua potable que llegaba a la ciudad de Tenochtitlán.

## Resistencia heroica y toma de la ciudad

El pueblo mexica dirigido por Cuauhtémoc intentó frenar el avance español, pero fue totalmente imposible. Los aztecas de Tenochtitlán no sólo tuvieron que luchar en inferioridad de condiciones contra Cortés sino que también debieron soportar la traición de la tribu de los xochimilcas, quienes, bajo el pretexto de ayudarles en la lucha contra el invasor, aprovecharon el desconcierto para llevarse a sus mujeres y a sus hijos a fin de utilizarlos como esclavos.

La batalla final fue insostenible para los aztecas, por lo que todos quienes pudieron sobrevivir intentaron escapar en canoas a través del lago. El rey y su familia fueron capturados y llevados ante Cortés, quien pidió a Cuauhtémoc que le revelase el lugar donde se hallaba el tesoro de la ciudad de Tenochtitlán. Pero este tesoro había desaparecido o yacía en el fondo del lago con los españoles muertos que habían saqueado la ciudad en tiempos de Moctezuma II. Es más, el oro de las ciudades del lago no era tan abundante como creían los españoles, puesto que los indígenas no sintieron nunca especial aprecio por dicho metal, razón por la cual lo mostraban de forma ostentosa a los conquistadores para ganarse su favor. Los indígenas nunca entendieron el afán de los hombres de Hernán Cortés por reunir oro, pues para ellos no cumplía ninguna función práctica, ya que, en una economía de subsistencia, carecía de valor.

Todas las reglas tradicionales de la guerra que los aztecas habían desarrollado no les resultaron eficaces en su enfrentamiento contra los conquistadores, puesto que no sólo se enfrentaron dos ejércitos, lo hicieron también dos mundos, dos ideologías y dos mentalidades opuestas. Este hecho quedó reflejado en la actitud de uno y otro bando durante la contienda. Mientras los indígenas se afanaban en capturar prisioneros para ofrecerlos en sacrificio, los españoles no dudaban en pasar a cuchillo a todos los guerreros. No se trataba de obtener un tributo de los indios sino de saquear sus ciudades y de reducirlos a la esclavitud. «Después de librarse una sangrienta batalla Cuauhtémoc decidió entregarse ante la evidencia de la superioridad militar española [...] gran parte de las construcciones habían sido destruidas y la gente muerta [...] el hedor era insoportable [...] Los sobrevivientes se lanzaban a la laguna a sabiendas de que sus fuerzas no les iban a alcanzar para llegar a la tierra firme, pero lo hacían con tal de no caer en manos de los invasores, muchos de los cuales, colocados en los arranques de las calzadas registraban a los que trataban de huir para ver si llevaban oro escondido.»

Tras haber sufrido más de tres meses de sitio, Tenochtitlán quedó, tal como cuentan las crónicas del momento, totalmente arrasada. Los españoles destruyeron todas las instituciones, los templos, los ídolos, los códigos religiosos y demás elementos que no les eran útiles, si bien se sirvieron del antiguo sistema de tributos y de la esclavitud.

## El fin de la dinastía azteca

En 1523, Hernán Cortés emprendió una expedición a la actual Honduras para castigar a su lugarteniente Cristóbal Olid, encargado de la explotación y el poblamiento de aquellos territorios, llevándose consigo a Cuauhtémoc, más como rehén que como distinguido acompañante, pues aún reciente el asentamiento español en el antiguo imperio azteca no podía dejar en México a tan importante personaje, temible por su significación entre los vencidos, sobre todo si Cortés y sus acompañantes andaban tan lejos. Tras sufrir penalidades sin cuento llegaron por fin los españoles al pueblo de Izcanac y tras enterarse el extremeño, por un indígena del séquito, de la conjura encabezada por el Tlatoani para matarles y restaurar su antiguo señorío mediante un levantamiento general, ordenó, sin más, la ejecución del último rey azteca en compañía del señor de Tacuba, episodio que recogen los cronistas de la época «Y fue esa muerte que les dieron muy injustamente, y pareció mal a todos los que íbamos».

*Este lienzo,* El tormento de Cuauhtémoc, *muestra al emperador azteca hecho prisionero por las fuerzas de Hernán Cortés y sometido a maltratos para que revelara el escondite del tesoro imperial. Después de numerosas batallas, en las que los conquistadores contaron con el apoyo de tribus rivales a los mexicas, la ciudad de Tenochtitlán fue definitivamente conquistada por los españoles, iniciándose de este modo la decadencia del imperio. Al extenderse el rumor de que los mexicas estaban preparando una sublevación, en 1525 Cortés dio la orden de que se ejecutara a Cuauhtémoc, acontecimiento que marcó la extinción de la dinastía azteca.*

| | |
|---|---|
| **1496** | Nace en Tenochtitlán **CUAUHTÉMOC**, hijo de soberanos aztecas. Desde los tres años se le educa como a un príncipe mexica. |
| **1502** | Queda huérfano de padre. |
| **1511** | Ingresa en el calmécac, la escuela de los pipiltzin, donde recibe conocimientos científicos, humanísticos y religiosos. |
| **1519** | Año de la profecía de Quetzalcóatl, llega a Tenochtitlán Hernán Cortés. |
| **1520** | En ausencia de Cortés, Alvarado realiza una matanza contra los habitantes de Tenochtitlán, que se enfrentan a los españoles. La contienda finaliza con la llamada Noche Triste en la que muere Moctezuma II. |
| **1521** | Cuauhtémoc, elegido nuevo soberano de los aztecas, defiende la ciudad durante 75 días, hasta quedar reducidos al islote de Tlatelolco. Cuauhtémoc se entrega. |
| **1523-1524** | Cortés lleva prisionero a Cuauhtémoc en una expedición a la actual Honduras. |
| **1525** | A raíz de nuevos rumores de sedición, Cortés manda ejecutar a Cuauhtémoc en Xicalanco. |

# JOSÉ LUIS CUEVAS
## (1934)

*Luis Echeverría, presidente de México, visita con su esposa una exposición del pintor José Luis Cuevas.*

**J**osé Luis Cuevas es, sin duda alguna, una de las personalidades más peculiares y originales de todo el panorama pictórico mexicano contemporáneo. Su irrupción quebró los moldes academicistas que prevalecían hasta entonces y que eran defendidos y propugnados por la escuela clásica nacional; aunque sin adoptar tampoco los recursos estéticos y las teorías defendidas por el grupo de muralistas, cuyos máximos exponentes fueron David Alfaro Siqueiros, Diego Rivera y José Clemente Orozco, que determinaron con su rotunda y particular personalidad el devenir del arte mexicano durante toda la primera mitad del siglo xx.

## La constancia del autodidacta

Nacido en Ciudad de México, en 1934, su formación fue por completo autodidacta; y hay que destacar que Cuevas es uno de los escasos artistas que no han pasado por la Academia de Bellas Artes de San Carlos, cauce de casi todas las vocaciones pictóricas y único vivero de sus pintores. Su formación técnica profesional se limitó a un curso en la Escuela Nacional de Pintura y Escultura la Esmeralda, que había sido fundada por Frida Kahlo y Diego Rivera, cuando era sólo un niño de diez años, y a unos cursos de grabado que realizó a los catorce con la profesora Lola Cueto, en el México City College. Su primera exposición tuvo como escenario un local de la calle de Donceles de Ciudad de México en 1948.

Escaso bagaje académico, en verdad, el de José Luis Cuevas, que pone más de relieve su formación irregular, su labor de autodidacta, que confluye en un arte empeñado en plasmar los sentimientos que pueblan su ímpetu creativo y que lo llevan a alejarse de las corrientes realistas y naturalistas, y a apartarse hasta cierto punto de las definiciones figurativas.

Se advierte en su obra, que puede considerarse netamente expresionista, una indiscutible preeminencia del dibujo, que se convierte en el eje principal que sustenta la lenta elaboración del cuadro. Cuevas intenta renovar los planteamientos figurativos adoptando también, como sus contemporáneos de más conocida militancia política, una temática social crítica, pero rechazando siempre las soluciones, superadas ya, que habían sido experimentadas y defendidas por los teóricos del realismo socialista. Se niega a adherirse a cualquier tendencia política que pueda encasillar o limitar su espíritu artístico; busca, por el contrario, los medios adecuados para encauzar la pasión que bulle en su pecho y brota de sus pinceles una personalísima pintura, que pronto comenzó a ser reconocida internacionalmente.

Moviéndose en el universo expresionista, tiende hacia una deformación en la figura y una libertad de trazo, rasgos que se ponen de relieve en sus *Apariciones,* y que permiten relacionarlo con el denominado *arte fantástico.* Su inspiración bebe en las fuentes más diversas, a las que no son ajenos algunos de los más brillantes artistas del siglo XX, como Henri Matisse, Paul Klee, Oscar Kokoschka, Marc Chagall y Wassili Kandinsky, aunque, a diferencia de muchos de sus contemporáneos, los *fauves* franceses parecen haberle influido poco. Cuevas intentó reflejar en sus primeras composiciones la profunda intensidad simbólica de la expresión y ese empeño creativo le supuso, a veces, perder el equilibrio de la forma. En 1953 practica la disección de cadáveres, lo que le permite dar rienda suelta al dibujo de un universo expresionista rayano en lo fantástico, que cobra toda su fuerza en las imágenes de prostitutas, hospitales, cadáveres y niños desvalidos del barrio de Nonoalco.

## Un inicio temprano

Muy joven, a los veinte años, Cuevas pudo presentar en Washington su primera exposición y aprovechó la oportunidad para darse a conocer en el restringido mundillo de los marchantes y las galerías de arte, oficios y lugares que al parecer detestaba, llegando a afirmar que «sólo eran necesarios para ganar dinero» y negándoles su papel e influencia en las auténticas pulsiones artísticas. Esta primera exposición le sirvió para ponerse en contacto con algunas escuelas y con las facultades universitarias que habían estado ausentes en su proceso de formación y, paradójicamente, el pintor que se había hecho a sí mismo, el hombre alejado de los establecimientos pedagógicos, consiguió una plaza de profesor en la Universidad Iberoamericana y, más tarde, habría de llegar a impartir sus enseñanzas en la Universidad de Austin (Texas), como invitado especial. Muy poco tiempo después, recibe una invitación del crítico José Gómez Sicre y exhibe de nuevo su obra, esta vez en la Unión Panamericana de Washington D.C.

La muestra de la Unión Panamericana supone el inicio del constante tira y afloja que ha marcado sus relaciones con los Estados Unidos. Cuevas hace patente, en sus estancias estadounidenses, un constante y contradictorio sentimiento de amor y de odio que se refleja en dos de sus actitudes más personales; por un lado, siente un instintivo rechazo por todo el ritual que rodea las exposiciones, el vocabulario, los hábitos y los oropeles de una liturgia orientada hacia la «venta», pero siempre está dispuesto, por el contrario, a dar una conferencia, a mantener apasionadas charlas con los jóvenes que se interesan por su obra y a encargarse de un curso cualquiera.

## Desacuerdos con los muralistas

De nuevo en México, inicia una personal protesta por el hecho, que le parece injusto e inaceptable, de que los salones oficiales muestren una evidente preferencia por los artistas de la escuela mexicana de pintura. En este contexto publica su manifiesto *La cortina de nopal* (1957), en el que arremete contra el muralismo mexicano precisamente el año en que muere su más eximio representante, el pintor Diego Rivera.

Debe tenerse muy en cuenta que todos los pintores muralistas habían adoptado en sus monumentales obras unos presupuestos claramente marcados por la ideología. En efecto, exponían y defendían con sus pinceles los ideales socialistas y algunos de los representantes más conocidos de esta tendencia eran o habían sido miembros fundadores del Partido Comunista Mexicano. De modo que aquel estado de cosas, las preferencias de las muestras y salones oficiales, favorecían sobre todo a los artistas que se movían en la órbita social-muralista. Cuevas, por el contrario, se consideraba un artista alejado de las ideologías, por lo menos en lo que se refiere a sus presupuestos pictóricos, y se mostraba muy escéptico en cuanto a la validez del trasfondo político que sustentaba y agitaba la pintura mexicana de la época.

A partir de la segunda mitad de la década de los cincuenta, expone el conjunto de su obra primero, entre 1955 y 1957, en París, La Habana, México y el Museo de Napoule, en el sur de Francia, y, tras una prolongada gira, lo hace en Nueva York, Jerusalén, Lima, Caracas, Buenos Aires y Vancouver. Sus dibujos y litografías han adornado a partir de entonces muchas veces las paredes de las más prestigiosas galerías y museos de Estados Unidos, Latinoamérica y Europa. Y no puede olvidarse su importante labor como ilustrador de libros de arte, de la que son buena muestra títulos como *The Worlds of Kafka and Cuevas* (Nueva York, 1959), en el que da forma al obsesivo universo kafkiano; *The Ends of Legends String* (Washington, 1960) sobre una colección de poemas de William McLeod; *Recollections of childhood,* 1962; *Teatro Pánico,* 1965, inspirado en los

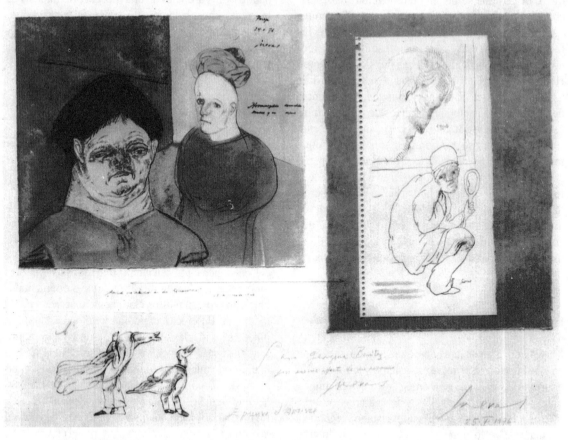

*La obra pictórica de Cuevas, que adquirió rápidamente reconocimiento internacional, se inclinó hacia el expresionismo mediante la combinación de un trazo simplificado y colores violentos.*

experimentos y las creaciones dramáticas que por aquel entonces llevaba a cabo Jodorowski; *Cuevas-Charenton*, también en 1965; *Crime by Cuevas* , 1968; *Homage to Quevedo* , 1969, y otros muchos.

La Bienal de São Paulo le dedicó una de sus salas en 1975, fue invitado en la Documenta VI de Kassel, en 1977, y, en 1978, hubo una retrospectiva de sus obras en el Museo de Arte Moderno de París.

## Habla Octavio Paz

José Luis Cuevas es, sin duda alguna, uno de los mayores dibujantes que ha dado el siglo xx, cuya virtud más destacada es la efectiva combinación de un trazo simplificado y unos colores violentos y llamativos, que dan sugerentes resultados. En 1966, Octavio Paz hizo un lúcido análisis, una penetrante descripción de su producción artística, en la que

afirmó, entre otras cosas que «... Se le clasifica normalmente como pintor expresionista. Lo es, aunque en sentido distinto al de los otros expresionistas mexicanos. Su obra no es un juicio sobre la realidad exterior. Es un mundo de figuraciones que, así mismo, es una revelación de realidades escondidas. No es aquello que el artista ve desde la ventana de sus *buenos* sentimientos y que condena en nombre de la moral o la revolución. El mal que pinta Cuevas no es el mal visible. Esos monstruos no están únicamente en los hospitales, burdeles y suburbios de nuestras ciudades: habitan en nuestra intimidad, son una parte de nosotros».

Pese a que en su propio país Cuevas nadaba a contracorriente (no hay que olvidar que, a los treinta y tres años, realizó un célebre *Mural efímero* en una zona de Ciudad de México que él mismo había bautizado como Zona Rosa), comenzó muy pronto a obtener el reconocimiento internacional. Recibió así el Premio Internacional de Dibujo, en 1959, en la Vª Bienal de São Paulo, Brasil, a la que ya había sido invitado a participar cuatro años antes; siguieron el Primer Premio Internacional en la VIIª Mostra Internazionale di Bianco e Nero, de Lugano, Suiza, en 1962; el Premio de Excelencia en Arte y Diseño, del Art Directors Club, en Filadelfia, Estados Unidos (1964); en 1965 recibió el Premio Madeco de la IIª Bienal de Santiago de Chile; y en 1968 se le otorgó el Primer Premio Internacional de Grabado en la IIª Trienal de Nueva Delhi, India.

Su carrera se vio jalonada, desde entonces, por las más variadas distinciones y galardones de los que sólo citaremos, como últimos ejemplos, el Primer Premio en la IIIª Bienal de Grabado de San Juan de Puerto Rico, en 1977 y por fin, en 1981, el reconocimiento en su propio país con el Premio Nacional de Arte de México.

## A vueltas con la polémica

Como ya hemos dicho, sus ideas sobre el arte y sus posturas personales, su enfrentamiento con los presupuestos del «arte comprometido», sus tomas de posición, muchas veces radicales, despertaron y siguen despertando constantes polémicas. Además, su inquieto temperamento y su interés por las más diversas facetas de la plástica le han impulsado a adentrarse en los campos creativos más variados, utilizando así distintas técnicas y realizando experimentos como su invención de las pinturas transportables, una iniciativa que no tuvo, en verdad, demasiado éxito y que, en realidad, es una adaptación de las técnicas utilizadas algunas veces por Rivera en sus murales. Su preocupación por romper moldes académicos se puso de manifiesto en 1970 con la organización de varios *happenings* en el San José State College of California, en los que regalaba a la salida carteles contra la guerra del Vietnam. El mismo año presentó su candidatura a diputado federal, llamando a jóvenes e intelectuales a formar un nuevo partido político que rompiera con el *statu quo*, puesto de manifiesto en 1968 con el triste episodio de la Plaza de las Tres Culturas de Tlatelolco.

Como muestras de la diversidad de sus actividades artísticas podemos mencionar sus colaboraciones en revistas de circulación internacional, como *Life* o *Playboy,* en las que ha publicado sus ilustraciones; o las incursiones en el mundo de la escenografía teatral, como en *La noche de los asesinos,* del cubano José Triana, o del periodismo, con su columna *Cuevario* en el diario *Excelsior.* También ha publicado su libro autobiográfico *Cuevas por Cuevas* (1985).

En julio de 1992 tuvo lugar la inauguración del Museo José Luis Cuevas, situado en el antiguo Convento de Santa Inés (en la calle Academia, 13), en el centro histórico de la capital mexicana. En sus salas se exhibe permanentemente una serie de dibujos y litografías del pintor, así como su monumental escultura *La giganta.* Sus obras pueden contemplarse en numerosos museos internacionales, como el de Arte Moderno de Nueva York, el Art Institute de Chicago, el Museo de Tel Aviv, el de São Paulo o el de Caracas.

| | |
|---|---|
| **1934** | Nace en Ciudad de México **JOSÉ LUIS CUEVAS.** |
| **1948** | Expone por primera vez en un local de la calle Donceles de Ciudad de México. |
| **1954** | Expone por primera vez en Washington e, invitado por Gómez Sicre, consigue el éxito en la exposición de la Unión Panamericana de Washington. |
| **1957** | Publica su manifiesto *La cortina de nopal* contra el proteccionismo oficial a los muralistas mexicanos. |
| **1959** | Expone en Jerusalén y obtiene el Premio Internacional de Dibujo en la Vª Bienal de São Paulo. |
| **1962** | Primer Premio Internacional en la VIIª Mostra Internazionale di Bianco e Nero de Lugano (Suiza). |
| **1968** | Premio Internacional de Grabado en la IIª Trienal de Nueva Delhi. |
| **1978** | Retrospectiva en el Museo de Arte Moderno de París. |
| **1981** | Se le otorga el Premio Nacional de Arte de México. |
| **1992** | Se inaugura el Museo José Luis Cuevas en Ciudad de México. |

# CARLOS CHÁVEZ
## (1899-1978)

*El compositor Carlos Chávez sintetizó, con singular maestría, los ecos más arraigados del folclore indígena con las tendencias vanguardistas de su época.*

**M**úsico, compositor, director de orquesta y profesor, Carlos Chávez tuvo una trayectoria profesional polifacética. Su producción, extraordinariamente prolífica, muestra una marcada predilección por las obras ampulosas, de amplias dimensiones y estructuras regias. Su vasta obra integra, además, un lenguaje musical en el que confluyen los ecos más arraigados del folclore indígena y los sonidos característicos de las tendencias vanguardistas de su época.

### Una vida entregada a la música

Carlos Chávez nació en Ciudad de México, en 1899, y murió en la misma ciudad en 1978, siendo enterrados sus restos en la Rotonda de los Hombres Ilustres. Murió con casi noventa años, tras haber dedicado con intensa pasión toda su vida a la música. Se le recuerda también por haber ayudado a triunfar a los jóvenes directores y compositores mexicanos y por su labor como difusor, en México, de autores extranjeros inscritos en las corrientes del repertorio clásico, romántico y también contemporáneo.

Chávez estudió piano en México con Manuel Ponce, entre los años 1909 y 1913, y con Pedro Luis Ogazón, de 1915 a 1920. Realizó así mismo estudios de armonía y composición con Juan B. Fuentes, completando su formación de manera autodidacta en fuga y contrapunto, mediante un profundo análisis de la obra de los grandes maestros así como de la música india y mestiza. Gracias a su primer concierto con composiciones suyas, *Sexteto para piano y cuerdas* (1921), Chávez se dio a conocer por su vertiente romántica, inspirada en la música autóctona mexicana, pero pronto había de inclinarse por la música impresionista, cambio que se hace patente en *Madrigales* (1921) y, sobre todo, en *Nocturnos* (1922), obra esta última que, escrita a raíz de su viaje por Europa, sigue las huellas de Debussy. A su regreso de Europa, Chávez se convirtió en un abanderado de la nueva música inspirada en raíces autóctonas, organizando y dirigiendo con gran éxito la serie Conciertos de Música Nueva.

Su estancia en Nueva York (1926-1928) le brindó la posibilidad de conocer a Varèse y Copland, quienes le animaron a desarrollar conjuntamente un proyecto de música específicamente americana. Varese presentó con su orquesta *International Composers' Guild* la obra de Chávez *Tres exágonos* (1923) y la *Danza de los hombres y las máquinas* (1926). Tras regresar a México, fundó la Orquesta Sinfónica de México, que dirigió entre 1928 y 1948, a la vez que dirigía las orquestas más reputadas de Europa y Estados Unidos. El cargo que desempeñaba le permitió, además, divulgar las obras de numerosos músicos mexicanos como Revueltas, Ponce, Moncayo, Sandi, Huízar y Galindo.

Entre 1928 y 1935 dirigió el Conservatorio Nacional de Música y fundó, además, el Coro de dicha institución. Comenzaba, así, una prestigiosa carrera como docente en México y también allende las fronteras, ya que fue profesor visitante en la Universidad de Harvard, donde desempeñó la cátedra de poética, y también en Búfalo, en Estados Unidos. Chávez fue, además, miembro fundador de El Colegio Nacional, en 1943. Con la fundación de la sociedad promotora de conciertos Nuestra Música en 1946, su trabajo infatigable en pro de la difusión de la música mexicana ensanchó sus horizontes, ya que de ella nacieron una revista y la editorial Ediciones Mexicanas de Música. Auténtica alma del ambicioso proyecto del Instituto Nacional de Bellas Artes, se convirtió en su primer director (1947-1952), a la vez que consiguió que la Orquesta Sinfónica de México pasara a ser la Orquesta Sinfónica Nacional.

Menos conocida es su labor como escritor, faceta que se encuentra vinculada a su labor como docente. Efectivamente, Chávez publicó en 1937 un libro titulado *Hacia una nueva música*, en el que expone sus teorías musicales.

## Un merecido reconocimiento a su labor

Chávez fue miembro honorario de la *American Academy of Arts and Sciences* (1959) y de la *American Academy of Arts and Letters* (1960). Recibió también condecoraciones de países como Suecia, Italia, Bélgica y Francia y, en 1958, se le concedió en México, su propio país, el Premio Nacional de Artes y Ciencias. Venezuela le otorgó, en 1954, el Premio Caro de Boesi, mientras que en Suiza se le distinguió con el Kaussevitsky, en 1968, y Cuba le premió con el Casa de las Américas, en 1973.

## Una prolífica vena creativa

Entre sus producciones destacan *El Fuego nuevo*, compuesto en 1921 y estrenado en 1928, un ballet pensado para gran orquesta, y el también ballet *Los cuatro soles* (1926). La importancia de ambas piezas radica en que se enmarcan en una tendencia evocadora del México precolombino, al igual que ocurre con la denominada *Sinfonía india* (1936).

La problemática social fue otro de los temas plasmados en su amplio repertorio, como se deduce de títulos como *Sinfonía proletaria* o su *Obertura republicana* (1935). Su ballet *H.P.* tenía además como tema principal la esclavización del hombre por la máquina (1926). Aparte de las obras ya citadas, cabe mencionar también como producciones significativas las sinfonías *Antígona* (1933) y *Romántica* (1951) y la obertura *Xochipilli* (1940); así mismo sus ballets *Caballos de vapor* (1927) y *La hija de Cólquide* (1933-1944) y sus conciertos: *Para piano y orquesta* (1938), *Para violín* (1948) y el *Concierto para cuatro trompas y orquesta*. Entre sus últimas composiciones sobresalen: *Invención* (1958), *Resonancias* (1964), *Elatio* (1967), *Discovery* (1969) e *Initium* (1971), títulos que evocan tanto la capacidad renovadora como el espíritu de vanguardia que, desde sus inicios, Carlos Chávez ha sabido imprimir en su producción musical.

| | |
|---|---|
| **1899** | Nace en Ciudad de México **CARLOS CHÁVEZ**. |
| **1928-1935** | Dirige el Conservatorio Nacional de Música y da clases en la cátedra de creación musical. |
| **1947-1952** | Es nombrado director del Instituto Nacional de Bellas Artes. |
| **1954** | En Venezuela, se le otorga el Premio Caro de Boesi. |
| **1958** | Se le otorga el Premio Nacional de Artes y Ciencias en México. |
| **1968** | En Suiza, se le distingue con el Premio Kaussevitsky. |
| **1973** | Cuba le otorga el Premio Casa de las Américas. |
| **1978** | Fallece en Ciudad de México el 2 de agosto. |

# PORFIRIO DÍAZ
## *(1830-1915)*

*H*ombre ambicioso y autoritario, Porfirio Díaz rigió la vida política mexicana durante más de treinta años. En ese tiempo, conjugó el cientificismo positivista y las fuerzas del capital extranjero, de la oligarquía y de la jerarquía clerical, para promover el desarrollo capitalista de México. Pero tal avance supuso la profundización de las injusticias y desigualdades sociales, el expolio de las tierras de los campesinos, el sometimiento de la burguesía criolla y la violenta

*Porfirio Díaz cambió el paisaje político y económico de México, promoviendo el desarrollo del capitalismo.*

represión de cualquier voz disonante. Finalmente, su sueño de poder inconmovible quedó roto, cuando, en noviembre de 1910, al intentar su séptima reelección como presidente, provocó el estallido de una revolución que durante una década conmovió los cimientos de México, para asombro del mundo.

### El aprendiz de sacerdote y zapatero

Porfirio Díaz fue el penúltimo de los siete hijos que tuvieron José Faustino Díaz y Petrona Mory. Nació en Oaxaca, el 15 de septiembre de 1830 y cuando sólo tenía tres años perdió a su padre, víctima de una epidemia de cólera.

A causa de la austeridad con la que su familia se vio obligada a vivir, Porfirio hizo sus estudios elementales en escuelas públicas y después, bajo la protección de su tío y padrino, el canónigo José Agustín Domínguez, en el Seminario Conciliar de su ciudad natal, con miras a seguir la carrera eclesiástica. Fue en esa época, cuando daba clases particulares de latín al hijo de Marcos Pérez, abogado amigo de Benito Juárez, que conoció a ambos y se sintió atraído por las ideas liberales y anticlericales que ellos profesaban.

Acaso influenciado por tales ideas, Porfirio abandonó el seminario e inició la carrera de leyes en el Instituto de Ciencias y Artes del Estado, hecho que lo privó de la protección de su tío y lo obligó a incrementar el número de sus clases particulares y a oficiar de carpintero y zapatero, para contribuir a la manutención familiar. Poco después, sus amigos Pérez y Juárez le dieron trabajo como pasante y bibliotecario respectivamente.

### El defensor de la ley

El encarcelamiento, en 1854, del abogado Marcos Pérez durante la dictadura del general Antonio López de Santa Anna, lo decidió primero a manifestarse contra el dictador y más tarde, tras sufrir persecución

*Fiesta en el hipódromo de Peralvillo para celebrar el natalicio del Kaiser, en 1904. El capital extranjero, la Iglesia Católica y la oligarquía terrateniente fueron las fuerzas que sustentaron a Díaz en el poder.*

y cárcel, a adherirse al Plan de Ayutla, que abogaba por el federalismo y la reforma de las bases jurídicas e institucionales del Estado. De este modo, Díaz inició su fulgurante carrera política y militar. Caído Santa Anna y después de distinguirse en algunos hechos de armas, entre ellos el aplastamiento de la rebelión de los indios juchitecos, fue comisionado por Benito Juárez, por aquel entonces gobernador de Oaxaca, para que organizara las milicias locales en calidad de jefe político.

En 1856, Porfirio Díaz ingresó en la Guardia Nacional de Oaxaca con el grado de capitán de granaderos y, al año siguiente, al estallar la rebelión conservadora contra el gobierno liberal, tomó partido por éste. Su decidida participación en la batalla de Ixtapa permitió derrotar a las tropas rebeldes del coronel José María Salado, quien murió en combate, mientras que él resultó gravemente herido.

A finales de diciembre de 1857, Díaz aún convalecía de las heridas recibidas en Ixtapa cuando le fue encargada la recuperación de Oaxaca, parcialmente tomada por los conservadores. Nuevamente su inteligencia y arrojo fueron decisivos para devolver la ciudad a manos liberales. En las acciones posteriores en las que participó, Díaz no sólo confirmó su fuerte personalidad, sino que también dio muestras de su desprecio por la vida de sus adversarios, a los que no dudó en fusilar para conseguir sus propósito.

En el curso de la guerra de Reforma, que no concluiría hasta 1861, Porfirio Díaz se distinguió principalmente en el sitio, entre febrero y mayo de 1859, y posterior toma de Oaxaca, el 15 de mayo de 1860, que le valió el grado de coronel, y en la batalla de Jalatlaco, en agosto de 1861, que le significó el ascenso a general, cuando apenas tenía treinta y un años.

## Por la causa de la libertad

La decisión de Benito Juárez de suspender el pago de la deuda externa movió a Francia, Gran Bretaña y España a intervenir militarmente para garantizar sus intereses, aunque sólo la primera lo hizo efectivamente. La intervención francesa de 1863, claramente sostenida por los conservadores mexicanos, dio lugar a la constitución del Segundo Imperio y a la entronización del archiduque Maximiliano.

67

*General y presidente, Porfirio Díaz instauró en México un sistema autoritario y corrupto, conocido como el «porfiriato».*

Durante la guerra contra los franceses, el general Porfirio Díaz fue apresado y encerrado en Santa Catarina y en la Compañía, de donde consiguió huir y organizar la lucha de guerrillas. Más tarde, como jefe del Cuerpo de Ejército del Centro, tomó las ciudades de Puebla, el 2 de abril de 1867, y de México, el 20 de junio, después de rechazar importantes prebendas de los imperialistas y el emperador.

Las tropas de Díaz que ocuparon la capital mexicana se distinguieron por su correcto comportamiento y el trato dado a los imperialistas. Poco antes, el duro general había decidido presentar otra batalla casándose con Delfina Ortega Díaz, hija de su hermana Manuela. El matrimonio tuvo cinco niños, pero sólo sobrevivieron dos, Porfirio y Luz.

## La reacción contra Juárez

Fusilado Maximiliano y restaurada la República, Benito Juárez fue reelegido presidente. Su pretensión de reformar la Constitución para aumentar los pode-res presidenciales y otorgar el derecho a voto a los eclesiásticos, provocó el descontento dentro del partido Liberal y el rechazo de Porfirio Díaz, quien se retiró a su hacienda de Oaxaca.

La segunda reelección de Juárez, en 1871, tuvo como consecuencia que su íntimo colaborador, Sebastián Lerdo de Tejada, fundara el partido Lerdista y que se produjeran varios pronunciamientos, entre ellos los de Treviño, Naranjo y Porfirio Díaz. Éste inspiró el llamado Plan de Noria, que fracasó, pero el triunfo le valió de poco a Juárez, ya que murió pocos meses más tarde.

## El asalto al poder

Muerto Juárez, Lerdo de Tejada le sucedió en el gobierno y Porfirio Díaz se mantuvo a la expectativa. Pero este hombre alto, corpulento y de mirada orgullosa ya había fijado una nueva y alta meta para sí: el sillón presidencial.

La oportunidad se le brindó cuando Lerdo de Tejada intentó su reelección. Porfirio Díaz, que por entonces tenía cuarenta y seis años, con el apoyo tácito de Estados Unidos, de la oligarquía terrateniente y del alto clero, se alzó en armas según el Plan de Tuxtepec y derrocó al presidente, el 26 de noviembre de 1876, haciéndose con el poder. Desde esa fecha se convirtió en el hombre más poderoso de México y el que regiría su destino a lo largo de treinta y cinco años.

Las elecciones de mayo de 1877 dieron legalidad a su cargo, en el que permaneció hasta que la revolución maderista lo obligó a renunciar en mayo de 1911, salvo el período de 1880 a 1884 en el que consintió la presidencia de uno de sus acólitos, el general Manuel González.

## El despotismo ilustrado

El general Porfirio Díaz, quien en 1884 había enviudado y vuelto a casar con Carmen Romero Castelló, joven de diecinueve años, cambió radicalmente el paisaje social, político y económico de México. Mantuvo la Constitución de 1857, pero reducida a papel mojado, ya que de hecho implantó una rígida dictadura con el beneplácito del capital extranjero, de la Iglesia y de la oligarquía terrateniente, sus valedores desde el Plan de Tuxtepec. Pero no sólo ésas fueron las fuerzas que sustentaron a Porfirio Díaz. También un influyente núcleo de intelectuales mexicanos le brindó su apoyo. Este núcleo de «científicos» proporcionó a la dictadura una imagen ilustrada y un fundamento ideológico basado en la modernización, cuyo discurso puede sintetizarse en declaraciones como que «la libertad es función fisiológica de un organismo social perfecto» y, consecuentemente, «en las cafrerías de América es imposible un gobierno basado en el sufragio popular».

## La paz porfirista

La reducción de las libertades civiles e individuales, la persecución de líderes obreros y rurales, de políticos y periodistas, el sistemático despojamiento de las tierras a los campesinos en beneficio de los terratenientes y la cruel represión del mínimo acto de rebeldía, forman parte de una planificada política que se dio en llamar «mátalos en caliente», en alusión a la orden de fusilar a los sospechosos de una conjura revolucionaria en Veracruz, en 1879.

Porfirio Díaz, convertido en dueño absoluto de la vida de los mexicanos, no dudó en asesinar a sus adversarios políticos, como al general Trinidad García de la Cadena, en 1888, ni tampoco en ordenar la matanza masiva de pueblos enteros, como el de Tomóchic, en Chihuahua, en 1892. Cualquier brote de rebeldía era cortado de cuajo por sus seguidores y de este modo fraguó su título de «héroe de la paz».

## Todo por el progreso

El mismo Porfirio Díaz afirmó que gracias a su «política patriarcal, guiando y restringiendo las tendencias populares, en el convencimiento de que una paz forzosa permitiría fomentar la educación, la industria y el comercio». En efecto, estos fueron sus objetivos, aunque el alcance de su «guía y restricción de las tendencias populares» fue terrible.

Durante el largo mandato de Porfirio Díaz, México pagó su deuda externa y modernizó las industrias y las comunicaciones. Pero los grandes beneficiarios fueron los latifundistas y el capital extranjero. Éste, de origen francés y estadounidense, llegó a controlar los recursos financieros, las industrias y las explotaciones minera, petrolera, energética y ferroviaria en detrimento de la burguesía nacional y del resto de la población, cada vez más empobrecida.

El profundo malestar social que durante tantos años alimentó el régimen porfirista, explotó cuando, en septiembre de 1910, el Congreso declaró reelecto al dictador Francisco I. Madero, candidato del partido Antirreeleccionista, quien lanzó al mes siguiente el Plan de San Luis desconociendo al gobierno y llamando a la rebelión. Ante el cariz que tomaron los acontecimientos en los meses siguientes, Díaz renunció, el 25 de mayo de 1911.

Seis días más tarde, un anciano general de ochenta años, se embarcaba en el *Ipiranga* rumbo a Europa. Ya allí, fijó su residencia en París, donde murió el 2 de julio de 1915.

| | |
|---|---|
| **1830** | 15 de septiembre: nace en Oaxaca **PORFIRIO DÍAZ.** |
| **1849** | Abandona la Universidad de Oaxaca y abraza la carrera militar. |
| **1854** | Toma partido por el general Álvarez para derrocar la tiranía de Santa Anna. |
| **1861** | Es ascendido a general. |
| **1862** | Se distingue en la batalla de Puebla contra los franceses. |
| **1867** | Vence al cabecilla monárquico Leonardo Márquez. El 20 de junio toma la capital mexicana para derrocar a Maximiliano. |
| **1880** | Alcanza la Presidencia de la nación. |
| **1884** | Nueva reelección de Porfirio Díaz. |
| **1911** | Triunfa la Revolución, que le obliga a renunciar a la Presidencia y a trasladarse a Europa. |
| **1915** | Muere en París. |

# MARÍA FÉLIX
## (1914)

*Desde que en 1942 debutó en el cine, María Félix se convirtió en la actriz mexicana más codiciada por los directores de su país y del extranjero.*

*M*aría de los Ángeles Félix Güereña, que popularizó en el cine el nombre de María Félix, nació en el rancho El Quiriego, cerca de Álamos, en el Estado de Sonora, el año 1914. De niña se trasladó a Guadalajara, donde ganó un concurso de belleza. Estuvo casada con el compositor Agustín Lara (autor de *Granada* y el chotis *Madrid*, entre otras) y con el famoso cantante y también actor Jorge Negrete, con quien formó, en muchas películas, una pareja protagonista que ha pasado ya a la historia de la cinematografía mexicana.

### De «vamps» y de guerrilleros

Fue descubierta por el director Miguel Zacarías, quien intentó, y logró, potenciar aquella «apasionada frialdad» que caracterizaba sus actuaciones. Con Miguel Zacarías debutó en el cine, en 1942, interpretando la película *El peñón de las ánimas*, que inició la lista de los filmes en los que compartía reparto con el que iba a ser, más tarde, su tercer marido, Jorge Negrete. Trabajó por toda Latinoamérica y también en Europa, sobre todo en España, Francia e Italia, donde alcanzó gran popularidad.

El realizador Fernando Palacios le hizo estudiar arte dramático y con él consiguió su primer éxito importante en *La mujer sin alma* (1943), filme en el que tomó cuerpo su arquetipo de mujer bella y altiva. En el mismo año 1943, realizó el papel estelar de la cinta *Doña Bárbara*, basada en una adaptación de la obra homónima de Rómulo Gallegos y dirigida por Fernando de Fuentes. En esta película interpreta a una mujer soberbia, dominante, cruel, la clásica «devoradora de hombres» —lo que en el cine estadounidense se denomina «vamp», término procedente del apócope de vampiresa o mujer fatal—, que habría de convertirse en su caracterización predominante a lo largo de todas su carrera cinematográfica. *La Doña*, como suele llamársele, es uno de los principales mitos del cine mexicano.

La Academia Mexicana de Ciencias y Artes Cinematográficas le otorgó el Premio Ariel a la mejor actriz en tres ocasiones: en 1947, por *Enamorada*; en 1949, por *Río Escondido* (ambas películas, al igual que *Belleza maldita*, dirigidas magistralmente por *el Indio* Fernández), y en 1951, por *Doña Diabla*.

Cabe destacar su interpretación en el film *Enamorada* —episodio de una cualquiera de las múltiples revoluciones mexicanas—, en donde María Félix es al mismo tiempo, y en lucha consigo misma, la instintiva, la hermosa, la esquiva y desdeñosa, la brava, la sometida, la rendida, la enamorada... El último fotograma de esta película, cuando el revolucionario, el guerrillero, parte vencido y la enamorada corre, descalza y jadeante, para unírsele y compartir su destino, puede compararse a los planos finales del *Marruecos* de Stenberg, con Gary Cooper y Marlene Dietrich como protagonistas, aunque el gesto de María Félix sea más instintivo y, por ello, más convincente.

## Una larga filmografía

Los títulos de las películas en las que ha actuado formarían una serie interminable, pues, desde sus inicios, María Félix trabajó prácticamente sin descanso, requerida por directores y productores mexicanos o extranjeros, hasta el punto de que, en ocasiones, llegó a protagonizar tres o cuatro películas anuales. Esto fue, por ejemplo, lo que ocurrió en 1946, cuando interpretó dos películas de título revelador: *La devoradora* y *La mujer de todos*, y fue la inolvidable protagonista de *Enamorada*, dirigida por *el Indio* Fernández; también al año siguiente, en 1947, trabajó en *La diosa arrodillada* (y nadie dudará de quién era aquella «diosa»), *Río Escondido* y *¡Que Dios me perdone!*

Otras películas de mención obligada son *La monja alférez*, que plasma en imágenes la azarosa biografía de Catalina de Erauso, aventurera que luchó como soldado en el ejército español del siglo XVII; *Amok*, adaptación de la novela de Stefan Zweig realizada en 1944 por el director Antonio Momplet; *Mare Nostrum* (1948), cinta un tanto artificiosa que corresponde a su etapa española, donde la servil sumisión de la línea dramática al lucimiento de la belleza de María Félix no sólo perjudica la continuidad y eficacia del relato, sino que daña también la sinceridad expresiva de la propia actriz y su posible identificación con la heroína; *Hechizo trágico* y *La Bella Otero*, biografía no excesivamente fiel de la famosa cupletista, ambas rodadas en 1954; *Los ambiciosos* (1959), uno de los filmes que realizó el aragonés Luis Buñuel en su fértil etapa de exilio mexicano; *Juana Gallo* (1961); *La Valentina* (1964); *La casa de cristal*, dirigida en 1967 por Luis Alcoriza; *La Generala* (1970); *Eterno esplendor* (1978), bajo la dirección de Jaime Humberto Hermosillo. Así mismo, en 1970 participó en la serie televisiva *La Constitución*.

Por lo que se refiere al panorama internacional, cabría poner de relieve su colaboración en la cinta *French Can-Can*, dirigida en 1954 por Jean Renoir. En ella se lleva a cabo una evocación del Montmartre de 1890, que concluye con una brillantísima y frenética escena de baile en el Moulin Rouge.

En 1981, la Academia Mexicana de Ciencias y Artes Cinematográficas le otorgó un Ariel especial como reconocimiento a su dilatada y fecunda trayectoria cinematográfica, así como por su aportación al panorama interpretativo mexicano.

| | |
|---|---|
| **1914** | El 8 de abril nace cerca de Álamos, Sonora, María de los Ángeles Félix Güereña, **MARÍA FÉLIX.** |
| **1934** | Contrae matrimonio con Enrique Álvarez. |
| **1942** | Debuta en el cine con la película *El peñón de las ánimas.* |
| **1947** | Recibe el Premio Ariel por *Enamorada.* |
| **1949** | Rueda *Una mujer cualquiera* y se le concede el segundo Premio Ariel por *Río Escondido.* |
| **1952** | Obtiene de nuevo el Premio Ariel con *Doña Diabla.* |
| **1954** | Jean Renoir la dirige en *French Can-Can.* |
| **1970** | Participa en la serie televisiva *La Constitución.* |
| **1978** | Interviene en el rodaje de *Eterno esplendor*, filmada en Francia y México. |
| **1981** | La Academia de Artes y Ciencias Cinematográficas le concede un Ariel especial por el conjunto de su trayectoria profesional. |

# EMILIO FERNÁNDEZ
## *(1904-1986)*

*La penetrante mirada de Emilio,* Indio, *Fernández, el director «histórico» más conocido del cine mexicano. Sus numerosas producciones recibieron la influencia de la plástica fresquista de los muralistas mexicanos y del gran director ruso Serge Einsenstein, aportaciones a las que incorporó un realismo poético enraizado en el indigenismo.*

*E*l director «histórico» más conocido del cine mexicano era de padre mexicano y de madre india kikapú, características que dejarían una fuerte impronta en su vida y en su carrera cinematográfica, tomando partido en favor de las corrientes indigenistas americanas y reivindicando, además, con orgullo, el apodo con el que fue conocido en el séptimo arte: *el Indio* Fernández.

Sus producciones, alimentadas por la plástica de los fresquistas mexicanos y por la obra del director ruso Serge Einsenstein, se adscribieron a un realismo poético y nacionalista, vigorosamente enraizado en la cultura indígena. Sus melodramas poseían grandeza y convicción por su pulsación lírica y por su estética que, sin embargo, luego degeneró en un formalismo academicista simple y puro.

## Las huellas de la Revolución

Nacido en Mineral del Hondo, en el Estado de Coahuila, en 1904, y muerto en Ciudad de México en 1986, podría parecer sorprendente que un hombre con el indudable talento de Fernández llegara al cine, a lo que sería toda su vida, empujado por los avatares de la política y los albures de su profesión. Pero el torrente de pasiones que desatara la marea revolucionaria desde 1911 era un itinerario vital único —por supuesto, no de rosas—, para familiarizarse con la profunda ambivalencia de los sentimientos humanos —del sentimiento trágico de la vida a la fiesta como ruptura—, que con exquisita sensibilidad y maestría sabría captar años después el Indio Fernández en toda su producción cinematográfica.

Estudió la carrera militar y su adolescencia y su juventud transcurrieron en plena efervescencia revolucionaria; tomó parte en diversas campañas militares del constitucionalismo, alcanzando a los diecinueve años el grado de teniente coronel, con un nutrido y brillante historial militar. En 1923 se vio implicado en el levantamiento de Adolfo de la Huerta contra el gobierno del presidente Álvaro Obregón, y participó en la lucha contra aquél, pero, al fracasar la sublevación, se vio condenado a veinte años de cárcel, de los que cumplió tres, porque consiguió fugarse del presidio y pasar a Estados Unidos.

## Tiempos difíciles

En California, exiliado y pobre, se inició el calvario que le llevaría al éxito; trabajó como bailarín en una academia de baile, actividad que fue su principal medio de vida. También intervino, ocasionalmente, en algunas películas: unas veces como bailarín, otras aprovechando sus habilidades de caballista; hizo pues de figurante y dobló a algunos actores cuando se trataba de interpretar escenas que podían resultar peligrosas. Dio comienzo así una dinámica ya conocida, un camino que han recorrido numerosas figuras del celuloide: consiguió interpretar pequeños papeles·cuya importancia iría aumentando poco a poco. Su vida se estabilizó y puede decirse que logró integrarse plenamente en Hollywood cuando llegó, en 1933, la amnistía concedida a los «delahuertistas», lo que le permitió regresar a México.

Vuelve el Indio pues a la tierra que le vio nacer, pero no intenta ya reemprender su carrera militar. El cine ha entrado en su vida y se convertirá definitivamente en su pasión. Muy pronto consigue proseguir en su país natal las actividades interpretativas que había iniciado en La Meca del cine. En 1934 interviene como actor en la película Corazón bandolero y encabeza así mismo el reparto de Janitzio. Este período de su vida cinematográfica se prolongará durante siete años, en los que se dedica a escribir algunos guiones o colabora también en la confección de los argumentos, como hará más tarde en sus propias películas.

## De la acción a la dirección

En noviembre de 1941, se inició como director con la cinta La isla de la pasión. Fernández era ya un actor conocido y su debut detrás de las cámaras constituyó el acontecimiento más notable de aquel año. El Indio, como comenzaba a llamársele ya, fue el realizador más importante de lo que se ha denominado la Época de Oro del cine mexicano. Cantor poético del paisaje patrio y del folclore indígena, su prolongada trayectoria artística incluyó numerosas películas y se extendió hasta los años ochenta cuando, anciano ya, participó en la serie televisiva La traición (1985).

Emilio Fernández fundó la «Escuela mexicana» que acaparó el reconocimiento internacional en la década comprendida entre los años 1940 y 1950. Siendo el principal representante del nacionalismo cinematográfico, sus películas constituyen una reivindicación de la población indígena. Esta exaltación de la nobleza y pureza de la raza autóctona tiene lugar en un medio rural de extraordinaria belleza física y gran injusticia social.

## Los éxitos del Indio Fernández

En esta línea se sitúa la mejor obra de Emilio Fernández. A su alrededor —dos años después, en 1943— se constituyó un equipo con el que obtuvo sus grandes éxitos como director y que, cuando se renovaba, lo hacía verdaderamente por sustitución de valores semejantes; lo componían sus sempiternos actores Dolores del Río, Pedro Armendáriz y María Félix, el fotógrafo Gabriel Figueroa, uno de los más grandes iluminadores del cine mundial, y Mauricio Magdaleno, prestigioso escritor y guionista.

Entre las películas que la crítica ha considerado como las más importantes de su producción se hallan: María Candelaria y Flor silvestre (ambas de 1943). Flor Silvestre, su tercera realización, es una de sus creaciones más destacadas; en su argumento, se entremezcla la clásica película mexicana de acción con elementos claramente pertenecientes al drama de

*La actriz Columba Domínguez en una escena de la película* Pueblerina, *dirigida por* Indio Fernández *en 1946. El realizador mexicano eligió un camino muy difícil dentro de la industria cinematográfica: la denuncia de la situación social del indígena.*

## La obra cumbre de un amor imposible

Pero la obra cumbre de Emilio Fernández fue *María Candelaria,* historia de un amor imposible, que brota de los mismos hombres y del ambiente social que les rodea. De nuevo el tema central de su obra, el problema humano: la explotación, la velada esclavitud contemporánea, narradas con lenguaje poético, viril y elemental. En esta cinta se plantea un grave problema social: ahí está el hombre oprimido, que lucha por su sustento contra un cacique poderoso, contra la explotación por el extranjero, contra la mezquindad del ambiente; y a ese hombre lo deja solo. No hay cooperación. Por eso la referencia al hombre, y a lo que está unido a él, ha sido también la gran palabra, el mensaje histórico de su pueblo, su aportación a esta edad de lo colectivo y despersonalizado.

Emilio Fernández, al elegir el camino nacional e indigenista, tomó la resolución más certera, pero al mismo tiempo la más difícil. Se enfrentó con decisión a la corriente general que prevalecía en la industria cinematográfica del país. Y planteó con valentía, en los argumentos de sus películas, uno de los problemas fundamentales y más espinosos, no sólo de la sociedad mexicana, sino de todos los países de América Latina: el de la situación real del indio. Fernández lo expuso, es cierto, de un modo muy simplista, recogiendo el viejo mito del «buen salvaje» de Rousseau, para reconvertirlo en el mito del «buen indio». Basándose en este arquetipo, el director fue realizando casi todas sus producciones cuyas historias giran, por lo común, alrededor de un indio sencillo y noble, enamorado de una india, bella y cándida, y viviendo en un maravilloso marco natural, de espléndidos paisajes, como representación visible de una naturaleza pródiga, casi una parábola de la «madre tierra». Y esos amores se veían siempre contrariados por algún civilizado, voraz y sórdido, nacional o extranjero, que actuaba como la mano ejecutora de la fatalidad clásica.

## Una extensa filmografía

Su carrera como actor fue corta pero al mismo tiempo intensa, ya que intervino en numerosas películas. *El código del Oeste (The Western Code,* 1933), por ejemplo, buena muestra de los trabajos en los que intervino cuando comenzó en Hollywood. *Cruz Diablo* y *Tribu* (1934), en los inicios de su carrera

costumbres y, en su planteamiento estético, sobresale el profundo estatismo —que *el Indio* tomó de las mejores obras de su admirado Einsenstein—, un estatismo que le sirve para vehicular el núcleo central y vital de lo mexicano. En esta película, la pareja protagonista, dos jóvenes enamorados, vive la Revolución y es víctima de la tragedia por su empeño en exigir justicia y por amar: Flor Silvestre (Dolores del Río) arrostrará el sacrificio, ahogando las lágrimas, con los ojos llenos de furia impávida, mientras su hombre (Pedro Armendáriz) —en una de las escenas mejor filmadas del cine de todos los tiempos— es fusilado. Fernández, con Figueroa en la cámara, valora dramáticamente el paisaje, que se convierte en el verdadero protagonista. No son sólo los seres humanos los que viven y luchan, es la tierra la que vibra y protesta, son los árboles acusadores los que señalan el cielo de la esperanza. Todo transcurre con el ritmo pausado del indio, del auténtico nativo.

mexicana. Y luego, una retahíla de títulos en los que no encontramos solución de continuidad: tres películas, *María Elena, Juan Pistolas,* y *Celos,* en 1935; dos, *El superloco* y *El impostor,* en 1936; tres más, *Las cuatro milpas, Adiós Nicanor* y *Abnegación,* en 1937; y así sucesivamente hasta llegar a *Rancho alegre,* rodada en 1940.

Como director realizó numerosas producciones entre las que cabe destacar los siguientes títulos: *Soy puro mexicano* (1942); *Las abandonadas* (o *La sombra enamorada*) y *Bugambilia* (1944); *La perla,* sobre un cuento del escritor John Steinbeck (1945); *Pepita Jiménez* (1945); *Enamorada* (1946); *Río Escondido* (1947), que reitera el tono y estilo de *La perla; Maclovia* o *Belleza maldita* (nueva versión de *Janitzio*), *Salón México* y *Pueblerina* (1946); *La malquerida* y *Duelo en las montañas* (1949); *Un día de vida, The Torch* (versión estadounidense de *Enamorada*), *Islas Marías* y *Víctimas del pecado* (1950); *La bien amada, Siempre tuya, El mar y tú* y *Acapulco* (1951); *Cuando levanta la niebla* (1952).

En 1953, *La red* muestra claramente el desequilibrio entre ese estatismo tan frecuentado por Emilio Fernández y el dinamismo interno que requería un tema como ése; se trata de un bello film que resultó poco logrado, aunque con extraordinarias imágenes. El fracaso comercial de esta película provocó rápidamente el aislamiento y ostracismo de este gran director. Del mismo año son también *Reportaje* y *El rapto.* Y siguieron *La rosa blanca* y *Nosotros dos* (1954); *La tierra de fuego se apaga* (1955); *Una cita de amor* y *El impostor* (1956); *La pasionaria* (1958); *Pueblito o el amor* (1961); *Un dorado de Pancho Villa* (1967); y, por último, *El crepúsculo de un dios* (1968), películas que representan lo más notable de su posterior filmografía.

Más tarde su fama fue apagándose y acabó haciendo de actor en numerosas películas como *La cucaracha* (1958); *The Night of the Iguana* (1963, *La noche de la iguana,* dirigida por John Huston, según la obra de Tennessee Williams); *El regreso de los siete magníficos (Return of the seven,* 1966); *The Wild Bunch* (1968); *Pat Garret and Billy the Kid* (1973) y *Under the Volcano* (1983), basada en la novela del escritor Malcolm Lowry.

La Academia Mexicana de Ciencias y Artes Cinematográficas le otorgó el Premio Ariel a la mejor película y al mejor director por las cintas *Enamorada, La perla* y *Río Escondido.* Obtuvo también distinciones en los festivales de Cannes, Locarno y Venecia.

| | |
|---|---|
| **1904** | **EMILIO FERNÁNDEZ** nace en Hondo, en el Estado de Coahuila el 26 de marzo. |
| **1923** | Se ve implicado en el alzamiento de Adolfo de la Huerta y es condenado a veinte años de cárcel. Se fuga del presidio y huye a Estados Unidos. |
| **1927** | Inicia su exilio en California y comienza a realizar trabajos como bailarín, doble y actor en Hollywood. |
| **1933** | El gobierno concede la amnistía a los «delahuertistas» y puede regresar a México. |
| **1934** | Prosigue en México su carrera cinematográfica y actúa en *Corazón bandolero.* |
| **1941** | Siendo ya un actor conocido, debuta como director con *La isla de la pasión.* |
| **1943** | Realiza las dos más importantes películas de su carrera: *Flor silvestre* y *María Candelaria.* |
| **1946** | La película *Enamorada* recibe el premio Ariel a la mejor dirección. |
| **1963** | Participa como actor en el rodaje de *La noche de la iguana,* del director John Huston. |
| **1966** | Apagada su estrella, actúa en *El regreso de los siete magníficos.* |
| **1983** | Interpreta un papel secundario en *Under the Volcano.* |
| **1985** | Ya anciano, participa en la serie televisiva *La traición.* |
| **1986** | El 6 de agosto muere en Ciudad de México. |

# JOSÉ JOAQUÍN FERNÁNDEZ DE LIZARDI
## (1776-1827)

*José Joaquín Fernández Lizardi (sobre estas líneas, facsímil de la firma y retrato del autor) es considerado uno de los precursores del movimiento romántico de la literatura mexicana. Influido por el enciclopedismo francés, participó en los primeros movimientos independentistas e inició su carrera literaria en el periodismo político y social, para consagrarse a la literatura, cultivando tanto el drama y la poesía como la prosa.*

*T*res aspectos esenciales sobresalen de esta interesante figura literaria: en primer lugar, su clara y primigenia vocación periodística, que se plasmó en innumerables artículos y colaboraciones a lo largo de su vida; en segundo lugar, su espíritu liberal claramente influido por los enciclopedistas franceses (sobre todo, por Diderot y D'Alembert), aunque como es lógico ese predicamento se viera limitado por el ambiente que reinaba en la colonia —pues no debe olvidarse que, en aquella época, México era todavía el virreinato de la Nueva España y pertenecía, por lo tanto, a la corona real española—; y, por último, si atendemos a la cronología, aunque no por la importancia del dato, debemos considerarlo como el primer novelista de América.

## Una educación ilustrada

Fernández de Lizardi, que había de ver la luz en Ciudad de México, en 1776, y fallecer, en 1827, en la misma ciudad, era hijo de un médico que prestaba sus servicios profesionales en el noviciado de la Compañía de Jesús en Tepozotlán, localidad donde cursó sus primeros estudios, para pasar a ampliarlos luego en el Colegio de San Ildefonso. Su familia pertenecía a la clase media criolla, relativamente acomodada, amante de la cultura e interesada en que sus hijos recibieran una esmerada educación; sin embargo, un inesperado revés económico impidió que el futuro escritor terminara adecuadamente sus estudios y viera así completada su formación escolar.

No obstante, el bagaje cultural recibido en su infancia y el que fue adquiriendo a lo largo de su vida fue amplio y diversificado, marcado por el espíritu de la Ilustración, fruto directo de las ideas de la Enciclopedia y exponente del más liberal de los idearios de la época. Leyó sin duda a los escritores españoles, como Feijoo, el padre Isla o Torres Villarroel, se interesó por las obras de los naturalistas y educadores extranjeros, tuvo acceso a una vasta nómina de autores de obras de medicina —sobre todo por la decidida influencia de su padre, que pretendía iniciarle en los secretos hipocráticos—, derecho y economía.

## El compromiso independentista

En sus primeros años se identificó con el orden constituido, comulgando con sentimientos monárquicos, como demuestra la aparición de su obra *Polaca en honor de nuestro católico monarca, el señor don Fernando Séptimo,* compuesta por unos versos laudatorios para la persona y ·la obra del Borbón español, pero luego, influido sin duda por su paulatina educación enciclopedista, su actitud ideológica fue derivando hacia un progresismo liberal y nacionalista. Prueba de ello es que, en 1808, apoyó la revuelta del padre Hidalgo, párroco de Dolores, cuyo frustrado levantamiento independentista, llevado a cabo aprovechando la invasión de España por las tropas francesas de Napoleón Bonaparte, fue aplastado con rapidez.

En aquella época deben fecharse sus auténticos comienzos literarios que se concretaron en versos, panfletos y artículos satíricos, publicados en mínimos folletos de vida efímera. Su compromiso con la independencia mexicana, la lucha por los ideales que marcarían su vida no se vieron afectados por la derrota; tomó así partido por la causa de Morelos (1765-1815) cuando el prócer independentista lideró un levantamiento contra la opresiva dominación española y, en 1812, llegó a ser teniente de justicia. Los acontecimientos bélicos se inclinaron, de nuevo, en favor de los intereses de la metrópoli, y la rebelión morelista fue sofocada, a sangre y fuego, en 1815. Fernández de Lizardi conoció entonces, por primera vez, el duro pan de la cárcel.

## Un periodismo de combate

Forjó su recia personalidad de periodista en la lucha por la existencia y en el combate por la identidad nacional, y recibió con satisfacción la libertad de imprenta concedida por «la Pepa», la Constitución española, liberal y progresista, aprobada en 1812 por las Cortes de Cádiz, cuando España estaba luchando por su independencia contra las tropas napoleónicas, y que recibió el apodo con que era conocida popularmente porque fue aprobada el 19 de marzo, día de San José. Dicha libertad le permitió fundar el periódico *El Pensador Mexicano,* nombre que se convertiría, más tarde, en su seudónimo. Cuando Fernando VII logró imponer de nuevo, en la metrópoli, su absolutismo, la publicación fue suspendida apenas dos años después de su aparición (su último número, sátira y crítica de la administración, encarnada en el virrey Venegas, motivó que su promotor y editor fuera condenado a seis meses de arresto). El tenaz periodista no cejó, sin embargo, en su empeño y fue fundando distintos periódicos y semanarios.

En todos ellos, así como en folletos y otras publicaciones posteriores —*Alacena de Frioleras* y *Caxoncito de la alacena* (1815-16), *El conductor eléctrico* (1820), *El hermano del perico* (1823), *Las conversaciones del payo y el sacristán* (1824)—, criticó las injusticias y los abusos cometidos por el

*Portada de las* Fábulas del Pensador Mexicano, *cabecera del periódico de gran éxito* El Pensador Mexicano, *publicado por Fernández Lizardi durante el período del doceañismo.*

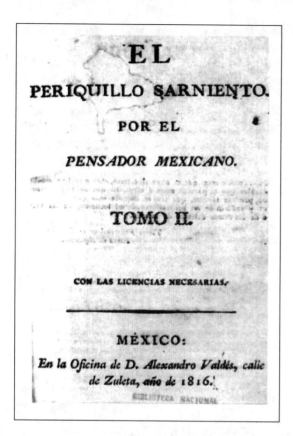

*Portada de* El periquillo Sarniento, *novela considerada como el punto de arranque de la prosa en tierras de Latinoamérica. Verdadero retablo de la vida en el último período de la colonia, el autor contrapone el parasitismo y la inmoralidad de la sociedad colonial a un pretendido mundo ideal de virtudes burguesas, basado en el trabajo, el progreso y la laboriosidad.*

gobierno virreinal, y todos ellos tuvieron, como es lógico dadas las circunstancias políticas y sociales que había provocado el absolutismo español, una vida azarosa y difícil que, en más de una ocasión, concluyó con los huesos de su fundador y responsable máximo en las húmedas mazmorras del poder colonial o de la temible Inquisición.

## Precursor del costumbrismo

Determinados críticos y estudiosos le han considerado, a veces, como un autor costumbrista, pero Fernández de Lizardi, hombre de ideas si no brillante creador, es sin duda alguna un audaz renovador, un hombre que sintió alentar en su pecho los más ardientes afanes de reformar la sociedad donde vivía, encorsetada por la mezquindad de los gobernantes, el escaso vuelo intelectual de la burguesía colonial y un castrador conformismo; el reflejo de las costumbres, el retrato de los personajes y de los usos sociales, ocupa en su obra un segundo plano y está puesto al servicio del combate de su autor; no puede negarse, sin embargo, que es por sus escritos, un precursor del costumbrismo.

Trabaja por la independencia de su país, pero con prudencia: le importa más la defensa de los derechos del hombre que la liberación inmediata de la patria. Un folleto en *Defensa de los francmasones,* que pone de relieve su amplitud de miras y su talante liberal, le vale la condena de la inquisitorial jerarquía eclesiástica y es excomulgado en 1822; sin embargo, como un nuevo Galileo, preocupado por la efectividad de su lucha, el escritor no vacila en mostrarse arrepentido, se humilla como un penitente y consigue que la excomunión le sea levantada un año después.

Una vez conseguida la independencia, en cuyas últimas luchas colaboró dirigiendo una imprenta clandestina en Tepozotlán, y tras enfrentarse posteriormente a Su Alteza Serenísima el emperador Agustín I, enfrentamiento que dio como resultado una singular obra teatral: *El unipersonal de don Agustín Iturbide, emperador que fue de México,* fue nombrado director de *La Gaceta del Gobierno* (1825) y hasta su muerte gozó del sueldo de capitán retirado.

## Pionero de la novela latinoamericana

Escribió también poesía y los críticos han considerado, repetidamente, que sus versos son poco cuidados, desaliñados incluso —como desaliñado pero vigoroso fue su estilo cuando escribía prosa—; preciso es mencionar como lo más interesante de su producción poética, las *Fábulas,* publicadas en 1817 y sus *Ratos entretenidos o Miscelánea útil y curiosa,* que vio la luz en 1819; como se ha dicho ya al hablar de su enfrentamiento con Iturbide, hizo algunos intentos teatrales, sin que los resultados fueran especialmente brillantes, y escribió títulos como *El negro sensible, La tragedia del padre Arenas y Auto Mariano,* obra dedicada a exaltar la milagrosa aparición de Nuestra Señora de Guadalupe.

Pero Fernández de Lizardi es, ante todo y sobre todo, el iniciador de la novela en tierras latinoamericanas. Su dedicación al género novelesco se debió, esencialmente, a su deseo de evitar la acción de la censura; al elegir la narrativa como vehículo para sus ideas, como medio indirecto para canalizar la expresión de sus opiniones, pudo muchas veces eludir la acción de una justicia que, de otro modo, se habría mostrado aún más dura para con Fernández de Lizardi.

Escribió entre 1816 y 1820 tres obras que se convertirían en clásicos de la literatura mexicana y costumbrista, que se desarrollan en torno a personajes cuya situación social canaliza la actitud crítica del autor: el hombre de vida errabunda en *El Periquillo Sarniento,* la mujer apicarada en *La Quijotita y su prima* (donde es notoria —en algunos pasajes— la influencia de Rousseau y su teoría del «buen salvaje» pervertido por la sociedad) y el individuo a quien los medios de fortuna convierten en parásito de la sociedad en *La vida y hechos del famoso caballero don Catrín de la Fachenda.*

La primera, continuación americana de la novela picaresca española, tiene sentido universal; *Don Catrín de la Fachenda,* más restringida en algunos aspectos, tiene una mayor concreción novelesca y nos presenta la vida de un joven mexicano presuntuoso, un «señorito» de la época colonial que va hacia la catástrofe por su aversión al trabajo y sus estúpidas pretensiones. Examinada desde el ángulo nacional y aun continental, posiblemente esta novela sea la producción más trascendente del autor. *Doña Quijotita y su prima,* ya citada anteriormente, repite la lección del *Periquillo* aunque, esta vez, para las damas. Todas ellas basan su estructura en un personaje protagonista que enlaza con diferentes ambientes, en los cuales introduce, en historias o episodios que tienen su correspondencia con la división en capítulos de las novelas, variados tipos humanos que responden a perfiles psicológicos propios de una categoría social.

Su narrativa, que recupera los procedimientos de la novela picaresca española, está entreverada de disquisiciones didácticas, una intención moralizante y la tendencia a la sátira política, logrando construir un relato fiel y crítico de la sociedad de su época. Ello perjudica a veces el ritmo de sus relatos, pero hace de su contribución literaria un documento social de gran interés, afincado por lo demás en un lenguaje de extremado sabor regional. Representa, además, el primer intento de un intelectual criollo por retomar la cultura popular y hacerla objeto de su obra. Sus novelas son fiel reflejo de los valores de la nueva clase media criolla (laboriosidad y reforma política).

Pero, además, Fernández Lizardi nos ha legado un significativo trabajo de contenido autobiográfico, que tituló *Noches tristes y día alegre* (1818), inspirado seguramente en las *Noches lúgubres* del español José Cadalso; a través de este libro, los ecos prerrománticos saltan al continente americano, recogidos por un escritor polifacético a quien debe tanto la moderna literatura hispanoamericana.

| | |
|---|---|
| **1776** | Nace el 15 de noviembre en Ciudad de México **JOSÉ JOAQUÍN FERNÁNDEZ DE LIZARDI.** |
| **1808** | Apoya el movimiento independentista del padre Hidalgo y publica su *Polaca en honor de nuestro católico monarca, el señor don Fernando Séptimo.* |
| **1812** | Durante la insurrección independentista de Morelos, es nombrado teniente de justicia en Taxco y, aprovechando la nueva libertad de prensa, funda *El Pensador Mexicano.* |
| **1815** | Publica *Alacena de Frioleras* y *Caxoncito de alacena,* dos nuevos periódicos. |
| **1818** | Aparece su novela costumbrista *Noches tristes y día alegre.* |
| **1822** | La Iglesia le excomulga por su *Defensa de los francmasones.* |
| **1824** | Publica *Las conversaciones del payo y el sacristán,* de aparición quincenal. |
| **1825** | Asume la dirección de *La Gaceta del Gobierno.* |
| **1827** | El 21 de junio muere en Ciudad de México. |

# GABRIEL FIGUEROA
## *(1908)*

*E*l fotógrafo y operador cinematográfico Gabriel Figueroa, impregnado de las grandes tradiciones ancestrales de su país, aportó, con su indiscutible habilidad, conocimientos, experiencia y sentido artístico, un muy personal e inconfundible toque lírico a la obra de los numerosos directores con los que trabajó. Su cámara recogió los paisajes, los tipos y los cielos de su México natal con una vibración emotiva que evoca los monumentales frescos de los grandes pintores Diego Rivera, José Clemente Orozco y David Alfaro Siqueiros, coetáneos suyos.

En sus largos planos puede descubrirse, de una sola vez, el vigor, la belleza y la violencia de la tierra agreste; el deslumbramiento de la luz en el prístino azul de la altura contra el que se recortan las nubes, a un tiempo fabulosas, fabuladas casi, pero, sobre todo, precisas; la original geometría de la vegetación, la extraña mezcla de molicie y fiereza en los caracteres; el brillo de los ojos semientornados y las armas apenas escondidas; el encanto simultáneamente lánguido y bravío de las mujeres.

## El lirismo y la plasticidad de las imágenes

Nacido en Ciudad de México, en 1908 (según otras fuentes, un año antes, en 1907), fue alumno de la Academia de San Carlos y del Conservatorio Nacional. Realizó, además, otros estudios muy diversos, como cursos de diseño y violín, aunque, en principio, pensaba dedicarse profesionalmente a la pintura. El encuentro y amistad con el fotógrafo Eduardo Guerrero supuso para Figueroa la toma de contacto con la naciente industria cinematográfica y con los principios de la escenografía teatral.

Después de trabajar para Alex Phillips, e interesándose ya por las nuevas ténicas, se trasladó a Estados Unidos y siguió un curso de perfeccionamiento en Hollywood, que le permitió obtener un sólido bagaje técnico y una segura experiencia; regresó a México con los conocimientos profesionales necesarios para dar con pie seguro su salto al mundo de la cinematografía. En 1933, comenzó su carrera encargándose de la foto fija en la película *Almas encontradas*. Tres años después, asumió por vez primera la responsabilidad total de la cámara en la película *Allá en el Rancho Grande*, de Fernando de Fuentes, trabajo por el que obtuvo su primer reconocimiento internacional en el Festival de Venecia de 1938.

Su admirable y prolífica labor cinematográfica se ha caracterizado por la captación de una belleza visual llena de emotividad, sugerencias y lirismo. Su manejo de la imagen rebosa plasticidad y, a decir de algunos, es francamente preciosista, sobre todo en las películas dirigidas por el famoso Emilio Fernández, *el Indio*, de quien fue colaborador habitual desde que comenzaron a trabajar juntos en 1943. Para Gabriel Figueroa, el soberbio paisaje mexicano se convierte en testigo vigoroso de la magia, la grandeza y la tragedia del medio rural, fruto, a la vez que fuente, de las virtudes, el valor y el heroísmo de los campesinos.

El resultado de su meticuloso trabajo es de una indiscutible belleza, pero también de una precisión narrativa absoluta, que lo lleva, incluso, a renunciar a la técnica cuando se trata de obtener un efecto más convincente de sinceridad; este es el caso, por ejemplo, de la célebre cinta *María Candelaria* (1943), película que le valió ser premiado en los festivales de Cannes y Locarno, y en *Río Escondido* (1948), que lo fue en el de Karlovy Vary.

## El reconocimiento internacional

Considerado como uno de los mejores operadores del mundo, su trabajo en las películas que a continuación se mencionan ha sido premiado en los festivales cinematográficos nacionales e internacionales siguientes: *Allá en el Rancho Grande* (Venecia, 1938); *La perla* (Venecia, 1947; Hollywood y Madrid, 1949); *María Candelaria* (Cannes, 1946; Locarno, 1947; Ariel de México, 1948); *Enamorada*

(Bruselas, 1947; Ariel, 1947); *La malquerida* (Venecia, 1949); *Maclovia* y *Río Escondido* (Karlovy Vary, República Checa, 1949); *Pueblerina* (Madrid, 1950; Ariel, 1950); *Los olvidados* (Ariel, 1951); *El rebozo de Soledad* (Ariel, 1953); *El niño y la niebla* (Ariel, 1954); *Macario* (Cannes, 1960); *Ánimas Trujano* (San Francisco, 1961; Ariel, 1963); *María* (Ariel, 1973) y *Divinas Palabras* (Ariel, 1978). Obtuvo en 1971 el Premio Nacional de Artes.

Otros filmes donde destaca su fotografía son *La casa del ogro* (1938), *La noche de los mayas* (1939), *La casa del rencor* (1941), *Las abandonadas* y *Bugambilia* (1944), *The Fugitive* (de John Ford, 1946-1947), *Dos tipos de cuidado* (1952), *La Cucaracha* (1958); así como las cintas dirigidas por Luis Buñuel, a cuyo estilo austero se adaptó con gran facilidad: *Él* (1952), *Nazarín* (1958, sobre la obra homónima de Benito Pérez Galdós), *La joven* (1960), *El ángel exterminador* (1962) y *Simón del desierto* (1965).

Siempre manejando el blanco y negro, Gabriel Figueroa supo ajustarse, con singular maestría, al estilo incisivo del director español, sin embargo sus filmes en color no consiguieron los mismos resultados intimistas porque estaban al servicio de producciones espectaculares.

Sus extraordinarias dotes para captar los aspectos más bellos de cada escena y su demostrada profesionalidad le han valido el reconocimiento del público y de la crítica internacional. Su país natal le otorgó el galardón más preciado, el Ariel de Oro (1987), por su destacadísimo papel dentro del panorama cinematográfico mexicano.

*Las extraordinarias dotes del fotógrafo y camarógrafo Gabriel Figueroa para captar los aspectos más bellos y su demostrada profesionalidad le han valido el reconocimiento del público y de la crítica internacional.*

| | |
|---|---|
| **1908** | Nace en Ciudad de México, el 26 de abril, **GABRIEL FIGUEROA.** |
| **1936** | Inicia su carrera como camarógrafo en *Allá en el Rancho Grande*. |
| **1938** | Su trabajo en *Allá en el Rancho Grande* es premiado en el Festival de Venecia. |
| **1947** | Premio de fotografía en Bruselas por su trabajo en *Enamorada*. |
| **1949** | Es galardonado en el Festival de Karlovy Vary (República Checa), por la película *Maclovia*. |
| **1951** | Trabaja con el director español Luis Buñuel en *Los olvidados*. |
| **1960** | Su trabajo en *Macario* es distinguido en el Festival de Cannes. |
| **1963** | Obtiene el Premio Ariel por la película *Ánimas Trujano*. |
| **1971** | Se le concede el Premio Nacional de Artes. |
| **1987** | Obtiene el Premio Ariel de Oro por su contribución al cine mexicano. |

# RICARDO FLORES MAGÓN
## *(1873-1922)*

*El pensamiento y la lucha de Ricardo Flores Magón inspiraron numerosas conquistas obreras del México de principios de siglo. Encarcelado en varias ocasiones, nunca abandonó su actividad revolucionaria.*

**R**icardo Flores Magón fue uno de los luchadores más íntegros y consecuentes con la causa de la liberación de los trabajadores y la dignidad del hombre durante los tiempos de la Revolución. Infatigable e insobornable, tanto el gobierno mexicano como el estadounidense lo persiguieron y encarcelaron repetidas veces sin conseguir doblegarlo jamás. Su pensamiento y su lucha inspiraron muchas de las conquistas obreras así como algunos derechos sancionados por la actual Constitución de los Estados Unidos de México. Ricardo Flores Magón fue un espíritu libre,

al que, tan sólo dos días después de su muerte, ocurrida en una cárcel estadounidense, el Congreso mexicano rindió un tardío homenaje al decretar: «Tráiganse a descansar al suelo de la patria, por cuenta del gobierno mexicano, los restos mortales de Ricardo Flores Magón».

### En el seno del pueblo

Ricardo Flores Magón nació en el pueblo comunero de San Antonio Eloxochitlán, en el Estado de Oaxaca, el 6 de septiembre de 1873. Teodoro Flores, quien fuera su padre, descendiente de aztecas, y Margarita Magón, su madre, criolla, albergaban desde tiempo atrás ideas liberales y ya habían participado en la guerra de Reforma en el bando de Juárez y más tarde contra los franceses.

Cuando Ricardo tenía ocho años, la familia Flores Magón marchó a la capital para que los hijos recibieran una buena educación. «Quiero que mis hijos se eduquen.» —decía Margarita— «Así podrán ayudar a la tribu. Porque si los políticos hambrientos llegaran a desear sus fértiles campos, que no lo quiera Dios, estas pobres almas simples serían como ovejas entre lobos devoradores.»

Ricardo y sus hermanos Jesús y Enrique asistieron a la escuela pública, pero, en realidad, fue en su hogar donde aprendieron a observar a sus semejantes y a ejercitar la solidaridad con ellos. «Vean ustedes el miserable estado del obrero aquí en la capital: trabaja doce horas al día o más en una sucia fábrica ¿Y qué gana? Veinticinco centavos al día...¿Y el peón de las haciendas? Trabaja de sol a sol y aun hasta más tarde. Le dan doce centavos al día, un poco de maíz y un puñado de frijoles...». De este modo los aleccionaba Teodoro, su padre.

Fue así que Ricardo, Jesús y Enrique supieron de los males que aquejaba al pueblo llano y desde entonces dedicaron todas sus energías a la causa de la justicia social.

*Grabado en el que aparecen los principales líderes de los mineros de Cananea, presos en el penal de San Juan de Ulúa, entre los que se encuentra Ricardo Flores Magón (primero sentado, a la derecha). La defensa de su ideología, influida por Kropotkin y Bakunin, llevó a la cárcel en repetidas ocasiones a este defensor de los trabajadores.*

## La batalla interminable

En 1892, en la Universidad de México, donde cursaba abogacía, Ricardo dio por primera vez muestras de su combatividad cuando comenzó a arengar a los estudiantes contra la dictadura gerontocrática de Porfirio Díaz. La protesta estudiantil fue violentamente reprimida por la policía y Ricardo, junto con su hermano Jesús, fue encarcelado. De este modo iba a dar comienzo la que sería su interminable batalla contra el poder institucional.

Ya en libertad, los hermanos Flores Magón sufrieron, en febrero de 1893, la pérdida de su padre, el hombre sencillo y soñador que había tenido la virtud de inculcarles las ideas de libertad. Pero la muerte de Teodoro les dio nuevos bríos y Ricardo se incorporó a la redacción del efímero diario *El Demócrata*, que le costó la cárcel a su hermano Jesús.

La breve experiencia de *El Demócrata* le hizo comprender a Ricardo el tremendo poder que tiene la palabra escrita y, tras comprobar esto, no cejó hasta fundar un nuevo periódico para denunciar los excesos de la dictadura porfirista. El 7 de agosto de 1900 apareció en México el primer número del periódico *Regeneración*, fundado por los hermanos Ricardo y Jesús Flores Magón.

## Una voz, muchas voces

En las páginas de *Regeneración* se atacaba duramente el régimen de Porfirio Díaz, con las razones que daba el sentir popular. El periódico era como un potente chorro de voz que recogía muchas voces descontentas y así lo entendió el gobierno.

La desigual lucha emprendida por los hermanos Flores Magón dio como resultado la celebración del primer Congreso de liberales, que reunió a la oposición en San Luis Potosí, en febrero de 1901. El discurso de Ricardo en esa ocasión rompió con las limitadas denuncias contra el clero de la mayoría de los delegados al exponer sin eufemismos el sufrimiento del pueblo y señalar sin tapujos a Porfirio Díaz como la causa del mismo.

El acoso al periódico arreció, pero éste continuó publicándose, aun después de que los hermanos Flores Magón fueran encarcelados en la prisión de Belén, en el mes de mayo, y de que el gobierno presionara a la madre para que los alejara de la labor revolucionaria. «Prefiero ver a mis hijos muertos antes que ser causante de su claudicación» fue la respuesta de Margarita.

El periódico dejó de publicarse cuando los redactores fueron advertidos de que los Flores Magón serían asesinados en la cárcel si continuaba saliendo.

### Hijos, nietos y tataranietos

En los primeros meses de 1902, Ricardo y Jesús Flores Magón salieron de la cárcel. Mientras éste último abandonaba la lucha, Ricardo y su otro hermano, Enrique, se hicieron cargo de *El hijo del Ahuizote*, periódico opositor de caricaturas, propiedad de Daniel Cabrera, en el que también colaboraba el grabador José Guadalupe Posada.

La virulencia del periódico llevó nuevamente a la cárcel a Ricardo Flores Magón, está vez junto a su hermano Enrique, pero continuó publicándose a pesar de la represión bajo los epígrafes de *El Nieto del Ahuizote*, *El Chozno del Ahuizote* y *El Tataranieto del Ahuizote*.

Un año más tarde, los Flores Magón fueron liberados, pero los tribunales prohibieron la publicación de cualquier escrito firmado por ellos. Ante tal persecución los hermanos emigraron a Estados Unidos y se asentaron en Laredo, Texas, donde volvieron a fundar *Regeneración*.

### Las fronteras no existen

Desde que en 1901, durante el Congreso liberal de San Luis Potosí, conociera a Ponciano Arriaga, dueño de una completa biblioteca política, Ricardo Flores Magón inició una serie de lecturas que definirían su pensamiento y su ideología. Las obras de Kropotkin, Bakunin y otros autores anarquistas pasaron por sus manos configurando poco a poco y soterradamente su actuación política futura.

Cuando en 1903 marchó al destierro y reeditó *Regeneración*, Ricardo ya era un hombre que había madurado suficientemente su proyecto político y, aunque sin hacerlo explícito, lo manifestaba en sus artículos. El hecho no pasó desapercibido para las autoridades estadounidenses, que, en connivencia con el gobierno mexicano, empezaron a acosarlo obligándolo a marcharse a Saint Louis, en Missouri.

En esta ciudad, con Librado Rivera, Juan y Manuel Sarabia, Rosalío Bustamante y Antonio Villarreal, fundó el partido Liberal en 1905, cuya plataforma inspirará muchos postulados revolucionarios y algunos artículos constitucionales. La formación política de Flores Magón reivindicaba la jornada de ocho horas, el descanso dominical, un salario mínimo, la confiscación de las tierras improductivas y la educación primaria obligatoria. Pero tales pretensiones fueron interpretadas como «el propósito de crear un sentimiento revolucionario en el pueblo mexicano» por el gobierno de Estados Unidos que, de acuerdo con el mexicano, condenó a los Flores Magón y a sus correligionarios a tres años de prisión.

### Consecuente hasta la muerte

La cárcel no fue obstáculo para que Ricardo continuara su labor revolucionaria. En 1910, ya libre, se sumó a la insurrección maderista, pero sin comprometerse con ella. «Derramar sangre para llevar al poder a otro bandido que oprima al pueblo, es un crimen; y eso será lo que suceda si tomáis las armas sin más objeto que derribar a Díaz para poner en su lugar un nuevo gobernante. La libertad política es una mentira sin la libertad económica», escribió por entonces. Las tentativas que realizó Madero para acercarse al insobornable Ricardo Flores Magón fracasaron todas.

Entre junio de 1911 y enero de 1914, Ricardo sufrió nuevamente prisión injustamente acusado de violar la ley de neutralidad de Estados Unidos. Más tarde fueron sus ataques contra Carranza el motivo de su condena a un año de trabajos forzados en Estados Unidos.

El 16 de marzo de 1917, poco antes de que Estados Unidos entrara en la Gran Guerra, Flores Magón lanzó un manifiesto a los anarquistas de todo el mundo. Por esta razón fue condenado por las autori-

*El personal de la redacción del periódico oposicionista* El Hijo de Ahuizote, *dirigido por Ricardo Flores Magón, durante la celebración del aniversario del día de la Constitución, el 5 de febrero de 1903.*

Año IV.        CANANEA, SONORA, MEXICO, SABADO, JUNIO 9 de 1906.        No. 40

# HUELGA DE OBREROS EN CANANEA.

## SUCESOS LAMENTABLES. - SE SOFOCA EL MOVIMIENTO Y SE EVITAN EN GRAN PARTE LOS TERRI- BLES MALES QUE LA HUELGA HUBIERA OCASIONADO.

Llegada de fuerzas. Medidas tomadas por el Ciudadano Gobernador del Estado, Don Rafael Izabal y el Ciudadano General en Jefe de la primera Zona Militar, Señor Don Luis E. Torres.

Se restablece el órden, momentáneamente alterado y los trabajos de la C. C. C. Co. continúan después

Los obreros huelgistas pretenden el aumento de sus salarios y reducción en las horas de su trabajo. Incendio del

Madera de la C.C.C.Co. Las pérdidas sufridas ascienden a $450.00. Los obreros vuelven al trabajo. Los agitadores de la huelga en la cárcel.

Los trabajos de las minas siguen su curso normal.

*Reproducción de la portada de* El Heraldo de Cananea, *donde se anuncian los sucesos de la huelga minera de 1906. Ese mismo año, en Sant Louis, Missouri, Flores Magón fundaba el Partido Liberal Mexicano.*

dades norteamericanas a veinte años de cárcel. Nunca más volvería a salir de ella. Casi ciego, murió en la prisión de Leavenworth, Kansas, el 20 de noviembre de 1922, en extrañas circunstancias y después de rechazar cualquier posibilidad de indulto. «...He perdido todo menos una cosa —afirmaba en una carta dirigida a Nicolás T. Bernal—, una sola cosa que fomento, mimo y conservo con celo casi fanático, y esa cosa es mi honra como luchador (...) Estoy condenado a cegar y morir en la prisión; mas prefiero esto a volver las espaldas a los trabajadores y tener las puertas de la prisión abiertas al precio de mi vergüenza».

| | |
|---|---|
| **1873** | Nace en San Antonio Eloxochitlán, en el Estado de Oaxaca, **RICARDO FLORES MAGÓN.** |
| **1893** | Funda el periódico liberal de oposición *El Demócrata*, clausurado por el gobierno. |
| **1900** | Junto con su hermano Jesús funda *Regeneración*, periódico independiente de combate. |
| **1903** | En enero se ve obligado a exiliarse en Estados Unidos. En noviembre, reaparece el periódico *Regeneración*. |
| **1905** | En San Luis, Missouri, se constituye el Partido Liberal Mexicano, pero, a raíz de una denuncia, Ricardo y Enrique Flores son detenidos. |
| **1906** | En febrero se libera a los hermanos Flores Magón. En septiembre, Ricardo Flores y la junta del Partido Liberal Mexicano se trasladan a El Paso, desde donde organizan varios levantamientos armados contra la dictadura, que finalmente fracasan. |
| **1911** | En junio es encarcelado por Madero, acusado de conspirar desde Estados Unidos contra una nación amiga. En septiembre, se paga la fianza y el partido Liberal publica un manifiesto que le cuesta a Flores casi dos años de cárcel. |
| **1917** | En marzo publica su último manifiesto en favor de la fraternidad universal. Es detenido y encarcelado nuevamente en Estados Unidos. |
| **1922** | Muere en la celda de la prisión de Leavenworth, Kansas, el 20 de noviembre. |

# CARLOS FUENTES
## (1928)

*Figura señera de la literatura mundial, Carlos Fuentes
enfrenta, con su peculiar temporalidad narrativa, los
problemas políticos y morales del México actual
valiéndose del pasado como metáfora.*

*E*scritor de amplia y sólida formación literaria e intelectual, excelente autor de cuentos y novelista que maneja con gran virtuosismo las técnicas narrativas más diversas, en Carlos Fuentes se aúnan el implacable, casi feroz, crítico de la burguesía y el investigador que intenta experiencias creativas y pone todo su empeño en quebrar el hilo de la narración al uso, de la novela lineal.

Unánimemente considerado como uno de los mejores exponentes de la literatura mexicana de la segunda mitad del siglo xx y una de las figuras señeras de la literatura de todo el mundo, hay en su producción literaria un singular intento de crear una peculiar temporalidad narrativa que le permita enfrentarse a los problemas tanto políticos como morales del México actual, hasta el punto de que se ha afirmado que, si el colombiano Gabriel García Márquez recrea mágicamente el pasado, el mexicano Carlos Fuentes lo utiliza como metáfora para analizarlo y confrontarlo con el presente.

## El espíritu inquieto de un hombre polifacético

Nació en Panamá, pero se le registró en Ciudad de México, en 1928. Se licenció en derecho por la Universidad Nacional Autónoma de México, completando posteriormente su formación en el Instituto de Estudios Internacionales de Ginebra (Suiza). De 1956 a 1957 fue becario del Centro Mexicano de Escritores y, en la misma época, participó en la fundación de publicaciones como la *Revista Mexicana de Literatura* (1955-1958) y *El Espectador* (1959-1960). Su actividad literaria ha sido, y sigue siendo, intensa y variada, abarcando campos tan diversos como el de guionista y crítico cinematográfico –fue colaborador de Luis Buñuel en su etapa mexicana–, el de fecundo conferenciante, el de la docencia como catedrático de literatura en universidades mexicanas, estadounidenses e inglesas, así como los de colaborador en las principales publicaciones de Europa, Latinoamérica y Estados Unidos o el de dramaturgo con una importante producción para la escena. Por otra parte, ha ocupado también cargos diplomáticos, como el de embajador de México en París.

## Una obra calidoscópica

Traducido a innumerables idiomas, su extensa obra —unánimemente alabada por la crítica—, le ha valido numerosos premios y galardones, entre ellos el Biblioteca Breve, que obtuvo en 1967, precisamente cuando estaba en su apogeo lo que se denominó el «boom» de la literatura latinoamericana, gracias a la innovadora labor editorial de una relevante figura de la cultura española de los últimos tiempos: Carlos Barral. Desde entonces, la obra de Fuentes ha recibido los más importantes galardones nacionales (el Premio Xavier Villaurrutia de 1975, el Rómulo Gallegos de 1982 o el Nacional de Literatura y Lingüística de 1984, o internacionales como el Miguel de Cervantes en 1987 y el Menéndez y Pelayo en 1992).

Ex militante del partido Comunista, Fuentes rechazó muy pronto los presupuestos del realismo socialista convencido, como declaró en una de sus obras teóricas y críticas, *La nueva novela hispanoamericana* (1969), de que la novela contemporánea está más allá de la fabulación, supera la ficción al convertirse en «mito, lenguaje y estructura». Tras iniciarse en el relato breve y publicar *Los días enmascarados* (1954), obra con la que se dio a conocer y en la que

no desdeña los temas fantásticos, Fuentes decide zambullirse en la novela urbana y escribe *La región más transparente* (1958), utilizando una estructura «calidoscópica» y una técnica narrativa que revela la influencia del estadounidense John Dos Passos y —como han puesto de relieve algunos críticos— la impresión que le produjo la lectura de Joyce.

La novela es una compleja visión de Ciudad de México, que se convierte en verdadero protagonista de la acción. Tomando su título de una frase con la que Humboldt describía el valle de México, Fuentes inicia una empecinada búsqueda de la autenticidad, apoyándose esencialmente en la utilización del lenguaje y en una estructura narrativa que parece tomada de la técnica cinematográfica, con multiplicidad de secuencias temporales cuyas raíces se zambullen en un lejano pasado (1907) para tomar como constante referencia el hoy narrativo (1951), pero proyectándose hacia un próximo futuro (1954). Fuentes lleva a cabo de este modo una síntesis de la contemporaneidad mexicana, intentando unir lo diacrónico y lo sincrónico reuniendo, en un solo y corto período de tiempo, las más diversas vidas de la ciudad.

Pero si *La región más transparente* sobresale por su estructura próxima al montaje cinematográfico, no puede desdeñarse la experimentación lingüística que supone la existencia de distintos niveles de lenguaje, desde la más trivial conversación hasta una prosa de gran perfección artística en fragmentos de un lirismo

*Los años mozos de Fuentes, cuando era alumno del Colegio Francés. Antes de cumplir los treinta, participó en la fundación de la* Revista Mexicana de Literatura.

*La obra de Carlos Fuentes ha recibido destacados galardones nacionales e internacionales, como el Menéndez y Pelayo, de España. La fotografía, de Raúl Cancio, está tomada precisamente en la capital española, en 1985.*

denso y barroco, pasando por el texto periodístico, los anuncios comerciales o las letras de algunas canciones. Recurriendo constantemente al monólogo interior, Fuentes utiliza en su novela, tal vez de un modo excesivo, distintos tipos de imprenta, desde la cursiva a la redondilla, en un prurito de «ensayismo» y cayendo en ciertos desbordamientos verbales que no logran oscurecer sus cualidades de gran narrador. En *La región más transparente* florece una obsesiva relación de amor y odio con Ciudad de México, que se afirma, se concreta, en una denuncia de la sociedad que la puebla, en una síntesis lírica de crítica social en la que los personajes son sólo comparsas, meros figurantes en el gran teatro de un mundo que ha olvidado, enterrándolos en el lodo, los valores que impulsaron la Revolución.

## La Revolución como presencia

El tema revolucionario, la denuncia de su fracaso, alimenta las raíces de la obra narrativa de Fuentes y lo encontramos también en *Cambio de piel* (1967), la obra que le valió el Premio Biblioteca Breve, en *Zona sagrada* (1967) y en *Terra nostra* (1975). Pero es sin duda en *La muerte de Artemio Cruz* (1962), tal vez su obra más importante y sin duda la más conocida, donde esa dolorosa crítica a los hombres que prostituyeron la Revolución alcanza mayor altura literaria.

En *La muerte de Artemio Cruz*, Fuentes se afirma como un gran escritor, superando la mera técnica documentalista, la simple relación de los hechos, para levantar un fresco donde la Revolución se vuelve mito y el dato pierde su importancia: sólo cuenta el clima que envuelve a los personajes, la atmósfera que parece rodearles y donde se hacen patentes, lacerantes casi, las contradicciones del individuo.

La venal traición del protagonista, que vende al extranjero los destinos de su patria para obtener con ello un beneficio personal, es una sangrante metáfora de la perversión de los ideales que impulsaron la Revolución Mexicana. Artemio Cruz es un hombre que tiene, siempre, la posibilidad de elegir, el libre albedrío necesario para decidir su conducta y su inmoralidad, su depravación personal se apoya siempre en una elección impulsada por el oportunismo egoísta, dominada por la ambición, por la sed de riquezas, una elección perversa, en definitiva, en un mundo poblado por gente tan arribista y tan carente de escrúpulos como él mismo.

La novela se inicia con la inesperada agonía del protagonista, regresan entonces a su memoria y con extremada lucidez mental los momentos vividos. La vida de Artemio Cruz va reconstruyéndose, poco a poco, por medio de secuencias temporales que el lector recibe desordenadamente, sin hilación cronológica, y debe por lo tanto coordinarlos. El estilo del narrador, su gran esfuerzo lingüístico puesto al servicio de la expresión de una realidad esencialmente ambigua, consigue pasajes de una gran fuerza expresiva e indudable eficacia.

Carlos Fuentes utiliza para ello recursos de menor relevancia, como omitir la puntuación, suprimir las mayúsculas al comienzo de los párrafos, largos períodos separados sólo por comas, etc.; pero también ardides estilísticos, retóricos casi, de gran efecto expresivo y complejidad estructural, como la enumeración, el cabalgamiento de distintas fuentes de diálogo o reflexión, las divagaciones sobre conceptos fundamentales para la personalidad mexicana, descripciones detalladas o alusivas cuando se narran momentos precisos de la vida del protagonista, utilizando una técnica retrospectiva, una continua reconstrucción del pasado que produce una constante variación en el tiempo interno de la novela. Y sin embargo, pese a esa aparente ambigüedad y a la variedad de los recursos, el autor consigue que brote de sus páginas una realidad extremadamente concreta, pero también huidiza, frágil, inquietante en su vaguedad.

La larga agonía del protagonista supone la concreción del inevitable triunfo de la muerte sobre la vanidad del poder y de la riqueza. Una metáfora, en suma, de la realidad mexicana envuelta en una representación mítica del clima revolucionario y de la época inmediatamente posterior que adopta tres puntos de referencia pronominales: yo, tú, él.

## La obsesión por la experimentación lingüística

La importancia de *La muerte de Artemio Cruz* como experiencia literaria no se ve empequeñecida por los posteriores experimentos narrativos de Carlos Fuentes, por sus nuevas búsquedas lingüísticas que se

concretaron en otras novelas de evidente éxito como la ya mencionada *Cambio de piel*, que tuvo un no desdeñable impacto, tanto por los nuevos caminos narrativos que abrían sus innovaciones estructurales y su experimentación lingüística como por el fuerte carácter erótico de algunas de sus páginas.

*Cambio de piel* narra la compleja relación de cuatro personajes víctimas de sus propias obsesiones y complejos, llenos de íntimas frustraciones, y de sus contactos en grupo o por pareja, en una despiadada indagación que proseguirá en su *Zona sagrada,* también de 1967, con una sorprendente sustitución de los mitos y con renovados intentos expresivos de voluntad experimental. Del mismo modo que en *Cumpleaños* (publicada en 1969), recupera sus recurrentes obsesiones sobre el tiempo y la eternidad, el hombre y su perpetua destrucción.

*Feroz crítico de la burguesía, Fuentes ha puesto en sus obras todo el empeño posible para quebrar el hilo de la narración lineal. En la imagen aparece caricaturizado por el ilustrador gráfico Hermenegildo Sábat.*

## La ambición de un narrador

En 1975, Carlos Fuentes publicó una novela que es el mejor exponente de su ambición literaria, *Terra nostra*, considerada por los estudiosos como la obra más compleja del escritor mexicano. Una vez más, Fuentes consigue reunir en el crisol de un único espacio temporal distintos paisajes e instantes del mundo occidental, la experiencia universal y su historia, desde las míticas épocas precolombinas hasta las culturas mediterráneas, pasando por el advenimiento de los Habsburgo, por el doloroso encuentro de Europa y América y la posterior conquista, prolongando la edad contemporánea en alucinantes pasajes que parecen anunciar el fin de nuestro siglo.

En *Terra nostra*, el autor prosigue su búsqueda de una respuesta a las preguntas que le obsesionan, sus intentos de hallar sentido a la existencia y, para ello, corre hacia adelante o regresa a los orígenes en una maravillosa y terrorífica aventura del espíritu, poniendo en pie el momento crucial, el instante mítico en el que todo se destruye para comenzar de nuevo. *Terra nostra* es mucho más que una novela, es un texto ambicioso que pretende abarcar toda la filosofía de Fuentes, su pensamiento y sus reflexiones sobre el mundo, el hombre y la existencia.

Con *La cabeza de la hidra* (1978), el autor hace una incursión en un campo que, hasta entonces, le había sido ajeno aunque sin abandonar por ello su constante deseo de innovación técnica y estilística. Utilizando el patrón de la novela policíaca y recurriendo con frecuencia a lo imprevisto, logra un eficaz suspense y lo pone al servicio de una firme, despiadada denuncia del poder, de la esclavización del hombre y, en especial, del mexicano. Porque la terrible «hidra» a la que se refiere el título de la novela no es otra cosa que el petróleo, fuente de riqueza para México pero, también, la espada de Damocles que cuelga sobre su cabeza, su insoslayable condena.

Al margen de sus obras narrativas, las más recientes de las cuales son *El espejo enterrado*, publicada en 1992, y *El naranjo o los círculos del tiempo*, en 1993, Carlos Fuentes ha cultivado también otros géneros literarios como la narración breve en los ya mencionados *Días enmascarados* (1954) o *Cantar de ciegos* (1964), las obras teatrales como *El tuerto es rey* (1970) y *Orquídeas a la luz de la luna* (1982); y el ensayo sociológico en *París, la revolución de mayo* (1963), *La nueva novela hispanoamericana* (1969), *Casa con dos puertas* (1970), *Tiempo mexicano* (1971), o el literario: *Cervantes o la crítica de la lectura* (1976).

*El escritor recibe en España el Premio Cervantes, considerado el más destacado de las letras hispanas, en 1988. A la derecha, portada de la novela* Gringo Viejo, *que vio la luz en 1985 y de la que se hizo una versión para el cine protagonizada por el actor Gregory Peck.*

*El Premio Miguel de Cervantes, que Carlos Fuentes recibió en Alcalá de Henares de manos del rey Juan Carlos I de España, el 14 de abril de 1988, fue un reconocimiento a su vasta obra y a su actitud crítica frente al mundo, el hombre y su existencia. Aunque rechazó muy pronto los presupuestos del realismo socialista, Fuentes no permaneció ajeno a la situación social y política de su país ni a la del resto de América Latina. Sus clarificadores artículos, publicados en los principales medios literarios y periodísticos de Europa y América, así lo confirman.*

| | |
|---|---|
| **1928** | Nace en Panamá y se le registra en Ciudad de México, **CARLOS FUENTES.** |
| **1956** | Becario del Centro Mexicano de Escritores. |
| **1958** | Publica su primera novela, *La región más transparente*, que supone una renovación de las estructuras narrativas tradicionales. |
| **1959** | Funda, junto con otros escritores e intelectuales, la revista *El Espectador.* |
| **1962** | Aparece *La muerte de Artemio Cruz*, considerada por los críticos su mejor novela. |
| **1967** | Obtiene el prestigioso premio Biblioteca Breve con *Cambio de piel*. Este mismo año ve la luz su novela *Zona sagrada.* |
| **1975** | Publicación de su novela *Terra nostra.* |
| **1976** | Publica su ensayo *Cervantes o la crítica de la lectura.* |
| **1984** | Se le concede el Premio Nacional de Literatura y Lingüística. |
| **1985** | Un nuevo intento narrativo: *Gringo viejo.* |
| **1987** | Recibe el Premio Cervantes, considerado el más importante de las letras hispanas. Publica ese mismo año *Cristóbal Nonato.* |
| **1992** | Sale a la luz su novela *El espejo enterrado.* |

# FERNANDO DE FUENTES
## *(1895-1958)*

*L*a trayectoria profesional de Fernando de Fuentes puede considerarse un arquetipo de las de muchos directores mexicanos; desde sus primeros temas de un pretendido universalismo, en los que no están ausentes los presupuestos que informan toda la producción que por aquel entonces se realizaba en los estudios de Hollywood, hasta los asuntos más arraigados en la entraña racial o en la historia de la nación, o en el folclore y los caracteres del país.

## Las exigencias del mercado

Nacido en Veracruz, en el estado del mismo nombre, en 1895, fue colaborador del director Antonio Moreno en la película *Santa* (1931), basada en la célebre novela homónima de Federico Gamboa, primer filme sonoro totalmente mexicano, que relataba la melodramática historia de una muchacha expulsada de su casa por su padre y que acababa muriendo en la miseria y abandonada por todos. *Santa* supuso el inicio de una producción en mayor escala, propiciada

*Elena de Orgaz y Arturo de Córdova en una escena de* En la casa del ogro, *de Fernando de Fuentes; 1938.*

por las exigencias del público y por la exportación a otros países sudamericanos. De Fuentes fue también coadaptador del argumento de películas como *Una vida por otra* (1932), *El prisionero trece, La calandria* y *El tigre de Yautepec* (1933).

A fines de 1933 dirigió *El compadre Mendoza* y, en 1935, *Vámonos con Pancho Villa*, dos de las producciones cinematográficas mexicanas que con mayor acierto han tratado el controvertido tema de la Revolución Mexicana. El sentido de la tragedia y una enorme fuerza dramática ponen de relieve su interpretación crítica sobre el significado profundo de los ideales revolucionarios y los efectos que provocaron en diferentes sectores de la sociedad. En estas cintas, Fernando de Fuentes se atreve a presentar la Revolución en contacto con la historia verdadera y quedan así, en segundo plano las instancias melodramáticas que la visión burguesa hacía inevitables.

La contundencia de sus imágenes y su arte en el detalle establecen una relación armónica entre la «particularidad abstracta» y lo «típico concreto», que provoca una belleza cinematográfica depurada en *El compadre Mendoza*. Sin embargo, *Vámonos con Pancho Villa* (primera superproducción mexicana cuyo coste, desorbitante para la época, fue de un millón de pesos) es formalmente más dinámica y sucinta en la exposición de sus múltiples temas.

Durante este período rodó también *El fantasma del convento* y *Cruz Diablo* (1934); *La familia Dressel* (1935) y *Las mujeres mandan* (1936).

En 1936 dirigió *Allá en el Rancho Grande* (con el cantante Tito Guízar como principal figura), filme que inauguró el género de las cintas rancheras, caracterizado por la ambientación en un idílico entorno rural y la inclusión del folclore. Se trata de una producción rebosante de gracia y simpatía, ni profunda ni trascendente, pero dotada de pintorescos atractivos, no siendo los menores las canciones populares (en este caso bien encajadas en el tema y justificadísimas). El éxito alcanzado por este film —no debe olvidarse que obtuvo por su conjunto artístico un premio en la Bienal de Venecia de 1938— hizo posible el desarrollo industrial del cine mexicano y llevó a De Fuentes a repetir la fórmula en *Bajo el cielo de México* y *La Zandunga* (1937, protagonizada por Lupe Vélez), e incluso en una segunda versión de *Allá en el Rancho Grande*, en color esta vez y con muchos más medios técnicos, pero quizás con menos atractivo que la original.

La popularidad lograda en todo el ámbito latinoamericano por el género ranchero, le condujo a realizar un cine de tipo comercial. Algunas de sus películas posteriores son: *Papacito lindo* (1939); *Allá en el trópico, Creo en Dios* y *El jefe máximo* (1940); *La gallina clueca* (1941); *Así se quiere en Jalisco* (1942); *Mujer sin alma* (1943); *Hasta que perdió Jalisco* (1945); *Jalisco canta en Sevilla* y la segunda versión de *Allá en el Rancho Grande* (1948); *Hipólito el de Santa* (1949); *Crimen y Castigo* (1950, sobre la novela de Dostoievski); *Canción de cuna* (1952) y *Tres citas con el destino* (1953).

## La «bárbara» María y el «alma de la raza»

Mención especial merece *Doña Bárbara* (1943), versión de la obra homónima de Rómulo Gallegos, realización inteligente y de influencia netamente americana, donde la figura —«bárbara» ciertamente— de la protagonista, personificada por María Félix, logra más eficacia plástica que psicológica.

Poco a poco, no obstante, se fue precisando más en la producción de Fernando de Fuentes la tendencia a

expresar en la pantalla lo que se denominó «el alma de la raza»: el dramatismo esencial de la vida del indio; el vendaval de pasión que dejan tras de sí las guerras civiles, las revoluciones o las meras, pero continuas, algaradas; la romántica suavidad del amor en los medios provincianos, donde aún persiste el pacato ambiente colonial, en contraste y en lucha con las fuerzas ciegas del instinto; características que siguieron informando la obra de De Fuentes hasta que su vida se extinguió en Ciudad de México, en 1958.

*La actriz Emma Roldán en una escena de* Los hijos de María Morales, *película dirigida por el realizador cinematográfico Fernando de Fuentes en 1952.*

| | | |
|---|---|---|
| **1895** | **FERNANDO DE FUENTES** nace en Veracruz, en el Estado homónimo. | |
| **1931** | Colabora con Antonio Moreno en *Santa*, primera película sonora mexicana. | |
| **1932** | Es coadaptador del guión para la película *Una vida por otra*. | |
| **1933** | Dirige *El compadre Mendoza*, una de las películas que mejor ha tratado el tema de la Revolución Mexicana. | |
| **1936** | Realiza *Allá en el Rancho Grande*, con Tito Guízar como protagonista. | |
| **1938** | Premiado en la Bienal de Venecia, por la película *Allá en el rancho grande*. | |
| **1942** | Realiza *Así se quiere en Jalisco*. | |
| **1943** | Dirige *Doña Bárbara*, sobre la obra de Rómulo Gallegos. | |
| **1950** | Realiza *Crimen y castigo*, adaptación de la novela de Dostoievski. | |
| **1958** | Muere en Ciudad de México. | |

# BLAS GALINDO
## (1910-1993)

*Blas Galindo, compositor y director de orquesta, desarrolló una infatigable labor en pro de la difusión del folclore indígena, creando una música de inspiración nacionalista aunque con vocación universal.*

*E*l compositor y director de orquesta Blas Galindo Dimas, conocido profesionalmente como Blas Galindo, nació en 1910 en San Gabriel, en la actualidad Venustiano Carranza (Jalisco). A lo largo de su carrera como compositor defendió siempre el folclore indígena, que incorporó en muchas de sus obras, al tiempo que con ese matiz nacionalista adquiría un carácter novedoso dentro del panorama mundial de la música contemporánea. Tras una fecunda carrera como compositor y docente, falleció en Ciudad de México en abril de 1993.

## La formación musical

Siendo muy joven demostró poseer excepcionales dotes musicales y gran capacidad organizativa. De niño, en su pueblo natal, estudió armonía. Pronto organizó un coro infantil y, a los dieciocho años, creó la banda municipal de música. Apenas con veintiún años, dejó su pueblo natal y se trasladó a la capital mexicana, dispuesto a estudiar leyes, decisión que poco después dejó de lado para inscribirse en el Conservatorio Nacional de Música (1931), donde estudió varios años hasta concluir la carrera de composición. Fue alumno aventajado de maestros de excepción, como José Rolón, Candelario Huízar y Carlos Chávez, de la mano de los cuales se prepararía para llevar a cabo una profusa y brillante carrera musical. Posteriormente, en 1941, cursó estudios internacionales en la Berkshire Academy de Massachussetts, en Estados Unidos, al lado del famoso compositor estadounidense Aaron Copland, produciendo poco después, en 1942, sus composiciones *Arroyos y Sextetos*.

## A la búsqueda de la identidad nacional

Galindo se convirtió pronto en una figura clave del nacionalismo mexicano, al incorporar en sus composiciones de música sinfónica ritmos populares del más puro folclore indígena. Su exaltación nacionalista le llevó a componer piezas de gran belleza y exotismo, en las que introdujo el sonido de instrumentos nativos, como en *Sones de mariachi* (1940), obra con la cual obtuvo el reconocimiento nacional e internacional y que el propio Carlos Chávez, su antiguo maestro, presentó en uno de los conciertos de música mexicana que ofreció en Nueva York. Así mismo, su célebre *Son de la negra* constituye una muestra brillante de esta búsqueda de la identidad en el terreno musical. En este sentido, el título de muchas piezas es un claro reflejo de la intención del contenido musical y «argumental» que las mismas presentan. Una buena muestra de ello son sus composiciones dedicadas a emotivos episodios histórico-nacionales. Entre ellas cabe mencionar la *Cantata a Juárez* o el *Homenaje a Juan Rulfo*, el célebre escritor que, con su extraordinaria pluma, plasmó el sentir del pueblo mexicano.

Tras estrenar su *Suite para violín y violoncello* (1933), trabajó algo más de un año como maestro de música en la Escuela Normal Rural de El Mexe, en Hidalgo. Allí tuvo ocasión de profundizar en las raíces mexicanas, y creó bandas de música con los indios otomíes de la región. En 1935, junto con José Pablo Moncayo, Salvador Contreras y Daniel Ayala, tres jóvenes compositores entusiasmados con las mismas ideas que Galindo, fundó el «Grupo de los Cuatro», una formación destinada a promover sus propias composiciones. Sin embargo, dicha formación se disolvió relativamente pronto. Blas Galindo fue nombrado, en 1942, profesor del Conservatorio Nacional, la institución en la cual había estudiado y que, posteriormente, dirigiría (1947-1961). Con ello iniciaba una nueva faceta profesional, al convertirse en educador y maestro de nuevas generaciones de músicos y compositores mexicanos.

Su actividad en el mundo de la música puede considerarse profusa e importante. En 1947 fue jefe del Departamento de Música de Bellas Artes, en 1949 formó parte del jurado del cuarto Concurso Pianístico Federico Chopin, que se celebró en Polonia, y dirigió la Orquesta Sinfónica del Instituto Mexicano del Seguro Social entre 1961 y 1965.

## El reconocimiento internacional

Blas Galindo, compositor incansable y fecundo, cuenta en su haber con composiciones corales, de cámara y sinfónicas, así como suites de ballet y música para teatro y cine. De su repertorio destacan las siguientes creaciones: *Entre sombras anda el fuego* y *Danza de las fuerzas vivas* (1940), *Sonata para violín y piano*, *Cinco preludios para piano* y *Nocturno para orquesta* (1945), *A la patria* (1946), cantata con la que ganó el primer premio del concurso convocado por la Secretaría de Educación Pública, *Sinfonía breve para cuerdas* (1952), *Segunda Sinfonía*, premiada en el segundo Festival Latinoamericano de Caracas, y *Homenaje a Juárez* (1957), *Independencia de México* (1960), con la cual obtuvo de nuevo el premio de la SEP, *Segundo concierto para piano* y *Tercera sinfonía* (1961), *Concierto para violín* (1962), *Letanía erótica* (1965), *Cuarteto de cuerdas* (1970), *Titoco-tico para instrumentos indígenas de percusión* (1971), *Concierto para guitarra eléctrica y orquesta* (1973), *Concertino para flauta y cuerdas* (1978) y *Concierto para violoncello y orquesta* (1984).

Su contribución a la música mexicana y su celebridad le fueron reconocidas oficialmente al ser aceptado como miembro de la Academia de Artes en 1968, en cuya fundación había participado, y al serle concedidos numerosos premios nacionales, como el Nacional de Artes y Ciencias (1964) y el Premio Jalisco (1983).

| | |
|---|---|
| **1910** | Nace **BLAS GALINDO** en San Gabriel, hoy Ciudad Carranza, en el Estado de Jalisco. |
| **1933** | Compone *Suite para violín y violonchelo*, estrenada en el teatro Hidalgo de la capital de la República. |
| **1940** | Crea sus primeras obras orquestales *Entre sombras anda el fuego* y *Danza de las fuerzas vivas*. |
| **1946** | Obtiene el primer Premio de la Secretaría de Educación Pública por su cantata *A la patria*. |
| **1947** | Es nombrado director del Conservatorio Nacional de Música. |
| **1957** | Es galardonado con el Premio José Ángel Llamas del Segundo Festival Latinoamericano de Caracas por su *Segunda Sinfonía*. |
| **1964** | Recibe el Premio Nacional de Artes y Ciencias. |
| **1983** | Se le otorga el Premio Jalisco. |
| **1993** | Fallece en Ciudad de México en abril de este año. |

# FEDERICO GAMBOA
## *(1864-1939)*

*N*ovelista adscrito al naturalismo, a Federico Gamboa hay que reconocerle, en el haber de sus cualidades como escritor, la fuerza que obtienen sus relatos, fruto de su opción por la sordidez y la crudeza de la expresión, cualidad esta última puesta, en realidad, al servicio de una voluntad claramente moralizadora, aunque, como tantas veces ocurre en el mundo de la crítica literaria, se le hayan reprochado, preferentemente, muchos de sus defectos.

## La diplomacia de la política y de las letras

Nacido en Ciudad de México, en 1864, Federico Gamboa vivió una infancia y una juventud problemáticas y llenas de adversidades, que dificultaron considerablemente su acceso a la cultura y su formación personal; pese a ello, tras regresar en 1882 de Nueva York, ciudad en la que transcurrió una parte de su adolescencia, y dedicarse a la colaboración periodística, firmando sus crónicas con el seudónimo de *La Cocardière*, en 1888 logró ingresar en la carrera diplomática gracias a su constancia y a su tesón. Iniciaba así, a los veinticuatro años de edad, un periplo que le llevaría, como representante diplomático de su país, a las legaciones de México en varias naciones americanas. Ocupó numerosos y diversos cargos en Argentina (donde animó una conocida y activa tertulia literaria), Brasil, Centroamérica y Estados Unidos antes de cruzar el océano Atlántico, cuando fue nombrado embajador de su país en España (1910-1911).

Simultáneamente, y al margen de su labor literaria, Gamboa desempeñó otros cargos de naturaleza política o jurídica, como el de subsecretario interino de Relaciones Exteriores, puesto que ocupó más tarde como titular, o el de delegado en la Conferencia de Derecho Internacional Marítimo (Bruselas, 1909), e incluso llegó a ser diputado y presidente de la Academia Mexicana de la Lengua (1924), correspondiente de la Real Academia Española.

## La influencia del naturalismo en su obra

Su novela *Santa* (1903), melodramática narración que cuenta la historia de la paulatina degradación y muerte de una muchacha expulsada de su casa por su padre, le granjeó enseguida una enorme popularidad. *Santa* fue llevada varias veces a la pantalla, entre otros por Antonio Moreno (1931), y sirvió, incluso, para que Agustín Lara escribiera un famoso tema musical, por lo que esta novela ocupó, durante las tres primeras décadas del siglo xx, un lugar por demás singular en el panorama de las letras mexicanas. Sin embargo, esa popularidad no se vio acompañada por la favorable acogida de la crítica, que suele desdeñarlo, todavía hoy, a pesar del indudable interés histórico y el valor de su producción literaria.

Sus temas, contemplados desde la perspectiva que da el tiempo, sorprenden por su rebuscada truculencia y oscilan entre el evidente tremendismo y una intención moralizadora de claras resonancias maniqueístas. Como botón de muestra pueden citarse algunos de ellos: la monja que cuelga los hábitos impulsada por la pasión y se lanza al goce sensual en brazos del amado, por ejemplo, o la hermosa e ingenua campesina que se prostituye, víctima del engaño, para acabar despertando el amor puro y diáfano de un pianista ciego o, por fin, el honesto oficinista que se revuelca en el lodo para obtener los favores de una malhechora por la que siente una frenética pasión. Temas, todos ellos, en exceso melodramáticos y que tal vez estén en la base del olvido en que la crítica mantiene, muchas veces, a su autor.

Su primera obra publicada fue una colección de relatos cortos reunidos bajo el título de *Del natural*, revelador de sus opciones estéticas y que aparecieron en 1888, precisamente cuando Gamboa conseguía, no sin dificultades, entrar en las filas de la diplomacia mexicana. Cuatro años después ve la luz su segundo libro, *Apariencias*, una novela en la que se ven claramente dibujadas las características ya apuntadas y a la que seguirán *Suprema ley*, publicada en 1896, y *Meditaciones*, en 1899.

## Un dramaturgo fallido

Federico Gamboa pretendió, también, escribir para la escena y nos legó unos textos que han sido considerados como intentos fallidos, tanto por su escasa relevancia teatral como por las pocas veces que consiguieron subir al escenario. Sin embargo, se puede afirmar que su vocación teatral no fue un capricho de corta duración y sus obras fueron apareciendo, con un empecinamiento digno tal vez de mejor causa, a lo largo de toda su vida; buena muestra de ello son *La última campaña*, escrita en 1899, y *Entre hermanos*, que vio la luz pública en 1928, casi treinta años después de la primera.

Tras el sonado éxito que le reportó *Santa*, Gamboa publicó todavía algunas novelas, como *Reconquista* (1908) o *La llaga* (1910), que no consiguieron emular la aceptación de la primera, aunque cosecharon críticas igualmente adversas o silencios despectivos.

Párrafo aparte merecen sus libros de memorias, una faceta en la que el naturalismo militante del autor, liberado de su afición por la truculencia y enriquecido por una vida densa y viajera, se presenta como un acertado instrumento literario al servicio de la agudeza del juicio y de una notable capacidad de observación crítica y reflexiva. Publicó un primer volumen, *Impresiones y recuerdos*, en 1893, lejos todavía el éxito de *Santa*, y mucho más tarde apareció *Mi diario* (1907-1938).

Federico Gamboa murió en Ciudad de México, en 1939, a los setenta y cinco años de edad.

*La vida de Federico Gamboa estuvo marcada por la diplomacia política y la de las letras. De esas experiencias surgió también el naturalismo de su literatura.*

| | |
|---|---|
| **1864** | El 22 de diciembre, nace en Ciudad de México **FEDERICO GAMBOA.** |
| **1882** | Abandona Nueva York, donde había transcurrido parte de su juventud, y regresa a México. |
| **1888** | Ingresa en la carrera diplomática y publica *Del natural*. |
| **1903** | Publica *Santa*, su novela más emblemática y conocida. |
| **1904** | Aparece su obra teatral *La venganza de la gleba*. |
| **1910-1911** | Actúa como embajador de México en España. |
| **1913** | Ministro de Relaciones Exteriores en el gobierno de Victoriano Huerta |
| **1914** | A la caída del dictador Huerta, parte al destierro. |
| **1924** | Regresa a México y preside la Academia Mexicana de la Lengua. |
| **1928** | Publica *Entre hermanos*, que será su última obra teatral. |
| **1939** | Muere en Ciudad de México, el día 15 de agosto. |

# ALFONSO GARCÍA ROBLES
## *(1911-1991)*

*E*n un mundo transido por el dolor de dos atroces guerras y los múltiples conflictos inscritos en el mundo bipolar de la posguerra, el combate por la paz encontró en García Robles y otros esforzados juristas de su generación los adalides de un mundo nuevo, que, creyendo sinceramente en la libertad y la paz de los pueblos, vieron coronados sus esfuerzos y desvelos con la promulgación en 1945 de la Carta de las Naciones.

## Vocación por el derecho de gentes

Alfonso García Robles nació el 20 de marzo de 1911 en Zamora, en el Estado de Michoacán, en el seno de una familia de comerciantes. Terminada su formación secundaria en Guadalajara, el joven se dirigió a Ciudad de México, donde obtuvo la licenciatura de Derecho en la Universidad Nacional.

Su vocación por conocer mundo y su preocupación por el Derecho Internacional, en sus dos ramas pública y privada, lo llevaron a completar sus estudios en el Viejo Continente. En el Instituto de Estudios Internacionales de la Universidad de París obtuvo, en 1936, el premio extraordinario por su tesis y pasó entonces a Holanda, donde dos años después consiguió el diploma de la Academia de Derecho Internacional de La Haya.

De regreso a México, en 1939, ingresó en el servicio exterior mexicano y, en octubre de ese mismo año, fue enviado a Estocolmo como tercer secretario adscrito a la legación de su país, cargo en el que permaneció hasta 1941, cuando fue destinado por su gobierno a la secretaría de Relaciones Exteriores de México, donde a lo largo de cinco años permaneció en calidad de subdirector de Asuntos Políticos del Servicio Diplomático.

Con el cargo de Secretario de Asuntos Internacionales de la Comisión Nacional de Planeación para la Paz, a García Robles le correspondió participar en una serie de reuniones internacionales encaminadas a sentar las bases jurídicas de lo que en 1945, una vez finalizada la dramática contienda europea, se convertiría en la Organización de las Naciones Unidas.

## Un negociador incansable

En la primera década de funcionamiento de la ONU, se ocupó de supervisar una amplia gama de actividades que comprendían desde los asuntos políticos en Europa, Asia, África, Oriente Medio y el hemisferio

*Alfonso García Robles fue un destacado jurista que combatió con entusiasmo y tenacidad para conseguir, desde las tribunas de las organizaciones internacionales, un mundo en que brillara la paz.*

occidental, hasta la solución pacífica de los conflictos y las relaciones internacionales entre la organización mundial y los organismos regionales, haciéndose cargo de algunas misiones especiales, como la de representar a la ONU en la Conferencia de Bogotá (1948), que sancionaba la Carta de la OEA.

Durante esta época de vida neoyorquina conoció a una joven con la que compartía afinidades y proyectos Juana María Szyszlo, ciudadana peruana, y funcionaria de la ONU, con quien contrajo matrimonio en 1950 y de la que tuvo dos hijos. En 1957, el gobierno mexicano hizo regresar a García Robles a su país, para que se reincorporara a la Secretaría de Relaciones Exteriores en calidad de director en jefe para Asuntos de Europa, Asia, África y Organismos Internacionales.

El eminente diplomático representó a México como embajador en Brasil, entre los años 1961 y 1964, haciéndose cargo de la Subsecretaría de Relaciones Exteriores, en 1970. Fue a lo largo de este segundo período en dicha secretaría cuando retomó los asuntos multilaterales, concretamente con los trabajos sobre desarme en las Naciones Unidas y encabezó también la delegación de México en el Comité de Desarme. Presidió así mismo todas las reuniones para la desnuclearización de América Latina celebradas en Ciudad de México a partir de 1964 y que culminaron con la firma del tratado para la Proscripción de las Armas Nucleares en América Latina (1967), conocido como tratado de Tlatelolco.

Durante el año 1975, el gobierno mexicano llamó de nuevo a García Robles para que, durante ese año, se ocupara de la Cartera de Relaciones Exteriores sin que abandonara sus responsabilidades en el organismo internacional. A partir de enero de 1977, como representante de México en la ONU, participó ante el Comité de Desarme de Naciones Unidas con sede en Ginebra. La experiencia que había acumulado le valió que fuera considerado como el decano de los diplomáticos especializados en cuestiones de desarme y, en 1978, su tesón aseguró el triunfo de la primera Asamblea General de la ONU sobre esta cuestión.

## Premio a su fe en la paz

En 1981, el presidente de la República mexicana nombró a García Robles, embajador emérito, viéndose su carrera profesional coronada en 1982 cuando el Parlamento noruego decidió otorgarle, compartido con la socióloga sueca Alva Myrdal, el Premio Nobel de la Paz, por su labor en pro del desarme internacional.

Su preocupación por los temas sobre los que con tanto ardor trabajaba le llevó a escribir numerosas obras entre las que destacan: *El Panamericanismo y la Política de Buena Vecindad* (1938); *La Cuestión del Petróleo Mexicano y el Derecho Internacional* (1939); *México en la posguerra*, (1946); *La desnuclearización de América Latina* (1965); *El tratado de Tlatelolco: génesis y propósito de la proscripción de las armas nucleares en América Latina* (1967); *El nuevo orden internacional y el desarme* (1980). Fallecido en Ciudad de México en 1991, le fue tributado un sentido homenaje.

| | |
|---|---|
| **1911** | Nace en Zamora, en el Estado de Michoacán, el 20 de marzo, **ALFONSO GARCÍA ROBLES.** |
| **1936** | Obtiene el título de posgraduado en el Instituto de Altos Estudios Internacionales de París. |
| **1938** | Consigue el diploma de la Academia Internacional de Derecho de La Haya. |
| **1945** | Como secretario de Asuntos Internacionales de la Comisión Nacional de Planeación para la Paz, participa en las reuniones que sentarán las bases de la Carta de las Naciones Unidas. |
| **1964-1967** | Preside la Comisión Preparatoria para la Desnuclearización de América Latina (tratado de Tlatelolco, 1967). |
| **1970** | Se hace cargo de la Subsecretaría de Relaciones Exteriores. |
| **1975** | Es nombrado secretario de Relaciones Exteriores. |
| **1982** | Es galardonado con el Premio Nobel de la Paz, que comparte con la sueca Alva Myrdal. |
| **1991** | Muere en Ciudad de México. |

# FRANCISCO GOITIA
## *(1882-1960)*

*P*ersonaje indiscutiblemente original, tanto por su arte como por su vida, el pintor Francisco Goitia no puede ser enmarcado ni en los moldes academicistas que le precedieron ni en el innovador «grupo de los tres», constituido por los fresquistas Orozco, Rivera y Siqueiros. Aunque contemporáneo de los anteriores, pues nació en Patillos, en el Estado de Zacatecas, en 1882, su pintura nada tenía que ver, al menos durante buena parte de su vida, con los presupuestos estéticos y las inquietudes políticas de los famosos muralistas, sino que, como señala su biógrafo Antonio Luna Arroyo: «Desde sus primeros dibujos hasta sus últimas obras..., las escuelas formadoras de su paleta fueron el realismo y el impresionismo, escuelas en las que se instaló mucho tiempo, para evolucionar muy tarde hacia un modernismo expresionista típicamente mexicano».

El más importante, si no único, centro aglutinador de la cultura artística del momento era, cómo no, la Academia de Bellas Artes de San Carlos. Cualquier artista que se preciase debía exhibir en su currículum el diploma que atestiguaba su paso por las aulas y los talleres de esta Escuela Nacional. Así pues, Goitia, seguro de su vocación pictórica, emprendió el camino que se había fijado y abandonó, a los dieciséis años, su ambiente provinciano para trasladarse a Ciudad de México y poder iniciar su aprendizaje. En la Academia de San Carlos fue discípulo de los maestros ya consagrados Julio Ruelas, Germán Gedovius y José María Velasco. Las teorías y técnicas de este último no llegaron a convencerle y su crítica opinión sobre Velasco se materializó en un conflicto que concluyó con su viaje a Europa, concretamente a España e Italia, en 1904.

## El periplo europeo

Para continuar sus estudios de artes plásticas y tomar contacto con los grandes maestros de los siglos XVII y XVIII, Francisco Goitia inició su periplo por los principales focos artísticos italianos (Roma, Florencia, Perugia, Venecia) y españoles. El paso más significativo de esta aventura —no hay que olvidar que viajaba con sus escasos ahorros, sin la ayuda de ninguna beca— fue su llegada a Barcelona. En esta ciudad fue discípulo de Francesc A. Galí, artista y pedagogo catalán que supo estimular su personal manera de entender los paisajes y la originalidad de su estilo pictórico

Ayudado económicamente por su condiscípulo Lluís Plandiura, se dedicó a descubrir los paisajes de Cataluña, plasmando en notables telas las experiencias de sus viajes por el Montseny, Montserrat, La Garriga y Poblet, además de algunos retratos de damas y personajes de la sociedad catalana de la época, en plena expansión económica y llena de inquietudes culturales y artísticas. Buena muestra de ello fue la oportunidad que esta sociedad le brindó, en 1906, de llevar a cabo lo que sería su primera exposición como pintor de cierto mérito.

## La experiencia revolucionaria

Regresó a México en 1912 y allí, en su estado natal, entró en contacto con las ideas revolucionarias de Pancho Villa y se unió a las filas de sus partidarios. Este compromiso con la Revolución impuso un giro muy evidente en las características en su obra y en los avatares de su vida posterior. Al tratar con los revolucionarios, al compartir su lucha, se identificó aún más, si cabe, con la vida y tradiciones de los indígenas e, impulsado por este interés, en 1918, ingresó como dibujante en el Instituto Nacional de Antropología e Historia, dirigido por Manuel Gamio.

Precisamente su apoyo a los villistas le permitió durante seis años (1926-1933), tras la rehabilitación del «Centauro del Norte», ostentar el cargo de profesor de arte en la Secretaría de Educación; más tarde, dio clases en la Academia de San Carlos y fue miembro del Frente Nacional de Artes Plásticas, organismo que presidió durante algunos años, recibiendo a los cuarenta y cuatro años el Premio Nacional de Artes, por los méritos conseguidos en su primera exposición individual realizada en México.

Las últimas cuatro décadas de su vida estuvieron marcadas por la búsqueda de sus raíces. Debido a la influencia que sobre él ejercieron los años pasados en el Instituto Nacional de Antropología y por un ansia de retorno al primitivismo de las culturas precolombinas, apoyó su creación artística en la realidad de su austera vida personal, aislándose en una choza construida por él mismo en Xochimilco.

## Hacia el modernismo expresionista

Autor de *Tata Jesucristo* (1927), obra maestra de la pintura mexicana de caballete, que refleja con intenso dramatismo y simplicidad monumental el dolor y la miseria de los indígenas. Aunque su producción no fue muy extensa, Goitia supo captar y recrear, con estilo realista, acento expresionista y arraigo en la cultura popular mexicana, el mundo trágico y desesperanzado de los marginados, sin hacer concesiones de carácter demagógico o folclorista (*El indio triste, Viejo en el muladar,* etc.). Además de algunos paisajes y autorretratos, destaca su serie *Los ahorcados*, donde plasma la influencia perturbadora que ejercieron sobre él las visiones salvajes y amargas de la lucha revolucionaria.

El museo que lleva su nombre en la ciudad de Zacatecas, en el estado homónimo, alberga la colección más importante de cuadros del artista, entre otros: *Bruja, Paisaje de los ahorcados, El ahorcado, Cabeza de ahorcado* y *El maderista* (1912-1917); *Danza indígena, El indio triste, El velorio, Muchacha indígena con chal bordado* y *Tata Jesucristo*

*Francisco Goitia, a pesar de ser contemporáneo de los grandes muralistas, ha de considerarse como el representante de un modernismo expresionista de raíces hondamente mexicanas.*

(1918-1930), su obra más conocida; *Autorretrato, Autorretrato con la mano en el pecho* y *Paisaje de Santa Mónica* (1931-1960) forman parte de otros logrados lienzos. Francisco Goitia murió en Xochimilco, en México D. F., en 1960.

| | |
|---|---|
| **1882** | Nace en Patillos, en el Estado de Zacatecas, **FRANCISCO GOITIA.** |
| **1912** | Se une a las fuerzas revolucionarias de Francisco Villa. |
| **1926** | Se le concede el Premio Nacional de Artes, por el conjunto de su obra. |
| **1927** | Pinta *Tata Jesucristo*, obra maestra de la pintura de caballete y su cuadro más conocido. |
| **1955** | Concluye su famoso *Autorretrato*. |
| **1960** | Muere en Xochimilco, en México D. F. |

# VICENTE GUERRERO
## (1782-1831)

*Vicente Guerrero, campesino, militar y político, fue un gran defensor de las clases desfavorecidas de México y promotor de la abolición de la esclavitud.*

**V**icente Guerrero, campesino, militar y político, ha pasado a la historia de México tanto por su participación en la lucha por la independencia de esta nación, como por haber sido el hombre que estampó su firma al pie de un decreto que determinaba la reclamada abolición de la esclavitud.

## Un adalid de la libertad

La hoy conocida con el nombre de Ciudad Guerrero, en el estado que lleva su nombre, y que en la época virreinal era Tixtla, fue la patria chica de Vicente Ramón Guerrero Saldaña, que había de pasar a la historia como Vicente Guerrero, donde nació en 1782. Descendiente de esclavos e hijo de campesinos, Guerrero se dedicó en sus años mozos a trabajar como un simple arriero, lo que tal vez favoreció su contacto con la sociedad criolla debido a sus continuos desplazamientos por la zona meridional del país. El descontento de los criollos por haber sido desplazados de los centros de poder y lesionados sus intereses económicos a causa de las medidas tomadas desde España en favor de los funcionarios que llegaban a la colonia procedentes de la península Ibérica, dio origen a enfrentamientos solapados unas veces y abiertos e institucionales, otras. Pero el primer chispazo puede considerarse que fue el levantamiento contra el poder virreinal de la intelectualidad mexicana, que contó, al contrario de otros lugares de la América hispana, con el apoyo de las clases más desfavorecidas de dicho país.

Este choque significó el comienzo del resquebrajamiento del poder colonial, ya que parte del estamento eclesial se puso del lado de los criollos e incluso un personaje tan inócuo como el obispo español Abad y Queipo denunció desde el púlpito las diferencias sociales y reivindicó una genérica «ley agraria».

En este ambiente de crispación, las primeras ideas revolucionarias –que pese a las medidas de represión se habían extendido entre la clase culta–, unidas al descontento de los criollos, provocaron que se dieran las condiciones para que surgiera un movimiento más coherente y organizado contra el gobierno de la Nueva España. Este caldo de cultivo fue ganando fuerza y el primer intento independentista nació con el conocido Grito de Dolores, proclamado por el cura Miguel Hidalgo, y, cuando la columna que mandaba Morelos pasó en 1810 por el pueblo de Tixtla, camino del sur para consolidar allí la insurrección, Vicente Guerrero hizo caso de las demandas de la familia Galeana para que se uniera al movimiento y se incorporó a la insurgencia.

## La independencia de México

La derrota de Hidalgo en la batalla de Puente de Calderón y su subsiguiente ejecución no puso punto final a la insurrección. Guerrero se mantuvo en rebeldía en el sur apoyando a Morelos, el cual creó el primer Congreso mexicano. Tras la detención de Morelos, Guerrero continuó ejerciendo su labor de proteger al Congreso y, una vez ejecutados o encarcelados los principales jefes insurgentes, fue el único que pudo mantenerse en la guerrilla amparándose en lo más inaccesible de la Sierra Madre del Sur.

En 1821, el virrey Juan Ruíz de Apodaca envió a Agustín de Iturbide al sur del país para que sofocase el foco insurgente que aún quedaba en aquella zona. Iturbide, no sólo buen militar, sino también excelente político, creyó siempre que era más fácil sofocar la rebelión por medio de las palabras que por la fuerza de las armas. Así convenció a Guerrero para que se entrevistara con él y le invitó a secundar el Plan de Iguala, de 1821, por el cual se proclamaba la independencia de México respecto de España, en tanto que, al ser México un estado católico, se mostraba respetuoso con el orden social existente, en cuyo seno deberían convivir criollos y españoles sin ningún tipo de discriminación.

Guerrero admitió todo lo que proponía el Plan de Iguala y cedió el mando de sus fuerzas guerrilleras al jefe del Ejército de las Tres Garantías, que con este nombre se conocía a las tropas de Iturbide. El nuevo virrey Juan O'Donojú, comprendiendo la imposibilidad de restablecer la soberanía española, firmó con Iturbide los tratados de Córdoba por los que una llamada Junta de Regencia, presidida por el propio Iturbide, asumiría el poder de la ex colonia hasta la llegada de Fernando VII para que tomara posesión de la corona de México. Acto seguido, el gobierno español rechazó el Plan de Iguala y los tratados de Córdoba, con lo cual quedó eliminada cualquier posibilidad de que un príncipe borbónico ocupara el trono de México. Eso hizo que los realistas se pasaran a la facción que apoyaba el principio de que Iturbide ciñese la corona.

Guerrero hasta ese momento había sido partidario de las doctrinas de Iturbide y había aceptado la Capitanía General del sur del país, pero, desde el momento en que Iturbide, en una sesión un tanto irregular del Congreso, aceptó ser nombrado emperador de México, se sublevó contra las fuerzas imperiales del que se hizo llamar Agustín I.

El descontento del pueblo mexicano fue subiendo de tono cuando la mala situación económica impulsó a Iturbide a adoptar medidas impopulares y desembocó en la revolución de Casa Mata. Tras la caída de Agustín I, el Congreso confirió el poder a un triunvirato formado por Negrete, Victoria y Bravo, mientras

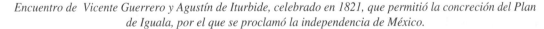

*Encuentro de Vicente Guerrero y Agustín de Iturbide, celebrado en 1821, que permitió la concreción del Plan de Iguala, por el que se proclamó la independencia de México.*

Guerrero, que en realidad durante este primer período de la lucha por la consolidación de la independencia había actuado en un segundo plano, fue nombrado suplente de este triunvirato hasta octubre de 1824.

Las primeras elecciones que se celebraron en México invistieron a Guadalupe Victoria como presidente y a Nicolás Bravo como vicepresidente de la República Federal, el nuevo régimen con el que se esperaba salvar a la ex colonia de Nueva España de una desintegración territorial. Victoria nombró entonces a Vicente Guerrero ministro de la Guerra y jefe militar en su primer gabinete. Las condiciones económicas y financieras del país no mejoraron en ningún sentido e incluso un préstamo que Victoria solicitó a Gran Bretaña no resolvió en absoluto el problema, principalmente por el mal uso que se hizo del dinero y, por el contrario, determinó la intervención extranjera a partir de aquel momento en los asuntos internos de México.

### Enfrentamiento entre logias

Las diferencias que iban surgiendo en la clase política mexicana se fueron acentuando, primero por la ejecución de Iturbide; segundo, a causa del deterioro de la economía y tercero, por la proliferación de las sociedades secretas. En efecto, dos logias, la yorkina y la escocesa, luchaban entre sí por el control de la vida política del país. Guerrero destacó como dirigente de la yorkina, que era una agrupación política demócrata y liberal en la que se integraron los federalistas y los antiespañoles, que se enfrentaron a la logia escocesa, asociación que tenía un marcado cariz conservador y estaba dominada por los partidarios de un poder central fuerte, incluyendo en su seno a un gran número de españoles.

El descubrimiento de una conspiración españolista, en 1827, fue el argumento esperado por algunos elementos políticos mexicanos para adoptar la primera medida de expulsión de los españoles, a la que el vicepresidente Bravo, apoyado por su logia escocesa, intentó oponerse rebelándose contra Victoria y el Congreso. Bravo fue derrotado, pero los yorkinos no supieron aprovechar su victoria, porque comenzaron a dividirse entre ellos al apoyar dos candidaturas rivales para las elecciones presidencales que habían sido fijadas para el mes de septiembre de 1928: la del moderado Gómez Pedraza y la del antiguo guerrillero insurgente, Vicente Guerrero.

Los resultados no fueron favorables a Guerrero y Gómez Pedraza asumió la Presidencia de la República, pero la comprobación de que el triunfo de Gómez Pedraza se debió a ciertas irregularidades en el voto indirecto de las legislaturas estatales y los abusos cometidos por éste en los primeros meses de su mandato dieron paso a un nuevo movimiento revolucionario, que ha pasado a la historia con el nombre de la *Acordada*. Mientras el general Santa Anna exigía el desconocimiento de los resultados electorales, Guerrero dirigía un movimiento insurreccional en la capital. Estas dos facciones presionaron al Congreso y determinaron que éste adoptara la insólita decisión de desautorizar a Gómez Pedraza y proclamar presidente al derrotado Guerrero.

### Libertador de los esclavos

En abril de 1829, Vicente Guerrero juró su cargo de presidente de la República siendo vicepresidente el general Anastasio Bustamante. Su gobierno, sin ser precisamente uno de los más largos de la República —pues sólo duró desde el mes de abril hasta diciembre del mismo año—, fue de los más fecundos desde el punto de vista legislativo. Así, nada más iniciado su mandato, Guerrero pretendió aplicar un programa de reformas radicales, la primera de las cuales fue la abolición de la esclavitud. Pero todas las medidas que emprendía, ya fueran de tipo social como económicas, quedaban bloqueadas de inmediato por la crisis de la hacienda pública.

Si bien Guerrero tenía dificultades en el desarrollo de su política interior, las cosas vinieron a complicarse más cuando, en el mes de septiembre, un ejército español a las órdenes del general Isidro Barradas efectuó el último intento protagonizado por la Corona de España para recuperar su antigua colonia. El presidente mexicano, no sin dificultades, consiguió neutralizar esta última intentona por medio de las acciones bélicas de su general Santa Anna.

Santa Anna, sin embargo, se cobró con creces la oportunidad que le había facilitado Guerrero de entrar en la historia como el general que había derrotado a los españoles en su desesperado intento de recuperar sus ex colonias; se unió a la rebelión orquestada por el general Bustamante, que concluyó en el Plan de Jalapa, en el cual el vicepresidente Bustamante acusaba a Guerrero de haber violado la ley, de haber desatendido al ejército y de no haber

*Cuilapa, lugar donde fue fusilado Vicente Guerrero en 1831. El líder mexicano fue juzgado por un Consejo de Guerra tras haber sido víctima de una estratagema.*

puesto freno a la anarquía que había asentado sus reales en todo el país. Bustamante presionó al Congreso y consiguió que declarara a Guerrero incapacitado para el gobierno, después de que el presidente fracasara en sus esfuerzos por sofocar la rebelión.

## Se fragua una traición

Hay que destacar que, si las maniobras de Bustamante para obtener del Congreso la presidencia estuvieron coronadas por el éxito, este mérito debe atribuirse a la habilidad de Lucas Alamán, que fue quien consiguió la destitución de Guerrero.

El derrocado presidente realizó denodados esfuerzos para recuperar su puesto, recurriendo de nuevo a la rebelión armada, que obtuvo resonados éxitos, sobre todo tras la derrota del ejército de Armijo en Texca. Dado el cariz que tomaron los acontecimientos, Bustamante, a través de su ministro de Guerra y Marina, José Antonio Facio, ideó una estratagema para apresar a Guerrero. Mediante los servicios de un marino genovés llamado Francisco Picaluga, fue invitado a subir a bordo del bergantín *El Colombo*, anclado en Acapulco, donde fue detenido por Picaluga y, llevado prisionero a Oaxaca, tras un juicio sumarísimo, fue fusilado en Cuilapan, el 14 de febrero de 1831.

| | |
|---|---|
| **1782** | Nace, el 10 de agosto, **VICENTE GUERRERO** en Tixtla, hoy conocida con el nombre de Ciudad Guerrero, en el Estado homónimo. |
| **1810** | Se incorpora al movimiento independentista de Morelos. |
| **1821** | Se entrevista con Iturbide en Acatempan, el cual lo invita a secundar su Plan de Iguala. Guerrero cede el mando de sus fuerzas al Ejército de las Tres Garantías, que entra triunfante en la capital de la República, y se le otorga la Gran Cruz de la Orden de Guadalupe. |
| **1829** | Jura su cargo como presidente de la República, mandato que sólo dura ocho meses y medio, durante los cuales declara la abolición de la esclavitud. |
| **1830** | Es derrocado por Bustamante, el cual, fundándose en su condición de vicepresidente, asume la Presidencia y consigue la inhabilitación de Guerrero para dirigir la República. |
| **1831** | Detenido como consecuencia de una estratagema, es fusilado en Cuilapan, el 14 de febrero. |

# GUILLERMO HARO
## (1913-1988)

Mientras en Europa el cielo se oscurecía con el humo de las explosiones y las trincheras se llenaban de hombres agonizantes, en México, un niño de cinco años miraba las estrellas y trataba de contarlas. Le gustaba imaginar que las luciérnagas que cruzaban por la noche calurosa eran también pequeñas estrellas. Con los años, las guerras se repitieron, pero ese niño, llamado Guillermo Haro, no dejó de observar el cielo y se convirtió en uno de los más talentosos astrónomos mexicanos.

Guillermo Haro había nacido en Ciudad de México en 1913 y, en cuanto superó sus primeros estudios, ingresó en la Facultad de Filosofía y Letras de la UNAM (Universidad Nacional Autónoma de México). Para el joven Haro, esos fueron años de intensa búsqueda y aprendizaje, y en ese cometido no desdeñó trabajar como reportero en el diario *Excelsior*, aunque su verdadera pasión seguía siendo la astronomía. «Quiero trabajar en lo que a mí me gusta» —comentaba jocosamente a sus compañeros de estudio y de trabajo—; «y no pararé hasta conseguirlo, aunque me tenga que ir a la Luna.»

En 1943, Guillermo Haro no fue a la Luna sino a Estados Unidos y, en el observatorio astronómico de Harvard —que por aquel entonces estaba dotado con el instrumental más moderno de observación estelar—, adquirió una sólida formación científica. Cinco años más tarde de esta experiencia, Haro regresó a México e ingresó como investigador del Observatorio Astrofísico de Tonantzintla, en Puebla, del que, en 1950, se convirtió en su director. Este fue el verdadero principio de su exitosa carrera científica.

## Cuatro ojos ven más que dos

Guillermo Haro fue un científico apasionado, pero su pasión no lo arrinconó en las cúpulas de cristal ni las estrellas lo tentaron con sueños erráticos. Muy pronto había comprendido que el conocimiento del espacio sideral requería una buena infraestructura de observación, que comprendía no sólo la disposición de potentes lentes sino también de un experimentado equipo humano. «Cuatro ojos ven más que dos» bien podía ser su lema.

Para cumplir con su objetivo aceptó la dirección del Observatorio Astronómico Nacional, entre 1948 y 1968, y el cargo de director del Instituto de Astronomía de la UNAM, desde el cual promovió la creación del Observatorio Astronómico de San Pedro Mártir, en Baja California.

Guillermo Haro tuvo así mismo una decisiva participación en las fundación de instituciones tan insignes como la Academia de la Investigación Científica, que presidió entre 1960 y 1962, y el Instituto Nacional de Astrofísica, Óptica y Electrónica, en 1972, así como en la introducción en México, junto con su compañero Eugenio Mendoza, de la astronomía infrarroja. Ha sido colaborador de equipos de investigación internacionales tan reputados como los de los profesores Luyten y Zwicky, con los que organizó conjuntamente la Primera Conferencia sobre Estrellas Azules, celebrada en Estrasburgo en 1964. Fundó así mismo, en colaboración con los doctores mexicanos Samuel Ramos y Elí de Gortari, el Seminario de Problemas Científicos y Filosóficos, que ha sido pionero en la publicación de temas científicos y epistemológicos.

## Las galaxias azules

Al mismo tiempo que Guillermo Haro destinaba parte de sus esfuerzos a la creación de observatorios e instituciones de altos estudios astronómicos, no cejaba en su labor investigadora. Tal como hacía cuando era niño, Guillermo Haro ponía su mirada en el firmamento y escudriñaba las infinitas estrellas y galaxias, planetas y otros cuerpos estelares que transitan el espacio. Se decía de él que, cuando se entregaba a esta tarea, podía sentir cómo el pálpito de su corazón se correspondía con el pálpito del Universo.

Fue así como Guillermo Haro descubrió estrellas ráfagas y estrellas azules próximas a los polos galácticos, estrellas de alta luminosidad, novas y supernovas, y también nebulosas planetarias. Un tipo de galaxias azules lleva su nombre y una serie de objetos siderales fue bautizada con el nombre de Herbig-Haro, en honor a ambos investigadores. También, en 1954, observó por primera vez un nuevo cometa, que recibió el nombre de Haro-Chavira, siguiendo la tradición de dar a los lugares y a las cosas el nombre de sus descubridores.

## Premio a la incansable labor investigadora

Los resultados de su productiva labor investigadora fueron recogidos en numerosos libros, entre los cuales destacan *Nebulosas con emisión en sistemas extragalácticos*, de 1951, *Nuevas estrellas con emisión en las regiones oscuras del Toro-Auriga-Orión, investigadas por Joy*, de 1953, *Cometa Haro-Chavira*, de 1955, *Supernova en una galaxia espiral*, de 1959, *El desarrollo de la ciencia en México*, de 1963, *Flare stars*, de 1968, y *New flare stars in the pleiades*, de 1970.

En 1988, a los setenta y cinco años, Guillermo Haro murió en su ciudad natal. En el transcurso de su rica vida recibió numerosos premios, de los cuales los más importantes y queridos para él fueron la Medalla de oro Luis G. León de la Sociedad Astronómica Mexicana, en 1953, la Medalla honorífica de la Academia de Ciencias de Armenia, en 1962, el Premio Nacional de Ciencias de México, al año siguiente, y la Medalla de oro Mihail Lomonosov de la Academia de Ciencias de la Unión Soviética, en 1986.

*Investigador infatigable y audaz, Guillermo Haro fue capaz de contagiar con su tesón y entusiasmo a una pléyade de jóvenes astrónomos mexicanos, que han seguido su senda para que México brillara con luz propia en el concierto de la astrofísica mundial.*

| | |
|---|---|
| **1913** | Nace **GUILLERMO HARO** en Ciudad de México. |
| **1943** | Estudia en el Observatorio Astronómico de la Universidad de Harvard. |
| **1950** | Es designado director del Observatorio de Tonantzintla. |
| **1951** | Publica *Nebulosas con emisión en sistemas galácticos*. |
| **1953** | Recibe la medalla de oro Luis G. de León de la Sociedad Astronómica Mexicana. |
| **1962** | Es galardonado con la medalla honorífica de la Academia de las Ciencias de Armenia. |
| **1972** | Preside el Instituto Nacional de Astrofísica, Óptica y Electrónica. |
| **1986** | Medalla de oro Mihail Lomonosov de la Academia de Ciencias de la Unión Soviética. |
| **1988** | Muere en Ciudad de México. |

# MIGUEL HIDALGO Y COSTILLA
## *(1753-1811)*

*El cura Miguel Hidalgo y Costilla retratado por el pintor mexicano D. Joaquín Ramírez. De talante liberal y sensibilidad piadosa, Hidalgo se preocupó por la condición de los indígenas y luchó de forma constante por la emancipación de su patria. La defensa de sus ideales lo llevaría en el año 1811 a una trágica muerte.*

*M*iguel Hidalgo y Costilla fue uno de los padres de la patria mexicana. Su talante liberal y su sensibilidad piadosa lo condujeron a luchar de modo constante contra la dominación española. Desde su célebre «Grito de Dolores», proclamado en la noche del 15 al 16 de septiembre de 1810, hasta su muerte, ocurrida drásticamente el 29 de julio de 1811, se consagró a la emancipación de su patria y a procurar el bienestar de los más humildes.

## Miguel, *El Zorro*

Miguel Hidalgo y Costilla nació en el seno de una acaudalada familia de San Diego de Corralejo, en la intendencia de Guanajuato, el día 8 de mayo de 1753. Sus padres fueron el hacendado Cristóbal Hidalgo y Costilla y Ana María Gallaga Mandarte y Villaseñor, quien murió prematuramente, cuando él tenía nueve años. A pesar del dolor que le causó la muerte de su madre, Miguel llevó una infancia feliz al lado de su padre, quien se encargó de enseñarle sus primeras letras y el hábito de la generosidad con los más necesitados.

Entre 1765 y 1767 Miguel Hidalgo estudió en el Colegio de San Francisco Javier, en la ciudad de Valladolid (Morelia), que estaba dirigido por los jesuitas. La expulsión de éstos y el cierre de la escuela abrieron un paréntesis en su aprendizaje hasta que ingresó, junto con su hermano José Joaquín, en el Colegio de San Nicolás Obispo, del que con el tiempo llegaría a ser rector. La astucia y la inteligencia de Miguel le granjearon rápidamente la simpatía de los alumnos del colegio, quienes, siguiendo la costumbre de motejar a los «chinches» o novatos, comenzaron a llamarle *El Zorro*.

Tal era la capacidad de aprendizaje de Miguel que hizo una brillante y rápida carrera recibiéndose de bachiller en letras, en febrero de 1770, y de bachiller en artes, en la Real y Pontificia Universidad de México, en marzo del año siguiente. Pero tal empeño con los estudios no lo apartó sin embargo de su condición de muchacho vital y rebelde, incapaz de someterse ciegamente a las normas disciplinarias. Él siempre estaba dispuesto a hacer aquellas travesuras que seguían justificando su apelativo de *El Zorro*. A pesar de las sanciones que por este motivo recibía de tanto en tanto, Miguel se distinguió en los estudios de teología escolástica y moral y, en 1773, cuando ya tenía veinte años, obtuvo el bachillerato de teología.

## El estudioso impenitente

Con el mismo afán con que Miguel Hidalgo había alcanzado sus títulos de bachiller en letras, arte y teología, continuó sus estudios canónicos y de otras materias en el Colegio de San Nicolás, en el cual también ocupó distintos cargos. En los siguientes

*Escena de un motín encabezado por Miguel Hidalgo para liberar a un grupo de presos, tras el cual quedó proclamada la independencia de México.*

cinco años realizó una meteórica carrera eclesiástica obteniendo las cuatro órdenes menores, el presbiterado y la potestad de celebrar misa y confesar. Al mismo tiempo que adquiría conocimientos, entre ellos el de diversas lenguas como el latín, el francés y el italiano y las nativas, como el náhuatl, el tarasco y el otomí, también los impartía como profesor de filosofía, de gramática latina, de artes y teología.

En 1790, Hidalgo fue nombrado rector del Colegio de San Nicolás, al cual poco después ingresó el que sería uno de sus discípulos más fieles y consecuentes, José María Morelos y Pavón. Pero mientras llegaba ese momento, la actividad docente e intelectual de Hidalgo en Valladolid continuó siendo intensa. Durante dos años impuso su personal estilo y formó un círculo donde prevalecían las ideas liberales, se leían y comentaban libros de enciclopedistas franceses y se exponían libremente las opiniones políticas, contra el parecer de las autoridades virreinales y religiosas.

Al mismo tiempo, Hidalgo no desdeñó los placeres ni el amor terrenales. Su afición a las lecturas prohibidas, al juego y a las mujeres, dos de las cuales, Manuela Ramos Pichardo y Josefa Quintana, le dieron cuatro hijos, Agustina y Lino Mariano y Micaela y Josefa respectivamente, contribuyeron a mantener vigente las razones de su juvenil apelativo, *El Zorro*, y de su fama de rebelde impenitente.

## Las andanzas de un cura de pueblo

El malestar que su conducta creó en el seno de la Iglesia fue la causa que lo obligó a renunciar al rectorado y demás cargos que ocupaba en el Colegio de San Nicolás, tras lo cual marchó a ejercer como cura a Colima. Cuando ocho meses después Miguel abandonó este pueblo dejó en él la impronta de su proverbial generosidad al donar una casa al Ayun-

*Ilustración de una misa celebrada en el monte de las Cruces, donde el 30 de octubre de 1810 el cura Hidalgo derrotó, en un sangriento enfrentamiento, a las tropas del realista Trujillo. La ceremonia fue realizada para dar gracias a Dios por la victoria de los independentistas.*

*Miguel Hidalgo, sacerdote, militar y político, decretó la abolición de la esclavitud en Guadalajara y confiscó los bienes de los españoles.*

*Dibujo de Miguel Hidalgo, quien en la madrugada del 16 de septiembre de 1810 lanzó la proclama independentista conocida como el «Grito de Dolores».*

tamiento, para que se instalara en ella una escuela gratuita que estaría destinada a niños sin recursos.

En enero de 1793, Miguel Hidalgo fue nombrado párroco de San Felipe, en Guanajuato. Durante los años que permaneció allí, se preocupó por las condiciones de vida de los indígenas no sólo como pastor de la Iglesia sino también como hombre socialmente sensible a la pobreza. Para paliar en parte esta situación promovió la industria alfarera y dio trabajo a campesinos en una huerta, que regentaba su hermano Mariano. Al mismo tiempo, como hombre ilustrado que era, mantuvo sus inquietudes viajando y organizando reuniones intelectuales y políticas. Fue precisamente en una de ellas, cuando sus opiniones acerca del gobierno de la Iglesia y sobre algunas cuestiones religiosas fueron recogidas por el mercedario Joaquín Huesca para acusarlo luego de hereje ante el Santo Oficio. La acusación no prosperó, pero su conducta resultaba cada vez más molesta tanto para las autoridades clericales como para las virreinales. El 14 de enero de 1800, Hidalgo abandonó el curato de San Felipe y durante los dos años siguientes se dedicó a atender con suma diligencia la administración de sus haciendas.

## El Grito de Dolores

Pocos días después de la muerte de su hermano José Joaquín, cura de Dolores, Miguel ocupó el puesto dejado por aquél. Desde el 3 de octubre de 1802 hasta la noche del 15 al 16 de septiembre de 1810, la labor que emprendió sólo es imaginable en un hombre generoso, inteligente y solidario con sus semejantes; un hombre capaz de defender la libertad social con el mismo ahínco con que defendió la individual.

A Dolores llevó consigo a varios parientes y a sus hijas Micaela y Josefa. Sensible al sufrimiento de sus feligreses, tal como ya lo había hecho en San Felipe, Miguel Hidalgo emprendió en Dolores una serie de industrias artesanales, fomentó la apicultura y la cría del gusano de seda y aplicó nuevos métodos agrícolas, de irrigación de la tierra y de cultivo de las viñas para mejorar sus condiciones. Mantuvo asimismo el hábito de organizar reuniones con personajes inteligentes y de pensamiento liberal, con quienes en 1810, después de la invasión napoleónica a España, conspiró para derrocar al virrey Venegas en nombre del rey Fernando.

Al grito de «¡Viva Fernando VII y muera el ejército!», la noche del 15 al 16 de septiembre el cura Hidalgo incendió el corazón de sus fieles y al frente de unos pocos hombres se alzó en armas contra las autoridades coloniales.

—¡Este movimiento tiene por objeto quitar el mando a los europeos, que se han entregado a los franceses y quieren que corramos la misma suerte, lo que no debemos consentir jamás! ¡Viva la Independencia! ¡Viva la América! ¡Muera el mal gobierno!– La multitud enfervorizada repitió los vivas y los mueras y, poco después, Hidalgo liberó a los presos políticos, celebró misa y al frente de un exiguo ejército de trescientos campesinos mal armados marchó sobre San Miguel el Grande. Allí se le unió la guarnición y continuó su avance hacia Atotomilco, donde adoptó la imagen de la Virgen de Guadalupe como enseña de sus tropas. Los acontecimientos se precipitaron y en otros pueblos y ciudades del país surgieron juntas patriotas en nombre de Fernando VII.

Cinco días más tarde, la indisciplinada turba que acaudillaba Hidalgo tomó la importante plaza de Celaya y fue designado por los suyos capitán general. Allende y Aldama fueron nombrados teniente general y mariscal respectivamente.

## La guerra de independencia

El cariz que tomaron los acontecimientos desde el primer momento provocó la indignada reacción de la Iglesia. El obispo Abad y Queipo y el arzobispo Lizama acusaron a Hidalgo de embaucador, hereje y perturbador social y lo excomulgaron. Pero éste respondió poniendo en claro sus verdaderos propósitos: la devolución de las tierras a los indígenas, la concesión del derecho a la explotación de los ejidos y la emancipación de México.

La revolución estaba en marcha y el cura Miguel Hidalgo continuó su imparable avance hacia la capital. El 15 de octubre entró en Valladolid, donde lanzó una nueva proclama llamando a la unión de los americanos y a la celebración de un congreso constituyente. Al mismo tiempo dio orden de fundir cañones, acuñar moneda y organizar la turba que llevaba por ejército. Poco después, el 30 de octubre, chocó en el monte de las Cruces con el ejército realista de Trujillo y lo derrotó. La victoria le dejó el camino libre hacia la ciudad de México, pero Hidalgo no aprovechó esta ventaja. Error con el que condenó la suerte del movimiento independentista, si bien la lucha se mantuvo durante cinco años.

## El final de un gran hombre

Tras su victoria en el monte de las Cruces y después de encargar a José María Morelos la organización del movimiento en el sur del país, Hidalgo se decidió a volver a Guadalajara, donde entró el 26 de noviembre. —Aquí tienen ustedes al hereje— dijo persignándose y orando ante el altar mayor de la catedral.

Pero si Hidalgo era un inexperto general no era un mal político e inmediatamente se dio a la tarea de tomar medidas para consolidar el movimiento. Entre tales medidas decretó la abolición de la esclavitud y de los impuestos que pesaban sobre los indios y mestizos, redujo las alcabalas y confiscó los bienes de los españoles. Estos decretos verdaderamente revolucionarios llenaron de temor a la oligarquía criolla, que terminó por dar su apoyo a los realistas e inclinar la balanza en favor de éstos.

Contra el parecer de Allende y otros lugartenientes, el 15 de enero de 1811, Hidalgo presentó batalla a las tropas virreinales que estaban comandadas por Félix María Calleja, en puente Calderón. El ejército insurgente fue aplastado y Allende, ante la ineptitud militar demostrada en el enfrentamiento armado despojó a Hidalgo del mando militar.

Perdida la confianza de los suyos, Hidalgo marchó hacia el norte con el propósito de llegar a Estados Unidos, después de haber rechazado el indulto que le ofrecían las Cortes Generales Extraordinarias de España.

—El indulto es para los criminales, pero no para los defensores de la patria— contestó orgulloso Hidalgo. En el camino hacia el norte, al llegar a Acatita de Baján fue alcanzado y apresado por el realista Ignacio Elizondo, quien lo condujo a Chihuahua. Allí fue procesado por un tribunal civil y otro eclesiástico, que lo degradaron y condenaron a muerte.

Al alba del 29 de julio de 1811, Miguel Hidalgo y Costilla fue fusilado, su cuerpo expuesto en la plaza y más tarde decapitado por un indio tarahumara.

*Tras la derrota de los independentistas por las tropas virreinales de Félix María Calleja, en puente Calderón, Miguel Hidalgo marchó hacia el norte con el propósito de llegar a Estados Unidos; sin embargo, no pudo alcanzar su destino ya que el realista Ignacio Elizondo lo apresó y condujo a Chihuahua. Allí fue procesado por un tribunal civil y otro militar, que lo condenaron a muerte. El 29 de julio de 1811 el cura Hidalgo moría fusilado; su cuerpo fue expuesto en la plaza y decapitado, luego, por un indio tarahumara.*

| | |
|---|---|
| **1753** | Nace, el 8 de mayo, **MIGUEL HIDALGO Y COSTILLA** en la hacienda de San Diego de Corralejo, en el municipio de Pénjamo, en el Estado de Guanajuato. |
| **1774-1778** | Realiza estudios canónicos y recibe las sagradas órdenes. |
| **1790** | Es nombrado rector del Colegio de San Nicolás. |
| **1802** | Muere su hermano José Joaquín, cura de Dolores, y Miguel pasa a ocupar su lugar en la parroquia. |
| **1810** | 16 de septiembre, «Grito de Dolores»: Hidalgo, su hermano Mariano, otros tres cabecillas, Allende, Aldama, Abasolo y 300 hombres inician la revolución. En octubre se les une José María Morelos, quien es comisionado para llevar la insurrección al sur del país. 15 de diciembre: el gobierno de Guadalajara presidido por Hidalgo decreta la abolición de la esclavitud y la supresión de los tributos a indios y mestizos. |
| **1811** | El ejército insurgente es derrotado en Puente de Calderón por el ejército realista dirigido por el general Calleja. Hidalgo es considerado culpable de la derrota por los otros jefes revolucionarios y es despojado del mando militar, a la vez que renuncia a la dirección política y se niega a aceptar el indulto ofrecido por los realistas. Los insurgentes se dirigen a Estados Unidos para solicitar refugio, pero son detenidos como consecuencia de una traición el 21 de marzo en Acatita de Baján. 29 de julio: es fusilado en Chihuahua y decapitado posteriormente. |

# VICTORIANO HUERTA
## (1845-1916)

*Victoriano Huerta, militar ambicioso y sin escrúpulos, capaz de sacrificar los intereses de su país en función de los propios, integra las páginas negras de la historia de la Revolución Mexicana.*

*L*a figura de Victoriano Huerta no puede fácilmente separarse de las páginas más negras del gran vendaval revolucionario que agitó durante los primeros treinta años de este siglo el México moderno. Huerta ha pasado a la historia como el artífice de la gran traición que acabara con la vida y las esperanzas que había suscitado el programa modernizador de Madero. Su gran astucia estratégica, su capacidad para golpear en el momento oportuno, aparentando lealtad hacia el nuevo poder constituido para reducirlo, asestándole el golpe de gracia mediante el asesinato político sin escrúpulos, para instaurar a continuación una dictadura sangrienta pero vestida con los oropeles de una legalidad institucional para consumo externo, léase del poderoso vecino del Norte, lo han convertido en la imagen del militar ambicioso, alcohólico y sin escrúpulos, capaz de sacrificar el país en aras de sus intereses mezquinos.

## Un indio renegado

Nacido en la ciudad de Colotlán, Jalisco, en 1845, era de ascendencia india, lo cual no fue un obstáculo para que pudiera ser admitido en el Colegio Militar de Chapultepec de donde salió, en 1876, con la graduación de teniente. Los primeros peldaños militares los escaló en la Comisión de Cartografía Mexicana en cuyo servicio empleó más de ocho años de su vida.

Pero los entresijos de la vida política, las fidelidades y las traiciones los fue asimilando, a lo largo de los diez años siguientes, en los distintos puestos que ocupó en el seno del Estado Mayor durante la última parte del mandato de Porfirio Díaz

A las órdenes del general Ignacio A. Bravo, Huerta —cuya afición por la bebida era desmesurada, al decir de sus historiadores— participó, primero en la represión de las rebeliones de los indios mayas, en la península de Yucatán, en 1903, y posteriormente, durante varios años, en el sometimiento de los indios yaquis del Estado de Sonora. En 1910 asumió directamente el mando de la represión de los zapatistas en Morelos y Guerrero. La mezcla de violencia, brutalidad y traiciones con que se empleó en las campañas contra los indígenas dan la medida del talante autoritario y mezquino del futuro presidente usurpador de México, dado que por sus venas corría sangre india. Como recompensa por los servicios prestados fue ascendido al rango de brigadier general.

Ante la crisis del porfiriato, tocado de muerte en la campaña antirreeleccionista de Madero, lo llevó a participar en una conspiración contra el régimen, no sin antes solicitar la baja del ejército, aunque ésta le fue denegada, y, gracias a su pragmatismo, se convirtió en pieza clave de la comisión que había de acompañar al dictador Díaz al destierro.

Durante la interinidad de León De la Barra, hasta el nombramiento del presidente Francisco I. Madero, Huerta se dedicó a combatir con saña y tenacidad a los seguidores de Emiliano Zapata que defendían los principios del Plan de Ayala, por el que se debían devolver a los indígenas las tierras que les habían sido arrebatadas durante el «porfiriato».

## El ejército, trampolín presidencial

Tras ocupar Francisco Madero la Presidencia de la República en noviembre de 1911, el general Huerta decidió abandonar la milicia, pero posteriormente fue convencido para continuar la lucha contra los revolucionarios orozquistas y zapatistas. Poco después de que el levantamiento de Orozco fuera derrotado, por sus conexiones reaccionarias y por el bloqueo en el suministro de armas con destino a los antimaderistas impuesto por el gobierno norteamericano, el general Huerta y el ejército se convirtieron en la base principal de la continuidad de la presidencia de Madero. En Torreón formó la División del Norte y estuvo a punto de fusilar a Pancho Villa, derrotando a los orozquistas en Conejos, Rellano, La Cruz y Bachimba. En septiembre, Madero lo nombra secretario de Guerra en la capital de la República y consigue derrotar una nueva rebelión.

Sin embargo, el 9 de febrero de 1913 estalló una segunda sublevación dirigida por los generales Reyes y Mondragón, que había de cambiar definitivamente el destino de México. Tras asaltar la Penitenciaría y liberar al general Félix Díaz, Huerta, que había fingido estar a favor de la presidencia legal de Madero,

*El general Victoriano Huerta, presidente interino de la República, y su Estado Mayor, en abril de 1914. El poder de Huerta dentro del ejército fue lo que le permitió dar un golpe de Estado y pasar a ocupar el sillón presidencial. Para lograrlo, no dudó en asesinar al presidente Francisco Madero y al vicepresidente José María Pino Suárez.*

*Manuel Mondragón, Victoriano Huerta, Félix Díaz y Aureliano Blanquet fueron los responsables de la conjura contra el presidente Francisco Madero, que provocaría su muerte y la del vicepresidente en 1913.*

fue nombrado por éste Comandante Militar de Ciudad de México, en sustitución del general Lauro Villar, muerto en los combates de la Decena Trágica. Pero Huerta preparaba desde esta posición la traición que le ha hecho pasar a la historia. Tras reunirse en secreto contra los conspiradores primero y con el embajador de Estados Unidos Henry Lane Wilson después —convertido el embajador norteamericano en artífice siniestro del llamado Pacto de la Ciudadela o de la Embajada, que de las dos maneras se le conoce—, Huerta diseñó un plan para impedir que llegaran los refuerzos de Felipe Ángeles a la capital y dio un golpe de Estado.

So pretexto de darles protección, detuvo a Madero y a su vicepresidente, Pino Suárez, a los que convenció para que renunciaran a sus cargos a cambio de garantizarles la salida indemnes de la capital. Una vez que sus dimisiones fueron conocidas por los componentes del Congreso, éstos nombraron presidente interino a Pedro Lascuráin, cuyo mandato duró escasamente 45 minutos, los necesarios para renunciar a fin de que asumiera la presidencia «constitucional» el general Huerta. A partir de ese momento, los días de Madero y Pino Suárez estaban contados. Cuatro días más tarde, el 22 de febrero, los sicarios de

Huerta se apoderaron de ambos políticos y no lejos del presidio del Distrito Federal, los cosieron a balazos. Para justificar su muerte, se dio una versión «oficial» de la ley de fugas, asegurando que ambos políticos habían muerto a consecuencia de los disparos cruzados entre las fuerzas que les custodiaban y unos desconocidos que intentaban liberarles.

Huerta se deshizo poco a poco de sus principales rivales, dividió a la oposición y se enfrentó a la Cámara de Diputados, acabando por instaurar en la República un régimen militarista sangriento que, si bien contó en sus inicios presidenciales con el apoyo de gran parte de las clases medias, se encontró cada vez más aislado a medida que el constitucionalismo fue obteniendo sucesivas victorias militares.

Su política, basada en perpetuarse en el poder a cualquier precio, estuvo llena de desaciertos y, tras prescindir de uno de los políticos en los que se apoyó, el general Félix Díaz, y disolver el Congreso, se creó nuevos rivales con actos como las «levas» de pacíficos ciudadanos para nutrir su ejército como carne de cañón, los asesinatos de diputados como Rendón, Domínguez y Gurrón o de profesionales, propietarios y empleados públicos. Pero su mayor error fue el atacar los intereses norteamericanos al decidirse por las ofertas de los británicos en cuestiones relacionadas con las concesiones petroleras. El nuevo presidente demócrata norteamericano, Wilson, optó entonces por retirar el apoyo a los huertistas y decantarse abiertamente por los revolucionarios constitucionalistas. Tras la ocupación de Veracruz por los «marines» norteamericanos y la derrota de los federales de Huerta en Zacatecas a manos de los villistas, el presidente entregó la renuncia a su cargo en la persona del licenciado Francisco S. Carvajal e inició su exilio, que lo llevó primero Londres y luego a España. Los plenipotenciarios alemanes Franz von Rintelen y Franz von Papen le ofrecieron todo tipo de ayuda económica y bélica para que regresara a México y, aprovechando las disensiones internas del constitucionalismo, se hiciera de nuevo con el poder a cambio de que declarara la guerra a Estados Unidos. Se embarcó en Cádiz rumbo a Nueva York, siendo detenido, junto a Pascual Orozco, en la estación ferroviaria de Newman, en Nuevo México, acusado de conspirar en favor de Alemania violando la neutralidad. Por su delicado estado de salud, se le dejó libre en una finca que poseía en El Paso (Texas) pero, tras la fuga de Orozco, Huerta fue internado en la cárcel militar de Fort Bliss, donde falleció víctima de una cirrosis hepática el 13 de enero de 1916.

*El 11 de junio de 1912 Victoriano Huerta es recibido por familiares y amigos en la ciudad de México, tras haber derrotado a los orozquistas. El presidente Madero lo nombra secretario de Guerra en la capital.*

| | |
|---|---|
| **1845** | Nace en Colotlán, en el Estado de Jalisco, **VICTORIANO HUERTA**. |
| **1876** | Finaliza sus estudios con el grado de teniente, en el Colegio Militar de Chapultepec. |
| **1876-1886** | Ocupa distintos puestos en el seno del Estado Mayor durante el mandato de Porfirio Díaz. |
| **1903** | A las órdenes del general Ignacio A. Bravo, dirige la represión contra los indios mayas en la Guerra de castas de Yucatán. |
| **1910** | Combate a los zapatistas en Morelos y Guerrero. |
| **1911** | Escolta a Porfirio Díaz en su viaje de destierro hacia Veracruz y Madero lo nombra, por su fama de leal, jefe de las operaciones militares contra las tropas sublevadas al mando de Pascual Orozco. |
| **1912** | Consigue derrotar una nueva rebelión, dirigida por Bernardo Reyes y Félix Díaz, este último condenado a muerte y finalmente recluido en la Penitenciaría Federal. |
| **1913** | 9 de febrero: estalla la segunda rebelión de los general Reyes y Mondragón, que liberan al general Félix Díaz. Tras unos días sangrientos, se erige en presidente, nombra su gabinete, destituye y ordena el asesinato del presidente Madero y el vicepresidente Pino Suárez cuando eran conducidos a la Penitenciaría. |
| **1914** | 10 de julio: ante las sucesivas derrotas de las fuerzas federales frente al Ejército Constitucionalista, disuelve su gabinete. 14 de julio: entrega el poder al licenciado Francisco S. Carvajal. |
| **1916** | Muere en la cárcel militar de Fort Bliss, víctima de una cirrosis hepática. |

# PEDRO INFANTE
## *(1917-1957)*

*Actor cinematográfico y cantante, Pedro Infante ha encarnado el charro mexicano por antonomasia.*

**A**ctor cinematográfico y cantante, competidor aventajado de Jorge Negrete, Pedro Infante nació en Mazatlán, en el Estado de Sinaloa, el año 1917; a muy temprana edad se trasladó con su familia a Guamúchil, donde adquirió algunas nociones de música y

fue en sus primeros años aprendiz de carpintero. Fue también miembro de un conjunto musical que actuaba en la localidad de Guasave.

## El inconfundible chamaco de las rancheras

En 1939, una emisora de radio local, la XEB, le permitió iniciar modestamente su carrera como cantante hasta que, en 1943, consiguió grabar su primer disco, *Mañana*, cuyo relativo éxito fue el primero de su brillante carrera y supuso que su nombre comenzara a ser conocido por el gran público. Intérprete especializado en el género de las «rancheras», llegó a grabar más de trescientas canciones que siguen gozando de gran popularidad en toda Latinoamérica, donde su muerte, en un accidente de aviación acaecido en las proximidades de Mérida, Yucatán, en 1957, provocó un dolor y una estupefacción semejantes a los que rodearon la desaparición de los míticos Rodolfo Valentino y Carlos Gardel.

Inició su carrera de actor, en un papel perfectamente irrelevante, aunque vinculado, como es lógico, a la actividad musical que comenzaba ya a hacerle famoso: fue contratado para reforzar, en la película *La feria de las flores* (1943), la voz del protagonista Antonio Badú en la melodía que dio título a la producción. La naturalidad, verismo y simpatía que impregnaban su trabajo de actor le supusieron un éxito inmediato, razón por la que comenzaron a lloverle las ofertas. Infante se convirtió así, muy pronto, en el galán y cantante favorito del cine nacional.

Su interpretación de papeles en los que encarnaba personajes de charro —hombre del campo, muy diestro en el manejo del caballo que viste un traje especial compuesto de pantalones ajustados y chaquetilla, acompañado del característico sombrero ancho, de copa puntiaguda—, varoniles y mujeriegos, así como su ejemplar personificación de las gentes humildes, siempre sencillas pero llenas de valor, a la vez que sentimentales y nobles, le valieron la aceptación del gran público, que lo convirtió en el símbolo por antonomasia de la mexicanidad.

## El trepidante ritmo del estrellato

La comedia *Jesusita en Chihuahua*, producida en 1942, constituyó una nueva revelación del talento interpretativo de Pedro Infante que, con naturalidad y verismo, personificaba a Valentín Terrazas, valiente sinvergüenza que se juega la vida por la mujer a la que desea y que termina por enloquecerlo de amor. En *La razón de la culpa*, también de 1942, representó por única vez en su carrera el papel de «gachupín» (mote despectivo que los criollos mexicanos aplicaban desde el siglo XVII al español que emigraba y se establecía en México, y que, por su condición de metropolitano, gozaba de mercedes y cargos de los que la Corona excluía a los criollos; el sobrenombre continuó usándose después de la Independencia para referirse a los emigrados económicos españoles en la otra orilla del Atlántico), con resultados que dejaban bastante que desear. De 1943 es la filmación *Arriba las mujeres*, comedia ligera perfectamente obviable.

En el mismo año 1943, ya como protagonista y en una verdadera maratón cinematográfica, intervino en otras cuatro películas: *Cuando habla el corazón, La Ametralladora, Mexicanos al grito de guerra*, titulada también *Historia del Himno Nacional* (drama patriótico que hubo de vencer ciertas dificultades para ser exhibido) y *Viva mi desgracia*, comedia ranchera que gira en torno a un brebaje denominado «Animosa», capaz de transformar al tímido Infante en un bravucón desvergonzado, y que parece un reconocimiento del papel catártico que se atribuye al alcohol en buena parte de las producciones de cierto cine mexicano.

Una de sus creaciones más representativas es su actuación en *Escándalo de estrellas* (1944), comedia caricaturesca, caótica y dislocada, en la que se realizan sangrientas parodias del mundo de Hollywood cuyas estrellas, entre otras la célebre actriz Verónica Lake, sirven de blanco para las burlas de los guionistas, tal vez en una suerte de inconsciente venganza por el tratamiento que *La Meca* del cine reservó, tantas y tantas veces, a los actores mexicanos. Como dato curioso cabe destacar que el celebrado «gag» de la lectura de un texto muy largo, a cargo del propio Infante, fue copiado dieciséis años más tarde por el genial cómico Jerry Lewis en *Cinderello* (*Érase una vez un ceniciento*), de Frank Tashlin.

La vida del actor puede resumirse a partir de entonces en una serie ininterrumpida de películas ya como protagonista absoluto, que fueron creadas para el único lucimiento personal de Pedro Infante y puestas al servicio de sus dotes musicales. Vale la pena mencionar, aunque sea tan sólo a título indicativo, *Cuando lloran los valientes* (1945), cuyo título parece un resumen de su personaje arquetípico; *Soy charro de Rancho Grande* y *Nosotros los pobres*, ambas estrenadas en 1947, y en las que Infante renueva su interpretación del emblemático personaje mexicano; *Los tres huastecos* y *Ustedes los ricos*, ambas de 1948; *El gavilán pollero* (1950). En 1951, siguiendo con su infernal ritmo de trabajo, interpretó *A toda máquina, Ahí viene Martín Corona* y *El enamorado*, a las que siguieron, en 1952, *Dos tipos de cuidado* y *Pepe el Toro*; dos películas más: *Escuela de vagabundos* y *El mil amores*, en 1954; *El inocente*, en 1955, y *Tizoc* y *Escuela de rateros*, en 1956. Aquel mismo año, 1956, obtuvo el Premio Ariel a la mejor actuación masculina por el drama —uno de los pocos que interpretó en su fugaz pero intensa carrera— *La vida no vale nada*. Tras su muerte, fue distinguida su participación en *Tizoc* con el Oso de Plata del Festival de Berlín (1957) y el Globo de Oro de Hollywood (1958).

| | |
|---|---|
| **1917** | El 18 de noviembre, nace en Mazatlán, en el Estado de Sinaloa, **PEDRO INFANTE.** |
| **1939** | Instalado en Ciudad de México, ingresa como cantante en la emisora XEB. |
| **1943** | Comienza a grabar sus primeros discos, entre ellos el vals *Mañana* que le haría famoso. |
| **1947** | Se estrena *Soy charro de Rancho Grande,* en la que realiza otra de sus interpretaciones arquetípicas. |
| **1956** | Obtiene el Premio Ariel por su interpretación en *La vida no vale nada.* |
| **1957** | Muere en las cercanías de Mérida, Yucatán, víctima de un accidente aéreo, el día 15 de abril. |
| | El Festival de Berlín le concede el Oso de Plata por su actuación en *Tízoc*, que será su última película. |
| **1958** | En Hollywood se le concede, póstumamente, un Globo de Oro. |

# AGUSTÍN DE ITURBIDE
## *(1783-1824)*

«*M*exicanos, sed obedientes a vuestras leyes y resistid el ataque de las potencias europeas contra el cual yo venía a defenderos como simple soldado». Con estas palabras, Agustín de Iturbide se enfrentó al pelotón de fusilamiento, momentos antes de que una cerrada descarga pusiera fin a su vida en Padilla, Tamaulipas, el 19 de julio de 1824. Exactamente dos años antes había sido aclamado con entusiasmo por sus conciudadanos, en Ciudad de México, con motivo de su coronación como primer emperador constitucional de la nación.

### Una vida dedicada al ideal castrense

Agustín de Iturbide responde al perfil clásico del egregio militar pragmático, sin una doctrina ideológica definida, que tiene en la defensa a ultranza del orden establecido su guía de acción, lo que, en situaciones de tensión social extrema, le inclinan a elegir aquella opción conservadora que parece tener más posibilidades de triunfo. Personaje carismático, de modales distinguidos y refinada cultura, pasó de la gloria a la nada, de las intrigas palaciegas para recuperar el poder, a hallarse frente a un pelotón de fusilamiento. Su arenga a los soldados que habían de acabar con su vida muestra la otra faceta de su personalidad, la de brillante militar que se cree llamado por el destino a enderezar el rumbo maltrecho de su patria.

De coronel del ejército realista a brazo ejecutor de la Independencia, de Alteza Serenísima a traidor de la patria. Entre ambos polos discurrió la vida de este militar, hombre de buena apariencia física, pero famoso también por su valentía y crueldad, en quien recae la responsabilidad histórica de haber proclamado la independencia de México.

Nacido el 27 de octubre de 1783 en la antigua Valladolid, hoy Morelia, en el Estado de Michoacán, Agustín Cosme Damián Iturbide fue el hijo primogénito del matrimonio formado por el español, de ori-

*Agustín de Iturbide, hijo de un acaudalado español, tras defender la causa realista como oficial, se convirtió en el artífice que consumó la independencia mexicana. Óleo sobre tela del primer tercio del siglo XX.*

gen navarro, José Joaquín Iturbide y Arregui y la criolla María Josefa de Aramburu y Carrillo. Tras estudiar en el seminario de su ciudad natal, siendo aún muy joven, ingresó en la milicia como alférez del Regimiento Provincial de Valladolid y, en 1805, contrajo matrimonio con Ana María Huarte y Muñiz, que le dio seis hijos.

## Orden como obsesión, milicia como devoción

En los inicios de su carrera militar, Iturbide, según cuenta él mismo en sus memorias, participó de las ideas independentistas, pues tuvo algún contacto con la conspiración que encabezó Michelena en Valladolid. Pero enseguida se decantó por las fuerzas realistas, combatiendo ferozmente a los siguientes movimientos rebeldes que se produjeron en México. Por esta primera conexión con la insurgencia, parece ser que al estallar la revolución de 1810, Miguel Hidalgo le ofreció el grado de teniente general, cargo que rechazó para ponerse a las órdenes del virrey y tomar las armas en contra de los que «infestaban y desolaban el país», según sus propias palabras.

Durante todo este convulso período de la historia mexicana, Iturbide participó en numerosas acciones bélicas, entre las que se cuenta la famosa batalla del monte de las Cruces, y se distinguió por la particular tenacidad con que persiguió a los independentistas, lo que le valió, después de la captura de Albino Díaz, el grado de teniente coronel, y, finalmente, tras la victoria sobre Rayón, el de coronel. Al frente de sus tropas se reveló como un líder eficaz, preocupado por valorizar las victorias de sus soldados y por procurarles la infraestructura necesaria. Así, se interesó por la educación de las tropas, a las que sostuvo en ocasiones con sus propios recursos, y logró así mismo involucrar a la población civil en la defensa de las localidades que tuvo encomendadas como militar. En 1816, cuando la insurgencia popular había entrado en un proceso de franco declive a raíz de la muerte de Morelos, Iturbide se vio enfrentado a un juicio por

*Entrada de las tropas independentistas en la capital de México, el 27 de septiembre de 1821. Agustín de Iturbide, montado en un caballo negro, se encontraba al frente de un nutrido Estado Mayor.*

*Acto solemne de la coronación de Iturbide como emperador, celebrado en la catedral el 21 de julio de 1822. Las salvas de veinticuatro cañonazos a cada hora saludaron el ascenso de Agustín I.*

especulación y, aunque salió absuelto, fue sustituido en su cargo. Volvió entonces a Ciudad de México, donde se entregó a una vida disipada que mermó considerablemente su fortuna.

## De la causa española a la Independencia

No pasaría mucho tiempo, sin embargo, para que Agustín de Iturbide volviera a ocupar un papel protagonista en la historia de su país. El triunfo de la revolución liberal en España catalizó un nuevo movimiento separatista en México, encabezado esta vez por la oligarquía criolla e, incluso, por un buen número de españoles absolutistas residentes en el virreinato que veían peligrar sus intereses.

El virrey Apodaca en nombre de los conspiradores realistas confió la realización del Plan de la Profesa a Iturbide, quien reingresó en el ejército y aceptó el cargo de comandante del Ejército del Sur, hacia donde marchó con sus tropas a fin de combatir los reductos independentistas de Vicente Guerrero. Una vez allí, sin embargo, y en vista de que no lograba someterlo, entró en tratos con éste y, el 24 de febrero de 1821, formuló el llamado Plan de Iguala o de las Tres Garantías, que proclamaba la independencia de México. Las garantías establecidas por el manifiesto fueron: Religión, Independencia y Unión. El virrey rechazó el Plan y puso fuera de la ley a Iturbide, pero éste recibió el apoyo inmediato del clero y el de los antiguos revolucionarios, que volvieron a la lucha. El virrey Apodaca tuvo que dimitir y España envió al general Juan O'Donoju para entablar negociaciones.

## El Libertador de las Tres Garantías

Congregando cada vez un mayor número de adeptos, Iturbide emprendió su imparable marcha hacia la capital al frente del ejército Trigarante, de tal forma que, el 24 de agosto, el representante español Juan O'Donoju, aceptó firmar el tratado de Córdoba que ratificaba, definitivamente, la independencia mexicana a cambio del reconocimiento de los derechos como monarca de Fernando VII. O'Donoju obtuvo, además, garantías para formar parte del nuevo sistema constitucional, en el que se aseguraba la igualdad de derechos para españoles y mexicanos. «Esta América se reconocerá por nación soberana e independiente, y se llamará en lo sucesivo Imperio Mexicano», señalaba en su artículo primero dicho tratado, que definía el sistema de gobierno de la nueva nación como «monárquico constitucional moderado».

Con las tropas españolas en retirada, un Iturbide triunfante hizo su entrada en Ciudad de México el 27 de septiembre, donde fue aclamado por la muchedumbre como el Libertador. Al día siguiente, nombró una Junta Gubernativa de 38 miembros que, a su vez, designó una Regencia de cinco personas, encargada de ostentar el Poder Ejecutivo.

Excluidos de la misma los antiguos jefes de la insurrección, Iturbide emprendió el camino hacia la monarquía personal. No sólo encabezó la Regencia, sino que también fue designado Generalísimo de Mar y Tierra, se le asignó un sueldo de 120 mil pesos anuales, un capital personal de un millón, un terreno de veinte leguas en cuadro en Texas y el título de Alteza Serenísima.

## Su Alteza Serenísima, el emperador Agustín I

Cinco meses después de la entrada de Iturbide a la capital, el 24 de febrero de 1822 se formó el Congreso Constituyente, dividido en tres tendencias: los borbonistas, que postulaban la entronización de un príncipe de la casa real española, los republicanos y los iturbidistas. Cuando las rivalidades entre las tres facciones comenzaban a radicalizarse, el motín del sargento Pío Marcha zanjó la cuestión. La noche del 18 de mayo, una multitud de soldados y gente del pueblo, encabezada por Marcha, recorrió las calles de la capital haciendo sonar las campanas de las iglesias y proclamando a Iturbide como emperador.

Según escribiría más tarde el propio Iturbide en sus memorias, su primer impulso fue rechazar la petición popular. «Mi primer deseo fue el de presentarme y declarar mi determinación de no ceder a los votos del pueblo», relató, pero, a petición de las personas que lo rodeaban, afirmó: «conocí que era necesario resignarse y ceder a las circunstancias». Así, y después de varias horas de desordenado y tumultuoso debate, el Congreso le proclamó empe-

*Después de que Iturbide declarara su intención de abdicar y ausentarse del país, el Congreso decidió su destierro. La litografía de la época muestra el momento de la partida del emperador hacia el exilio.*

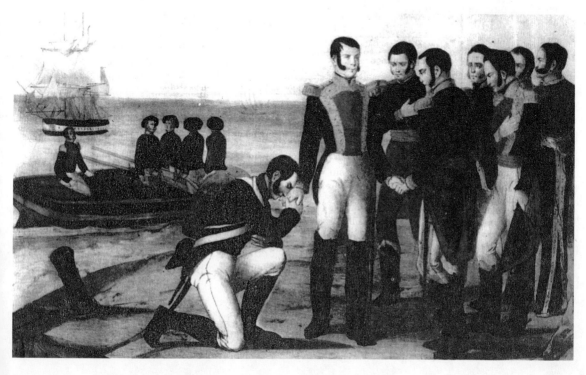

*Agustín de Iturbide, jefe realista y militar pragmático, personaje de modales distinguidos, fue el brazo ejecutor de la independencia mexicana y cabeza de un efímero imperio que lo llevaría al exilio y a su ejecución.*

rador, con el título de Agustín I. En su juramento, formulado la tarde del día 19 de mayo, Iturbide se comprometió a defender la religión católica, la Constitución y «sobre todo, la libertad política de la nación y la personal de cada individuo».

## «Vida Eterna al Emperador»

En un clima de euforia, México se preparó para la gran ceremonia de coronación de su emperador. El Congreso declaró hereditaria la sucesión al trono, se acuñaron monedas con el busto del monarca y se otorgó a sus familiares el tratamiento de príncipes. Con gran pompa y boato, el 21 de julio de 1822 tuvo lugar en la catedral el solemne acto. Los monarcas fueron recibidos bajo palio por los obispos y conducidos hasta un pequeño trono. El obispo de Guadalajara, Juan Cruz Ruiz de Cabañas, fue el encargado de ungir a la pareja real. El presidente del Congreso, Rafael Mangino, puso la corona al emperador, quien, acto seguido, hizo lo mismo con la emperatriz. *Vivat*

*Imperator in Eternum* proclamó el oficiante y las salvas de artillería saludaron a Agustín I.

El beneplácito con que fue recibida por todos la ascensión al trono del general contrastó, sin embargo, con los resultados de su mandato, durante el cual creó la Orden de Guadalupe para premiar a sus partidarios. Apenas diez meses llegó a reinar Agustín I de Iturbide, a lo largo de los cuales su poder se fue debilitando día a día como resultado, básicamente, de una falta de apoyo sólido y problemas financieros, que le obligaron a la recaudación forzosa de contribuciones y a la prohibición de salida de capitales. Pese a ellos, y sobre todo durante el período de la Regencia, Iturbide demostró poseer dotes y energía suficientes como para gobernar.

A causa de las dificultades económicas por las que atravesó el país, las medidas económicas y financieras dictadas por Agustín I, que serían también características de los gobiernos siguientes, le granjearon impopularidad y acabaron provocando la unión, en su contra, de los antiguos borbonistas y republicanos. En el mes de octubre, y en un vano intento por

124

reafirmar su poder, Iturbide intentó disolver el Congreso, arrestó a muchos de sus miembros y persiguió a otros, lo que contribuyó a exacerbar aún más el ánimo de sus opositores.

## Derrota, abdicación y ejecución

En diciembre, en Veracruz, el general Santa Anna convocó a la formación de un ejército liberador y las tropas enviadas por el emperador para combatirle acabaron uniéndose a él mediante un acuerdo conocido como el Acta de Casa Mata. Acosado, el 19 de marzo de 1823 Iturbide firmó su abdicación, en la que manifestaba que dado que su presencia en el país «sería siempre un pretexto para desavenencia, y se me atribuirían planes en que nunca pensara [...] me expatriaré gustoso y me dirigiré a una nación extraña». Tres semanas después, el Congreso ratificó la abdicación asignando a Iturbide, con la condición de que se exiliase, una pensión vitalicia de 25.000 pesos y el tratamiento honorífico de excelencia. Pero el 11 de mayo, y acompañado sólo por su familia, dos eclesiásticos, su secretario y su servidumbre,

Iturbide abandonó México a bordo de la fragata *Rowlins*, iniciando así un exilio de varios meses. Instalado primero en Liorna, Italia, se trasladó luego a Florencia y después a Gran Bretaña. Alentado por algunos partidarios, el 4 de mayo de 1824 se embarcó de retorno a México, a fin de colaborar en la defensa de la independencia, amenazada de nuevo por España. Desembarcó en Soto la Marina, Tamaulipas, el 14 de julio, ignorando que, como respuesta a su ofrecimiento en apoyo del país contra los intentos de dominación española, el Congreso lo había declarado traidor y fuera de la ley. Fue hecho prisionero mientras descansaba bajo un árbol y conducido a Tamaulipas, cuyo Congreso lo condenó a muerte. Fue fusilado cinco días más tarde, el 19 de julio, en el pueblo de Padilla (Tamaulipas).

Sus restos permanecieron olvidados hasta 1833, cuando el presidente Santa Anna ordenó que sus cenizas fueran trasladadas a la capital y conservadas en una urna destinada a los primeros héroes de la Independencia. La orden no se hizo efectiva hasta 1838, fecha en que sus restos fueron depositados, con gran pompa, en un sepulcro que se erigió en la capilla de San Felipe Jesús de la catedral de México.

| | |
|---|---|
| 1783 | Nace en Valladolid (hoy Morelia), en el Estado de Michoacán, **AGUSTÍN DE ITURBIDE,** hijo de un acaudalado español. |
| 1805 | Contrae matrimonio con Ana María Huarte y Muñiz. |
| 1810 | Al estallar la insurrección independentista, Hidalgo le insta a que se incorpore al movimiento, ofreciéndole el grado de teniente general. Se convierte en perseguidor de los insurrectos, destacando por su valor en la batalla del monte de las Cruces. |
| 1816 | Acusado de operaciones ilícitas, es absuelto del cargo de especulación. |
| 1820 | Reingresa en el ejército y es nombrado comandante del Sur. |
| 1821 | Acuerda con Vicente Guerrero el Plan de Iguala, que declara la independencia de México. 27 de septiembre: entra como triunfador al frente del Ejército Trigarante en Ciudad de México. |
| 1822 | Al desconocer España el tratado de Córdoba, es coronado emperador con el nombre de Agustín I. |
| 1823 | El general López de Santa Anna lanza el Plan de Casa Mata, por el que proclama la República e Iturbide abdica y se exilia en Europa, mientras el Congreso lo declara «traidor y fuera de la ley». |
| 1824 | El 4 de mayo regresa a México. 19 de julio: es detenido en Tamaulipas y fusilado en el pueblo de Padilla, de este Estado. |

# JOSÉ ALFREDO JIMÉNEZ
## (1926-1973)

*La frenética actividad profesional que tuvo José Alfredo Jiménez se inició en 1950 con la grabación de la canción* Yo; *a ella seguiría una larga serie de éxitos.*

## El difícil camino hacia el éxito

José Alfredo Jiménez llegó a la capital mexicana a los ocho años y desde muy joven puso de manifiesto su capacidad artística y creativa, componiendo sus primeras canciones a los catorce años de edad, cuando, puede decirse, era todavía un niño. Pese a demostrar tempranamente que poseía un talento innato para la composición, el éxito tardó en sonreírle. Su espíritu vital, inquieto y también polifacético le llevó al principio por derroteros muy distintos al del mundo de la canción. Sus inicios profesionales, dando tumbos aquí y allá, parecían no tener un objetivo perfectamente definido. Sorprende, por ejemplo, saber que José Alfredo Jiménez fue jugador de fútbol en el equipo *Marte* de primera división y que trabajó también como mesero en el restaurante yucateco *La Sirena,* en el cual, gracias a la amistad que trabara con el hijo del dueño, que era el guitarrista del trío Los Rebeldes, pudo poner a prueba sus dotes de cantante y compositor.

Sus primeros pasos profesionales se ajustan perfectamente a la letra de la que quizás ha sido y es su canción más conocida y popular: *El rey.* Efectivamente, al igual que «aquella piedra en el camino cuyo destino era rodar y rodar», José Alfredo Jiménez tuvo una agitada trayectoria profesional hacia la fama. En 1948 cantó por primera vez en la XEX y algunos meses después logró cantar en la famosa emisora XEW, acompañado por el trío Los Rebeldes. Su triunfo definitivo lo alcanzó en 1950, año en que Andrés Huesca y sus Costeños grabaron la canción de José Alfredo Jiménez titulada *Yo,* pieza musical que se convirtió, rápidamente, en el primero de una larga serie de éxitos.

Además del éxito logrado como intérprete de sus canciones, pronto los cantantes y artistas de moda se disputaron el privilegio de incluir en su repertorio las composiciones de José Alfredo. Así, figuras mexicanas de la talla de Jorge Negrete, Pedro Infante, Miguel Aceves Mejía, Lola Beltrán y Javier Solís, al

El compositor y cantante José Alfredo Jiménez nació en Dolores Hidalgo, en el Estado de Guanajuato, en 1926, y falleció en la ciudad de México, en 1973. Le acaeció la muerte tempranamente, cuando aún no había cumplido cincuenta años, y sin haber agotado la fecunda y extraordinaria capacidad creativa, que había de convertirle en un destacado representante de la canción ranchera, no sólo en México, su patria, y toda Latinoamérica, sino también en Estados Unidos y Europa. Pero lo cierto, tal como reza el refrán popular, es que «nadie muere realmente hasta que se le olvida». Efectivamente, José Alfredo Jiménez no ha muerto, ya que sus canciones, desafiando el paso del tiempo, permanecen vivas en el recuerdo y, como siempre, continúan deleitando por la belleza y poesía, tanto de sus letras como de su música, a un público entregado, selecto y fiel.

igual que cantantes populares de proyección internacional, como la famosa intérprete de la canción ranchera, la española María Dolores Pradera, insertaron en sus actuaciones y en su obra discográfica las piezas musicales de José Alfredo Jiménez, convirtiéndolas en entrañables temas de siempre.

## No llegó el primero pero supo llegar

Tras su contundente éxito con el tema *Yo*, comenzó para José Alfredo Jiménez una frenética actividad profesional. Actuó en palenques y centros nocturnos de todo el país, y trabajó en el teatro, la televisión y la radio, tanto en México como en el extranjero, al tiempo que, a partir de los años cincuenta, muchos de sus temas fueron incluidos en innumerables cintas cinematográficas, como *Tú y las nubes*. En 1950 ganó el trofeo Disco de Oro, creado ese mismo año por el periodista Roberto Ayala.

Su relación con el mundo del cine se intensificó pronto, ya que el propio Jiménez realizó intervenciones musicales y caracterizaciones en muchos filmes. En 1951 participó en la película *Martín Corona*, a la que siguieron otros importantes títulos, entre ellos, *Póker de ases* y *Ni pobres ni ricos* (1952), *Los aventureros* y *La fiera*, ambas rodadas en 1954, *Camino de Guanajuato* (1955), *Guitarras de medianoche*, *La feria de San Marcos* y *Mis padres se divorcian*, las tres realizadas en 1957, *El hombre del alazán* y *Ferias de México*, las dos realizadas en 1958.

## Canciones «pa todo el año»

La producción musical de José Alfredo Jiménez, que ha pasado a formar parte del repertorio tradicional de los mariachis, es muy extensa, y reúne temas tan inolvidables como *El rey, No me amenaces, Amanecí en tus brazos, Paloma querida, Camino de Guanajuato, Cuando vivas conmigo, Corazón, Te solté la rienda, Caballo blanco, Pa todo el año* o *El jinete, Cuando sale la luna, ¡Qué bonito amor!* y *De un mundo raro*.

Sus composiciones adquirieron una enorme popularidad, debido tanto a la belleza de su música como a la poesía de las letras, que reflejaban un sentimiento sincero y directo, con el que el público podía sentirse fácilmente identificado.

Nadie como José Alfredo Jiménez ha sabido además plasmar, con tanto realismo y emoción contenida, el amor y el desamor, la nostalgia por la vida campesina, y, en definitiva, toda la gama de los sentimientos humanos, incluyendo el odio, la rabia o el desengaño, así como la ternura y magia que impregnan a menudo cualquier escena de la vida cotidiana, por insignificante que ésta parezca.

Con motivo de la celebración de sus bodas de plata como compositor, en 1972, José Alfredo Jiménez entregó a su intérprete preferido, Miguel Aceves Mejía, la medalla de oro conmemorativa con que había sido obsequiado para tan fausto acontecimiento, a la vez que coronaba el aniversario con el estreno de la inolvidable canción *Gracias*.

| | |
|---|---|
| **1926** | Nace **JOSÉ ALFREDO JIMÉNEZ** el 19 de enero en Dolores Hidalgo, en el Estado de Guanajuato. |
| **1948** | Canta por primera vez en la emisora de radio XEX y meses más tarde acompañado por el trío Los Rebeldes en la XEW. |
| **1950** | Alcanza el triunfo con su canción *Yo*, grabada por Andrés Huesca y sus Costeños, obteniendo el trofeo Disco de Oro. |
| **1951** | Participa en el mundo cinematográfico con intervenciones musicales para películas, destacando la banda sonora de *Martín Corona*. |
| **1952** | Participa en la composición musical del los filmes *Póker de ases* y *Ni pobres ni ricos*. |
| **1972** | Entrega a su intérprete preferido, Miguel Aceves Mejía, la medalla de oro de sus bodas de plata como compositor, a la vez que estrena su canción *Gracias*. |
| **1973** | Muere en Ciudad de México el 23 de noviembre. |

# BENITO JUÁREZ
## *(1806-1872)*

*T*al vez sea exagerado afirmar, como hacen sus partidarios, que Benito Juárez fuera el libertador de México, pero tampoco se merece los calificativos de ingrato, enemigo de la religión, ambicioso, cruel y traidor a la patria que le prodigaron sus detractores. Lo que sí es cierto es que la historia de la emancipación de México está indisolublemente ligada a su nombre y que debe mucho a su vigorosa inteligencia y habilidad. Por su origen zapoteca, Juárez siempre tuvo presente la condición de marginalidad de los indígenas y mestizos y contó con el apoyo de las clases populares, pese a que éstas no tuvieron oportunidad de beneficiarse de su política reformista, dada la penuria económica del país.

De humilde extracción, Benito Juárez debió ascender lentamente en el escalafón político hasta ser el máximo magistrado de la nación, sortear innumera-

*Benito Juárez y su esposa Margarita Maza, compañera del libertador mexicano en sus ideales republicanos.*

bles dificultades, padecer el exilio, sufrir la cárcel y encabezar una guerra civil. El presidente que mandara fusilar a Maximiliano es descrito por uno de sus biógrafos como un hombre taciturno, con tendencia a la soledad, pero nunca indiferente a las pruebas y demostraciones de amistad.

### Hijo del pueblo

Benito Pablo Juárez nació el 21 de marzo de 1806 en San Pablo Guelatao, en el valle de Oaxaca. Hijo de zapotecas, quedó huérfano a los tres años y pasó su infancia, junto a sus hermanos, al amparo de sus abuelos. Una vez perdidos éstos, vivió una temporada con su tío, Bernardino Juárez, a quien ayudó en el pastoreo de ovejas. Pese a tener un carácter desabrido, el tío Juárez supo infundir la necesidad del aprendizaje en el muchacho que, ávido de conocimientos, abandonó su hogar a los doce años camino de la capital, en parte para buscar nuevos horizontes, pero también para huir de las posibles represalias por una negligencia en el cuidado de las ovejas.

En Oaxaca, Juárez obtuvo la celosa y abnegada protección de su hermana María Josefa, empleada como cocinera en casa de la familia Maza, con una de cuyas hijas, Margarita, contraería matrimonio. Trabajó como aprendiz del encuadernador y fraile lego Antonio Salanueva, quien le introdujo en sus primeras lecturas —obras de Feijoo, las *Vidas paralelas* de Plutarco— y le facilitó el acceso al seminario, donde entró como alumno externo en 1821, año en que se declaró la independencia de México.

### Un objetivo: la modernización de México

En 1829, cuando estaba a punto de recibir la ordenación sacerdotal, comenzó la carrera de derecho; en 1834, Benito Juárez era licenciado en leyes y había dado ya inicio a su carrera política como diputado por Oaxaca entre 1832 y 1833. Conseguida la instrucción con la que había soñado de niño, se preparó para convertirse en un gran reformador. En 1846 era miembro del Congreso, y desde el año siguiente hasta 1852 desempeñó el cargo de gobernador del Estado de Oaxaca. Fue desterrado a La Habana durante la dictadura de Santa Anna, pero, cuando éste fue desalojado del poder, en 1855, regresó para hacerse cargo del Ministerio de Justicia. Al frente de éste, dictaminó importantes leyes respecto a la reforma agraria y la subordinación del ejército y la Iglesia a la autoridad civil, leyes que culminaron en la promulgación de la Constitución liberal moderada de 1857.

Pero enseguida tuvo que afrontar el golpe de Estado de Ignacio Comonfort, que desembocaría en una guerra civil. Después de ser apresado y liberado por el propio Comonfort, opuso a la presidencia conservadora de Zuloaga un gobierno constitucional, establecido primero en Guanajuato y más tarde en Guadalajara. Las presiones de sus enemigos le obligaron a refugiarse en Panamá, de donde volvió en 1858 para establecer su cuartel general en Veracruz. Al ser reconocido su gobierno por Estados Unidos, Juárez comenzó a promulgar las llamadas «Leyes de Reforma» que radicalizaron la Constitución de 1857. Con ellas se consumó definitivamente la separación Iglesia y Estado, se suprimieron las órdenes monásticas y se nacionalizaron los bienes del clero. Finalmente, con la suspensión del pago de la deuda externa, provocó la intervención armada de Francia, Gran Bretaña y España, pero, aunque logró frenar a estos dos últimos países mediante la firma del convenio de la Soledad, Francia emprendió la conquista y acabó imponiendo al archiduque Maximiliano de Austria como emperador de México en 1864. Tras el sitio de Querétaro en 1867 y el fusilamiento de Maximiliano, Juárez retornó a la Presidencia del país.

## A río revuelto ...

El último lustro de la vida política de Benito Juárez estuvo marcado por las revueltas y los conflictos de toda índole. El sistema constitucional fue acusado de fraude electoral, mientras tomaban auge el bandolerismo y la presión de los grupos guerrilleros revolucionarios. Las medidas adoptadas por Juárez, que quiso un mayor poder personal, acabaron por enemistarle con sus partidarios. Porfirio Díaz, que se había destacado como victorioso militar durante la guerra contra Maximiliano, pasó a la oposición y puso en marcha una revuelta con objeto de prohibir que los presidentes pudieran ser reelegidos. Sebastián Lerdo de Tejada, principal colaborador del presidente en política interna, fundó su propio partido.

Pese a estas importantes deserciones, Juárez logró salir reelegido en las elecciones de 1871 y sofocar varios levantamientos durante su mandato, pero para entonces una grave afección cardíaca, que había soportado con el secreto estoicismo que caracteriza a los zapotecas, iba a acabar con su vida, tras una prolongada serie de ataques al corazón. Juárez murió seis meses después de haber asumido la Presidencia, el 18 de julio de 1872.

| | |
|---|---|
| **1806** | 21 de marzo: nace **BENITO JUÁREZ** en San Pablo Guelatao, Oaxaca. |
| **1832** | Es elegido diputado del Congreso de Oaxaca. |
| **1843** | 31 de agosto: se casa con Margarita Maza. |
| **1853** | Es detenido y expulsado del país. |
| **1855** | Es nombrado ministro de Justicia en el gabinete del general Juan Álvarez. |
| **1858** | 11 de enero: asume la presidencia de la República. El 4 de mayo instala su gobierno en Veracruz. |
| **1861** | El 20 de abril los franceses entran en Orizaba y Juárez lanza a la Nación un manifiesto de resistencia. |
| **1867** | Triunfo de las fuerzas republicanas en Querétaro el 15 de mayo. Juárez ordena el fusilamiento de Maximiliano. En julio entra en la capital y en diciembre es elegido presidente. |
| **1871** | Nuevo mandato de Juárez como presidente y levantamiento de Porfirio Díaz. |
| **1872** | 18 de julio: muere en México tras una serie de ataques al corazón. |

# FRIDA KAHLO
## *(1910-1954)*

*Con una estética aparentemente* naïf, *la obra de Frida Kahlo, dramática y sensual, fue la traducción más perfecta de la tortuosa y apasionada vida de la artista. En la imagen:* Autorretrato con monos *(1943).*

**A**rtista extraordinaria que dedicó por completo su vida a la pintura, actividad que le ayudó a sobrellevar una existencia en la que la desgracia y el dolor, la pasión y el sufrimiento se erigieron en indiscutibles protagonistas. Artista brillante por derecho propio, su pintura fue resultado de una formación autodidacta con hondas raíces en el arte popular mexicano (exvotos). Autora de una obra básicamente autobio-

gráfica, sus autorretratos —desolados, exhibicionistas, agresivos, impúdicos y sensuales, visionarios, antropomórfica naturaleza muerta que dio en llamar «naturaleza viva»— dan cuenta de las dos constantes predominantes en su vida: el dolor y la entereza.

## Síntesis de dos herencias

En la trayectoria vital de Frida Kahlo (o Frieda, como le gustaba firmar sus obras en los últimos años), que la propia artista se complacía en adornar y embarullar, ni siquiera es seguro el año de su nacimiento, pues aunque algunos biógrafos lo sitúan en Coyoacán, Distrito Federal, en 1907, la leyenda, alimentada por una coquetería adolescente de la propia Frida, en sus tiempos de la Escuela Preparatoria Nacional, hace referencia a 1910. Sí están de acuerdo, como es lógico, sus biógrafos en la fecha de su muerte, que se produjo el 13 de julio de 1954.

En la vida de Frida se aunaban dos mundos completamente diferentes. Por un lado, el universo de su padre, Wilhelm Kahlo, alemán, descendiente de judíos húngaros; por el otro, el rico mestizaje de su madre, Matilde Calderón, hija de española e indio. Dos mundos que quizás se combatieron, que tal vez chocaran —el ateísmo del teutón frente al rigor católico y el sentido mágico de la mexicana—, pero que se complementaron también sin duda, se abrazaron y fundieron, fructificando en cuatro hermosas hijas: Matilde, Adriana, Frida y, a los pocos meses del nacimiento de ésta, Cristina, compañera inseparable de la futura pintora y causante de alguno de los descalabros sentimentales que la pintora iba a vivir, más tarde, con su marido Diego Rivera. El único varón engendrado por el amor de Matilde y Wilhelm no sobrevivió a los primeros días de vida.

Frida fue la más vivaz e inconformista de las hermanas Kahlo, aunque la mayor, *Matita*, se fugara de casa a los quince años para vivir con su compañero, lo que provocó un no pequeño escándalo familiar. En

1922, Frida ingresó en la Escuela Nacional Preparatoria con la intención de encauzar sus estudios hacia la medicina. Allí conoció a su primer amor —Alejandro Gómez Arias, *Alex*, el más brillante de su grupo estudiantil— y se distinguió por su afición a preparar y llevar a cabo distintas bromas y jugarretas. Varias de ellas eligieron como blanco la enorme figura del pintor Diego Rivera (el líder de los muralistas mexicanos, que se encargaba de la decoración de la Escuela), a quien llegó a robarle la fiambrera del desayuno o a enjabonarle el entarimado en el que trabajaba. En su fuero interno, si hemos de creer sus propias confesiones, Frida intuía que iba a casarse con el fresquista e incluso bromeaba con sus amigas al respecto.

## El accidente y la pintura

A los dieciséis años sufrió un terrible accidente de circulación que —como ella misma definió en su diario— «me partió el cuerpo y la vida en dos», y cuyas consecuencias padeció de forma irremediable el resto de su vida. El autobús en que viajaba fue arrollado por un tren. Los médicos no sabían si Frida podría llegar con vida al día siguiente. Pero el primer diagnóstico serio de sus heridas no se estableció hasta transcurrido un mes desde que se produjo el suceso: «Fractura de la tercera y cuarta vértebras lumbares, tres facturas de la pelvis, once fracturas en el pie derecho, luxación del codo izquierdo, herida profunda en el abdomen, producida por una barra de hierro que entró en la cadera izquierda y salió por el sexo... Peritonitis aguda. Cistitis...» Durante este período su hermana mayor, Matilde, cuyos avatares sentimentales la habían alejado, como se ha dicho antes, de la familia, estuvo sin embargo, en todo momento, junto al lecho de la muchacha, que se debatía entre la vida y la muerte.

A partir de entonces, su vida se convirtió en un casi insoportable calvario de sufrimientos, estancias en hospitales e intervenciones quirúrgicas; su larga convalecencia fue lenta y dolorosa, pues, al dolor de las heridas y fracturas, los médicos añadieron la incomodidad de unos apretados corsés de yeso que la mantenían constantemente en cama y le supusieron una tortura suplementaria. Viendo cómo se consumía su hija, Matilde Calderón tuvo la idea de incorporar un dosel a la cama, en cuyo techo instaló un espejo; de este modo, cada vez que levantaba la vista, Frida podía ver su cuerpo postrado pero, lejos de abatirse,

aquello la alentó a adentrarse en una nueva aventura: se pintaría a sí misma, reflejaría en los lienzos el inmenso dolor que padecía.

Su primera obra la dedicó a su amor juvenil, *Alex*, que se encontraba de viaje por Europa. A medida que pasaban los meses, la artista afianzaba su estilo, sus trazos iban adquiriendo seguridad mientras la pintura brotaba de su interior como una necesidad catártica. Después de su primer autorretrato, se dedicó a plasmar su entorno familiar, sus amigos. Paralelamente, se documentaba, leía, se cultivaba sin descanso. Y seguía pensando en Alejandro, quien regresó a México en 1927. Frida se encontraba casi restablecida, pero le esperaba un nuevo golpe: *Alex* le anunció que se casaba con una amiga común, Esperanza Ordóñez, y aquello significó para la joven pintora trabar conocimiento con una forma de dolor que le era, todavía, desconocida. Tras la tortura física llegaba el sufrimiento moral y, con él, el fin de la adolescencia.

## Años dorados con Diego Rivera

En 1928 conoció a Julio Antonio Mella, célebre militante comunista cubano en el exilio. Editor, periodista, revolucionario convencido y apasionado, ejerció una notable influencia en Frida, que se afilió también al partido Comunista y participó en el movimiento de solidaridad con la República Española. En

*Fotografía de la familia Kahlo. A la izquierda, Frida vestida de hombre y, en primer término a la derecha, su hermana Cristina, compañera inseparable de la pintora. En el centro, Matilde Calderón, su madre.*

una de las tertulias que se celebraban en casa de Mella y de su compañera, la fotógrafo de origen italiano Tina Modotti, íntima de Frida, le presentó a Diego Rivera. El gran muralista era un hombre alto, corpulento, desgarbado y un tanto fanfarrón, al que se le atribuían numerosos líos de faldas, pero entre ambos artistas se estableció enseguida una corriente incomprensible, un tormentoso amor que acabó en boda al año siguiente. Frida renunció a su aspecto de muchacho y se tornó más femenina, adoptando la típica vestimenta mexicana, con el decidido propósito de gustar a su marido, que le llevaba veintiún años.

En ambos artistas se produjo un cambio de orientación política, su inicial apoyo al comunismo proestalinista derivó hacia el trotskismo, especialmente tras la estancia de León y Natalia Trotsky en su casa de Coyoacán. Entre Frida y León Davidovitch se estableció un juego amoroso, reflejado en la numerosa correspondencia que de ambos se conserva, un idilio que se truncó con el asesinato del líder comunista por el agente estalinista Ramón Mercader.

## La pintura como incidencia en la vida

En 1938 Marcel Duchamp —que profesaba una ferviente admiración por la artista mexicana, compartida por los pintores Wassili Kandinsky, Joan Miró e Yves Tanguy— la hospedó en París y la ayudó a preparar su primera muestra europea. Posteriormente, Frida realizó un viaje a Nueva York, marcado por el inicio de una serie de tormentosos amoríos que, sin embargo, no le hicieron renunciar a su pasión por Diego Rivera.

De nuevo estuvo en París, esta vez en casa del escritor André Breton, quien solía repetir que «la obra de Frida Kahlo es una cinta de seda alrededor de una bomba». Además, Breton la consideraba una artista surrealista y quiso hacerla abanderada de este movimiento, aunque el suyo era, en todo caso, un surrealismo involuntario, derivado de su vigoroso naturalismo simbolista, que no podía ser contenido por ninguna «jaula» teórica ni por corriente artística alguna. Para Frida Kahlo, la pintura fue siempre algo que brotaba espontáneamente, una especie de «inci-

*La imagen de su cuerpo postrado en una cama, como consecuencia del accidente que padeció, fue la primera inspiración que tuvo la artista para comenzar a pintar.* Hospital Henry Ford *(1932).*

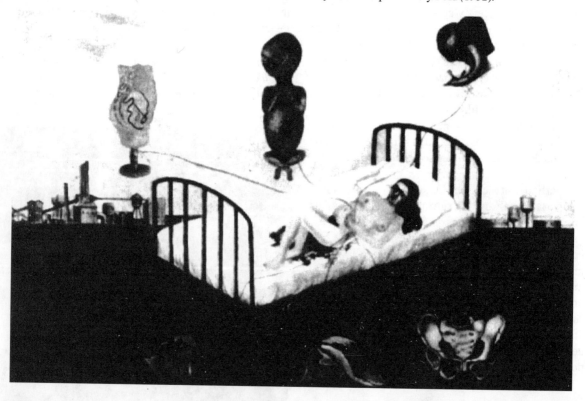

*La duplicidad, quizá proveniente de sus antitéticos orígenes alemán, español e indígena, se transformó en una obsesión plástica para Frida, que convirtió la creación en el fiel espejo de su vida.*

dencia» en el decurso de la vida, y en más de una ocasión había afirmado que sus cuadros reflejaban la realidad, muy subjetiva, del momento que estaba viviendo. «La única cosa de la que dependo es de lo que me pasa por la cabeza», aseguraba.

## El reconocimiento internacional de su obra

En 1940, tras un período de separación provocado por sus tormentosas relaciones, se divorció de Rivera. De esta breve etapa data la mejor producción de Frida que, para olvidar su desgraciada situación personal, se entregó con ahínco a la pintura. Sus amigos europeos, sin embargo, no la olvidaron y en ellos pudo encontrar todo el apoyo que necesitaba, no sólo moral sino incluso económico. Breton logró convencerla, pese a sus reticencias, para que participara con una pequeña muestra en la Exposición Internacional del Surrealismo, que reunió a un destacado número de personalidades que comenzaban ya a abrirse ca-

mino en el mundo de la pintura contemporánea: Alberto Giacometti, Ives Tanguy, Man Ray, Giorgio de Chirico, Pablo Picasso, Wassily Kandinsky, Paul Delvaux, Henry Moore, René Magritte, Paul Klee, Hans Arp, Salvador Dalí, el propio Diego Rivera, etcétera. Tanta era la consideración que aquellos destacados artistas sentían por la obra de Frida que Pablo Picasso, en una de las cartas que escribió a Diego Rivera llegó a afirmar: «Ni Dérain, ni tú, ni yo somos capaces de pintar una cabeza como las que pinta F. Kahlo.»

El reencuentro con Diego Rivera parecía inevitable y el 8 de diciembre del mismo año volvieron a casarse, aunque Frida exigió, para hacerlo, que el muralista aceptara una condición: no intentaría mantener nunca relaciones sexuales pues, de este modo, las inevitables infidelidades «del gordo», como cariñosamente le llamaba en familia, le resultarían más llevaderas.

Miembro del Seminario de Cultura Mexicana (1942), fundó y fue profesora en la Escuela de Artes Plásticas La Esmeralda (1943-1944), bautizada con el nombre de la calle en la que estaba situada. De acuerdo con las ideas políticas y sociales que imperaban en aquel grupo de inquietos intelectuales, quisieron que fuera una escuela de arte de pedagogía popular y liberal, cuyas iniciativas eran muy ambiciosa y modernas. Pero la salud de Frida la obligó muy pronto a abandonar las aulas para impartir las clases en su propia casa, donde sus alumnos circulaban libremente mientras ella les estimulaba a pintar lo que veían.

La salud de Frida se degradaba con los años. Tras varios corsés, incluido uno de acero, en 1945 pasó por una delicada operación en la que se le soldaron cuatro vértebras lumbares con una placa metálica, pero los dolores no remitieron. Frida tenía cada vez menos esperanzas de recuperar su delicada salud. Los médicos hacían promesas vanas pues la atrofia de su pierna derecha, doblemente afectada por el accidente y una poliomielitis infantil, empeoraba. Sus únicas tablas de salvación fueron el alcohol y la pintura, a la que dedicaba mucho tiempo.

En 1953 inauguró una exposición individual de su obra en la Galería de Arte Contemporáneo, la única que se presentó en México en vida de la pintora. Pero ya no tenía fuerzas, estaba cansada de luchar. Los médicos diagnosticaron una embolia pulmonar, cuando, el amanecer del 13 de julio de 1954, encontraron a Frida muerta en su cama.

## El arte y la vida

Durísimos, brutales incluso en algunas ocasiones, sus cuadros están inmersos dentro de un clima ingenuista que recuerda por momentos la pintura naïf pero, pese a ello, recrean las obsesiones más profundas y todo el sufrimiento que acompañó la breve vida de la pintora. Conocidísimo es, a este respecto, su lienzo *Las dos Fridas*, en el que la artista parece hacer una alegoría de su duplicidad, del combate entre la razón y la pasión que acompañó toda su vida y que puede leerse también en los sugerentes trazos del *Autorretrato con espinas y colibrí* o, hecho poética parábola, en el cuadro *La mesa herida* (1939, Museo de Arte Moderno, Distrito Federal de México). En *La columna rota*, que pintó en 1944 (colección particular), el sufrimiento se transforma en estremecedora plasticidad, mientras, dos años más tarde, en 1946, pinta con delicadeza su *Árbol de la esperanza* (colección particular, París).

Su pintura está representada en colecciones privadas y en museos de México, Estados Unidos y Europa. La «casa azul», donde vivió en Coyoacán, es, desde su inauguración el 12 de julio de 1958, el Museo Frida Kahlo, que alberga sus cuadros y efectos personales.

*La pintora junto al doctor Farill. Su relación con el mundo médico fue una constante desde que sufrió el accidente, en 1925, hasta su muerte, ocurrida en 1954. (Foto de Gisèle Freund).*

*Numerosas fracturas, entre ellas la de algunas vértebras, fue el primer diagnóstico médico del accidente de Frida. Veinte años más tarde, la artista reflejó en su cuadro* La columna rota *la impronta de aquel hecho.*

*En sus autorretratos, Frida integraba elementos fantásticos a su cuerpo. En Autorretrato con trenza (1941), su peinado adquiere un aspecto de serpiente.*

*Frida Kahlo y Diego Rivera el día en que se celebró su primer matrimonio, el 21 de agosto de 1929. Apasionada y tormentosa fue la relación entre los dos artistas.*

| | |
|---|---|
| **1910** | Nace en Coyoacán, D.F. (1907, según otras fuentes), **FRIDA KAHLO.** |
| **1922** | Inicia sus estudios en la Escuela Nacional Preparatoria. |
| **1925** | Sufre un terrible accidente de tránsito cuyas graves secuelas marcarán toda su vida. |
| **1928** | Ingresa, como muchos de sus amigos, en el Partido Comunista Mexicano. |
| **1929** | Contrae matrimonio con el pintor muralista Diego Rivera, con quien mantendrá siempre unas tormentosas relaciones. |
| **1938** | En París, se mueve en los círculos surrealistas hospedándose en casa de Marcel Duchamp. |
| **1940** | Se divorcia de Diego Rivera, con el que volverá a casarse poco después. |
| **1942** | Es admitida como miembro en el Seminario de Cultura Mexicana. |
| **1953** | Expone en México, en la Galería de Arte Contemporáneo, por primera y única vez durante su vida. |
| **1954** | Es hallada muerta en su lecho, la madrugada del 13 de julio. |

# AGUSTÍN LARA
## *(1897-1970)*

*E*l compositor y cantante Agustín Lara, cuyo nombre completo era Agustín Lara Aguirre y Pino, nació en Ciudad de México, aunque él siempre declaraba que había nacido en Tlacotalpan, en el Estado de Veracruz. Ese cierto misterio en torno a su verdadero lugar de nacimiento, que no deja de tener un carácter meramente anecdótico, se hizo así mismo extensible al año exacto en que vino al mundo, ya que sus biógrafos barajan por lo general años distintos, no sabiéndose a ciencia cierta si ello acaeció en 1897, la fecha más aceptada, o bien en 1890. No hay, en cambio, ninguna duda sobre el año de su muerte, que tuvo lugar en la capital mexicana, en 1970, cuando Agustín Lara contaba con algo más de setenta años y disfrutaba, desde hacia décadas, de una extraordinaria popularidad y un significativo prestigio en el mundo del espectáculo, tanto en Latinoamérica como en España, y en los más famosos escenarios internacionales. Dejó cientos de canciones, algunas de las cuales, como *Granada*, el popular chotis *Madrid, Noche de ronda, Farolito* o *Solamente una vez*, han sido interpretadas por cantantes de música ligera y también por míticos tenores como Plácido Domingo.

### Una figura legendaria

Agustín Lara estudió piano, sin embargo, pese a demostrar que poseía extraordinarias dotes para la música, ingresó siendo muy joven —a los quince años— en el Colegio Militar. Pronto se dio cuenta de que su vocación no seguía los derroteros de la disciplina castrense y abandonó dicha institución. Durante la década de los años veinte, Lara trabajó como pianista en cafés, cantinas, bares y salas de cine mudo, a la espera de un golpe de suerte que lo lanzara a la fama. A finales de la década, acompañaba ya al piano a cantantes como Maruja Pérez y Juan Arvizu, quienes actuaban en cines de la capital mexicana. La suerte sonrió por fin, definitivamente, a Agustín Lara en 1931, cuando pasó a trabajar en la radiodifusora

*Más de setecientas piezas componen la herencia musical de Agustín Lara: baladas, melodías, pasodobles.*

XEW, al frente del programa *La hora azul*, al tiempo que empezó a dirigir la orquesta *El Son Marabú* y que cantantes como Ana María Fernández y Toña, *la Negra,* comenzaron a popularizar sus canciones.

Iniciose entonces para Lara una frenética carrera hacia la fama. En 1932 realizó su primera gira por el extranjero, actuando en París, donde su canción *El farolito* se convirtió en la canción más *chic* y popular de la capital francesa, y también en Perú y Chile. Obtuvo también un éxito sin parangón durante la gira que efectuó en México en 1935, junto a Pedro Vargas y el *Chino* Ibarra. Entre algunos de los principales espectáculos que Lara presentó al público cabe mencionar *Pecadora, Revancha, Coqueta, Mujeres en mi vida, Perdida* y *La mujer que yo amé*.

## Lara y la industria cinematográfica

El famoso compositor entró en el cine por la puerta grande, cuando ya llevaba varios años de éxito merecido en los escenarios y ocupaba un lugar destacado en el candelero. Efectivamente, Lara fue contratado para trabajar en Hollywood como musicalizador de películas, pero le resultó muy difícil acostumbrarse a aquel mundo frívolo y deshumanizado, plagado de tensiones y de divas y directores caprichosos, ansiosos por alcanzar la fama. Pese a que no centró su carrera profesional en el cine, su figura legendaria terminó de consolidarse gracias a esta industria, ya que musicalizó innumerables y conocidas películas, entre otras, *Santa, México Lindo, Carne de Cabaret, Virgen de medianoche, Pervertida, Noche de ronda, Humo en los ojos, Señora tentación, Cortesana* y *Aventurera*.

Su entrada triunfal en el mundo del cine se debió también a su matrimonio, en 1945, con la bellísima y siempre controvertida actriz mexicana María Félix, hecho que contribuyó a consolidar su legendaria figura. La actriz, famosa por sus devaneos amorosos y a la que el pueblo le atribuía romances con personajes populares del cine y la política, trabajó junto a los principales y más populares galanes del cine mexicano, tales como Jorge Negrete, Pedro Infante y Pedro Armendáriz, y se convirtió pronto en la musa y fuente de inspiración de poetas y pintores, como Diego Rivera. Durante su matrimonio con María Félix, Agustín Lara convirtió su casa de Las Lomas en un acogedor centro de reunión de escritores y artistas, al tiempo que crecía la popularidad de ambos y se convertían en el centro de atención del gran público.

## Setecientos títulos entrañables

A lo largo de su dilatada carrera como compositor y también como autor de la mayoría de sus letras, creó hermosas y románticas canciones, muchas de las cuales alcanzaron gran popularidad en todo el mundo. Cuenta en su haber con unas setecientas piezas entre boleros, pasodobles, baladas, tangos, pasacalles y melodías, que podrían enmarcarse dentro del género tropical; fue también el autor de la extraordinaria opereta *El pájaro de oro* (1946).

Entre su títulos más conocidos, aparte de los ya mencionados, cabe citar *Lamento jarocho, Mujer, Veracruz, Azul, María bonita, Rival, Arráncame la vida* y *La Cumbancha*. Todos estos títulos entrañables, superando el paso del tiempo, se han convertido en canciones de siempre. Homenajeado en 1953 y en 1969, en el Palacio Nacional de Bellas Artes, los restos mortales de Agustín Lara reposan en la Rotonda de los Hombres Ilustres.

| | |
|---|---|
| **1897** | Nace **AGUSTÍN LARA** en Ciudad de México. |
| **1912** | Se alista en la guardia de Pancho Villa. |
| **1920** | Toca el piano en reuniones sociales y salas de cine mudo. |
| **1928** | Se da a conocer como compositor con el bolero *Imposible*. |
| **1931** | Trabaja en la radio en el programa *Hora Azul*. Dirige la orquesta El Son Marabú. |
| **1932** | Primera gira en el extranjero. Obtiene, en París, gran éxito con la canción *El Farolito*. |
| **1935** | Gira por México. |
| **1945** | Matrimonio con María Felix. Compone *María Bonita*. |
| **1946** | Compone la opereta *El Pájaro de Oro*. |
| **1969** | Es homenajeado en el Palacio Nacional de Bellas Artes. |
| **1970** | Muere y es enterrado en la Rotonda de los Hombres Ilustres. |

# RAMÓN LÓPEZ VELARDE
## *(1888-1921)*

*R*amón López Velarde es considerado, a pesar de su corta vida, el más específicamente mexicano, el más «nacional» por decirlo de algún modo, de los líricos del país. Es el poeta modernista con mayor arraigo mexicano, pero un arraigo que no llega a fructificar en su espíritu renovador y mantiene, en el lenguaje y el estilo, una serenidad casi clásica, un carácter religioso que le vinculan con la tradición.

## La pasión por el campo

Nacido en Jerez, en el estado de Zacatecas, en 1888, poco puede decirse de su corta vida: cursó sus primeros estudios en los seminarios de Zacatecas y Aguascalientes y se matriculó, luego, en la Universidad de San Luis de Potosí para estudiar la carrera de leyes. Murió, prematuramente, a los treinta y tres años, en la Ciudad de México, en 1921.

Tentado por la política, como tantos otros literatos mexicanos, en 1911 se presentó a las elecciones, como candidato a diputado suplente por su ciudad natal, integrado en las listas del Partido Católico. Su nacimiento en Jerez le vinculaba al campo, a la provincia, se sentía hermanado con las penalidades de una gente cuyo trabajo y cuyo sudor hacen fructificar las cosechas para que la ciudad coma y prospere, con las gentes que sufren en su carne las injusticias, es cierto, pero también los más crueles zarpazos revolucionarios: en Jerez brotó y fue forjándose lentamente su sensible alma de poeta, en Jerez se perfeccionó su estilo y su verso se llenó de aromas campesinos.

## Tras los ecos de la poesía bucólica clásica

Mucho se ha discutido sobre su pertenencia literaria, algunos le han considerado un posromántico, han afirmado otros que era modernista pero, mucho más sencillamente, podemos considerarlo un escritor que asumió las contradicciones de su época y su país; como literato, López Velarde es un hombre de su tiempo y un creador auténticamente mexicano, cuyas obras se abrevan en los cauces de su tierra.

Cierto es que hay resonancias posrománticas en sus obras iniciales; cierto que, más tarde, su poesía adquiere la plenitud musical, las sugestivas imágenes y la riqueza verbal del modernismo, pero sus versos, a los que se les ha reprochado, muchas veces, una discutible estridencia, tienen en su tono lírico, en la variedad de su vocabulario, en el preciso fluir de la lengua, una suerte de impresionante tranquilidad clásica. En su poesía, encontramos algo del hechizo virgiliano y de la bucólica sencillez de José María Gabriel y Galán, aunque sin deslizarse, sin caer nunca en los excesos sensibleros que tantas veces acechan a los escritores de sus peculiares características; el poeta campesino lee también a Charles Baudelaire y se zambulle con fruición en las obras de Leopoldo Lugones; y partiendo de todas estas influencias, viviendo en pleno florecimiento modernista y revolucionario, López Velarde se contempla a sí mismo, lanza una desolada mirada a las contradicciones y las injusticias que florecen en su querida patria y, luego, compone sus Poesías.

## Nuevos horizontes: Ciudad de México

En 1914 viajó a Ciudad de México, donde se instala trabajando primero en su profesión de abogado y, luego, en las secretarías de Gobernación y Relaciones Exteriores; fue también profesor de literatura. Publicó sus crónicas políticas en varios periódicos: *El Regional* de Guadalajara (1909), *La Nación* (1912), *El Eco de San Luis* (1913), *El Nacional Bisemanal* (1915-1916), *Revista de Revistas* (1915-1917), *Vida Moderna* (1916) y *Pegaso* (1917).

En *La sangre devota*, su primer libro de poesías, publicado en 1916, pueden descubrirse ya los temas recurrentes en toda su obra: el amor, el dolor y la preocupación por los destinos patrios. Con su obra reaparecé en la lírica mexicana un acento casi olvidado, una voz, la de la provincia, que había callado ya. En 1919, apareció *Zozobra*, su segunda obra poética, en la que aborda dramática y sinceramente los problemas del erotismo, la religión y la muerte. En 1921, al celebrarse el primer centenario de la Independencia, escribió *La suave patria*, en cuyos versos épicos y líricos exalta los sentimientos nacionalistas.

Su prematura desaparición arrebató a las letras mexicanas un creador de enorme fuerza y talento muy personal. Tras su muerte fueron apareciendo las demás obras, preparadas a veces por el propio autor, dispersas otras en periódicos y revistas; póstumamente, se editó un volumen con su producción poética (*El son del corazón*, 1932) y tres que contienen su obra en prosa (*El minutero*, 1923; *El don de febrero. Poesía, cartas y documentos*, 1952 y *Prosas políticas*, aparecido en 1953).

José Luis Martínez, el ilustre historiador del arte y las letras, afirma en su libro *Literatura mexicana del siglo xx*: «Si López Velarde no hubiese escrito más que su libro de prosa *El Minutero*, esta obra bastaría para que mereciese un lugar destacado en nuestras letras», elogiosas palabras, pero no exageradas pues en el libro alienta el gran espíritu de la poesía, con toda las características líricas del alma del gran poeta. Las modernas generaciones de poetas mexicanos se han beneficiado de su influencia y no es extraño, así, que a medida que transcurre el tiempo su obra vaya siendo reivindicada con mayor fuerza.

*Por su espíritu renovador y su carácter religioso, Ramón López Velarde está considerado como el más eximio representante de la lírica modernista nacional mexicana.*

| | | |
|---|---|---|
| **1888** | **RAMÓN LÓPEZ VELARDE** nace en Jerez, en el Estado de Zacatecas, el día 15 de junio. | |
| **1907** | Se traslada a San Luis Potosí para estudiar leyes. | |
| **1909** | Comienza a colaborar en *El Regional* de Guadalajara. | |
| **1911** | Obtiene el título de abogado y es designado candidato a diputado suplente por el Partido Católico. | |
| **1913** | Realiza colaboraciones periódicas para *El Eco de San Luis*. | |
| **1914** | Se traslada definitivamente a Ciudad de México. | |
| **1916** | Publica *La sangre devota*, su primer libro de poesía. | |
| **1917** | Escribe crónicas que aparecen en la revista *Pegaso*, cuya dirección comparte con Enrique González y Efrén Rebolledo. | |
| **1921** | El día 19 de junio, muere en Ciudad de México. | |
| **1932** | Aparición póstuma de su producción poética: *El son del corazón*. | |

# FRANCISCO I. MADERO
## (1873-1913)

*Francisco I. Madero fue el hombre que puso en marcha uno de los períodos más convulsos y determinantes de toda la historia de México, el de la Revolución.*

*F*rancisco I. Madero fue un honesto luchador, que entró en la historia de México como el héroe que acabó con la hegemonía de Porfirio Díaz en el poder y la primera víctima emblemática de la violenta y compleja Revolución Mexicana.

## Hombre de rica cuna

El hombre que pondría en marcha uno de los períodos más convulsos y determinantes de la historia mexicana, la Revolución, nació en el seno de una acaudalada familia de plantadores e industriales de Coahuila, el 30 de octubre de 1873, en Parras. Francisco I. Made-

ro, hijo del hacendado Francisco Madero Hernández y de Mercedes González Treviño, recibió desde temprana edad una educación básica esmerada, que, al llegar la adolescencia, completó en el colegio *Mount St. Mary de Maryland*, Estados Unidos, y en la Escuela de Altos Estudios Comerciales de París, Francia.

Francisco tenía diecinueve años y era un muchacho de cuerpo enjuto, baja estatura y mirada inteligente cuando, en 1892, regresó a su patria. Encargado por su padre de la administración de una parte de los negocios familiares, fijó su residencia en San Pedro de las Colonias, donde enseguida puso de manifiesto su espíritu emprendedor.

*De talante respetuoso y conciliador, Madero fue alentado por su padre y su hermano Gustavo para que desarrollara una intensa actividad política. Aunque detestaba la violencia, ésta terminaría arrastrándolo irremediablemente. En la fotografía aparece acompañado por su esposa.*

## Tras los pasos del abuelo

En San Pedro de las Colonias, Francisco trató de conjugar un mayor rendimiento de las tierras con las mejores condiciones de vida de sus labradores y para ello puso imaginación y tesón, tal como había hecho antes su abuelo Evaristo, antiguo gobernador de Coahuila.

En las tierras que le fueron confiadas, Francisco introdujo la siembra del algodón y la mecanización de las tareas agrícolas, procuró el bienestar de los campesinos y proyectó un sistema de aprovechamiento de las aguas del río Nazas, para aumentar las tierras de regadío.

El nacimiento político de Francisco Madero no se produjo hasta que hubo alcanzado los treinta y dos años. Si bien era miembro de una familia siempre próxima al poder y sensible a la situación social del país, no participó activamente en la lucha política hasta que el gobernador de Coahuila, Miguel Cárdenas, se presentó a la reelección en 1905. Los abusos de poder del gobernador, que se inscribían dentro del contexto del régimen porfirista, movieron a Madero a fundar el partido Democrático Independiente y a exponer sus ideas a través del periódico *El Demócrata*.

Alentado por su padre y por su hermano Gustavo, Francisco Madero desarrolló en los años siguientes una intensa aunque oscura actividad política, cuyo

Francisco I. Madero junto a su secretario particular,
Juan Sánchez Azcona, en Ciudad Juárez,
el 21 de mayo de 1911.

aparición de otros partidos políticos», Francisco Madero consideró que tales palabras abrían nuevas posibilidades para el futuro del país.

Fruto de esta consideración y de una profunda reflexión política fue su libro *La sucesión presidencial de 1910*, publicado en San Pedro de las Colonias, en octubre de 1908. En un tono moderado, Madero reclamaba allí el ejercicio de las libertades políticas y la activa participación popular para reinstaurar la democracia.

El libro caló en sectores de las postergadas burguesía y clase media criollas, que vieron en él al catalizador de las corrientes anti porfiristas. Su compromiso con la democracia era incuestionable.

## El candidato en libertad vigilada

La decisión del general Porfirio Díaz de presentarse por séptima vez a la reelección presidencial desencantó primero a quienes vieron alguna posibilidad de cambio con su retirada y después causó verdadera indignación en la oposición. Pero Madero, tras tomar contacto con varias e importantes personalidades, ya estaba preparado para entrar en liza y no tardó en formalizar sus intenciones.

Con el apoyo del grupo católico del periódico *El Tiempo* y de otros sectores de la oposición, el 22 de mayo de 1909, fundó, bajo el lema «Sufragio efectivo y no reelección», el Centro Antirreeleccionista de México. La estrategia del centro, cuyos manifiestos generales animaban a una oposición activa, consistió en recorrer todo el país para informar y explicar la importancia del ejercicio de los derechos civiles y en soslayar los ataques directos a la dictadura de Porfirio Díaz.

A pesar de su corta talla, su voz algo chillona y sus tics nerviosos, Francisco Madero fue aclamado por las muchedumbres entusiastas de muchas ciudades y pueblos que visitó. Sobre quién sería el candidato a presidente por su partido no cabían dudas. En abril de 1910, la convención de los partidos Antirreeleccionista y Nacional Democrático lo confirmó como postulante a la Presidencia de la República.

La maquinaria electoral se puso en marcha inmediatamente. Porfirio Díaz comprendió que por primera vez un partido de la oposición era una amenaza seria para su continuidad en el poder. La jugada, astuta y no exenta de soberbia, de mostrarse proclive a la existencia de un partido opositor le había salido mal y lo único que había conseguido era soliviantar los ánimos de la sociedad mexicana. Llegado a este

fin era la restitución de las libertades. De talante respetuoso y conciliador no fue un conspirador, sino un luchador honesto por la causa de la libertad, que detestaba la violencia. Una violencia que, sin embargo, terminaría por arrastrarlo irremediablemente.

En 1908, después de leer en el *Pearson's Magazine* estadounidense y en *El Imparcial* mexicano las declaraciones del general Porfirio Díaz en las que manifestaba su intención de retirarse, para dejar paso a las nuevas generaciones, y de democratizar el régimen, pues, como afirmaba, «vería con gusto la punto no dudó en ordenar el acoso de Madero, quien primero fue acusado de malversación de fondos durante su gerencia en la Compañía Ganadera de la Merced, y más tarde hecho detener.

El apresamiento de Madero se produjo el 7 de junio, en plena campaña electoral, en la estación ferroviaria de Monterrey. Trasladado a la prisión de San Luis Potosí, estuvo en ella durante un mes hasta que fue puesto en libertad vigilada. Así permaneció mientras se celebraban las elecciones y el Congreso confirmaba un nuevo sexenio presidencial de Porfirio Díaz y denegaba al partido Antirreeleccionista la instancia de nulidad.

## De las urnas a las armas

El nuevo fraude electoral de la dictadura, que había echado por tierra el sueño maderista de acceder al poder por la vía de las urnas, y la subsiguiente represión de los opositores decidieron al caudillo a alzarse en armas.

El 6 de octubre, burlando la estrecha vigilancia a la que estaba sometido, huyó en ferrocarril de San Luis a San Antonio, en Texas. Ya libre, encargó la redacción de un manifiesto revolucionario a varios de sus colaboradores, entre ellos Roque Estrada y Juan Sánchez Azcona. La proclama, que precisaba la necesidad de restituir la legalidad y la libertad al pueblo, para lo cual era «preciso arrojar del poder a los audaces usurpadores», fue dada a conocer con el nombre de Plan de San Luis Potosí y fechada el 5 de octubre de 1910. Esta fecha, correspondiente a la del último día de permanencia de Madero en territorio mexicano, fue puesta para no violar la ley de neutralidad de Estados Unidos, país con el cual el caudillo se había apresurado a garantizar sus intereses.

El 20 de noviembre fue el día señalado para el alzamiento. De acuerdo con él, el primero en rebelarse fue Pascual Orozco en Chihuahua. En los días siguientes lo hicieron Pancho Villa, Emiliano Zapata, los hermanos Figueroa y otros caudillos locales de San Luis Potosí, Puebla, Veracruz, Coahuila y Sinaloa, pero en principio con resultados decepcionantes para las expectativas de Francisco Madero. Sin embargo, la Revolución ya estaba en marcha y los días de gobierno del dictador, contados.

Al frente de seiscientos hombres, Madero atacó a las tropas porfiristas en Casas Grandes, el 6 de marzo de 1911, pero sufrió una derrota que lo obligó a retroceder. A pesar de este revés, los revolucionarios no cedieron y consiguieron otros triunfos militares que determinaron un intento de armisticio por parte de Díaz, en Ciudad Juárez.

Tras este fracaso en las negociaciones, el ejército de Francisco Madero inició, el 8 de mayo, el ataque a

*En febrero de 1913, un golpe de Estado sacude al gobierno de Madero quien, ante la noticia, se traslada al Palacio Nacional escoltado por los alumnos del Colegio Militar. El general Victoriano Huerta, a quien Madero había confiado la dirección del ejército, lo hace asesinar.*

*Mercedes Madero y Mercedes González de Madero, hermana y madre del presidente de la República, durante una visita a un taller de costura, en el año 1912.*

Ciudad Juárez y dos días más tarde el general Juan Navarro rindió la plaza. El 21 del mismo mes, a la luz de los faros de un automóvil, los bandos contendientes firmaron los Tratados de Ciudad Juárez, que acordaban la renuncia de Porfirio Díaz y de su gobierno, cosa que se hizo efectiva el día 25. El 7 de junio, Francisco I. Madero hizo su histórica entrada a México capital. El maderismo había triunfado, pero la Revolución no había hecho más que empezar.

Francisco Madero fue elegido presidente, pero careció de poder real para gobernar y aunar las distintas tendencias que se habían desencadenado tras la caída de la dictadura. Su talante conciliador y moderado chocó con el radicalismo de algunos líderes, como el agrarista Emiliano Zapata y el general Pascual Orozco, las ambiciones de poder de algunos revolucionarios y las presiones de Estados Unidos.

De un modo casi vertiginoso, Madero se fue quedando solo, pues muchos de los maderistas no veían en él sino a un idealista utópico o bien a un hombre-

cillo débil, que no comía carne, que no bebía alcohol y que vivía obsesionado por el sufrimiento de los más humildes. Para todos ellos, estas no eran virtudes para un jefe de Estado.

Aún con dolor, Madero hizo reprimir con el ejército los pronunciamientos de los distintos caudillos, pero no logró reducir a Emiliano Zapata, que proclamó el Plan de Ayala reclamando la devolución de las tierras a los campesinos y el derecho a apropiarse de un tercio de las haciendas de los latifundistas.

En 1913, aprovechándose de una revuelta en las guarniciones del Distrito Federal, el general Victoriano Huerta, a quien Madero había confiado la dirección del ejército, traicionó al presidente y lo hizo asesinar el 22 de febrero. Inmediatamente, Huertas se proclamó presidente en uno de los episodios más deleznables de una Revolución plagada de traiciones.

Francisco I. Madero había vislumbrado un nuevo horizonte para su país, pero acaso no imaginó que tamaña meta le costaría la vida.

*Un soldado maderista fotografiado en el momento en que va a lanzar una bomba, durante las revueltas ocasionadas por el golpe de Estado de febrero de 1913 en México. El resultado final de las contiendas fue la traición del general Victoriano Huerta al presidente Francisco Madero, quien fue asesinado el 22 de febrero y sustituido por el propio militar. De este modo dramático e impune ocurría uno de los episodios más deleznables de la Revolución; una Revolución plagada de numerosas traiciones.*

| | |
|---|---|
| **1873** | El 30 de octubre nace **FRANCISCO I. MADERO**, en Parras, Coahuila. |
| **1908** | Publica su libro *La sucesión presidencial de 1910*, donde reclama el ejercicio de las libertades políticas y la activa participación popular. |
| **1909** | Funda el Centro Antirreeleccionista de México, del que uno de sus objetivos era explicar la importancia del ejercicio de los derechos civiles, y otro soslayar los ataques directos a la dictadura de Porfirio Díaz. |
| **1910** | El 7 de junio es apresado en plena campaña electoral, cuando ya era el candidato presidencial de los partidos Antirreeleccionista y Nacional Democrático. Al no poder participar en las elecciones, Porfirio Díaz quedó confirmado para un nuevo sexenio presidencial. El 5 de octubre se hace público el Plan de San Luis Potosí y el 20 de noviembre se inicia el primer alzamiento de la Revolución. |
| **1911** | El 8 de mayo Madero ataca Ciudad Juárez; en el mismo lugar, el día 21 se firman los Tratados de Ciudad Juárez, que acuerdan la renuncia de Porfirio Díaz. El 25 de mayo Madero entra en la capital mexicana y es elegido presidente de la República. |
| **1913** | El 22 de febrero el general Victoriano Huerta lo manda asesinar, y pasa a ocupar el cargo de presidente. |

# MAXIMILIANO DE HABSBURGO
## *(1832-1867)*

*Maximiliano de Habsburgo, un emperador anacrónico en el Nuevo Mundo que, aunque actuó quizá con buenas intenciones, fue títere de liberales y conservadores.*

*L*a brevedad del sueño imperial, la impostura europea de colocar a un monarca austríaco de sangre azul en tierras del Nuevo Mundo, así como su dramático destino, hacen de Maximiliano de Habsburgo un personaje patético, aunque no por ello menos crucial

en la historia contemporánea de México. Ni siquiera su ejecución en el Cerro de las Campanas, en Querétaro, aparece en la historia revestida de las pompas y el simbolismo de ruptura con el Antiguo Régimen que habían de caracterizar otras ejecuciones célebres, como la de Carlos I Estuardo, en el *Whitehall* londinense ante un impresionado público, o la de la guillotina que segara la cabeza de Luis XVI ante los enfervorizados *sans-culottes* del París revolucionario. Al contrario que sus ilustres y desdichados predecesores, Maximiliano no tuvo público que asistiese a su suplicio. Ni el honor de ser ajusticiado en la soledad egregia de los reyes absolutos; junto a él cayeron los generales Miramón y Mejía.

Sin embargo, «la historia a menudo se repite, aunque una veces como tragedia y otras como farsa». Con el ajusticiamiento de Luis XVI caía *l'Ancien Régime;* con Carlos I se ponía fin al absolutismo de los Estuardo y se sentaban las bases del futuro imperialismo británico; con el fusilamiento de Maximiliano se ponía punto final a la intervención europea en el Nuevo Mundo. Fue un emperador anacrónico, que nunca supo qué carta quedarse, movido como un títere por liberales y conservadores. Tal vez tuvo buenas intenciones, pero «el infierno de la historia está lleno de buenas intenciones». Eduard Manet y Diego Rivera plasmaron en dos lienzos famosos, naturalmente desde perspectivas contrapuestas, el instante histórico de su ejecución, pero en ambos se percibe un hálito de irrealidad, como si el fantasma de la propia vida presidiera el trágico desenlace de un imperio que nunca logró cuajar en el sistema político del país, y que puso fin a un nefasto período de injerencia extranjera.

## El proyecto de un nuevo imperio

A principios de 1860 el gobierno de Juárez tuvo que enfrentarse, entre otros, a dos problemas apremiantes: la presión de los partidos conservadores y el pago

*El emperador de México junto a su esposa, Carlota Amalia, hija del rey Leopoldo I de Bélgica. La forma imperial a la usanza europea no logró cuajar en el sistema político del país americano.*

*Arco de triunfo levantado en honor a Maximiliano de Habsburgo. Tres años duró el frágil imperio que colocó a un austríaco de sangre azul como monarca de un país poblado mayoritariamente por indígenas.*

de la deuda externa contraída con Gran Bretaña y Francia. La decisión de Juárez de declarar la suspensión del pago por dos años originó la ruptura de relaciones con estos países. Este hecho dio pie a la creación de una triple alianza entre Gran Bretaña, Francia y España, sellada con el convenio de Londres de 1861, que, con el objetivo aparente de obligar a México a cumplir sus compromisos económicos, establecía como medida de presión la invasión militar.

Tropas británicas, francesas y españolas ocuparon en 1861 Veracruz. El buen hacer de Manuel Doblado, ministro de Relaciones Exteriores del gobierno juarista, consiguió, mediante la firma del Acuerdo de la Soledad de 1861, que España y Gran Bretaña desistieran de su tentativa de intervención militar. Sin embargo, guiadas por el delirio imperialista de Napoleón III, las tropas expedicionarias francesas apoyaron las maniobras de los conservadores mexicanos, lo que aumentó la presión contra el gobierno de Juárez, quien tuvo que abandonar la capital para reorganizar la resistencia.

De las reuniones mantenidas en París entre los políticos mexicanos conservadores exiliados, Almonte y Miramón, con el emperador francés surgió el proyecto de instaurar un nuevo imperio y ofrecer la corona a Maximiliano de Habsburgo, idea que ya se había planteado en 1861 en el Plan de Iguala y que José María Gutiérrez Estrada había insinuado.

## Un Habsburgo en el Nuevo Mundo

Tras la toma de la capital mexicana por el ejército francés se formó la llamada Junta de Notables, presidida por Teodosio Lares, que aceptó como forma de gobierno de la nación mexicana la monarquía moderada. Esta Junta determinó que el trono lo ocuparía un príncipe católico bajo el título de emperador de México y se encargó de designar al príncipe Fernando Maximiliano, archiduque de Austria. Francia, a su vez, se comprometió, a través del Tratado de Miramar, firmado en abril de 1864, a prestar a Maximiliano

*Proveniente de Trieste, Maximiliano llegó a Veracruz el 28 de mayo de 1864 y el 12 de junio entró en la capital mexicana.*

respaldo militar, mientras que el sostenimiento de las tropas francesas debía ser cubierto con los fondos del tesoro imperial mexicano. Maximiliano, después de renunciar a sus derechos como archiduque de Austria, recibió la corona de manos de los jefes del partido Católico de México, Almonte, De Estrada y Labastida.

Nacido el 6 de julio de 1832, en el palacio de Schenbrunn en Viena, Austria, Fernando Maximiliano de Habsburgo era hijo segundo de los archiduques Francisco Carlos y Sofía y hermano del emperador Francisco José. Recibió una esmerada educación ilustrada y desde muy joven sirvió en la marina austríaca; en 1850 emprendió largos viajes por Grecia, Asia Menor, España, Argelia, etc. En 1857, se casó en Bruselas con la princesa Carlota Amalia de Bélgica, hija del rey Leopoldo I. Entre los años 1857 y 1859 fue gobernador general de las provincias lombardo-venecianas, y residió después en su magnífico castillo de Miramar, cerca de Trieste, donde recibió a la comisión mexicana del Poder Ejecutivo encargada de llevar al archiduque el decreto que le ofrecía el trono. El 14 abril de 1864 salió de Trieste en compañía de su esposa Carlota, llegó a Veracruz el 28 de mayo y el 12 de junio hizo su entrada triunfal en la capital de México, hecho que los periódicos de la época describieron con gran detalle.

## Los primeros conflictos

El recién nombrado emperador y su esposa pusieron gran empeño en ganarse las simpatías del pueblo mexicano: habían aprendido el español y estudiado la historia de México. Maximiliano —antes incluso de organizar su gobierno— decidió realizar un viaje al interior para conocer por sí mismo la realidad del país, dejando como regente a Carlota. Sin embargo, los problemas surgirían muy pronto. Al clero y a los conservadores les molestaba el talante favorable de Maximiliano respecto a los liberales, su carácter ligero e irresoluto, algunas ideas sobre la libertad de culto que se habían traslucido en su primer discurso, su rechazo a titularse emperador por la gracia de Dios y hasta su renuncia a su primer nombre, Fernando, tan español, a juicio de ellos. Asimismo, eran numerosas las quejas sobre los abusos de las tropas francesas.

## La política de Maximiliano

El archiduque trató de aplicar una tímida política liberal y nombró a diversos ministros cercanos a esta ideología: Luis Robles Pezuela, Juan de Dios Peza, Pedro Escudero y Echanove y José María Cortés Esparza; mientras, las luchas de las guerrillas juaristas continuaban en gran parte del territorio. Las primeras medidas decretadas por Maximiliano concedían la libertad de culto y sometían a la Iglesia al control del Estado, con lo que el poder político de las fuerzas reaccionarias se veía mermado. Esto provocó irritación y descontento entre los grupos ultramontanos. Por otro lado, parecía que el apoyo del ejército francés no duraría siempre, por lo que era esencial crear un ejército mexicano que le respaldara.

A principios de 1865 aparecieron diversos decretos sobre las prerrogativas del clero, como el de la revisión de todas las operaciones de desamortización y nacionalización de bienes eclesiásticos, lo que agravó las relaciones con El Vaticano. Sin embargo, en abril expidió una serie de decretos sobre diversas materias que, de hecho, establecían simplemente un gobierno absoluto. Finalmente, la ley del 3 de octubre, que condenaba a muerte a los patriotas liberales que continuasen la lucha, inútil por estar vigente el decreto de Forey del 20 de julio de 1863, era una muestra más de la ausencia completa de pensamiento político de Maximiliano. También dio preferencia a los extranjeros —desconocedores de la lengua y la realidad del país— para ocupar los altos puestos de la administración, lo que hería el sentimiento nacional.

## El principio del fin

A fines de 1865 el Imperio estaba ya sentenciado a muerte: la ley del 3 de octubre, la bancarrota de diciembre —que impidió el cumplimiento de los compromisos de Miramar—, la presión sobre Francia de Estados Unidos, país que, tras el final de la guerra de Secesión, continuaba reconociendo a Juárez como único presidente, y la creciente preocupación de Napoleón III por los asuntos de Europa, en particular por su rivalidad con Prusia, eran, entre otros, claros síntomas del inminente declive del Imperio. Por otro lado, la presencia francesa en México estaba resultando demasiado costosa y el interés imperial sobre el país se iba desvaneciendo.

Apremiado por la opinión pública francesa y por las tensiones con Estados Unidos, en 1866 Napoleón III anunció la retirada de las tropas intervencionistas ante la incredulidad de Maximiliano. Éste, en un intento por salvar su gobierno y aconsejado por Hidalgo, buscó conciliar la política napoleónica con las exigencias de los conservadores y, a su vez, las aspiraciones de éstos con el liberalismo, tarea no sólo difícil sino que estaba de antemano condenada al fracaso. Maximiliano recabó entonces el apoyo de los conservadores, llamó de nuevo a Márquez y Miramón, y realizó nuevos nombramientos. Sin embargo, dada la gravedad de la situación, estos cambios no tuvieron ningún efecto. La ayuda que su hermano le había ofrecido, poniendo a su disposición 4.000 voluntarios austríacos, no llegó nunca a su destino, ya que Estados Unidos amenazó a Austria con declararle la guerra si este contingente ponía rumbo a México. Sin el apoyo de las tropas francesas, el presidente Juárez encontró el camino libre para ir recuperando progresivamente territorios y plazas, y avanzar hasta el centro del país.

Ante la difícil situación, parece ser que Maximiliano se planteó la posibilidad de abdicar a mediados de 1866, pero su esposa Carlota se opuso a tal idea y sugirió acudir a París y Roma. Con aquellos viajes pretendía mejorar las relaciones diplomáticas intentando por una parte conseguir que Napoleón III reconsiderara su posición y, por otra, mejorar las relaciones con la Iglesia, tratando de solucionar con

*Incendio de Xochiapulco durante la retirada de las tropas francesas de México. Ante la incredulidad de Maximiliano, Napoleón dio la orden de abandonar el territorio que había sido incorporado al imperio.*

el Papa los problemas eclesiásticos. El día 9 de julio de 1866 Carlota partió rumbo a Europa. Maximiliano no volvería a verla nunca más. Los intentos de la emperatriz, tras su entrevista con Napoleón III, fracasaron, y la archiduquesa, viendo desvanecidos sus sueños, cayó en un estado de enajenación mental. El 9 de octubre se retiró con su hermano hacia el castillo de Miramar.

## El final del Imperio

El 31 de octubre de 1866 el emperador salió de Ciudad de México rumbo a Orizaba, acompañado de Teodosio Lares (el hombre que había presidido la famosa Asamblea de Notables), el padre Fischer y diversos borradores de proyectos de abdicación. Aunque estaba resuelto a abdicar, a lo cual lo incitó también Napoleón III, la perspectiva de volver a Europa humillado y vencido, la enfermedad de Carlota y el apoyo que aún mantenía por parte de los conservadores le hicieron desistir de aquella idea. El 29 de noviembre Maximiliano adoptó la decisión definitiva de permanecer en México y el 3 de diciembre Lares comunicó esta decisión a las autoridades francesas.

Al cabo de unos días publicó un manifiesto en que daba a conocer su deseo de convocar un congreso para poner fin al gobierno absoluto y días más tarde decretó la organización de un ejército de 8.000 hombres divididos en tres cuerpos, encabezados por Márquez, Mejía y Miramón.

Mientras tanto, Francia insistía, a través de Bazaine, en su abdicación, pero una nueva junta de notables, convocada el día 14, aconsejó que continuara al frente del Imperio. El ministro Teodosio Lares incitó a Maximiliano a que se dirigiera a Querétaro para ponerse al frente de las tropas, y así lo hizo.

## Los últimos días del emperador

En febrero de 1867 se trasladó a Querétaro con sus leales, pero el 15 de mayo, sitiado por 30.000 soldados republicanos, a consecuencia de la traición del coronel López, cayó en manos del general republicano Escobedo. El 17 fue llevado al convento de Santa Teresa, dado que ya había sido previsto su juicio, y el 24 comenzó ya a ser sometido a los interrogatorios en el convento de los Capuchinos. A pesar de que sus defensores se aprestaron a solicitar un indulto, la decisión era irrevocable, y, juzgado por un consejo de guerra, se dictó sentencia de muerte el 14 de junio, al amparo de la misma ley que él mismo había firmado en 1865. El día 19 Maximiliano fue fusilado en Querétaro, en el Cerro de las Campanas, junto con los generales Miguel Miramón y Tomas Mejía. El emperador, segundos antes de recibir la descarga que acabaría con su vida, hizo un breve discurso, en cuya parte final coinciden cronistas e historiadores: «Voy a morir por una causa justa: la causa de la independencia y la libertad de México. ¡Que mi sangre selle las desgracias de mi nueva patria! ¡Viva México!»

El 15 de julio de 1867, Juárez entró en la capital, donde fue aclamado. El cadáver de Maximiliano, depositado en el Hospital de San Andrés de México, fue rescatado por el vicealmirante Tegetthoff, embarcado en Veracruz a bordo del buque *Novara,* el 28 de noviembre, y depositado en el sepulcro imperial de la iglesia de los Capuchinos en Viena.

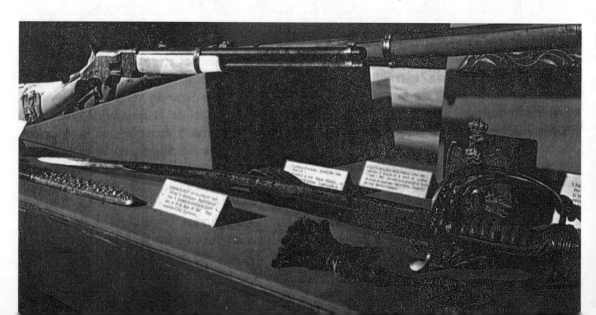

*El instante histórico de la ejecución de Maximiliano fue plasmado en dos lienzos muy famosos por los pintores Eduard Manet y Diego Rivera. La imagen superior muestra la perspectiva de Manet para retratar el dramático destino del monarca. Abajo, a la izquierda, la espada que Maximiliano entregó en Querétaro al ser detenido.*

| | |
|---|---|
| **1832** | Nace en Schoenbrunn, Viena, Austria, el 6 de julio, **MAXIMILIANO DE HABSBURGO.** |
| **1855** | Es nombrado almirante y comandante en jefe de la flota austro-húngara. Visita Palestina. |
| **1857** | Se casa con la princesa Carlota Amalia de Bélgica, hija de los reyes Leopoldo I y Luisa de Bélgica. |
| **1857-1859** | Gobierna el reino Lombardo-Véneto. |
| **1861** | El 18 de septiembre se le propone para ceñir la corona imperial de México. |
| **1864** | Firma el Tratado de Miramar por el que acepta la corona imperial de México. El 14 de abril sale de Trieste con su esposa Carlota Amalia y llega a Veracruz el 28 de mayo, haciendo su entrada triunfal en la capital de la República el 12 de junio. |
| **1865** | Tensas relaciones con El Vaticano por la desamortización y nacionalización de los bienes eclesiásticos. No se cumplen los compromisos del Tratado de Miramar. |
| **1866** | Retirada de las tropas intervencionistas. 9 de julio: viaje de Carlota hacia Europa en busca de apoyos internacionales. 31 de octubre: Maximiliano sale de Ciudad de México rumbo a Orizaba, negándose a abdicar a pesar de las presiones francesas. |
| **1867** | 15 de mayo: cae en manos del general republicano Escobedo en Querétaro y, sometido a juicio, es condenado a muerte. 19 de junio: muere fusilado en las Campanas de Querétaro, junto con los generales Mejía y Miramón. 28 de noviembre: el cadáver de Maximiliano es embarcado a bordo del buque *Novara* y enterrado en la iglesia de los Capuchinos de Viena. |

# MOCTEZUMA I *ILHUICAMINA*
## *(1398-1469)*

*I*niciador del imperio azteca, Moctezuma I, cuyo sobrenombre solar, *Ilhuicamina*, significa «flechador del cielo», practicó una política expansionista gracias a la cual conquistó numerosos territorios y condujo a su pueblo a ocupar un papel relevante entre las tribus asentadas en la cuenca del Anáhuac, a la par que se convertía en el monarca más importante de su tiempo. *Ilhuicamina* forjó un Estado cuyo centro visible fue la bella y estratégica ciudad de Tenochtitlán, en la que realizó numerosas obras de ingeniería, con lo que demostró a los pueblos vecinos el poder que detentaba. Pero fue con Moctezuma I que el imperio azteca llevó al paroxismo las guerras floridas y los sacrificios humanos a los dioses, entre los que destacaba por su crueldad el sacrificio de Tonalácatl, provocando la enemistad de las tribus vecinas y de los reinos más alejados, víctimas de estas expediciones.

## Gran héroe azteca

El futuro del pueblo azteca parecía prudentemente consolidado cuando en 1398 nació el descendiente del rey azteca Huitzilíhuitl II y de su esposa, hija del temible soberano tepaneca Tezozómoc, recibiendo el nombre de Moctezuma. Pero en la elección del uei tlatoani o gobernante supremo no sólo era importante el factor hereditario, sino que también se tenían en cuenta las virtudes personales del candidato. Así, a la muerte de su padre, Moctezuma no pudo ocupar el trono debido a su corta edad y, en su lugar, lo hizo primero su tío Chimalpopoca y más tarde su hermanastro Itzcóatl. Por fin en 1440, tras largos años de victoriosas batallas al servicio de Itzcóatl y cuando contaba cuarenta y dos años de edad, fue nombrado tlatoani del pueblo azteca.

*Moctezuma I* Ilhuicamina *forjó un Estado cuyo centro visible fue la bella y estratégica ciudad de Tenochtitlán. El gran desarrollo y las obras de ingeniería construidas en esta metrópoli indígena demostraron a los pueblos vecinos el poder que detentaba Moctezuma, cuya política se caracterizó por el expansionismo. La imagen, copia de un manuscrito del Archivo General de México, muestra algunos de los miembros de la dinastía iniciada por este rey.*

*Muchas de las campañas que realizaban los aztecas tenían como finalidad principal obtener prisioneros para ofrecerlos en sacrificio a sus dioses, campañas que han recibido el nombre de* guerras floridas. *A los prisioneros, una vez sacrificados, les quitaban el corazón y lo colocaban en un vaso para ofrecérselo al dios solar Huitzilopochtli, cuya representación aparece en la imagen situada a la derecha.*

El nuevo soberano, que gobernaría durante treinta años, al final de los cuales sería sustituido por Axayácatl, fue elegido, gracias a su bien merecida fama de guerrero y estratega militar, por cuatro electores pertenecientes a la más alta nobleza, respaldados por el resto de la clase nobiliaria. Moctezuma había sido definitivamente reconocido como héroe durante la batalla de Tanaicán en la que el ejército de su hermanastro se enfrentó a Maxtla, jefe de los tepanecas, quienes tenían como vasallos a diversos pueblos aztecas entre los que se contaba Tenochtitlán. El territorio que anteriormente había estado bajo el dominio de Maxtla se repartió entre los vencedores y se formó una confederación de los pueblos del Anáhuac bajo control azteca.

Una vez en el trono, las victorias de Moctezuma fueron cada vez más frecuentes, por lo que sus súbditos lo consideraron como el supremo juez y señor, a quien nadie osaba contradecir. Es más, los aztecas solían practicar la guerra para defenderse, por venganza o por motivos económicos y muchas de las campañas realizadas por este soberano fueron bajo pretexto de obtener prisioneros para ofrecer en sacrificio a sus dioses, pero indiscutiblemente el principal objetivo era la expansión territorial. Una vez sometidas, las provincias pagaban fuertes tributos en forma de oro, plata, piedras preciosas, plumas, cacao, maíz, plantas medicinales y esclavos.

Acostumbrados a esta etapa de bienestar económico, fue difícil para el pueblo de Tenochtitlán enfrentarse en 1450 a la terrible crisis provocada por diversas sequías y plagas que arruinaron la agricultura y sumieron a la ciudad en la desesperación y el hambre. Ante tan gran desastre, los aztecas comenzaron una política expansionista en dirección a las zonas productoras de maíz a fin de asegurar la supervivencia de Tenochtitlán en caso de un nuevo desastre, lo cual ocasinó que algunos pueblos se mostraran en desacuerdo con los aztecas y se rebelaran contra su política expansionista. Destacan por su virulencia los diversos levantamientos protagonizados por los chalcas en 1456, que concluyeron en una guerra durante la cual Moctezuma, con la ayuda de sus aliados, arrasó la ciudad y repartió el territorio entre su propio reino y el de sus aliados. Superada la crisis, *Ilhuicamina* persistió en su política expansionista y se anexionó, mediante sucesivas campañas, las provincias de Cuextlán, Coxolitlán, Acatlán, Tlahuitolan, Xiletepec, Piaztlán, Tamazolán y Tetlcocoyán, reforzando el poder de Tenochtitlán frente a las veleidades monopolistas de cualquier otra ciudad-estado de la cuenca del Anáhuac.

## La sociedad azteca en tiempos de Moctezuma

Durante el reinado de Moctezuma I, la población azteca aumentó de forma considerable, gracias a la gran cantidad de nuevos territorios conquistados que facilitaban la obtención de alimentos, por lo que la estructura y la organización de la sociedad fueron tornándose más complejas, a la par que el sentido comunitario y de solidaridad característico de las primeras tribus disminuyó. Esta nueva situación obligó a aplicar leyes severas y a instituir tribunales de justicia. Se reprimió el robo con la muerte o la esclavitud según se considerara la gravedad del delito; el hurto en camino real o en los mercados era causa inmediata de muerte, siendo también castigado con la pena máxima el individuo que robaba oro, plata o jade, pues eran considerados elementos reservados para los ornamentos religiosos. La embriaguez era también un grave delito que en muchos casos se castigaba con la pena capital y únicamente se encontraban exentos del castigo por embriaguez los ancianos de uno u otro sexo que hubiesen cumplido sus obligaciones sociales con la tribu.

El cumplimiento de estas normas de comportamiento estaba en muchos casos estrechamente vinculado a la religión y al Estado, cuya cabeza visible era el tlatoani. Moctezuma I, sirviéndose del poder de los sacerdotes, estableció una monarquía teocrática y gobernó asumiendo ambas funciones. El pueblo azteca se hallaba sometido a los designios de los dioses y del monarca, debiendo cumplir con sus obligaciones según el rango que ocupaba en el seno de la sociedad.

A la cabeza de la pirámide estaban los tlazopitlazo-pipiltin o preciados nobles, de entre los cuales eran escogidos los uei tlatoani o gobernantes supremos; en segundo lugar se encontraban los cuauhpipiltin, un estamento asociado a la clase guerrera y, por último, los tequihuaque, que eran los hijos de quienes desempeñaban importantes funciones administrativas. En un nivel inferior se encontraban los maceuhualtin o plebeyos, que componían el grueso de la población. Este último grupo se ocupaba de la agricultura y de las tareas artesanales, trabajaba las tierras comunales, las de los nobles y las de los sacerdotes. El papel de los maceuhualtin en el seno de la sociedad azteca era básico, puesto que no sólo procuraban el sustento de la población sino que también se ocupaban de las más variadas tareas artesanales como la fabricación de cerámica o de armas. Este grupo social, si bien participaba del bienestar general de la ciudad, no disponía de tierras en propiedad «Los primeros a quienes se asignaron las tierras fueron los de la casa real; las tierras que pertenecían a los caciques, destinadas al mantenimiento del soberano [...] Once parcelas de tierra se daban al consejero del soberano, Tlacaecel; y también dos o tres parcelas eran concedidas a los distintos pipiltin, en proporción a sus méritos y cargos.»

Durante su edad temprana, el pueblo recibía educación en las llamadas telpuchcalli o casas de jóvenes, donde se preparaban para participar en el ejército. Estos hombres eran de condición libre y pertenecían a extensos grupos de familias emparentadas entre sí, conocidos con el nombre de capulli, cada uno de los cuales tenía sus propias tierras, sus dirigentes de clan específico y su templo particular.

Una institución social singular era la correspondiente a los mercaderes, denominados pochtecas. Se trataba de una especie de gremio de mercaderes, que negociaban con productos de lujo en mercados, a menudo muy lejanos, y que desempeñaron en algunas ocasiones funciones de embajadores o espías en estas regiones del imperio alejadas.

El grupo más desfavorecido de la sociedad azteca correspondía a los esclavos, los cuales estaban obligados a realizar numerosos trabajos forzados para la comunidad y para los nobles. Pertenecían a esta clase, los más pobres, los indolentes, los prisioneros militares y las prostitutas, pero podían recobrar su libertad si alguien pagaba por ellos.

Cuando los aztecas llegaron al altiplano mexicano los mejores lugares se encontraban ya ocupados, por lo cual tuvieron que establecerse en una isla pantanosa sobre la que fundarían en 1370 los cimientos de la futura Tenochtitlán. Era éste un lugar sin tierra para cultivar que obligaba a los recién llegados a vivir de la caza, la pesca y la recolección. Su única ventaja era que se trataba de un excelente enclave desde el punto de vista estratégico, puesto que era casi inexpugnable y sólo Hernán Cortés lograría dominarla en el año 1520.

A la escasez de tierras para la siembra, se añadían además las frecuentes avenidas de agua salobre, por lo que este pueblo resolvió su escasez de agro mediante la construcción de chinampas o «jardines flotantes», en realidad, pequeñas islas artificiales hechas de lodo y juncos, donde se podía cultivar todo lo necesario para la subsistencia familiar.

Preocupado por el bienestar de su pueblo, Moctezuma potenció de forma contundente el esfuerzo realizado por los campesinos y aprovechó las cualidades técnicas del rey aliado de Texcoco, Nezahualcóyotl, para construir una barrada que represaba el desbordamiento del lago en las épocas de lluvia y que separaba las aguas dulces de las salitrosas, así como levantar un acueducto que, desde los manantiales de Chapultepec, conducía agua potable en abundancia a la ciudad. Estas magnas obras de ingeniería permitieron que México-Tenochtitlán se desarrollara con más rapidez que otras ciudades circundantes, pues quedaba a salvo de inundaciones y de falta de agua potable,

*Imagen fantástica del emperador Moctezuma, quien se convirtió en el monarca más importante de su tiempo entre las tribus asentadas en la cuenca del Anáhuac.*

lo cual unido a su posición estratégica y al carácter imperialista de Moctezuma I, contribuyó a sentar las bases de lo que habría de ser la gran expansión económica posterior de la civilización azteca.

| | |
|---|---|
| **1398** | Nace **MOCTEZUMA I** *ILHUICAMINA*, hijo del tlatoani azteca Huizilíhuitl II. |
| **1440** | A los cuarenta y dos años, Moctezuma I *Ilhuicamina* es nombrado tlatoani del pueblo azteca, después de haber demostrado su valía en la batalla y prestado sus servicios a Itzcóatl. |
| **1440-1460** | Moctezuma extiende sus dominios hacia Jilotepec por el norte y Cuauhnáhuac, actual Cuernavaca, por el sur. Construcción del teocalli de Huitzilopochtli. |
| **1447** | Terribles plagas y sequías sumen a la ciudad en el hambre, ante semejante situación se comienza una política de expansión hacia las zonas productoras de maíz. |
| **1452-1454** | La lápida conmemorativa, conocida como «Piedra del Hambre», encontrada en 1790 en la Plaza Mayor de Ciudad de México, constituye un documento de gran valor para conocer la terrible hambruna que asoló Mexico-Tenochtitlán en esta época, y que fue la base de la expansión imperialista y comercial ulterior desarrollada por Moctezuma *Ilhuicamina*. |
| **1456** | El levantamiento de los chalcas concluye en una guerra en la que Moctezuma arrasa la ciudad y reparte el territorio entre su reino y sus aliados. |
| **1458-1461** | Extiende su dominio hacia Puebla y parte de Oaxaca por el oeste y Cuetlaxtan por el este. |
| **1469** | Muere a fines de octubre Moctezuma I *Ilhuicamina*. |

# MOCTEZUMA II *XOCOYOTZIN*
## *(1466-1520)*

*Moctezuma II* Xocoyotzin, *el «señor iracundo» en lengua náhuatl, fue el último emperador azteca coetáneo a la llegada de los españoles. Cuando en 1517 comenzaron a llegar noticias del desembarco en las costas de Yucatán de unos extranjeros que procedían del mar, los dominios territoriales de Moctezuma se habían extendido ya hasta la frontera entre América Central y América del Sur.*

*E*l gobierno y la vida del noveno tlatoani o emperador de México-Tenochtitlán, llamado Moctezuma o Motecuhzoma, están marcados por un acontecimiento que no tiene parangón en la historia del planeta: lo que Salvador de Madariaga calificó de «encuentro entre dos mundos», en realidad, el choque de dos civilizaciones que se contemplaban por primera vez y cuya evolución cambiaría radicalmente a partir de ese contacto inaugural.

Según cuentan los textos virreinales, Moctezuma II *Xocoyotzin* nació en 1466 en Aticpac, uno de los barrios nobles de Tenochtitlán. Era hijo de Axayácatl, sexto señor de los aztecas, y recibió una educación acorde con su abolengo, destacando antes de ser coronado por su humildad, sus aptitudes como militar y su exacerbada religiosidad. En 1502, tras la muerte de su tío, el emperador Ahuízotl, fue elegido entre sus hermanos para ocupar el trono.

### El «señor iracundo»

Nada más ceñir la corona, Moctezuma, que en lengua náhuatl significa «el señor iracundo», experimentó una transformación radical y se convirtió en un gobernante despótico que conmocionó la vida del Imperio. Ignoró la antigua relación de armonía entre los tres Estados que integraban la alianza azteca (Tenochtitlán, Texcoco y Tlacopán), e impuso su autoridad en los asuntos internos de los reinos confederados. Se mostró soberbio tanto con los plebeyos, a quienes apartó de todas sus funciones y dignidades, como con los aristócratas, obligados a ir descalzos en su presencia y sin ostentar sus aderezos más que en las grandes ceremonias a fin de no eclipsar su esplendor.

Con objeto de consolidar el Imperio, el nuevo soberano emprendió diversas campañas, entre las que destacan, por sus funestas consecuencias, las destinadas a finalizar con la independencia de Tlaxcala. Tras un primer enfrentamiento en el que fue derrotado y muerto su hijo Tlacahuepantzin, el monarca mexica reunió un poderoso ejército confederado, pero éste fue aplastado por los soldados tlaxcaltecas. Habiendo renunciado a la conquista de tan indomable pueblo y superada la sequía que en 1504 asoló su país, Moctezuma reanudó las campañas bélicas y condujo sus ejércitos hasta las fronteras de América Central con América del Sur, pasando por Chiapas y Guatemala y apoderándose de Honduras y Nicaragua.

Cuando en 1517 llegaron a Tenochtitlán extrañas noticias sobre la presencia en los confines del Imperio de unos extranjeros procedentes del mar que decían representar a un señor, mitad divino y mitad humano, Moctezuma se hallaba en el apogeo de su poder. Aquellos visitantes no eran otros que los marinos españoles encabezados por Francisco Fernández de Córdoba que en aquellos días exploraban el golfo de México y las costas del Yucatán.

Los mexicas pensaron que los conquistadores eran los hijos del bondadoso y justo dios Quetzalcóatl que venían para acabar con el déspota. Los negros presagios para éste se acentuaron cuando en 1519 desembarcó en Yucatán Hernán Cortés y dirigió sus huestes hacia la capital azteca precedido de una terrible fama: había sojuzgado a los tlaxcaltecas. Moctezuma, con el objeto de alejarlos, envió ricos presentes a los invasores que, lejos de surtir el efecto deseado, aumentaron su codicia.

El encuentro entre el tlatoani azteca y el hidalgo extremeño, al que los indígenas llamaban *Malinche* por ser éste el sobrenombre de su compañera Marina, se produjo en medio de una espléndida ceremonia. Sin embargo, el recelo contra los recién llegados surgió pocos días después cuando los españoles comenzaron a buscar oro por toda la ciudad, se permitieron criticar a los dioses aztecas, exigieron el cese de los sacrificios humanos y pretendieron erigir un altar cristiano en el templo principal de la ciudad.

El descontento indígena alcanzó entonces su clímax y los rumores sobre un ataque inminente llegaron hasta las filas de los conquistadores. Cortés decidió adelantarse a los acontecimientos y tomó como rehén a Moctezuma, quien aceptó su suerte y apaciguó a sus súbditos.

Este delicado equilibrio se rompió cuando el extremeño hubo de dirigirse a Veracruz para enfrentarse y derrotar a Pánfilo de Narváez, enviado al frente de un gran ejército por el gobernador Diego de Velázquez. Durante su ausencia, Pedro de Alvarado, jefe de la guarnición encargada de custodiar a Moctezuma en Tenochtitlán, desencadenó una matanza entre los aztecas durante una de las celebraciones religiosas, que provocó una verdadera sublevación.

Cortés regresó precipitadamente y pidió a Moctezuma que compareciese ante sus súbditos para tratar de calmarles una vez más. El soberano aceptó, sin sospechar que ya había sido elegido un nuevo tlatoani en su lugar; la muchedumbre vociferante le insultó y le lanzó una lluvia de piedras. Alcanzado por varios proyectiles, Moctezuma fue retirado por los españoles que se apresuraron a contener el ataque.

A los pocos días falleció el que fuera noveno señor azteca y según los españoles su muerte se debió a las heridas recibidas durante la algarada, mientras que los indígenas la atribuyeron a una estocada asestada por los conquistadores, quienes aquel mismo día, en la famosa Noche Triste, se retiraron furtivamente de la ciudad.

| | |
|---|---|
| **1466** | Nacimiento de **MOCTEZUMA** en Tenochtitlán. |
| **1502** | Sucede en el trono a su tío Ahuítzotl. |
| **1504-1506** | Campañas contra los tlaxcaltecas, itzecas, tecuhtepecas e itzcuintepecas. Años de sequía en el Imperio. |
| **1507** | Moctezuma asola las ciudades de Tzolán y Mictlán. |
| **1512** | Somete a los xochitepecas y a los yopitzingas. |
| **1515** | Sus ejércitos se apoderan de Honduras y Nicaragua. |
| **1517** | Expedición de Fernández de Córdoba al golfo de México. Llegan a Tenochtitlán las primeras noticias sobre la llegada de los españoles. |
| **1518** | En noviembre, Hernán Cortés zarpa de Cuba rumbo al Yucatán. |
| **1519** | Cortés funda Veracruz el 21 de abril. En noviembre, los españoles entran en Tenochtitlán; Moctezuma es hecho prisionero. |
| **1520** | 21 de mayo: Pedro de Alvarado desencadena una matanza de indígenas en ausencia de Cortés. Tras el regreso de éste, Moctezuma intenta apaciguar a los suyos durante el ataque del 27 de junio. Entre ese día y el 30 de junio, el emperador azteca muere por causas aún no aclaradas. |

# JOSÉ PABLO MONCAYO
## (1912-1958)

*P*ese a su muerte prematura, el músico, compositor y director de orquesta mexicano José Pablo Moncayo García fue un creador fecundo, que dejó para la posteridad una nutrida y excepcional producción musical, que ha pasado a la historia como un destacado e insigne representante del nacionalismo musical mexicano.

## Una tenaz carrera

Nacido en Guadalajara, en el Estado de Jalisco, en 1912, a diferencia de otros músicos contemporáneos, como su maestro Carlos Chávez o Blas Galindo, compositor este último con el que mantuvo estrechos vínculos profesionales, José Pablo Moncayo murió joven, en 1958, en Ciudad de México, cuando contaba algo más de cuarenta y cinco años. Sus comienzos profesionales no fueron fáciles. Ingresó pronto en el Conservatorio Nacional de Música, donde conoció a jóvenes compositores y pudo iniciarse en la nueva estética musical de vanguardia de la mano de un maestro de excepción, Carlos Chávez, quien le iniciaría en el ideario de la música nacionalista y, posteriormente, se ocuparía de difundir sus producciones.

A fin de poder pagarse sus estudios trabajó como pianista en cafés y radiodifusoras, hasta que fue contratado en 1931 como percusionista por la Orquesta Sinfónica de México, iniciándose entonces un estrecho y fructífero vínculo profesional con dicha institución. José Pablo Moncayo dirigió la Orquesta Sinfónica de México en cinco ocasiones, en 1936, 1942 (año en que fue becado por el Institute Berkshire), 1944, 1946 y 1947, al mismo tiempo que su auge profesional se tradujo en nuevas y mayores responsabilidades, ocupando también el cargo de subdirector (1945-1946) y el de director artístico (1946-1947).

En 1935, junto con otros jóvenes músicos, como Blas Galindo, Daniel Anaya y Salvador Contreras, también fervientes defensores de la música nacional y estudiosos de las raíces musicales mexicanas, constituyó el denominado Grupo de los Cuatro, un conjunto de cámara, formación de tendencias técnicas avanzadas cuyo objetivo primordial fue difundir las propias composiciones en recitales ofrecidos por ellos mismos, así como dar a conocer la música mexicana de vanguardia. Otra fecha importante en la carrera de José Pablo Moncayo fue 1942, cuando obtuvo una beca del Instituto Berkshire para realizar estudios de composición con Aaron Copland, una figura relevante en este campo.

La agitada y polifacética carrera musical de Moncayo inició un nuevo giro al ser nombrado, en 1950, titular de la recién creada Orquesta Sinfónica Nacional, permaneciendo en el puesto varios años. Menos conocida, aunque muy significativa, fue su faceta profesional como pedagogo. En este sentido cabe citar su labor docente en el Conservatorio Nacional donde desempeñó la cátedra de composición y dirección de orquesta.

## Una fecunda capacidad creativa

Familiarizado con las tendencias musicales de vanguardia, su amplia y rica producción musical da fe del elaborado desarrollo estilístico que, partiendo de un lenguaje caracterizado por el acento en la mexicanidad, evoluciona hacia un estilo más libre, personal y subjetivo. Asimismo, destaca su facilidad para componer y desenvolver su capacidad creativa en géneros musicales tan dispares como ballets, música de cámara, ópera o piezas sinfónicas.

Entre algunas de sus piezas más representativas del nacionalismo musical debe mencionarse su afamado *Huapango*, obra sinfónica para orquesta compuesta en 1941, que recrea los sones y ritmos populares de Alvarado y Coatzacoalcos en el Estado de Veracruz, así como su ópera *La mulata de Córdoba* (1948), obra basada en una leyenda mexicana, cuyo origen se remonta a la última época colonial.

Otras composiciones conocidas son los ballets *Tierra, Tierra de tempestad* (1949) y *Zapata*. Destacan, así mismo, su obra *Llano Grande*, que compuso en 1942 durante su estancia en los Festivales de Berkshire (Massachussetts, Estados Unidos), y la *Sinfonía Nº 1*, que obtuvo un premio en 1947. Otras obras significativas de su producción son *Pequeño nocturno* (1936), *Sonata para violín y cello* (1937), *Amatzinac* (1938), compuesta para flauta y orquesta de cuerda, *Sinfoneta* (1945), *Tres piezas para orquesta sinfónica: feria, canción y danza* (1947), su conocido *Homenaje a Cervantes* (1947), su *Fantasía intocable* y también las composiciones *Penatori*, una pieza creada para coros infantiles, y las *Canciones de mar*, una obra coral escrita para ser cantada por adultos.

Completan esta amplísima y profusa herencia musical algunas piezas como *Danza de los maíces* o la *Romanza de las flores de calabaza*, cuyos títulos ponen abiertamente de manifiesto los vínculos que la música de Pablo Moncayo presenta con el pueblo y las costumbres ancestrales y folclóricas mexicanas. Su respeto y agradecimiento al maestro, por la formación y orientación recibidas, quedaron entrañablemente plasmados en su composición *Homenaje a Carlos Chávez*, el que fuera guía y luz de las nuevas generaciones de músicos mexicanos de vanguardia.

Debido a su muerte prematura, el tenaz, incasable y prolífico compositor José Pablo Moncayo dejó inconclusas dos obras: una titulada *Simiente*, pieza pensada para piano y orquesta, y una sinfonía.

*Tras realizar estudios con Aaron Copland, José Pablo Moncayo fue en cinco ocasiones director de la Orquesta Sinfónica de México. Sus partituras están imbuidas de mexicanidad y de un estilo libre y subjetivo.*

| | |
|---|---|
| **1912** | Nace **JOSÉ PABLO MONCAYO** en Guadalajara, Estado de Jalisco. |
| **1931** | Es contratado como percusionista en la Orquesta Sinfónica de México. |
| **1935** | Constituye el Grupo de los Cuatro, cuyo objetivo principal es difundir y dar a conocer la música mexicana de vanguardia. |
| **1936** | Es nombrado director de la Orquesta Sinfónica de México. |
| **1941** | Compone la obra sinfónica para orquesta *Huapango*. |
| **1942** | Obtiene una beca del Instituto Berkshire para realizar estudios de composición con Aaron Copland. |
| **1947** | Compone *Homenaje a Cervantes* y *Penatori*, pieza para coros infantiles. |
| **1942-1944** | Participa en el festival de Berkhsire y compone *Llano grande* y *Sinfonía Nº 1*, que obtiene un premio. |
| **1948** | Compone *La mulata de Córdoba*, obra basada en una leyenda mexicana, |
| **1950** | Es nombrado titular de la Orquesta Sinfónica Nacional y ejerce como pedagogo en el Conservatorio Nacional donde desempeña la cátedra de composición y dirección de orquesta. |
| **1958** | Fallece en Ciudad de México. |

# JOSÉ MARÍA MORELOS Y PAVÓN
## (1765-1815)

*Este retrato de José María Morelos, pintado en Oaxaca, a fines de 1812, refleja el ideal de señorío y poder propio de este caudillo sureño.*

*J*osé María Morelos y Pavón es uno de los grandes héroes de la independencia de México. Sacerdote de origen humilde, fue capaz de armar un ejército de indios y campesinos que durante cinco años puso en jaque a las poderosas tropas españolas de Nueva España. Encarnó la voz y los sueños de libertad mexicanos desde que el cura Hidalgo, su maestro, lanzara el famoso «Grito de Dolores».

### El hijo del carpintero

En el humilde hogar que el carpintero Manuel Morelos y Juana Pavón tenían en Valladolid, la hoy llamada Morelia, en el Estado mexicano de Michoacán, nació José María, el 30 de septiembre de 1765. Muy pronto, el joven que llegaría a acaudillar la insurrección mexicana contra las autoridades virreinales de España quedó huérfano y su madre, ante la imposibilidad de mantenerlo, lo confió a un pariente.

Al lado de su tío Felipe, José María aprendió a sobrevivir como pastor y peón de campo y en ese entorno, donde se imponían el autoritarismo y las injusticias del régimen colonial y de los terratenientes criollos, el muchacho forjó el espíritu y el carácter que lo distinguirían en los momentos cruciales de la rebelión mexicana.

### El cura de Carácuaro va a la guerra

Poco más se sabe de la juventud de José María Morelos hasta que, ya de vuelta en el hogar materno, ingresó a los veinticinco años en el Colegio de San Nicolás de Valladolid, que dirigía Miguel Hidalgo y Costilla. Cinco años más tarde, en 1795, Morelos obtuvo su título de bachiller y prosiguió la carrera eclesiástica durante dos años más.

En el transcurso de estos años ofició de preceptor y clérigo en la parroquia de Uruapan, trabajo que le permitió obtener unos magros recursos con los que debió mantener a su madre y a su hermana María Antonieta. Mejoró en algo su situación cuando, el 31 de enero de 1798, fue nombrado cura interino de Churumuco, en donde se instaló con su familia. El clima del lugar no fue propicio para su madre, quien enfermó y, antes que las autoridades eclesiásticas accedieran al traslado que José María había solicitado, murió.

Poco después de la muerte de Juana Pavón, Morelos fue trasladado a la parroquia de San Agustín Carácuaro, en la que permaneció hasta 1810, el año de la

*Dibujo de la casa en la que vivió José María Morelos, en Cuautla. Tras ser sitiados en esta ciudad, Morelos y sus hombres resistieron valerosamente el asedio de las tropas de Callejas.*

heroica insurrección de Querétaro. El 16 de septiembre de ese año, su antiguo maestro, el cura Miguel Hidalgo, proclamó el llamado «Grito de Dolores» abogando por la independencia del país, la devolución de las tierras a los campesinos, en su mayoría indígenas, y el derecho de éstos a explotar los ejidos.

Casi un mes más tarde de ese histórico día, el 20 de octubre, en el pueblo de Charo, José María con unos pocos hombres mal armados se unió a Hidalgo y juntos marcharon a Indaparapeo. En este punto, Morelos fue encargado por el cura Hidalgo para organizar el levantamiento en la zona sur del país: «Por la presente comisiono en toda forma a mi lugarteniente el Br. D. José María Morelos, cura de Carácuaro, para que en la costa del sur levante tropas, procediendo con arreglo a las instrucciones verbales que le he comunicado».

## El caudillo del sur

La magnitud de la empresa que se le encomendaba no arredró a aquel cura voluntarioso de cuarenta y cinco años, a quien sólo lo acompañaban veinticinco hombres armados con unas pocas armas de fuego, lanzas y machetes. Los ideales de justicia y el extraordinario carisma de Morelos contribuyeron a que, a medida

que avanzaba sobre Zacatula, Petaltlán, Tecpán y Coyuca hasta Acapulco, a finales de noviembre, fuera seguido por tres mil hombres provistos de armas arrebatadas a los realistas.

Entre diciembre de 1810 y enero de 1811, el ejército acaudillado por José María Morelos obtuvo importantes victorias sobre las tropas del capitán Francisco Paris, comandante de la 5ª División de las Milicias de Oaxaca. El ejército de Morelos parecía invencible. Tras desbaratar las fuerzas de Paris y ante la imposibilidad de ocupar la plaza de Acapulco le puso sitio. La leyenda del gran caudillo del sur ya había comenzado a forjarse y daría a la historia de las luchas por la independencia mexicana algunos de sus momentos más gloriosos.

## Las fuerzas de los débiles

El ejército formado por José María Morelos se integraba fundamentalmente por campesinos y algunos hacendados criollos sin experiencia militar alguna. Sin embargo, la mayor virtud de Morelos fue conferirles disciplina en la batalla y hacerles comprender el verdadero sentido de la causa por la que podían morir. Fue esta una tarea a la que contribuyeron eficazmente sus lugartenientes Hermenegildo Galeana, los her-

161

manos Miguel y Leonardo Bravo, Ayala, Julián de Ávila y Valerio Trujano, quienes supieron interpretar las ideas de su jefe e imitar su espíritu de sacrificio.

El 21 de mayo de 1811, mientras Morelos acantonaba sus hombres al pie de la Sierra Madre, los hermanos Bravo y Hermenegildo Galeana se enfrentaron con éxito a los realistas en Chichihualco y poco después entraron en Chilpancingo. Cinco días más tarde, en una extraordinaria acción, Morelos tomó la plaza de Tixtla, donde se apoderó de gran cantidad de armas ligeras y pesadas e hizo seiscientos prisioneros. Los enfrentamientos posteriores fueron igualmente exitosos y, al cabo de nueve meses de campaña, ya era dueño de casi todo el territorio del actual Estado de Guerrero.

Pero sus acciones no se limitaban al terreno militar y en la provincia de Tecpán dio los primeros pasos para una organización administrativa de los territorios liberados, poniendo así de manifiesto su inequívoca vocación independentista.

El idealismo que embargaba a las tropas revolucionarias, en combinación con las acciones poco afortunadas de los jefes militares realistas, fue una de las causas que permitieron la consolidación de Morelos en el sur. Tras la ocupación de Tlapa, Xolalpa y Chiautla, el caudillo mexicano dividió su ejército en tres cuerpos tácticos al mando de Miguel Bravo, con el objetivo de ocupar Oaxaca; de Hermenegildo Galeana, con la misión de apoderarse de Tasco, y de él mismo, con el propósito de rendir Izúcar. A fines de año, Morelos y sus lugartenientes dominaban la ma-

yor parte de los territorios de Michoacán, México, Oaxaca y Puebla, al tiempo que mantenían el sitio de la guarnición de Acapulco.

## La reacción realista

Después de un año de guerra, los realistas habían sufrido una serie de graves reveses, pero también habían logrado sobreponerse a la sorpresa inicial de verse desbordados por un ejército popular que había reorganizado mejor sus tropas.

El jefe realista Porlier logró importantes triunfos sobre los guerrilleros del valle de Toluca, a cuyo caudillo desalojó de Tenango y Tenancingo. Fue precisamente en este lugar, donde, el 22 de enero de 1812, Morelos y Porlier chocaron y el jefe rebelde obtuvo una de sus victorias más brillantes, dejando expedito el camino a Cuernavaca y Cuautla, a donde llegó el 9 de febrero.

La importancia del revés sufrido por los realistas se tradujo en la determinación del virrey Venegas de acabar con Morelos. Para ello dispuso que el Ejército del Centro, comandado por el general Félix María Calleja, la División de Puebla y los refuerzos recién llegados de España avanzaran hacia el sur. En total, los realistas movilizaron ocho mil hombres para conseguir su objetivo y estuvieron a punto de conseguirlo, pero la heroica resistencia rebelde entre febrero y mayo de 1812 lo impidió.

Sitiados en Cuautla y aislados de las fuerzas guerrilleras exteriores, Morelos y sus hombres sufrieron el asedio y la total falta de provisiones, hasta que lograron romper el cerco a sangre y fuego. El caudillo rebelde escapó merced al sacrificio de las vidas de muchos de sus allegados.

*Plano en el que se representa la situación de las tropas insurgentes y realistas en la batalla de Las Cruces, librada en el año 1810.*

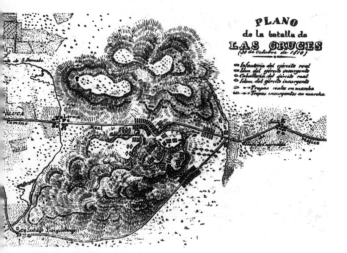

## La toma de Oaxaca

Con gran parte de su ejército disperso, Morelos se vio obligado a fijar su cuartel general en Chautla y allí reunió a ochocientos hombres con quienes reanudó la guerra. Marchó en auxilio de Trujano, sitiado en Huajuapan, y posteriormente venció a las tropas virreinales en Tehuacán y Acultizingo, que le abrieron el camino a Oaxaca.

Morelos, al frente de cinco mil hombres bien armados, atacó Oaxaca, fuertemente defendida por los realistas y, después de intensos y encarnizados com-

*Escena de la detención de José María Morelos por el ejército realista. Posteriormente, fue conducido a la cárcel secreta de la Inquisición en Ciudad de México, y finalmente fusilado.*

bates, entró en la ciudad el 25 de noviembre de 1812. Allí, tras un consejo de guerra sumario, hizo fusilar a los jefes españoles Aristi, Régules y Bonavia.

El infatigable Morelos permaneció en Oaxaca hasta febrero del año siguiente, dedicándose tanto a la planificación de la guerra como a la organización institucional y administrativa de los territorios liberados y, sobre todo, a tratar de armonizar las distintas posturas de los jefes políticos de la insurrección. La Junta Suprema de Zitácuaro sostenía intensos debates que amenazaban seriamente la unidad del movimiento, cosa que Morelos se sentía en la obligación de conjurar.

## El Congreso de Chilpancingo

Mientras sus tropas se encargaban de asediar y ocupar tras furiosos combates la fortaleza de Acapulco, entre abril y agosto de 1813, José María Morelos, para superar las diferencias surgidas en el seno de la Junta de Zitácuaro y formalizar la independencia mexicana, convocó en mayo el Congreso Nacional Constituyente. Este Congreso se reunió en Chilpancingo, a partir del 13 de septiembre. Al día siguiente, Morelos presentó los «Sentimientos de la Nación», declaración de principios sobre los que debía asentarse el futuro estado. El Congreso en pleno, como un homenaje a la autoridad moral de Morelos, lo nombró

Capitán General de los ejércitos patriotas y le otorgó el tratamiento de Alteza. Sin embargo, el caudillo puso una vez más de manifiesto su vocación de servicio y su generosidad, aceptando sólo el tratamiento de «Siervo de la Nación». De ese modo pretendía dejar sentado que los intereses de la patria debían estar siempre por encima de las ambiciones de sus hijos.

Los trabajos del Congreso, del que Morelos era diputado por el Reino de León, dieron como fruto, en noviembre, una constitución provisional de independencia, que obtendría forma definitiva en la carta de Apatzingán, el 22 de octubre de 1814. Esta declaración, inspirada en las constituciones francesa de 1793 y española de 1812, establecía la libertad de la América Mexicana, la soberanía popular y un gobierno de corte liberal republicano presidido por Morelos. Sin embargo, por entonces, la suerte del primer movimiento revolucionario contra el dominio español ya estaba echada. La estrella de Morelos habían empezado a declinar.

## El ocaso del héroe

Las disciplinadas tropas del virrey Félix María Calleja, con el apoyo de la burguesía y de la oligarquía criollas, terminaron por imponerse y, tras la victoria de Lomas de Santa María, en diciembre de 1813, que redujo a la mitad el ejército de Morelos, la guerra revolucionaria dio un vuelco sustancial e irreversible.

Al año siguiente, diezmado su ejército y abandonado por sus segundos, José María Morelos sufrió una serie sucesivas de derrotas militares y también políticas, ya que gran parte del Congreso insurgente le retiró su confianza.

Finalmente, Morelos cayó en poder de los españoles. El 5 de noviembre de 1815, cuando intentaba trasladar el Congreso a Tehuacán, las tropas del general Manuel de la Concha lo apresaron en Tezmalaca. Llevado a México y encerrado en una cárcel secreta de la Inquisición, fue enjuiciado por un tribunal

*Reproducción de un documento que Morelos hizo imprimir, en su calidad de vocal de la Suprema Junta Nacional Gubernativa y de Capitán General de los Ejércitos, para expedir nombramientos y títulos. En 1813, el Congreso pretendió concederle al propio Morelos el tratamiento de Alteza, pero él sólo aceptó el de «Siervo de la Nación».*

*Fiel discípulo y seguidor del cura Miguel Hidalgo, el también sacerdote José María Morelos se unió a la causa de su maestro, quien en 1810 lo colocaría al frente del levantamiento en la zona sur del país.*

presidido por Miguel Bataller, oidor real, y Félix Flores Alatorre, provisor del arzobispado. El tribunal eclesiástico despojó a Morelos de todos sus privilegios sacerdotales y lo puso en manos de la justicia virreinal.

Asimismo, la Inquisición declaró a José María Morelos «hereje formal negativo, fautor de herejes, perseguidor y perturbador de la jerarquía eclesiástica, profanador de santos sacramentos y traidor a Dios, al rey y al Papa». En una humillante ceremonia, que se celebró por primera y única vez en Nueva España, el Santo Oficio degradó a Morelos y posteriormente lo entregó a las autoridades civiles.

La Junta de seguridad del virreinato de Nueva España condenó a muerte a Morelos, quien sufrió una nueva humillación cuando, el 21 de diciembre, Manuel de la Concha lo obligó a hincarse para leerle la sentencia. Al día siguiente, en las ruinas del castillo de San Cristóbal Ecatepec, José María Morelos, el héroe de la independencia mexicana, fue fusilado de rodillas y por la espalda.

*El fusilamiento de José María Morelos, cuya imagen se ha conservado en esta pintura anónima de mediados del siglo XIX, significó la desaparición de uno de los líderes más carismáticos de la independencia mexicana. Tras haber sido condenado a muerte por la Junta del virreinato de Nueva España, Morelos padeció numerosas humillaciones y fue ejecutado en las ruinas del castillo de San Cristóbal Escatepec el 22 de diciembre de 1815.*

| | |
|---|---|
| **1765** | Nace en Valladolid, actual Morelia, en el Estado de Michoacán, el día 30 de septiembre, **JOSÉ MARÍA MORELOS Y PAVÓN**. |
| **1790** | Ingresa en el Colegio de San Nicolás Obispo, donde tuvo de profesor a Miguel Hidalgo. |
| **1797** | Recibe las órdenes eclesiásticas. |
| **1798** | Recibe el nombramiento de cura interino de Churumuco y pasa a ocupar más tarde la parroquia de San Agustín Carácuaro. |
| **1810** | 16 de septiembre, «Grito de Dolores»: Hidalgo inicia la insurrección y en octubre se le une José María Morelos, quien es comisionado para llevar la insurrección al sur del país. |
| **1811-1812** | Victorias de Paso Real de La Sabana, Tixtla, Tenancingo. |
| **1813** | 13 de septiembre: instala el Congreso Nacional Constituyente de Anáhuac en Chilpancingo, una vez tomada Acapulco. En diciembre, sus tropas quedan reducidas por los realistas al mando de Iturbide. |
| **1814** | 5 de enero: nueva derrota de los insurgentes, en la cual es apresado su amigo Mariano Matamoros, siendo fusilado en Valladolid. 22 de octubre: El Congreso proclama el Decreto Constitucional para la Libertad de la América Mexicana, firmado por Morelos como diputado por el Nuevo Reino de León. |
| **1815** | El 22 de diciembre es fusilado en las ruinas del castillo de San Cristóbal Escatepec. |

# MARIO MORENO, *CANTINFLAS*
## *(1911-1993)*

Cantinflas *protagonizando al personaje principal de la película*
El Mago, *filmada en 1948.*

*M*ario Moreno, que popularizaría más tarde el seudónimo *Cantinflas*, pese a lo que sus indiscutibles (e indiscutidas) facultades histriónicas y su proverbial vis cómica pudieran hacer pensar, eligió en su juventud una senda muy alejada de los estudios cinematográficos y el brillo de las candilejas. Primero quiso dedicarse a la medicina y, con esa voluntad, inició sus estudios, pero, víctima muy pronto de lo que algunos denominan «el veneno del teatro», acabó abandonando las aulas para entregarse en cuerpo y alma a una azarosa carrera artística, que comenzó en misérrimas compañías ambulantes y teatros de revista, pero que debía conducirle, por fin, a la cumbre del éxito y al

más rotundo reconocimiento de su valía como actor cómico, tanto en su país como en el mundo entero.

Nacido en 1911, en Ciudad de México, su capacidad para la improvisación verbal era tan grande que muchas de sus películas posteriores no necesitaron, casi, la omnipotente figura del director. Su dinamismo, su actividad, su trajín constante y su exuberancia mientras actuaba bastaban para mantener a flote unas producciones cuyo interés decaía vertiginosamente si la desternillante, casi surrealista, figura del actor desaparecía unos instantes de la pantalla. Cada vez que *Cantinflas* aparecía en una cartelera, el director y el productor de la película tenían asegurado el éxito.

## La popularidad del desvarío

Personaje popularísimo, basó su comicidad en unas reacciones ingenuas, en su asombrosa naturalidad y en sus personalísimos y desvariados monólogos, continuos, embarullados, inagotables, auténtico flujo del más delirante verbalismo que empezaba con inusitada fluidez y terminaban en balbuceos y galimatías ininteligibles, en interminable verborrea, mientras movía incansablemente su mano izquierda para acompañar la insólita proliferación de sus muecas.

Su actuación era, ante todo, fruto de la soltura y la agilidad; las situaciones más disparatadas y extraordinarias brotaban con maravillosa sencillez. De Mario Moreno no pasarán a la historia del arte cinematográfico unas películas que no tienen, a decir verdad, nada de extraordinario, pero, en cambio, su personaje, su figura, su personalísimo estilo interpretativo y su singular sentido del humor ocupan ya, por méritos propios, un lugar relevante en el firmamento del séptimo arte.

Sus caídos pantalones, su aspecto descuidado y chabacano se convirtieron en el estandarte hispano de una clase de humor, teñido de absurdo, que tiene, tal vez, sus mejores representantes en los míticos hermanos Marx y que le permitió alcanzar una enorme popularidad en los países de habla española, aunque ponía trabas, simultáneamente, a sus posibilidades de atravesar las fronteras idiomáticas, pues, como ya se ha indicado, su personaje cinematográfico, debía buena parte del éxito que obtuvo a su libérrima utilización del idioma, una característica que, como es lógico, hacía muy difícil la penetración de su humor en ámbitos distintos al de la lengua española.

Su exagerada caricatura del «pelao» mexicano —miembro de la clase baja, equivalente al golfo madrileño o al «roto» chileno—, se apoyaba en unos calzones siempre a punto de caer, sujetos las más de las veces con un imperdible, que parecían exigir a gritos un cinturón o unos tirantes, en unos zapatos hechos trizas, una camisa arrugada (cuando la llevaba) saliéndose por todas partes, un raído sombrero de paja y un trapo que le colgaba del hombro, a modo de gabardina. Esta indumentaria se convirtió en el signo distintivo de su humor y de su obra, hasta el punto que, desencarnada ya, abandonando los límites del actor Mario Moreno, pasó a configurar el personaje televisivo de una larga serie de dibujos animados, cuyo rostro sin afeitar y desgraciada estampa corresponden indistintamente a la de un vagabundo o a la de un pordiosero dueño, como su creador, de un lenguaje fluido, incontenible e incoherente, confuso y disparatado, incomprensible pero indispensable para poder salirse con la suya en las situaciones más dispares.

## El sucesor de Chaplin

Considerado por muchos el sucesor de Charles Chaplin, *Cantinflas* heredó de aquél el corazón. Sólo que el *pelao* mexicano, tan pobre como *Charlot*, a diferencia de éste, no vivía obsesionado por su pobreza y se permitía el lujo de compadecer a los ricachones.

En 1936, con el amplio bagaje acumulado durante su estancia en el circo de Jalapa, representando papelitos en pequeños montajes teatrales —excepcionalmente musicados al estilo del género chico— debutó en la película *No te engañes corazón*, a la que siguieron *Así es mi tierra* y *Águila o sol* (1937), *El signo de la muerte* (1939) y toda una serie de cortometrajes. No obstante, no se consagró definitivamente como ídolo indiscutible hasta 1940, en el filme *Ahí está el detalle* —dirigido por Juan Bustillo Oro—, en cuya última escena y mediante su delirante discurso, *Cantinflas* se salta las convenciones sociales, logrando cambiar el veredicto del juez. Esta película le brindó la ocasión de fundar la compañía Posa Films, productora de *Siempre listo en las tinieblas* (*Always Read in the Darkness*) y *Jengibre contra dinamita* (*Ginger versus Dynamite*), fallidos intentos de penetrar en el mercado hollywoodiense. En ese mismo año se realizó una interesante cinta compuesta con fragmentos de las mejores películas filmadas hasta el momento, que se tituló *Recordar es vivir*.

La popularidad de este monstruo sagrado del cine mexicano y, en general, del cine en español es el resultado de su trabajo en las películas *Ni sangre ni arena* (titulada en Estados Unidos *Neither Blood and Sand*) y *El gendarme desconocido* (1941), en las que descubrió a su director ideal, Miguel M. Delgado, ayudante del realizador Alejandro Galindo. La primera era una parodia de la obra de Vicente Blasco Ibáñez, cuya versión cinematográfica había sido recientemente estrenada en Estados Unidos, protagonizada por los actores Tyrone Power, Rita Hayworth y Linda Darnell. Con ambas obras, Mario Moreno esperaba amortizar el esfuerzo económico invertido en Posa Films, de la que llegó a ser único productor. No en vano *Ni sangre ni arena* recaudó 54.000 pesos en cuatro días durante su estreno en el Teatro Alameda.

## Del éxito a la bondad

Este éxito desbordante continuó con *El gendarme desconocido* (*The Unknown Policeman*), con Mapy Cortés y Gloria Marín, considerado como uno de los mejores filmes del actor mexicano. En él, la ridiculización de la policía, generalmente detestada por el público, se establece desde el mismo momento en que *Cantinflas* aparece con su habitual uniforme desastrado.

Otros títulos importantes de los rodados en la década de los cuarenta son: *Los tres mosqueteros* y *El circo* (1942); *Romeo y Julieta* (1943); *Gran Hotel* (1944); *Un día con el diablo* (1945); *Soy un prófugo* (1946); *A volar, joven* (1947); *El supersabio* y *El mago* (1948); *Puerta... joven* (1949); *El siete machos* y *El bombero atómico* (1950).

En 1944 entró a formar parte del Sindicato de Trabajadores de la Industria Cinematográfica (STIC), fundado en 1919 con el nombre de Unión de Empleados Confederados del Cinematógrafo. Su aportación fue decisiva en la mejora de las condiciones de contratación del personal de los estudios, pues encabezó una proyectada huelga, secundada por Jorge Negrete y Arturo de Córdova (con quien mantuvo

*El guión de* El siete machos *fue un ejemplo más de la frescura que caracterizó los monólogos de* Cantinflas.

una fuerte polémica por la dirección de la Asociación Nacional de Actores [ANDA]).

Por encima de sus maneras teatrales, circenses o radiofónicas, en Mario Moreno se daba una tendencia a la travesura ligeramente irrespetuosa y diversificada. Ya fuera en tono de farsa grotesca o de enredo forzado, su personaje se manifestó como aproximación, más o menos inconsciente, más o menos emblemática, de un arquetipo ignorado y distante: el pícaro español de los siglos XVI y XVII.

En el traslado al cine mexicano del modo de vivir del pícaro, *Cantinflas* respetó en primera instancia los rasgos fundamentales de Guzmán de Alfarache, Don Pablos o Estebanillo González. Tales fueron la movilidad incesante, el rechazo de la vida normal, la burla de los valores sociales, la voluntad caricaturesca en el trazo de las comparsas, el cinismo y la hipocresía que resaltaban la inmoralidad colectiva.

## La consagración de un héroe de película

En los años cincuenta, sus cintas muestran un cambio: del personaje de la picaresca urbana y popular sólo quedaría un humor basado en el uso reiterativo del «cantinflismo», la habilidad para hablar mucho y no decir nada. A este período corresponden *Si yo fuera diputado* (1951), *Abajo el telón* (1954), *El bolero de Raquel* (1956), *El analfabeto* (1960), *El padrecito* (1964), *Su excelencia* (1966), *Un Quijote sin mancha* (1969), *El profe* (1970), *Conserje con dominio* (1973), *El ministro y yo* (1975), *El patrullero 777* (1977), *El barrendero* (1981), etc.

En todas ellas, Mario Moreno se convirtió en un portador de juicios y críticas contra la sociedad «pueblerina», en particular, y contra la humanidad, en general. De este modo, arremetió con singular hincapié contra la «aristocracia desnaturalizada», haciendo que triunfara lo auténtico sobre lo falso. Se constituyó en el hombre que siempre decía la verdad, aunque en forma sarcástica, y sufrió las consecuencias de esa fidelidad a sí mismo.

Como muchos actores mexicanos, también tuvo su etapa hollywoodiense, de la que sólo resalta su participación —en el papel del criado Passepartout— en la superproducción *La vuelta al mundo en 80 días* (1961), donde compartía estrellato con David Niven y Shirley MacLaine.

Como colofón de su extensa carrera cinematográfica, cabe citar películas como *No te engañes, cora-*

*La imagen candorosa de un Mario Moreno que impuso en las panatallas el triunfo de «lo auténtico sobre lo falso».*

zón, *Cara o cruz*, *El portero*, *Caballero a la medida*, *Sube y baja* y *El extra*.

En 1987 recibió el premio Ariel de Oro de la Academia Mexicana de Ciencias y Artes Cinematográficas por su contribución a la cinematografía na-

cional. En el último período de su vida participó en distintas iniciativas y obras benéficas, especialmente consagradas a resolver los problemas de la infancia.

Mario Moreno, *Cantinflas*, murió en la propia Ciudad de México el año 1993.

| | |
|---|---|
| **1911** | **MARIO MORENO, *CANTINFLAS*,** nace en Ciudad de México. |
| **1934-1935** | Trabaja en compañías ambulantes y en el circo de Jalapa. |
| **1936** | Debuta en el cine con *No te engañes corazón*. |
| **1940** | Obtiene su primer gran éxito: *Ahí está el detalle*. |
| **1944** | Forma parte del Sindicato de Trabajadores de la Industria Cinematográfica. |
| **1961** | Etapa hollywoodiense con *La vuelta al mundo en 80 días*. |
| **1964** | Realiza una de sus más conocidas películas: *El padrecito*. |
| **1981** | Se estrena *El barrendero*, que obtiene un gran éxito de público. |
| **1987** | Obtiene el Premio Ariel de Oro de la Academia Mexicana de Ciencias y Artes Cinematográficas. |
| **1993** | Muere en Ciudad de México. |

# JORGE NEGRETE
## *(1911-1953)*

*Con su potente chorro de voz, Jorge Negrete encarnó a la perfección el charro mexicano, capaz tanto de la más extrema locura de amor como del desgarrado sentimiento del desamor y de la muerte.*

*A*unque su nombre completo era Jorge Alberto Negrete Moreno, su nombre de batalla en los escenarios y en el cine fue siempre el de Jorge Negrete, la versión abreviada del mismo, por ser mucho más sonoro y contundente, publicitariamente hablando. A lo largo

de toda su carrera, Negrete popularizó la música, las canciones y la cultura mexicana, que difundió por todo el mundo; para ello se valió de su potente y extraordinario chorro de voz, un genuino instrumento que sabía modular a la perfección, plasmando con profundo y desgarrado sentimiento tanto el amor como el desamor, el más tierno cariño o el más arraigado y triste resentimiento. Personaje entrañable, posiblemente fue su temprana muerte, acaecida cuando contaba poco más de cuarenta años y se encontraba en la plenitud de la vida tanto personal como profesional, la que le otorgó la gracia de la inmortalidad, permaneciendo siempre su nombre como un vivo recuerdo en la memoria popular y en la de las nuevas generaciones.

### Del cuartel a los escenarios

Jorge Negrete nació en Guanajuato (México) en 1911 y murió en California, Los Ángeles (EE.UU.), en 1953. Cuando entró en el Colegio Militar (1927) ni el propio Jorge Negrete sabía que había nacido para la fama y que su voz y su carisma personal como galán habrían de elevarlo a los más prestigiosos escenarios internacionales de varietés, al tiempo que lo consagrarían como cantante cinematográfico. Por paradójico que parezca, ya que entre el mundo de la farándula y la carrera castrense no existen posibles puntos de contacto, Negrete prometía como militar. Pronto se graduó como teniente de administración y, en 1930, fue ya nombrado capitán segundo y efectuó estudios militares en París y Roma.

Paralelamente a sus estudios castrenses, Jorge Negrete tomó clases de canto con el prestigioso maestro José Pierson, lo que le permitió empezar a cantar para la radio. Cuando en 1930 interpretó por primera vez en la cadena de radiodifusión XETR conocidas arias operísticas así como canciones de compositores mexicanos, empezaba para aquel joven, de apenas veinte años, una vertiginosa y frenética carrera hacia la fama y el estrellato.

Después de cantar ópera y actuar en la radio y en revistas musicales de su país, como la popular *Calles y más calles* en el teatro Lírico (1935), con canciones del maestro Juan S. Garrido, Negrete trabajó también en los más prestigiosos escenarios de Estados Unidos, desde donde saltó a los grandes teatros mundiales. Pronto inició también su carrera en el cine mexicano, que desembocaría en una exitosa trayectoria. *La madrina del diablo* (1937) fue su primera gran película, a la que seguirían nuevos espectaculares éxitos, al mismo tiempo que el poder de difusión que otorga la gran pantalla le abría definitivamente las puertas del triunfo internacional.

Realizó así mismo importantes giras, que le llevaron también a España, donde llevó a cabo actuaciones de gran éxito ante un público siempre ferviente y entusiasta. Destacan el espectáculo *Jalisco canta en Sevilla* (1948) y las actuaciones celebradas en el teatro Apolo de Barcelona (1950).

*Fotograma de la versión de 1948 de* Allá en el Rancho Grande, *película protagonizada por Jorge Negrete y dirigida por Fernando de Fuentes, en la que ambos se convirtieron en embajadores de la cultura y el folclore mexicanos.*

## Un charro de pies a cabeza

Jorge Negrete popularizó a lo largo de su carrera tanto nacional como internacional el personaje del charro cantor, el macho valiente, buen tipo, adinerado, mujeriego, vital y arrogante, y en sus actuaciones en vivo y, por supuesto en la gran pantalla, el carismático actor nunca dejó de interpretar dicho papel. Podría en cierta manera decirse que Jorge Negrete se interpretaba a sí mismo, ya que popularizó el papel de charro tanto en la ficción como en la vida real, escenario en el cual sus romances nada tenían que envidiar a los de sus personajes cinematográficos. Sus matrimonios con Elisa Christy y Gloria Marín naufragaron en los conflictos surgidos de los devaneos amorosos unas veces y de los chismes otras, y no fue hasta su tardío tercer matrimonio con la brillante María Félix, famosa a su vez por su vida licenciosa y frívola, que Negrete lograría una relación estable.

En sus películas y actuaciones, Negrete solía ataviarse también como un auténtico charro, luciendo chaqueta bordada, pantalón ajustado, camisa blanca con corbata de moño y un sombrero de ala ancha y alta copa cónica. En el escenario y en el plató deambulaba con la arrogancia que caracteriza a un duro rompecorazones de tierna y dulce sonrisa, siempre a punto para el lance amoroso. Y es que probablemente el encanto que el fiel público femenino hallaba en Negrete residía en que sabía conjugar en sus personajes sentimientos tan opuestos como el de ser un rudo galán portador, al mismo tiempo, de una lánguida y enigmática mirada.

La instantaneidad que caracteriza al arte de la fotografía supo plasmar a la perfección esta dualidad carismática de Negrete. En las fotografías que le inmortalizan suele aparecer con la cabeza altivamente erguida, como si desafiase al mundo, y cantando, seguro de sí mismo, con extrema gallardía. Pero Negrete puede ser también un galán despechado con profundas heridas de amor; su mirada combina entonces el atrevimiento con un suave toque de insolencia, que invita al juego amoroso, al tiempo que sus labios a duras penas logran sostener un cigarrillo. La altanería, la simpatía y el encanto personal de Negrete se veían recompensados en todas las ciudades donde actuaba. En el más puro estilo de las *fans* de los Beatles, en los *sixties*, una multitud entregada y enloquecida, compuesta principalmente por mujeres, que era capaz de soportar estoicamente el frío, la lluvia o el calor, solía hacinarse delante del hotel donde Negrete se hospedaba o bien enfrente de la salida de artistas del teatro, donde su ídolo actuaba, a la espera de verle aparecer, aproximarse y lograr tocarle. Sus seguidoras constituían en realidad un indisciplinado pero fiel ejército, una auténtica y arrasadora avalancha humana, cuya misión consistía en lograr arrancar un botón de la chaqueta o un trozo de otra prenda del actor en un virtual acto de fetichismo. Tras darse a conocer con la película *La madrina del diablo* (1937), inició su carrera en el cine mexicano, realizando películas de marcado carácter folclórico, donde el arte de la charrería tenía también un papel primordial. Y es que el mismo título de algunas de sus películas, como *Si Adelita se fuera con otro*, que hace referencia directa a una popular canción de la revolución mexicana, o *No basta ser charro*, constituían un preludio inequívoco del argumento que iba a desarrollarse en la pantalla.

## Duro en la pelea, tierno en el amor

El guión de todas sus películas estaba perfectamente planificado y estructurado para la exhibición personal de Negrete como galán y también como intérprete de canciones mexicanas entrañables para el gran público, por lo que todas sus películas contaban con una cuidada selección de temas musicales.

Entre sus primeras películas cabe mencionar *La Valentina*, *Perjura*, *Juan sin miedo* y *Juntos pero no revueltos* (1938). Obtuvo un éxito clamoroso con *¡Ay Jalisco no te rajes!*, película realizada en 1941 y dirigida por Joselito Rodríguez, por cuya interpretación recibió un año después de su rodaje el premio a la mejor actuación masculina, otorgado por la Asociación de Periodistas Cinematográficos Mexicanos. Le siguieron nuevos éxitos con películas como *Historia de un gran amor*, *Así se quiere en Jalisco* (1942), dirigida por Fernando de Fuentes, *El peñón de las ánimas* y *Tierra de pasiones* (1942), *Cuando quiere un mexicano* y también *Me he de comer esa tuna* (1944), uno de los títulos míticos de la filmografía de Negrete.

Su frenética actividad continuó en los años siguientes con *Canaima*, *Hasta que perdió Jalisco*, *No basta ser charro*, *Camino de Sacramento* y *Gran Casino* (1947), película dirigida por Luis Buñuel. Posteriormente llevó a cabo la segunda versión de *Allá en el Rancho Grande*, *Si Adelita se fuera con otro* (1948), película del director Chano Urueta, *La posesión* (1949), *Dos tipos de cuidado*, *Tal para cual* (1952) y *Reportaje* y *El rapto* (1953), sus dos últimas. Pese a que durante los algo más de veinte años de su vida profesional mostró una imagen estereotipada de galán solícito, atento y cortés con las mujeres, y también de duro castigador si la ocasión o el guión lo

exigían, tras esta imagen comercial y publicitaria, destinada a no defraudar a un público siempre creciente, se escondía un Jorge Negrete desconocido, maduro y consciente de la dimensión de su carrera.

Se ha hablado mucho de lo que la industria cinematográfica mexicana debe a Jorge Negrete. Efectivamente, interpretó la primera película mexicana que incorporó el color en la pantalla (*Así se quiere en Jalisco*) y estuvo dirigido por directores famosos como Luis Buñuel y Chano Urueta, además de Fernando de Fuentes, uno de los directores cinematográficos más importantes del cine mexicano de los años treinta y cuarenta. Junto a Fernando de Fuentes, quien inició la era industrial del cine mexicano con la primera versión de la película *Allá en el Rancho Grande* (1936), Negrete se convirtió en un embajador de la cultura y el folclore mexicanos. Con dicha película, Fernando de Fuentes puso además de moda la producción de comedias rancheras, un género que parecía hecho a la medida de la capacidad creadora y artística de Jorge Negrete. No es pues de extrañar que Jorge Negrete y Fernando de Fuentes trabajaran juntos en películas inolvidables como *Así se quiere en Jalisco* (1942), *Hasta que perdió Jalisco* (1945) y la segunda versión de *Allá en el Rancho Grande* (1948).

Pocos saben, sin embargo, que el cine y los actores mexicanos deben mucho más a Jorge Negrete. Así, el en apariencia apuesto y superfluo cortejador fue también fundador del Sindicato de Trabajadores de la Producción Cinematográfica de la República Mexicana y llevó a cabo, entre 1944 y 1947 y también entre 1949 y 1953, una importante labor como Secretario General de la Asociación Nacional de Actores (ANDA).

En 1953, cuando parecía haber llegado a la plenitud y madurez tanto profesional como personal y sentimental, falleció, poco después de haber contraído matrimonio (1952) con la también actriz mexicana María Félix, famosa tanto por sus interpretaciones en el cine como por sus devaneos amorosos. Ambos habían trabajado juntos por primera vez en la película *El peñón de las ánimas*, que fue además la primera intervención cinematográfica de la entonces joven María Félix. Con su muerte desaparecía uno de los actores y cantantes más entrañables e internacionales del cine mexicano. Sin embargo, Jorge Negrete permanecerá siempre en el recuerdo de los cinéfilos y su nombre ocupa con todo merecimiento uno de los puestos de honor más destacados de la cinematografía y la canción mexicanas.

*Con su clásico uniforme de charro y más apuesto que nunca, Jorge Negrete aparece en* El rapto *del Indio* Fernández, *filme rodado en 1953 y que había de ser una de sus dos últimas apariciones en la pantalla, ya que este mismo año, cuando parecía haber llegado a la plenitud y madurez tanto profesional como personal y sentimental, poco después de haber contraído matrimonio (1952) con la también actriz mexicana María Félix, fallecía en Los Ángeles.*

| | |
|---|---|
| **1911** | Nace en Guanajuato, en el Estado homónimo, el 30 de noviembre, **JORGE NEGRETE**. |
| **1930** | Por primera vez interpreta en la cadena de radio XERT arias operísticas y canciones de compositores mexicanos. |
| **1937** | Actúa en la película *La madrina del diablo*, con la que inicia su carrera en el cine mexicano como intérprete de trabajos de carácter folclórico. |
| **1938** | Rueda las películas *La Valentía, Perjura, Juan sin miedo* y *Juntos pero no revueltos*. |
| **1941** | Recibe el premio a la mejor actuación masculina por *¡Ay Jalisco no te rajes!*, otorgado por la Asociación de Periodistas Cinematográficos Mexicanos. |
| **1942** | Interpreta *El peñón de las ánimas*, donde conoce a María Félix. |
| **1944** | Funda el Sindicato de Trabajadores de la Producción Cinematográfica de la República Mexicana. |
| **1947** | Interpreta, a las órdenes de Luis Buñuel, *El gran casino*. |
| **1949** | Asume el cargo de Secretario General de la Asociación Nacional de Actores. |
| **1952** | Contrae matrimonio con la actriz María Félix. |
| **1953** | Rueda *El rapto* y *Reportaje*. Muere en Los Ángeles, California (Estados Unidos), el 5 de diciembre. |

# RODOLFO NERI VELA
## *(1952)*

**R**odolfo Neri Vela figura en la historia de México por ser el primer astronauta del país. Su juventud y sus amplios conocimientos científicos fueron decisivos para que ganara la carrera espacial particular, que emprendió un reducido grupo de jóvenes mexicanos que aspiraban a tripular una nave espacial.

En Chilpancingo, capital del estado de Guerrero, en cuya iglesia se reunió, el 13 de septiembre de 1813, el primer Congreso Constituyente convocado por José María Morelos, nació Rodolfo Neri Vela, en 1952.

*Rodolfo Neri fue el primer astronauta mexicano; integró la tripulación de la nave norteamericana* Atlantis, *que puso en órbita el satélite* Morelos II.

En esta misma ciudad cursó sus primeros estudios, para pasar más tarde a Ciudad de México, donde obtuvo el título de ingeniero mecánico electricista en la UNAM (Universidad Nacional Autónoma de México), en 1974. Al cabo de dos años, Neri Vela viajó a Gran Bretaña para ampliar sus conocimientos sobre sistemas de telecomunicación y radiación electromagnética, así como en guías, ondas y reflectores parabólicos, en los centros de estudios de Essex y Birmingham.

## Una labor infatigable en pro del desarrollo y la innovación tecnológica

Con este importante bagaje, el joven Rodolfo Neri Vela regresó a su país y allí se hizo cargo del Área de Radio del Instituto de Investigaciones Eléctricas, entre 1980 y 1983, y del Departamento de Planeación e Ingeniería de la Secretaría de Comunicaciones y Transportes, entre 1983 y 1984, promoviendo el desarrollo tecnológico de las comunicaciones mexicanas al colaborar en la instalación del Centro de Control Espacial Walter C. Buchanan y trabajar en el Sistema de Satélites Morelos, de gran importancia para la red nacional e internacional del país.

## Un mexicano en el espacio

La amplitud de los conocimientos adquiridos por Neri Vela en el campo de los modernos sistemas de comunicación vía satélite y su enorme experiencia fueron factores determinantes para que, en 1985, ganara el concurso convocado para ocupar una plaza en un vuelo espacial de Estados Unidos.

Cuando el corazón de Rodolfo Vela Neri, que a la sazón tenía treinta y tres años, retumbó en su pecho al serle notificado el resultado positivo del concurso y su objetivo, sin duda las buenas gentes de Chilpancingo, tierra azotada por frecuentes seísmos, habrán experimentado un sentimiento de alegría inusitada, puesto que su paisano había sido el elegido para ser el primer astronauta mexicano que viajaría al espacio exterior. Fue así como Rodolfo Vela Neri formó parte de la tripulación del transbordador espacial *Atlantis*, lanzado en vuelo alrededor de la Tierra por la NASA (National Aeronautic and Space Administration) de Estados Unidos en la misión 61-B. El objetivo de esta misión era vital para el sistema de comunicaciones mexicanos y la tarea del astronauta Vela Neri extremadamente delicada. Ésta consistía en poner en órbita el satélite mexicano de telecomunicaciones *Morelos II*, gracias al cual México dispondría de treinta y dos canales de televisión o su equivalente en treinta y dos mil canales telefónicos.

## Saboreando las mieles del éxito

El 26 de noviembre de 1985, el transbordador espacial *Atlantis* fue lanzado al espacio desde Cabo Cañaveral, en Florida. Dos meses antes, la tierra había temblado en Ciudad de México sembrando la devastación y la muerte de más de cuatro mil personas. Pero esta vez, el temblor provocado por los poderosos motores del cohete que lanzaba la nave espacial suponía para Vela Neri y sus compatriotas un paso decisivo en su marcha hacia el progreso.

La misión 61-B, en la que también intervinieron otros científicos estadounidenses, se cumplió con éxito. El satélite *Morelos II* fue puesto en órbita geoestacionaria y el astronauta Neri Vela y sus compañeros, después de circunvalar durante ocho días la Tierra, regresaron el 3 de diciembre. Rodolfo Neri Vela había marcado un hito en la historia de su país al convertirse en el primer mexicano que protagonizaba un vuelo espacial con una misión científica.

## Comunicar también es enseñar

Consciente del valor de sus conocimientos y de su experiencia, Rodolfo Neri Vela decidió a partir de su histórico vuelo alrededor de la Tierra enseñar a los demás lo que había aprendido. Con este espíritu entró en la División de Estudios de Posgrado de la Facultad de Ingeniería de la UNAM, como catedrático e investigador. Así mismo, ha colaborado en numerosas revistas técnicas y científicas y ha publicado libros decisivos en el ámbito de la astronomía, la astronáutica y los satélites de comunicaciones, entre los que cabe señalar los publicados entre 1986 y 1988: *El planeta azul, Misión 61-B, El pequeño astronauta, Construya e instale usted mismo su propia antena parabólica, La exploración y el uso del espacio* y *Satélites geoestacionarios de comunicaciones.*

| | |
|---|---|
| **1952** | Nace en Chilpancingo, en el Estado de Guerrero, el 19 de febrero, **RODOLFO NERI VELA.** |
| **1974** | Obtiene el título de Ingeniero Mecánico Electricista por la UNAM. |
| **1976** | Viaja a Gran Bretaña para ampliar estudios, donde obtiene el título de Maestro en Ciencias por la Universidad de Essex. |
| **1979** | Se gradúa como Doctor en Radiación Electromagnética por la Universidad de Birmingham. |
| **1980** | Regresa a México y es nombrado Jefe del Área de Radio en el Instituto de Investigaciones Eléctricas de Cuernavaca. |
| **1983** | Es designado Director del Departamento de Planeación e Ingeniería de la Secretaría de Comunicaciones y Transportes. |
| **1985** | 26 de noviembre, forma parte de la tripulación del transbordador espacial *Atlantis,* destinado a poner en orbita el satélite *Morelos II,* que regresa triunfalmente de su misión el 3 de diciembre. |
| **1986** | Publica *El planeta azul. Misión 61-B* y *El pequeño astronauta.* |
| **1987** | Sale a la luz *Construya e instale usted mismo su antena parabólica* y *La exploración y el uso del espacio.* |
| **1988** | Publica *Satélites geoestacionarios de comunicaciones.* |

# AMADO NERVO
## *(1870-1919)*

*D*urante mucho tiempo fue considerado como la personalidad poética más fulgurante de las letras mexicanas; sin embargo, en las últimas décadas su obra ha sufrido una reconsideración y una crítica excesiva, que tiende a ser arbitraria e injustamente adversa, desconociendo o minusvalorando sus indiscutibles méritos.

### La lírica de la espiritualidad

Nacido en Tepic, en el Estado de Nayarit, el 27 de agosto de 1870 falleció en la ciudad de Montevideo, Uruguay, en 1919. Pese a que algunas fuentes afirman que recibió el nombre de Juan Crisóstomo, parece indiscutible que su nombre completo era José Amado Ruiz de Nervo.

Llevó a cabo sus primeros estudios en el Colegio de Jacona, pasando después al Seminario de Zamora, en el Estado de Michoacán, donde permaneció varios años, concretamente desde 1886 hasta 1891, cuando los problemas económicos que atenazaron a su familia, un hogar de clase media venido a menos, le forzaron a dejar inconclusos sus estudios eclesiásticos, sin que pueda descartarse por completo la idea de que su decisión fuera también influida por sus propios convencimientos, por las inclinaciones que comenzaban a despertar en el joven. De todas maneras, siguió alentando en su interior una gran espiritualidad mística, nacida sin duda en estos primeros años, que empapa la producción lírica del poeta, en la que medita, fundamentalmente, sobre la existencia humana, sus problemas y sus misterios, el eterno dilema de la vida y la muerte.

Abandonados pues los estudios, empezó a ejercer el periodismo, profesión que desarrolló primero en Mazatlán, en el Estado de Sinaloa, y más tarde en la propia Ciudad de México, a donde se trasladó en 1894. Sus colaboraciones aparecieron en la *Revista Azul* y, junto a su amigo Jesús E. Valenzuela, fundó la *Revista Moderna*; estas dos publicaciones fueron

*Aunque indagó en los diversos estilos de la literatura, Amado Nervo es ante todo un auténtico poeta, un verdadero hijo literario del modernista Rubén Darío.*

el fruto de las ansias e impulsos modernistas que aparecieron, en aquella época, en todos los rincones de la Latinoamérica literaria y artística.

### El Modernismo y la filosofía del Parnaso

En 1900, gracias a que el diario *El Imparcial* lo nombró su corresponsal en la Exposición Universal de París, viajó a Europa y realizó en la capital francesa una estancia que iba a prolongarse a lo largo de dos años. Entabló allí conocimiento y amistad con el gran poeta nicaragüense Rubén Darío, quien más tarde diría de Nervo: «se relacionó también con el grupo de literatos y artistas parnasianos y modernistas, completando de ese modo su formación literaria.» Todos los estudiosos parecen estar de acuerdo en afirmar que adoptó los principios y la filosofía del Parnaso, grupo de creadores franceses que intentaba reaccionar contra la poesía utilitaria y declamatoria, tan en boga por aquel entonces, rechazando también un romanticismo lírico en el que los sentimientos, las encendidas pasiones y las convicciones íntimas de los autores, interfiriendo en su producción literaria, impedían, a su entender, el florecimiento de la belleza artística pura y sencilla.

En la «Ciudad de las Luces» iba a vivir uno de los episodios fundamentales en el transcurso de su existencia, conoció a la que iba a ser la mujer de su vida, Ana Cecilia Luisa Dailliez, con la que compartió su vida más de diez años, entre 1901 y 1912, y cuyo prematuro fallecimiento fue el doloroso manantial del que emanan los versos de *La amada inmóvil*, que no vio la luz pública hasta después de la muerte del poeta, prueba de que éste consideraba su obra como parte imprescindible de su más dolorosa intimidad. Su *Ofertorio* supone, sin ningún género de duda, uno de los momentos líricos de mayor emoción, una de las joyas líricas más importantes de toda su producción poética.

## La diplomacia de la reconciliación

Cuando regresó a México, tras aquellos años decisivos para su vida y su formación literaria y artística, fue profesor en la Escuela Nacional Preparatoria, hasta que fue nombrado inspector de la enseñanza de la literatura. En 1906, por fin, ingresó en el servicio diplomático mexicano y se le confiaron distintas tareas en Argentina y Uruguay, donde desempeñó diversos cargos, para ser finalmente designado secretario segundo de la Legación de México en España. En 1918 recibió el nombramiento de ministro plenipotenciario en Argentina y Uruguay, el que iba a ser su último cargo, pues, un año después, en 1919, Amado Nervo moría en Montevideo, la capital uruguaya, donde había conocido a Zorrilla San Martín (1855-1931), notable orador y ensayista con el que trabó estrecha amistad y que, a decir de los estudiosos, influyó decisivamente en el acercamiento a la iglesia Católica que realizó el poeta en sus últimos momentos, un acercamiento que tiene todos los visos de una verdadera reconciliación.

Poeta y prosista, el valor de su prosa desmerece, sin embargo, si se la compara con sus producciones en verso. Nervo es, efectivamente, un auténtico poeta modernista, verdadero hijo literario de Rubén Darío, plenamente mexicano; las intuiciones religiosas de su juventud le inspiraron las páginas de sus *Perlas Negras* y sus *Místicas* (1898), en las que puede encontrarse su célebre *A Kempis*, cuyo encendido lirismo no podría ya superar el poeta. Más tarde, su mexicanidad se atempera por su estancia y sus contactos en París; la influencia francesa y, sobre todo, la española y la latinoamericana, concretada en el indiscutible maestrazgo de Rubén Darío y Leopoldo Lugones, confieren al espíritu, el sentimiento y la obra de Amado Nervo una dirección menos mística, unas preocupaciones menos religiosas, aunque impregnadas de un panteísmo que le da mayor universalidad, un pálpito más liberal y humano: es la etapa en la que escribe sus *Poemas* (1901), seguidos en 1902 por *El Éxodo y las flores del camino, Hermana agua* y *Lira heroica*. El ciclo se cerrará en 1905 con la aparición de *Los jardines interiores*. Todas sus producciones muestran un exquisito refinamiento, una indiscutible preocupación por la perfección de la forma y el absoluto protagonismo de la estrofa dentro de la escritura.

*Amado Nervo junto a Agustín Casasola, compañero del periódico* El Popular, *que lo felicita por su nombramiento como ministro de México en América del Sur.*

*Tras ser designado ministro de México en América del Sur, Amado Nervo recibió las felicitaciones de numerosos diplomáticos, periodistas, literatos, artistas y amigos. La fotografía, en la que aparece sentado (el tercero por la izquierda) en primer plano, es una instantánea de ese momento.*

Resulta forzado, artificioso incluso, el empeño de reunir, como se ha pretendido tantas veces, en un mismo apartado de la obra de Nervo, todas sus publicaciones posteriores. En 1909 publica *En voz baja*, obra que supone el inicio de su andadura hacia la paz espiritual que, a raíz de la muerte de su amada, dará paso a la profunda transformación que vivirá el poeta y que, en consecuencia, impregnará toda su obra; no puede olvidarse que los conmovidos versos de *La amada inmóvil* fueron escritos en 1912, aunque sólo aparecieran póstumamente, en 1920. A la misma época pertenece también *Serenidad* (1914). Más tarde, el poeta va evolucionando paulatinamente hacia una renunciación que se empeña en llevar hasta el propio terreno de su obra, hasta sus concepciones literarias; se advierte en él una sorprendente influencia de las doctrinas orientales que, incidiendo en su sentimiento primigenio, más o menos místico, le llevan progresivamente hasta una suerte de aspiración al Nirvana. Se le ha acusado a veces, con recato o descaradamente, de que su poesía carece de perfec-

ción formal, defecto discutible que, de ser cierto, se vería ampliamente compensado por la profundidad espiritual de su obra. En ella se observa a partir de entonces un proceso de aproximación al Dios cristiano, que el poeta bebe de las inquietudes religiosas nacidas en sus tiempos de seminario. Puede afirmarse, por lo tanto, que toda su poesía, aunque anclada en los presupuestos del modernismo, vive dos etapas distintas: la primera está marcada por el simbolismo de influencia francesa y por el exotismo, del que no cabe excluir el culto romántico al «color local»; la segunda se caracteriza por la introspección, la disposición mística, la contradicción emotiva, la contemplación de la muerte y el subjetivismo.

## El retrato naturalista y la sordidez de la realidad

Sus actividades como prosista se iniciaron con *El Bachiller* (1896), novela corta de carácter autobiográfico. Son evidentes en la narración las influencias y las aspiraciones naturalistas, sobre todo en lo que respecta a la utilización de los aspectos más desagradables, más sórdidos de la realidad. Autor prolífico, hizo también numerosas incursiones en otros muchos géneros, como el cuento breve, el ensayo y la crónica; destaca entre ellos su estudio sobre sor Juana Inés de la Cruz, publicado con el título de *Juana de Asbaje* (1910).

Una recopilación de sus obras en prosa ya conocidas y de otras inéditas hasta entonces apareció póstumamente en la edición que, en 1938, publicó Alfonso Méndez Plancarte, acompañándola por el estudio *Mañana del poeta*. Entre sus obras narrativas merecen citarse *Pascual Aguilera, El domador de almas*, los cuentos de *Almas que pasan* (1906) y algunas de las novelas cortas y narraciones escritas en los años postreros de su vida. Sus *Obras completas*, ordenadas por el escritor y humanista Alfonso Reyes, que se encargó de la edición, aparecieron en Madrid, de 1920 a 1928, en veintinueve volúmenes.

## La elegancia y la ternura como serena aspiración de eternidad

Entre sus poemas más difundidos se podrían citar «Gratia Plena», «Cobardía», «Si tu me dices: ¡Ven!» (que sirvió de inspiración para la composición de un famoso bolero que ha llenado de melancolía muchas noches de amor) y el inolvidable «En paz».

En su *Plenitud* (1918), el poeta —tal vez aún con el recuerdo de su amada en el corazón— afirma con su prosa sentenciosa: «La muerte es la libertad absoluta»; el mismo espíritu palpita en los versos de *Elevación* (1917), *El arquero divino* (publicado póstumamente) y *El estanque de los lotos* (1919).

Tras haber vivido una inmensa popularidad, el poeta cayó en el olvido o fue, muchas veces, menospreciado: su caso no es único en la historia de la literatura. Pero nos parece imprescindible iniciar sin vacilaciones una reivindicación que ya se ha demorado en exceso.

Nervo es el poeta modernista de la elegancia y de la ternura, que sólo cierta crítica superficial y huera puede confundir con la sensiblería; además, pese a ciertas caídas, es también el poeta del amor puro y sincero; su verso está libre de excesos declamatorios y su inspiración bebe en elevadas fuentes.

Amado Nervo fue discípulo de Rubén Darío, ciertamente, pero lo fue también de Lugones y, en realidad, toda la poesía moderna en lengua castellana, con indiferencia de los «ismos» de que se reclame, brota del verbo encendido del autor de *Azul*; y si nuestro poeta no alcanza la profundidad o la altura de su mestro Darío, su poesía tiene indiscutiblemente el valor de su época y, cuando muchos de sus detractores hayan sido olvidados, hayan callado para siempre, algunas de las obras del gran poeta mexicano alentarán todavía, para goce de sus lectores y gloria de las letras patrias.

| | |
|---|---|
| **1870** | Nace en Tepic, en el Estado de Nayarit, **JOSÉ AMADO RUIZ DE NERVO**. |
| **1886-1891** | Realiza sus estudios en el seminario de Zamora, Estado de Michoacán. |
| **1894** | Concluidos sus estudios, se instala en Ciudad de México. |
| **1895** | Se da a conocer en los funerales de Manuel Gutiérrez Nájera. |
| **1900** | Ejerce como corresponsal de *El Imparcial* en París. |
| **1901** | Inicia su relación sentimental con Ana Cecilia Luisa Dailliez, que marcará toda su vida. |
| **1912** | La muerte de su amada, Ana Cecilia, le produce una profunda conmoción. |
| **1914** | Aparece en Madrid su poemario *Serenidad*. |
| **1918** | Es nombrado ministro plenipotenciario en Argentina y Uruguay. |
| **1919** | Fallece en Montevideo, Uruguay. |
| **1920** | Se publica póstumamente su última obra: *La amada.inmóvil*. |

# NEZAHUALCÓYOTL
## (1402-1472)

*La completa educación recibida por el príncipe Nezahualcóyotl le permitió dejar una rica herencia artística, científica y humanística.*

*N*ezahualcóyotl era hijo del sexto señor de los chichimecas Ixtlilxóchitl o «flor de pita», señor de la ciudad de Texcoco, y de la princesa mexica Matlalcihuatzin, hija del rey azteca Huitzilíhuitl, segundo señor de Tenochtitlán. Al nacer, le fue impuesto el nombre de Acolmiztli o «león fuerte», pero las tristes circunstancias que rodearon su adolescencia hicieron que se cambiara el nombre por el de Nezahualcóyotl que significa «coyote hambriento».

Antes de que su padre fuera expulsado de Texcoco, este príncipe recibió una educación muy completa, dirigida a permitirle gobernar a su pueblo con valentía y sabiduría; una vez que hubo recuperado el trono, demostró toda su sapiencia en el campo de las cien-

cias, las artes y la literatura. Así, su amplia formación intelectual se traducía en una elevada sensibilidad estética y en un gran amor por la naturaleza, que quedaron reflejados no sólo en la arquitectura de la ciudad, sino también en sus manifestaciones poéticas y filosóficas. De ellas han llegado hasta nosotros unas treinta composiciones, recogidas por Miguel León-Portilla en *Nezahualcóyotl, poesía y pensamiento* (1972).

Conseguida la paz, Nezahualcóyotl emprendió una magna obra constructiva en Texcoco, donde edificó diversos palacios, monumentos y acueductos, así como los famosos jardines que han sido comparados a los de la antigua Babilonia (Oriente Medio), siendo su creación más esplendorosa un soberbio palacio que disponía, entre otras numerosas dependencias, de baños tallados en la roca, así como el acueducto que construyó en el Bosque de Chapultepec para abastecer de agua potable a Tenochtitlán.

### Texcoco o la guerra chichimeca

En el siglo xv, la ribera del lago Texcoco se hallaba densamente poblada, a causa de la facilidad de comunicaciones que permitía este lago. Por contra, tan alta densidad poblacional comportaba la escasez y el agotamiento de las tierras aptas para el cultivo, por lo cual algunas tribus iniciaron una política de expansión territorial hacia zonas con mayor rentabilidad agrícola. Dicha política desató un sinfín de guerras y hostilidades entre las tribus del lago, destacando la llevada a cabo contra la ciudad tepaneca de Azcapotzalco. Esta ciudad, situada en la ribera norocccidental del lago Texcoco, había agotado sus tierras comunales y, ante la imposibilidad de alimentar a sus gentes, ocupó el territorio perteneciente a la vecina Texcoco.

Cuando contaba dieciséis años de edad, el príncipe texcocano Nezahualcoyotl tuvo que hacer frente a la invasión tepaneca, encabezada por Tezozómoc, señor de Azcapotzalco, cuya intención era asesinar a su padre, el rey Ixtlilxóchitl, y a toda su familia para apoderarse del trono. El heredero del trono quiso luchar y repeler el ataque, pero su padre, que conocía la superioridad de los atacantes, prefirió huir y mantenerse oculto hasta conseguir la ayuda de otros pueblos. Así, mientras las huestes de Tezozómoc rastreaban los alrededores de la ciudad para encontrar al rey y al príncipe texcocanos, éstos se refugiaron en las cuevas de Cualhyacac y Tzinacanoztoc. No pudiendo ocultarse allí por mucho tiempo, Ixtlilxóchitl ordenó a su hijo que se adentrara en el bosque, mientras él y unos pocos hombres leales trataban de detener sin éxito el avance de sus captores.

## Las mil caras del coyote

Nezahualcóyotl logró escapar y se encaminó a Tlaxcala, ordenando a algunos de sus partidarios que abandonaran la resistencia mientras él veía la manera de liberarlos de la tiranía. Tezozómoc ofreció recompensas por su captura, pero, con su innegable astucia, consiguió burlar a sus perseguidores hasta que, en 1420, las esposas de los señores de México y Tlatelolco convencieron a Tezozómoc de que lo perdonara.

Maxtla, que había sucedido a Tezozómoc a la muerte de éste (1427), le tendió varias emboscadas, de las que consiguió zafarse gracias a su astucia. Con gran habilidad diplomática, consiguió atraerse los favores de otras ciudades descontentas con la tiranía tepaneca y organizó un frente común, cuyo peso principal recayó en los tlaxcaltecas y los huejotzincas. El formidable ejército aliado de más de cien mil hombres logró la conquista de Otumba y de Acolman y tomó Texcoco. Pero ante el sitio de México y Tlatelolco por los tepanecas, liberó ambas ciudades y, en una cruenta batalla, destruyó Azcapotzalco después de un sitio de ciento catorce días. Maxtla murió a manos de Nezahualcóyotl, quien, dispuesto a inaugurar una época de esplendor en el valle de México, consiguió sellar un pacto confederal con Itzcóatl, de Tenochtitlán, y Totoquiyauhtzin, señor de Tacuba, pacto conocido como la Triple Alianza.

## La fuerza del destino

Poco después de finalizada la contienda, Tacuba desapareció de la escena, pero la cooperación perduró a lo largo del siglo XV entre las dos restantes ciudades aliadas. Nezahualcóyotl, que había perdido el trono a manos de los acolhuas sublevados y se había refugiado en los bosques de Chapultepec, lo recuperó en 1429, aunque cedió su anterior posición dominante en el lago en favor de Tenochtitlán, ciudad que se convirtió en estado independiente.

Cuando en 1472 falleció Nezahualcóyotl, subió al trono su hijo Nezahualpilli, quien gobernó la ciudad hasta el año 1516, continuando la política expansiva emprendida por su antecesor. Para honrar la memoria de este ilustre monarca prehispánico, se le ha dedicado una fuente en el Castillo de Chapultepec, diseñada por el artista Luis Ortiz Monasterio, además de bautizar con su nombre un municipio y una ciudad del Estado de México.

| | |
|---|---|
| **1402** | Nace en Texcoco, en el Valle de México, **NEZAHUALCÓYOTL.** |
| **1418** | Ixtlilxóchitl, padre de Nezahualcóyotl y sexto señor de los chichimecas, abandona Texcoco ante la invasión de los tepanecas mandados por Tezozómoc. Nezahualcóyotl huye. |
| **1427** | Muere Tezozómoc, señor de Azcapotzalco, y es sucedido por su hijo Maxtla. Nezahualcóyotl, tras huir de diversas emboscadas, logra formar un frente común antitapaneca, con tlaxcaltecas y huejotzincas. Victoria de los aliados y reconquista de Texcoco. |
| **1428** | Liberación de Tenochtitlán y Tlatelolco por las fuerzas aliadas y muerte de Maxtla a manos de Nezahualcóyotl. Construye un acueducto en el bosque de Chapultepec. |
| **1429** | Recupera Texcoco, que había perdido a manos de los acolhuas. |
| **1431** | Nezahualcóyotl sella el Pacto de la Triple Alianza con Tenochtitlán y Tacuba. |
| **1472** | Fallece en Texcoco a los cuarenta y tres años de su reinado. |

# NIÑOS HÉROES
## († 1847)

*P*oco se imaginaban los seis jóvenes cadetes del Colegio Militar de México que, con su acto de defensa patriótica frente al asalto de las tropas invasoras estadounidenses, iban a convertir un cerro rocoso y volcánico, que era ya conocido antes de la llegada de los españoles con el nombre de Chapultepec, en un lugar de peregrinación patriótica y en el Museo Nacional de Antropología e Historia.

La gesta de los cadetes ha sido glosada por numerosos poetas, entre los que cabe destacar el epitafio de Amado Nervo:

*Como renuevos cuyos aliños*
*un viento helado marchita en flor,*
*así cayeron los Héroes Niños*
*ante las balas del invasor.*

### Un enclave estratégico

Chapultepec, que en lengua nahuátl significa «En el cerro de chapulín (que equivale a langosta)», era un lugar perteneciente a la jurisdicción de los tepanecas del señorío de Azcapotzalco, que, cuando llegaron a él, fue calificado por los mismos aztecas de paradisíaco. Instalados en Chapultepec después de su larga peregrinación desde la mítica Aztlán, realizaron grandes obras para fortificarlo y convertirlo en un lugar inexpugnable (probablemente, 1280). Pero, la frecuencia de sus guerras floridas y su crueldad levantaron la animosidad de los pueblos vecinos, que se aliaron contra ellos y les infligieron una dura derrota en el año 2 *Caña* (1299), expulsándolos de Chapultepec para confinarlos en las inhóspitas tierras de Culhuacán. Tras la fundación de Tenochtitlán en 1325, Chapultepec se convirtió en un santuario para los mexicas, en el que construyeron diversos monumentos. Nezahuacóyotl, rey de Texcoco y aliado de los aztecas, mandó construir en 1428 un adoratorio y Moctezuma I *Ilhuicamina*, hermanastro de Itzcoatl e iniciador del imperio azteca, hizo construir (1465) en la misma loma un acueducto con la finalidad de abastecer de agua a los habitantes de Tenochtitlán.

Cuando, a comienzos del siglo XVI, Hernán Cortés quiso tomar la populosa ciudad azteca, dirigió la estrategia desde el inmejorable puesto de mando que constituía el cerro de Chapultepec, lugar donde el virrey español Bernardo Gálvez, a finales del siglo XVIII (1783-1787), hizo levantar sobre las ruinas aztecas un edificio que sería destinado a albergar la residencia estival de los máximos representantes de la Corona española en el país mexicano, aunque las obras fueron abandonadas. Aprovechando parte de este edificio, en 1842 se instaló en él el Colegio Militar, bajo la dirección del general José Mariano Monterde, que fue tomado al asalto por las tropas de Pilow durante la invasión estadounidense de 1847 y que dio origen a la defensa heroica de los cadetes.

El deseo expansionista yanqui por los diversos territorios que en el futuro serían los estados de Texas, Nuevo México y California, siempre se camufló bajo la excusa de la protección de sus intereses en esta región fronteriza. Esta forma de actuar de Washington hizo que en numerosas ocasiones, después de la proclamación de la República de Texas, en 1836, y de la anexión pura y simple de Nuevo México en 1845, las tropas yanquis invadieran la República de México, aprovechando las coyunturas de inestabilidad social y política.

Así, en 1846, un ejército estadounidense de 8.000 hombres, bajo el mando del general Winfield Scott, invadió la República de México so pretexto de un enfrentamiento entre tropas mexicanas y estadounidenses en territorio de lo que fue Nueva España. Después de batir al ejército mexicano en distintos puntos, la columna de Pilow se presentó ante el castillo de Chapultepec el 13 de septiembre de 1847.

De nuevo el cerro de Chapultepec volvió a ser escenario de un acontecimiento histórico. La defensa, que corrió a cargo de 200 cadetes y 632 soldados del Batallón de San Blas, no pudo evitar la pérdida del bosque y el cerro, y la resistencia se trasladó al

Colegio Militar, donde, al intentar tomarlo por asalto las tropas norteamericanas, se produjo la heroica resistencia de los cadetes, que, cuerpo a cuerpo, se enfrentaron a los asaltantes, mucho mayores en número y que, después de graves pérdidas, consiguieron conquistarlo. La tragedia de la derrota no pudo empañar la gloria del heroísmo sin par de unos jóvenes cadetes que prefirieron la muerte a entregarse al invasor.

## Morir por la enseña patria

Los seis cadetes, que con parte de la guarnición de la Academia tuvieron en jaque durante dos días al ejercito estadounidense y que perecieron en la trágica batalla, fueron Juan de la Barrera, que vio la luz en Ciudad de México el año 1828; Juan Escutia, nacido en Tepic, antiguo cantón de Jalisco, hoy Nayarit, en una fecha situada entre los años 1828 y 1832; Francisco Márquez, natural de Guadalajara, en el Estado de Jalisco, nacido en 1834; Agustín Melgar, natural de Chihuahua, en el Estado homónimo, del cual se desconoce también la fecha exacta de su nacimiento, probablemente entre los años 1828 y 1832; Fernando Montes de Oca, nacido así mismo entre los años 1828 y 1832 en Azcapotzalco, D. F.; Vicente Suárez Ferrer, el más joven de todos ellos, que vino al mundo en Puebla el año 1833.

Si bien hasta el momento se había atribuido erróneamente a Juan Escutia el acto heroico de haberse envuelto en una bandera mexicana y lanzado al vacío desde la azotea del Castillo, con objeto de que el enemigo no se apoderara de la enseña patria, en la actualidad todo parece indicar que el autor de este sublime acto patriótico fue Fernando Montes de Oca.

*Lienzo alegórico de la acción llevada a cabo por los seis valientes Niños Héroes, que eligieron la muerte antes que entregarse al invasor.*

Hubo de transcurrir, sin embargo, algo más de un siglo hasta que los restos mortales de los seis jóvenes cadetes fueron descubiertos en el bosque de Chapultepec y reconocidos como tales oficialmente en 1947. En la actualidad, sus despojos descansan desde 1952 en el Monumento a los Niños Héroes, erigido en su memoria y situado al pie del cerro de Chapultepec. Dicho monumento conmemorativo de tan heroico acto es el resultado del trabajo conjunto llevado a término por el escultor Ernesto Tamariz y el arquitecto Enrique Aragón Echegaray.

| | |
|---|---|
| **1784** | El virrey Matías Gálvez inicia la construcción de un castillo en Chapultepec. |
| **1786** | El virrey Bernardo Gálvez, hijo del anterior, finaliza las obras. |
| **1842** | Se instala el Colegio Militar en el castillo. |
| **1847** | La columna yanqui mandada por Pillow se presenta el 13 de septiembre ante Chapultepec. Rota la defensa, se refugian los sitiados en el Castillo, que es tomado al asalto y defendido heroicamente por los cadetes. |
| **1947** | Bajo las órdenes del general Juan Manuel Torrea y el coronel Manuel de J. Solís se consigue descubrir los restos mortales de los seis cadetes en el bosque de Chapultepec. |
| **1952** | Traslado solemne de los restos mortales de los seis cadetes al Monumento a los **NIÑOS HÉROES**. |

# SALVADOR NOVO
## (1904-1974)

*El quehacer poético de Salvador Novo se acompaña de una vocación dramática que ha sido característica de las figuras más emblemáticas de la época.*

*V*inculada, como el poeta Xavier Villaurrutia, al grupo de *Los Contemporáneos* que tan decisiva influencia tuvo en el panorama literario mexicano de la primera mitad del siglo xx, la figura de Salvador Novo sobresale por su clara voluntad de modernismo y, sobre todo, por la variedad y amplitud de sus intereses literarios. Cultivó prácticamente todos los géneros, aunque destacó por su contribución al florecimiento de la poesía contemporánea, de clara voluntad experimental y renovadora, en la que sobresale por su talante investigador, que se adentra en las raíces de la lírica nacional, tal vez como consecuencia de las teorías defendidas años antes por el movimiento pictórico muralista, pero sin desdeñar en absoluto la poesía vanguardista europea. La poesía de Novo sorprende por la modernidad de sus recursos y sus temas, en los que se advierte siempre la decisiva presencia de la ciudad:

*¿Quién quiere jugar tennis con nopales y tunas
sobre la red de los telégrafos?*

## Pasión por las lenguas

Nacido en Ciudad de México, el 30 de julio de 1904, realizó sin embargo sus primeros estudios en Chihuahua y Torreón, para regresar a la capital donde, en 1921, se licenció en Derecho por la Universidad Nacional de México. Posteriormente, en la Facultad de Filosofía y Letras, hizo sus estudios de maestro en lengua italiana. Concluidos éstos, consiguió obtener una plaza de ayudante y, más tarde, de profesor en el Departamento de Idiomas Extranjeros de la Universidad Central, por su dominio del francés y el inglés, lengua en la que llegó a escribir algunas de sus obras.

El año 1925 constituyó un período determinante en la vida del poeta; nombrado jefe del Departamento Editorial de la Secretaría de Educación Pública, aparece entonces su primer volumen de versos, *XX Poemas,* en el que apuntan ya las pulsiones líricas y la inspiración vanguardista que darán origen, en el año 1928, a la revista y la famosa generación poética de los *Contemporáneos* y que informan también uno de sus libros más significativos y de mayor resonancia internacional, pues fue traducido a varios idiomas extranjeros: *Nuevo amor*, publicado en 1933, año en el que se edita otra de sus obras, *Espejo*.

Sin olvidar nunca su faceta docente, que se había concretado ya en textos como *La educación literaria de los adolescentes* (1928), Novo comienza a cultivar también la literatura en lengua inglesa y, en 1934, ven la luz pública los versos de sus *Seamen Rhymes,* cuya versión en lengua española se titulará *Rimas del lobo de mar*.

Su ardiente defensa de la identidad y los valores mexicanos trascendió la actividad artística y docente para concretarse en un compromiso político, que lo llevó a participar en la fundación del Partido Popular Socialista, pero su cauce de expresión fue siempre fundamentalmente literario y, en 1946, dio a la imprenta una de sus grandes obras en prosa, *Nueva grandeza mexicana,* que le hizo merecedor del título de «cronista de la Ciudad de México».

## El veneno del teatro

Aquel mismo año, su demostrado interés por el teatro, reflejado ya en su actividad de crítico dramático y en obras como *La señorita Remington* (1924), le valió ser nombrado jefe del Departamento de Teatro del Instituto Nacional de Bellas Artes. Al abandonar sus funciones en ese Departamento, consiguió abrir en Coyoacán (1953) el Teatro de la Capilla y dirigió, más tarde, la Escuela de Arte Dramático.

De su producción dramática merecen mencionarse *Don Quijote* (1947), *La culta dama* (1951) y una nueva versión de la tragedia griega *Edipo rey*, que Novo contempla desde el punto de vista femenino en su *Yocasta o casi* (1961). También al universo teatral, pero esta vez en su faceta de teórico y maestro, pertenece el texto *Actuación y dirección teatral*, publicado en 1959.

En 1967, Salvador Novo recibió el Premio Nacional de Literatura, que venía a coronar su importantísima obra de creación literaria y su contribución teórica a los más varios aspectos de las letras mexicanas. Uno de sus últimos títulos, *Historia y leyenda de Coyoacán* (1971), es una valiosa muestra de su interés por la crónica y un complemento indispensable para su *Breve historia de Coyoacán,* que había publicado previamente, en 1962. Su versátil actividad le llevó, también, a escribir numerosos guiones para el cine.

La fértil existencia del poeta se extinguió en Ciudad de México el 14 de enero de 1974.

*Portada del libro* La culta dama, *obra dramática de Salvador Novo, que fue publicada en el año 1951. El interés que Novo demostró por el teatro le valió ser nombrado jefe del Departamento de Teatro del Instituto Nacional de Bellas Artes.*

| | |
|---|---|
| **1904** | **SALVADOR NOVO** nace en Ciudad de México, el día 30 de julio. |
| **1921** | Obtiene su licenciatura en Derecho por la Universidad Nacional Autónoma de México. |
| **1925** | Aparece su primer libro de versos, *XX Poemas*, y es nombrado jefe del Departamento Editorial de la Secretaría de Educación Pública. |
| **1928-1931** | Participa con otros poetas en la redacción de la revista *Contemporáneos*. |
| **1933** | Publica sus libros *Nuevo amor* y *Espejo*. |
| **1934** | Se editan sus *Seamen Rhymes*, poemas en lengua inglesa, que publicará luego en español con el título de *Rimas del lobo de mar*. |
| **1951** | Ve la luz su obra dramática *La culta dama*. |
| **1953** | Inaugura el Teatro de la Capilla de Coyoacán. |
| **1967** | Obtiene el Premio Nacional de Literatura. |
| **1974** | El 14 de enero, Salvador Novo muere en Ciudad de México. |

# JAIME NUNÓ
## (1824-1908)

*A*unque ni nació ni falleció en México, el músico, compositor y director de orquesta Jaime Nunó permaneció en diversas ocasiones en dicho país y estuvo estrechamente vinculado a figuras políticas nacionales y episodios decisivos para el curso de la historia mexicana. Durante una de sus estancias en México ganó (1854) el concurso convocado para componer la música del *Himno Nacional*, cuya partitura se interpretó por primera vez el 15 de septiembre de ese mismo año. La autoría de la música del *Himno Nacional* le convirtió en un prócer patrio de la historia mexicana, por lo que posteriormente, en 1942, sus restos mortales fueron llevados a México y depositados en la Rotonda de los Hombres Ilustres, el monumental panteón nacional de Ciudad de México en el que se perpetúa la memoria de los hombres ilustres mexicanos, al tiempo que se les rinden honores póstumos.

### El pequeño solista de la catedral

Nacido el 8 de septiembre de 1824 en San Juan de las Abadesas, pueblo de la provincia de Gerona, en Cataluña (España), fallecía en Bay Side, en Nueva Jersey (Estados Unidos), en 1908, a los 84 años de edad, siendo inicialmente sepultado en Buffalo, Nueva York. Jaime Nunó, cuyo nombre de pila en catalán era Jaume, nació en el seno de una familia humilde y fue el más pequeño de los siete hijos que tuvieron Francisco Nunó y su esposa Magdalena Roca. La familia Nunó contaba con unos parcos ingresos, obtenidos de su trabajo en una pequeña fábrica de San Juan de las Abadesas. Siendo todavía muy niño, Nunó recibió ya los primeros fundamentos de su formación musical, gracias a su hermano Juan, que era organista de la iglesia de San Juan de las Abadesas, y quien, pacientemente, lo introdujo en el mundo de la música. Pocos años después del nacimiento de Jaime, empezó un triste período para la familia Nunó. El padre murió víctima de un accidente, lo que obligó

*Autor de la música del Himno Nacional mexicano, el catalán Jaime Nunó recibió tardíamente los honores correspondientes a su intensa trayectoria musical.*

a la madre a emigrar con el pequeño Jaime a la capital catalana, Barcelona, donde tenía algunos parientes, a fin de intentar superar las penalidades económicas y labrarse un futuro más esperanzador. Magdalena Roca murió, sin embargo, poco después, cuando Jaime Nunó contaba apenas nueve años, víctima de una terrible epidemia de cólera, que causó una elevadísima mortandad. Nunó fue adoptado por su tío Bernardo, un comerciante de telas de seda de Barcelona, quien inmediatamente empezó a fomentar las grandes aptitudes musicales de su sobrino.

Los familiares de Nunó no tardaron pues en lograr que aquel pequeño, extraordinariamente dotado para la música, fuera admitido en la catedral de Barcelona para cantar en el coro, del que pronto se convirtió en un virtuoso solista. Nunó permaneció entonces siete años en el coro de la catedral, donde, aparte de cantar, tocaba también el órgano. Cuando, definitivamente, le cambió la voz, recibió por sus prometedoras aptitudes una pensión para estudiar en Italia, donde asistió a clases de composición con el maestro Saverio Mercadante. Tras terminar su formación, regresó a Barcelona, decidido a ejercer su profesión, que prometía ser brillante, pues el joven Nunó había ya compuesto un gran número de piezas de baile, especialmente valses, así como arias y también misas.

## El azar de la gloria mexicana

Aunque inicialmente su vida profesional parecía que iba a transcurrir por cauces tranquilos, en una Barcelona cada día más próspera debido a los cambios económicos acaecidos a raíz de la revolución industrial, el futuro de Nunó había de seguir derroteros muy distintos. Efectivamente, cuando tras su regreso a España fue nombrado por el gobierno, en 1851, director de la Banda del Regimiento de la Reina, en Madrid, empezaba para este músico una nueva etapa intensa y agitada, repleta de cambios y viajes. Posteriormente, el mismo año, el

gobierno español le encomendó también la misión de organizar las bandas militares regionales de Cuba, entonces posesión española.

Poco después de llegar a Cuba, Nunó trabó una especial amistad con Manuel Concha, gobernador y capitán general de Cuba. Fue allí también donde conoció al general mexicano Antonio López de Santa Anna, con quien habrían de unirle estrechos lazos de amistad. Cuando Santa Anna regresó a México para hacerse cargo por última vez de la presidencia del país, invitó a Nunó a que se uniera a él y le nombró (1853) director general de bandas militares, con el grado de capitán de infantería de la milicia activa, trabajo por el que habría de percibir un notable sueldo. La aceptación de dicho ofrecimiento significó para Nunó un cambio radical de vida, ya que no podía imaginar que la decisión de trasladarse junto con la comitiva de Santa Anna a México había de convertirlo años más tarde en prócer del país.

Fue también en 1853 cuando el gobierno de Santa Anna hizo una llamada a los poetas y compositores del país, con objeto de escoger e instituir el himno nacional mexicano. Miguel Lerdo de Tejada, oficial mayor del Ministerio de Fomento, Colonización, Industria y Comercio, convocó pues un concurso para componer la música del *Himno Nacional*, cuya letra, seleccionada anteriormente, era autoría del poeta Francisco González Bocanegra. La principal normativa que debía cumplirse para poder acceder al

*Jaime Nunó dirige la interpretación del Himno Nacional mexicano por la banda de Artillería, durante una audición en la Alameda Central, el 15 de septiembre de 1901. A la derecha, tumba de Francisco González Bocanegra, autor de la letra del Himno Nacional, situada en el panteón de San Fernando.*

*Francisco González Bocanegra fue el autor de la letra del Himno Nacional, seleccionada en el mismo certamen en el que resultó ganador Nunó por la música.*

concurso era que las partituras tenían que ejecutarse siguiendo unas determinadas normas musicales y en un plazo máximo de sesenta días. Nunó escribió un himno vibrante, emotivo y triunfante, que convenció definitivamente al jurado. El 12 de agosto de 1854 se dio a conocer oficialmente el nombre del ganador del certamen, que recayó en Jaime Nunó. Como Nunó había firmado la partitura con sus iniciales, se le instó a que revelase su identidad.

## Los sinsabores de la derrota

Poco después, el 15 de septiembre, se interpretó por primera vez la partitura, en el curso de una función especial, organizada para conmemorar el aniversario de la independencia. El acto, en el que se estrenó el *Himno Nacional,* tuvo lugar en el teatro Santa Anna. Aquel día, el himno fue interpretado solemnemente por los cantantes italianos Claudina Florentini, soprano, y Lorenzo Salvi, tenor, que estuvieron acompañados por coros y orquesta de la Gran Compañía de Ópera Italiana, bajo la dirección del maestro Vitessiri.

Todo parecía indicar que Nunó, tras cosechar importantes éxitos profesionales en México, se asentaría definitivamente en este país, en especial después

de ser también nombrado, en abril de 1854, director del Conservatorio Nacional de Música, así como de haber editado con Vicente María Riesgo el *Semanario Musical.* Sus proyectos se truncaron, sin embargo, súbitamente. Su nombramiento como director del Conservatorio Nacional de Música no dejó de ser un proyecto nunca realizado, al tiempo que la derrota de Santa Anna, su protector, propició su salida del país en octubre de 1856. Además, a raíz de los cambios políticos acaecidos, el solemne himno de Nunó dejó de interpretarse oficialmente y, en las pocas ocasiones en que éste fue ejecutado, posteriormente se omitieron algunas estrofas, que mencionaban y ensalzaban a Santa Anna e Iturbide.

## Concertista y maestro

Tras abandonar México, se dirigió primero a La Habana, la capital cubana, y posteriormente a Estados Unidos, donde en los primeros tiempos organizó conciertos con su banda, con la cual actuó en numerosas ciudades estadounidenses. Posteriormente, vivió en Nueva York, donde trabajó como concertista de piano y director de orquesta, incorporándose con éxito a numerosas compañías de ópera. En 1862 fue contratado por una importante compañía de ópera italiana que realizó una larga gira por Estados Unidos, Cuba y también México. Fue así como, en 1864, Jaime Nunó pisó de nuevo suelo mexicano, después de largos años de ausencia y con un carácter totalmente esporádico.

Tras esa larga gira profesional, Nunó fijó definitivamente su residencia en Estados Unidos y fundó una escuela de música en Buffalo, lugar donde años más tarde habría de sobrevenirle la muerte. Su dedicación a la enseñanza supuso otro cambio profundo en su variada trayectoria profesional, que se encauzó a partir de este momento hacia una vida más tranquila, aunque no exenta de triunfos y sorpresas.

## Un merecido homenaje

Importa señalar que el himno de Jaime Nunó y Francisco González Bocanegra, caído prácticamente en el olvido a lo largo de varias décadas, no volvió a interpretarse en público hasta 1901, durante el porfiriato. Ese mismo año, cuando ya era un anciano de 77 años y con motivo de la Exposición Panamericana celebrada en Buffalo, Jaime Nunó fue descubierto por un periodista mexicano, que lo identificó como autor del *Himno Nacional*. Los responsables del pabellón mexicano, al saber que Nunó estaba afincado en esta ciudad, lo agasajaron con una cálida fiesta. Porfirio Díaz, que había oficializado el himno de Jaime Nunó, le invitó entonces a México para que recibiera el homenaje que aún no se le había ofrecido.

Nunó llegó a México el 12 de septiembre de 1901, donde, después de ser aclamado apoteósicamente y recibir clamorosos vítores y grandes homenajes, permaneció algunos meses, hasta el 21 de noviembre del mismo año. Uno de los actos más entrañables de este viaje tuvo lugar, precisamente, la noche del 15 de septiembre, cuando Nunó tuvo el honor de dirigir, triunfalmente, un grupo de bandas militares.

Ésta no sería, sin embargo, la última vez que visitaría México, ya que, en 1904, el octogenario Nunó fue invitado de nuevo por el gobierno mexicano con motivo de la celebración del cincuentenario del *Himno Nacional*, aunque en esta ocasión la estancia en México fue breve debido a su edad avanzada. Nunó pasó los últimos años de su vida junto a su hijo, llamado también Jaime, hasta que la muerte le sorprendió un 18 de julio de 1908. Su muerte fue el final de una trayectoria intensamente vivida y recompensada finalmente, en el ocaso, con los honores merecidos.

El pueblo natal de Jaime Nunó, convertido en la segunda mitad del siglo en un importante centro urbano de la comarca del Ripollés, región con un extraordinario pasado cultural y un magnífico patrimonio arquitectónico y legendario, quiso también rendirle un entrañable homenaje, dedicándole en 1969, a iniciativa de Salvador Moreno y costeada por mexicanos y catalanes, una fuente y, posteriormente, transformando su casa natal en museo local, destinado a perpetuar su memoria.

| | |
|---|---|
| **1824** | Nace en San Juan de las Abadesas, Gerona (España), **JAIME NUNÓ**. |
| **1833** | Queda huérfano y es adoptado por su tío que pronto se da cuenta de las aptitudes musicales de Jaime y hace que pase a formar parte del coro de la catedral de Barcelona. |
| **1840** | Al cambiarle la voz, por sus prometedoras aptitudes obtiene un permiso para estudiar en Roma (Italia). |
| **1851** | Tras su regreso a España, es nombrado director de la Banda del Regimiento de la Reina en Madrid. El gobierno le encomienda organizar las bandas militares regionales de Cuba, donde conoce a López de Santa Anna. |
| **1853** | López de Santa Anna nombra a Nunó director general de bandas militares en México, con el grado de capitán de infantería de la milicia activa. |
| **1854** | En agosto, gana el concurso para poner música al Himno Nacional mexicano; en septiembre se interpreta por primera vez la partitura. |
| **1855** | En el mes de abril es nombrado director del Conservatorio Nacional de Música, cargo que no puede ejercer al ser derrocado Santa Anna. |
| **1856** | Abandona México y se traslada primero a La Habana y después a Estados Unidos. |
| **1862** | Es contratado por una compañía de ópera italiana, con la que realiza giras por Estados Unidos, Cuba y México. |
| **1864** | Fija su residencia y funda una escuela de música en Buffalo (Estados Unidos). |
| **1901** | Se interpreta en México, durante el porfiriato, el Himno Nacional de Nunó. En septiembre, es invitado por el presidente Porfirio Díaz, que le concede el honor de dirigir un grupo de bandas militares. |
| **1904** | Regresa de nuevo a México invitado por el gobierno con motivo de la celebración del cincuentenario del Himno Nacional. |
| **1908** | Muere en Bay Side, Nueva Jersey (Estados Unidos). |

# ÁLVARO OBREGÓN
## *(1880-1928)*

*A*l general Álvaro Obregón corresponde gran parte del mérito de haber acabado con la violencia revolucionaria que conmovió la vida de México durante diez dramáticos años. Después de destacar como uno de los más hábiles estrategas en el campo de batalla, cuando ocupó la Presidencia del país se mostró como un político inteligente y enérgico, iniciando la institucionalización de las conquistas sociales postuladas por la Revolución y logrando importantes avances en política exterior.

*El general Álvaro Obregón destacó no sólo por ser uno de los más hábiles estrategas mexicanos en el campo de batalla, sino también por su imagen de político inteligente y enérgico.*

### El campesino que dejó el arado

Álvaro Obregón nació el 19 de febrero de 1880, en Siquisiva, Estado de Sonora. Hijo de Francisco Obregón, un modesto agricultor, y de Cenobia Salido, desde muy pequeño se familiarizó con las faenas del campo, tareas que alternó con sus estudios primarios. Acabados éstos y ya adolescente trabajó en una hacienda de Huatabampo durante unos años. Al cumplir los dieciocho de edad entró a trabajar en un ingenio de Novolato, en el Estado de Sinaloa, donde permaneció muy poco tiempo, antes de volver a los trabajos agrícolas.

Álvaro se mostró siempre como un muchacho trabajador e inteligente, dotado de una gran personalidad. En 1903, a los veintitrés años, casó con Refugio Urrea, y dos años más tarde adquirió un pequeño rancho a orillas del río Mayo. Los años siguientes fueron esforzados y también dolorosos, ya que su esposa, que le había dado dos hijos –Humberto y Refugio–, murió. Si bien Álvaro era un hombre hecho para el sacrificio, no lo era sin embargo para el dolor, y el 2 de marzo de 1910 contrajo nuevo matrimonio con María Tapia, una hermosa mujer que le daría siete hijos más.

Poco después de producirse el triunfo de la revolución maderista, Obregón fue elegido presidente municipal de Huatabampo y, en 1912, bajo el mando del general Agustín Sanginés, luchó contra el general Pascual Orozco, en Chihuahua, con el grado de teniente coronel. El agricultor había decidido canjear el arado por las armas.

Desde sus primeras acciones militares, Álvaro Obregón demostró gran talento como estratega, lo que le dio considerable prestigio dentro del ejército. Así, en febrero de 1913, al ocupar Victoriano Huerta el poder, tomó partido por José María Maytorena y, reconociendo como jefe de la Revolución a Venustiano Carranza, combatió en el bando constitucionalista. En una serie de eficaces golpes y planificadas batallas derrotó a los federales del norte del país,

*Un paseo en coche por la Ciudad de México. Carranza acompañado, entre otros, por el general Álvaro Obregón, quien, después de haber sido su aliado para derrotar a Huerta, se rebeló contra él promoviendo el Plan de Agua Prieta.*

asegurando con ello un amplio territorio fronterizo con Estados Unidos.

Nombrado jefe del Cuerpo de Ejército del Noroeste, el ya general Obregón invadió Sinaloa y tomó Culiacán en noviembre de 1913. Después de un intensivo entrenamiento de sus tropas y de que se repararan las líneas ferroviarias, que le aseguraban el transporte para la nueva campaña, Obregón marchó hacia el sur, sitió Mazatlán y continuó su avance hacia Jalisco. Con una serie de sorprendentes movimientos tácticos infligió a los huertistas dos espectaculares derrotas en Orendáin y El Castillo y, poco después, tomó Guadalajara. Tras firmar con Eduardo Iturbide, el 10 de agosto de 1914, los acuerdos de Teoloyucan, que establecían la entrada del Ejército Constitucionalista en la capital y las condiciones de rendición y disolución del Ejército Huertista, Obregón entró en Ciudad de México. Carranza ocupó la Presidencia, pero Pancho Villa y Emiliano Zapata lo rechazaron.

## Con el fusil y el pan

El general Obregón intentó en vano dialogar con Villa para resolver la conflictiva situación, pero el caudillo del norte logró apresarlo y estuvo, incluso, a punto de fusilarlo. Una vez concluida la convención de Aguascalientes, en octubre de 1914, y de que Pancho Villa y Emiliano Zapata entraran en la capital, Álvaro Obregón siguió a Carranza en calidad de jefe del Ejército de Operaciones.

Después de derrotar a las tropas de Emiliano Zapata entró nuevamente en México y, en un gesto que ejemplificaba su decisión de acabar con las insurrecciones, se dejó crecer la barba y anunció que no se la quitaría hasta no acabar definitivamente con Pancho Villa. Obregón cumplió con su promesa tras vencer a los villistas en cuatro importantes batallas que tuvieron lugar en 1915. Los dos enfrentamientos de Celaya, ocurridos en abril, la batalla de Silao y León, en la que perdió un brazo, entre el 1 y el 5 de junio, y la librada en las proximidades de Aguascalientes, entre el 6 y el 10 de julio, fueron todas modelos de planificación táctica y estratégica.

Pero más que su triunfo militar sobre las huestes del Centauro del Norte, lo que realmente consolidó la posición de Obregón y proyectó su figura como caudillo nacional fue la victoria política que obtuvo al decretar una ley de salarios mínimos en varios estados norteños.

*Fotografía de Álvaro y Mayo, dos de los siete hijos que tuvieron Álvaro Obregón y su segunda esposa, María Tapia.*

*María Tapia fue la segunda esposa del general Obregón, con la que contrajo matrimonio tras quedar viudo en 1910.*

## El paréntesis garbancero

Tras sus fulgurantes éxitos militares y la pacificación del norte del país, donde logró reducir el poderío de Pancho Villa a meras acciones guerrilleras, el general Obregón ocupó, entre marzo de 1916 y mayo de 1917, la Secretaría de Guerra y Marina. Durante ese año debió enfrentar una crisis con Estados Unidos, provocada por las incursiones de Villa en el territorio de ese país, sobre todo a raíz del asalto a la localidad norteamericanan de Columbus. También en ese período fundó la Academia de Estado Mayor y la Escuela Médico Militar.

Con la sanción de la Constitución de 1917, Obregón consideró que la etapa militar de la Revolución había acabado y que la República ya contaba con un instrumento fundamental para su reorganización. Se retiró entonces a su hacienda de Navojoa. Durante

algo más de un año, este hombre corpulento, de rostro redondo, frente despejada, bigote rotundo y mirada penetrante, dedicó su tiempo a las tareas agrícolas y a instrumentar los medios para obtener mejores beneficios de los productos del campo. Con tal fin creó en Navojoa la Agencia Comercial y la Liga Garbancera.

Pero Obregón seguía atento a lo que sucedía en el país y, al ver que las conquistas revolucionarias no sólo no se profundizaban sino que corrían peligro de ser destruidas por los conservadores, decidió aceptar su candidatura a la Presidencia de la República en las elecciones de 1920. Aunque toda la clase dirigente conocía sus razones, el 1 de junio de 1919 las explicó al pueblo en un memorable manifiesto: «Muchos de los hombres de más alto relieve dentro del orden militar y del orden civil han desvirtuado completamente las tendencias del movimiento revolucionario, dedicando todas sus actividades a improvisar fortunas, alquilando plumas que los absuelvan falsamente en nombre de la opinión pública». Y entre esos hombres estaba aquel al que Obregón había defendido y ayudado a llegar a la Presidencia, Venustiano Carranza, y contra quien se rebeló por el Plan de Agua Prieta, el 23 de abril de 1920.

## La voluntad de construir

Un mes más tarde del pronunciamiento de Agua Prieta, las tropas carrancistas fueron derrotadas y su caudillo asesinado en Tlaxcalantongo. En septiembre se celebraron las elecciones y el general Obregón obtuvo una rotunda victoria, que le permitió asumir la Presidencia para el período de 1920-1924.

La década de los años veinte estuvo marcada por la poderosa energía de Álvaro Obregón y de Plutarco Elías Calles, que se alternaron en el poder con la férrea voluntad de reconstruir el país. En el momento de la asunción de Obregón, México estaba agotado por diez años de revolución. Más de un millón de personas habían muerto, la producción agrícola era escasa en proporción a la potencialidad del país, los caminos, las vías férreas y las comunicaciones habían sido destrozadas, la deuda exterior era cuantiosa, la situación de campesinos y obreros seguía siendo

*El presidente Álvaro Obregón, vistiendo atuendo presidencial, durante una ceremonia oficial (arriba). El mismo Obregón, también en funciones de presidente, rodeado de empresarios y funcionarios, visita una fábrica de la capital mexicana, en el año 1923.*

193

lastimosa y el caos alcanzaba todos los estamentos administrativos. Sin embargo, las producciones minera y petrolífera eran considerables y México podía afrontar con éxito su reconstrucción. «En estos momentos, nada es más importante que la paz social y la estabilidad política» dijo el general Obregón, coincidiendo con su gran aliado, Plutarco Elías Calles. De este modo, el presidente Álvaro Obregón se abocó, con el apoyo del ejército y en un clima de libertad de opinión, a una política radical que contribuyó a levantar el país sobre bases sólidas.

## La última comida

Una vez en la Presidencia, Obregón dio un decidido impulso a la reforma agraria expropiando latifundos y tierras mal cultivadas que repartió entre los campesinos; apoyó y subvencionó las organizaciones obreras como la CROM (Confederación Regional Obrera Mexicana) y la CGT (Confederación General de Trabajadores); fundó el Banco único; restableció la Secretaría de Educación y construyó centenares de escuelas para consolidar la enseñanza pública; reparó

y construyó miles de kilómetros de líneas férreas y telegráficas; redujo los efectivos del ejército; renegoció la deuda exterior y, no sin esfuerzos, consiguió el reconocimiento internacional, salvo el de Gran Bretaña.

Pero el gobierno de Obregón tuvo su punto conflictivo en la política anticlerical que Plutarco Elías Calles llevó desde la Secretaría de Educación, que provocó el trágico choque entre católicos y socialistas en Morelia –donde murieron cincuenta personas– y la expulsión de los delegados pontificios.

Al finalizar su mandato, Obregón se retiró a Sonora hasta 1927, cuando, a instancias de Calles, el Congreso modificó la Constitución para permitir su reelección. A pesar de las protestas, los atentados y una sublevación católica por esa decisión, Obregón aceptó el reto presentándose nuevamente a las elecciones del 1 de julio de 1928, en las que ganó por amplia mayoría. Sin embargo, Obregón no llegaría a gobernar. Mientras comía con sus correligionarios en el restaurante *La Bombilla*, en villa de San Ángel, D.F. de México, un fanático católico, llamado José de León Toral, lo asesinó. De este modo violento acabó la vida del hombre que, después de diez años de guerra civil, había procurado dar paz y estabilidad a su patria.

*El general Obregón dirigiéndose a los habitantes de Poncitlán. La amputación de su brazo derecho fue consecuencia de las heridas recibidas en la batalla de Silao (hacienda de Santa Ana) el 3 de junio de 1915.*

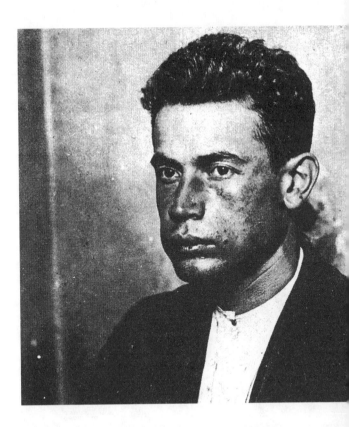

*Mientras tomaba parte en un banquete con sus correligionarios en un restaurante para celebrar el triunfo de la reelección, Obregón (izquierda) fue asesinado por el fanático católico José de León Toral (derecha).*

| | |
|---|---|
| **1880** | El 19 de febrero nace **ÁLVARO OBREGÓN**, en Siquisiva, Estado de Sonora. |
| **1913** | En noviembre, invade Sinaloa y ocupa Culiacán. |
| **1914** | El 10 de agosto firma con Iturbide los acuerdos de Teoloyucan, en los que se establece la entrada del Ejército Constitucionalista en la capital y la rendición del ejército huertista. |
| **1915** | En la batalla de Silao (hacienda de Santa Ana), que tuvo lugar entre el 1 y el 5 de junio y que fue considerada un modelo de planificación estratégica, Obregón perdió un brazo. |
| **1916-1917** | Ocupa el cargo de ministro de Guerra y Marina. Después de un año de gobierno ministerial se retira a su hacienda de Navojoa. |
| **1920** | En el mes de septiembre, Obregón obtiene una rotunda mayoría en las elecciones, por la que se convierte en el presidente para el período 1920-1924. En esos cuatro años crece el conflicto del gobierno con la Iglesia católica debido a la política seguida por la Secretaría de Educación. |
| **1924-1927** | Al finalizar su gobierno se retira a Sonora hasta que, en 1927, la reforma de la Constitución permite su reelección. |
| **1928** | El 1 de julio se celebran elecciones presidenciales y Obregón vuelve a obtener una amplia mayoría. El 17 del mismo mes, mientras celebraba con unos correligionarios en un restaurante del D.F. la victoria, el nuevo presidente fue asesinado por un fanático católico, llamado José de León Toral. |

# JUAN O'GORMAN
## (1905-1982)

*Juan O'Gorman, el artista que unió arquitectura y pintura en un mismo acto creador.*

*C*ontemplado en muchos estudios como el último representante de la estirpe de los grandes muralistas mexicanos, que florecieron en la primera mitad del siglo XX, pueden rastrearse en su estilo las huellas del arte de Diego Rivera, del que algunos críticos le consideran sucesor directo. Tal vez sea ésta una apreciación exagerada, pues, aunque es posible indiscutiblemente encontrar en la obra de O'Gorman algunas líneas referenciales, su pintura tiene, sin embargo, unas características personalísimas, un lenguaje propio en el que supo conciliar la minuciosidad del detalle con la más simbólica fantasía, para constituir una obra vasta y monumental.

## Un niño prodigio

Resultado —como tantos otros representantes del arte y la cultura mexicanos— de la fusión de dos culturas, del frío y estricto espíritu británico por parte de su padre y de la apasionada sangre mexicana, el ardor de su familia materna, Juan O'Gorman nació en Coyoacán el 6 de julio de 1905 y murió en la misma Delegación el 18 de enero de1982.

Mostró, ya en sus primeros años, aptitudes excepcionales para el dibujo y la pintura, que se pusieron de relieve en el círculo de su padre, Cecil Crawford O'Gorman, quien muy pronto se sintió orgulloso de poder contar con un hijo que le sucediera dignamente en sus actividades como arquitecto. Procuró pues, a partir de entonces, potenciar las aptitudes artísticas de su hijo poniéndole en contacto con los creadores plásticos que formaban su círculo de amistades, algunos de ellos consagrados; sin embargo, éstos no parecen haber tenido excesiva influencia en los primeros pasos del muchacho por el mundo de las artes.

Tiempo más tarde, un crítico de arte lo describía como un hombre interesado por las novedades y las experiencias artísticas que se producían a su alrededor, siguiendo «con atención, pero sin participar verdaderamente, la evolución de los pintores, sus amigos...».

Tras sus estudios elementales y secundarios, O'Gorman se inscribió en la Facultad de Arquitectura de la Universidad Nacional Autónoma de México, donde se graduó sin repetir ningún curso (1921-1925). Posteriormente, decidido a ampliar en lo posible los conocimientos técnicos que le parecían necesarios para su actividad profesional, optó por la ingeniería como complemento a su formación. La pintura llenaba sus momentos de ocio, la utilizaba sólo como un medio para relajarse, para olvidar las horas de concentración y de estudio; pero lo que había empezado como una afición, como una actividad lúdica o suplementaria, fue interesándole más y más, fue exigiéndole un lugar de privilegio hasta convertirse, poco a poco, en su ocupación habitual. El arquitecto en ciernes comenzaba a mostrar los rasgos del futuro pintor.

## Arquitectura y vanguardismo

Es lógico pues que, a la hora de examinar la obra pictórica de Juan O'Gorman y su devenir en el mundillo artístico mexicano, sea necesario tener muy en cuenta su trayectoria profesional, su importante contribución al desarrollo de la arquitectura mexicana contemporánea, en el que desempeñó un decisivo papel de pionero.

Influido por las teorías del funcionalismo —que exigían una definición, previa al proyecto, de las «funciones» a las que se destinaba el edificio para adaptar, así, sus formas a las necesidades previstas—

y de la arquitectura orgánica, construyó escuelas y casas-habitación, entre otras la del muralista Diego Rivera (1931). Merece destacar en este aspecto el proyecto que realizó para la Biblioteca Central de la Ciudad Universitaria (1949-1951), de cuya dirección de obras se encargó personalmente y que le sirvió para dejar constancia de su voluntad experimental e innovadora, al diseñar, para sus muros exteriores, un gigantesco mural de multicolores piedras, que representaba el desarrollo histórico de la cultura nacional (1952).

Admirador de los arquitectos funcionalistas europeos, especialmente de Walter Gropius, portaestandarte de la célebre Bauhaus, y de Le Corbusier, concebía la arquitectura y el urbanismo como una adaptación a las exigencias sociales, económicas y técnicas del siglo xx. Sus obras se caracterizaron esencialmente por el empleo del cemento armado, los

*Mural en piedra de la Biblioteca de la Ciudad Universitaria, una de las obras más conocidas de O'Gorman.*

*Detalle de* El mapa de Upsala y la ciudad de 1942.
*Inventor de formas nuevas y continuador del puntillismo,*
*O'Gorman fue el último representante de la estirpe de*
*los grandes muralistas mexicanos.*

exteriores asimétricos y una constante búsqueda de
aire y luz. Sin embargo, gracias a la influencia que
ejerció en él su profesor J. Villagrán García, fue
evolucionando hacia la corriente que ha dado en
llamarse «nuevo barroco mexicano». Proyectó entonces edificios cuyas raíces se encuentran en las
iglesias coloniales, en las construcciones religiosas
previas a la Revolución Mexicana.

Por otra parte, cuando diseñó y construyó su propia
casa, levantada en las estribaciones del Pedregal de
San Ángel (1956) y derribada posteriormente, buscó
inspiración en los planteamientos expuestos por
Mathias Goeritz en su Manifiesto de la arquitectura
emocional y, de este modo, procuró diseñar cada
estancia o habitación ateniéndose al sentimiento que
pretendía inspirar.

Una de las máximas preocupaciones de O'Gorman,
tal vez su anhelo estético más emblemático, fue la
unificación de pintura y arquitectura en un mismo
acto creador, en un idéntico marco artístico. De ahí
sus constantes experiencias creativas, sus intentos

encaminados a integrar en sus obras pictóricas o
arquitectónicas elementos que, a priori, se consideran ajenos a los ámbitos respectivos de estas artes, los
cuales le han valido ser considerado uno de los
precursores en la utilización del collage y de su
introducción en los medios artísticos latinoamericanos.

Ya recién terminados sus estudios, en 1926, recibió
el encargo de realizar, como trabajo práctico, la
decoración de cinco establecimientos públicos, en
uno de los cuales, la pulquería *Los Fifís*, su obra
obtuvo cierta popularidad. El éxito en estas actividades le valió ser asignado como profesor no numerario
a la cátedra de arquitectura del Instituto Politécnico
de México, cuya titularidad alcanzaría en 1932.

## Víctima de la censura

Cuatro años después, O'Gorman realizaría tres tablas
sobre la conquista del espacio para el Aeropuerto Nacional. Dos de ellas fueron destruidas porque incluían,
en una exagerada representación caricaturesca, las figuras de Adolfo Hitler y Benito Mussolini, hecho que, al
producirse en plena Segunda Guerra Mundial, hizo
temer que pudiera provocar tensiones. Las dos tablas
pasaron pues a engrosar la larga lista de las obras de arte
víctimas de la política. La tercera de ellas se conserva
hoy en el Museo de Historia de Chapultepec.

Por lo que respecta a la pintura de caballete,
O'Gorman aborda temas complejos de intención y
características diversas, que, con un predomino del
sarcasmo macabro, oscilan entre el detallismo cargado
de fantasía de sus *Mitos* y la lineal geometría de
*Recuerdos de Guanajuato*, pasando por la sátira cruel
de los *Enemigos del pueblo*. En la elaboración de sus
composiciones utilizó preferentemente dos técnicas:
el temple o pintura a emulsión, sobre soporte de
manosite, para sus cuadros, que obtienen así unos
colores luminosos y duraderos; y el fresco, para sus
murales. La suya es una producción que refleja inquietudes sociales y nacionalistas. Fue el inventor de
formas nuevas a través de creaciones arquitectónicas
y, al mismo tiempo, el continuador del puntillismo,
recreando más que nunca el poder del detalle sobre el
conjunto global de la obra.

«El realismo de O'Gorman —ha dicho el pintor
boliviano Roberto Berdecio— es la expresión de un
artista formado por las más variadas disciplinas del
conocimiento. Su obra muestra, en esta época de
improvisaciones, el hecho poco común de su gran

capacidad técnica en el más alto sentido artesanal», párrafo que pone de relieve lo que constituye, tal vez, la faceta más característica en la producción del artista, su polivalencia, la facilidad y el rigor con que domina los más distintos materiales en una creación que pretende, y muchas veces consigue, ser sintética. En efecto, el conjunto de su producción se revela íntimamente ligada a sus conocimientos matemáticos, que le sirven para plasmar observaciones analíticas de planos superpuestos en las que se mezclan las explosiones de su fantasía (hombres alados, globos aerostáticos) con el canto heroico de la historia.

Con todo, el aspecto más interesante de sus trabajos, y el que le ha conferido un lugar destacado en el panorama de la pintura mexicana contemporánea, es la excepcional calidad de su trazo, su sabia organización de la perspectiva que evidencia su formación de arquitecto y, sobre todo, su factura detallista, su creación de verdaderas miniaturas de perfecto acabado y orden, perceptibles incluso en el interior de sus amplias composiciones murales.

## Crisol de estilos y culturas

En su repertorio de imágenes y de estilo tradujo gran parte del misterio propio de México, asumiendo y aglutinando vestigios de las civilizaciones precolombinas, del barroco macabro de los cultos fúnebres heredados de España y amplificados hasta la obsesión, de los colores y visiones de la vida cotidiana indígena, reflejados siempre con sencillez y claridad, cual de una fórmula matemática se tratara.

La vivacidad de su paleta y la recuperación de elementos insólitos o fantásticos característicos de la imaginería popular quedan de manifiesto en sus obras de caballete —entre las que sobresalen *La ciudad de México* y *Autorretrato* (1949 y 1950, respectivamente, Museo de Arte Moderno, México D. F.), y *Recuerdo de los Remedios* (1943, Museo Nacional de Arte, México D. F.)—, pero adquieren su mayor dimensión en unos murales de los que pueden mencionarse, entre muchos otros, *Historia de la aviación* (1937, Aeropuerto Internacional Benito Juárez, México D. F.); *Alegoría de las comunicaciones* (1953), en la sede de la Secretaría de Comunicaciones de México; *Cuauhtémoc redivivo*, en un hotel de Taxco (1956); y *Retablo de la Independencia* (1960-1961, Museo Nacional de Historia, México D. F.).

Miembro de la Academia de Artes, recibió en 1972 el Premio Nacional de Artes, por su aportación a los campos artísticos pictórico y arquitectónico, y se mantuvo activo hasta que, en 1982, le sorprendió la muerte cuando se hallaba trabajando —apoyado por un equipo de colaboradores reclutados entre sus discípulos y seguidores de la Universidad de México— en unos frescos para el Museo Nacional de Historia y para el castillo de Chapultepec.

| | |
|---|---|
| **1905** | El 6 de julio nace en Coyoacán, México D. F., **JUAN O'GORMAN.** |
| **1921-1925** | Realiza estudios de arquitectura en la Universidad Nacional Autónoma de México. |
| **1925** | Se da a conocer con la decoración de la pulquería *Los Fifís.* |
| **1931** | Diseña la casa del pintor Diego Rivera. |
| **1932** | Es nombrado titular de la cátedra de arquitectura en el Instituto Politécnico de México. |
| **1936** | Crea el mural *Historia de la aviación* que se colocará, posteriormente, en el Aeropuerto Internacional Benito Juárez. |
| **1949-1951** | Proyecta y dirige la construcción de la Biblioteca Central de la Ciudad Universitaria. |
| **1950** | Expone en el Palacio de Bellas Artes cien cuadros de caballete. |
| **1953** | Realiza su mural *Alegoría de las comunicaciones.* |
| **1960-1961** | Pinta *Retablo de la Independencia* para el Museo Nacional de Historia. |
| **1972** | Se le concede el Premio Nacional de las Artes. |
| **1982** | Muere en el lugar que le vio nacer el 18 de enero. |

# JOSÉ CLEMENTE OROZCO
## *(1883-1949)*

*José Clemente Orozco fue un destacado adalid de la modernidad estética latinoamericana. Su obra, profundamente dramática por su contenido histórico, social y político, lo revela como un intérprete plástico de la Revolución. Autorretrato del artista.*

*U*nido por vínculos de afinidad ideológica y por la propia naturaleza de su trabajo artístico, a las controvertidas personalidades de Rivera, Siqueiros y Tamayo, José Clemente Orozco fue uno de los creadores que, en el fértil período de entreguerras, hizo florecer el arte pictórico mexicano gracias a sus originales creaciones, marcadas por las tendencias artísticas que surgían al otro lado del Atlántico, en la vieja Europa. Orozco colabora, por tanto, al acceso a la modernidad estética de toda Latinoamérica, aunque la afirmación tenga sólo un valor relativo y deban considerarse las peculiares características del arte

*Orozco logró dotar a sus lienzos de un clima afectivo, cuya violencia iba más allá de la realidad física, razón por la que recibió el calificativo de «Goya mexicano».* La maternidad *es un magnífico ejemplo de la depurada síntesis que establece entre la violencia de la lucha revolucionaria y la delicada sensibilidad de la figura materna.*

que practicaba, poderosamente influido, como es natural, por la vocación pedagógica y el aliento político y social que informó el trabajo de los muralistas mexicanos. Empeñados éstos en llevar a cabo una tarea de educación de las masas populares, con objeto de incitarlas a la toma de conciencia revolucionaria y nacional, debieron buscar un lenguaje plástico directo, sencillo y poderoso, sin demasiadas concesiones al experimentalismo vanguardista.

## Una vocación que prevalece

Nacido en Zapotlán el Grande, actual Ciudad Guzmán, en el Estado de Jalisco, el año 1883, el pintor fue también un excelente dibujante y un grabador de fuerte expresividad. A los veintitrés años ingresó en la Academia de Bellas Artes de San Carlos para completar su formación académica, puesto que su familia había decidido que aprovechara sus innegables condiciones para el dibujo en «unos estudios que le aseguraran el porvenir y que, además, pudieran servir para administrar sus tierras», por lo que el muchacho inició la carrera de ingeniero agrónomo.

El destino profesional que el entorno familiar le reservaba no satisfacía en absoluto las aspiraciones de Orozco que muy pronto tuvo que afrontar las consecuencias de un combate interior en el que su talento artístico se rebelaba ante unos estudios que no le interesaban. Y ya en 1909 decidió consagrarse por completo a la pintura.

Durante cinco años, de 1911 a 1916, para conseguir los ingresos económicos que le permitieran dedicarse a su vocación, colaboró como caricaturista en algunas publicaciones, entre ellas *El Hijo del Ahuizote* y *La Vanguardia*, y realizó una notable serie de acuarelas ambientadas en los barrios bajos de la capital mexicana, con especial presencia de unos antros nocturnos, muchas veces sórdidos, demostrando en ambas facetas, la del caricaturista de actualidad y la del pintor, una originalidad muy influida por las tendencias expresionistas. De esa época es, también, su primer cuadro de grandes dimensiones, *Las últimas fuerzas españolas evacuando con honor el castillo de San Juan de Ulúa* (1915) y su primera exposición pública, en 1916, en la librería Biblos de Ciudad de México, constituida por un centenar de pinturas, acuarelas y dibujos que, con el título de *La Casa de las Lágrimas*, estaban consagrados a las prostitutas y revelaban una originalidad en la concepción, una búsqueda de lo «diferente» que no excluía la compasión y optaba, decididamente, por la crítica social.

*La tragedia y el sufrimiento fueron dos temas recurrentes en la obra de Orozco, que supo aunar las tradiciones mexicanas con la experimentación.*

Puede hallarse en las pinturas de esta primera época una evidente conexión, aunque no una visible influencia, con las del gran pintor francés Toulouse-Lautrec, ya que el mexicano realizó también en sus lienzos una pintura para «la gente de la calle», lo que se ha denominado «el gran público», y ambos eligieron como tema y plasmaron en sus telas el ambiente de los cafés, los cabarets y las casas de mala nota.

Orozco consiguió dar a sus obras un cálido clima afectivo, una violencia incluso, que le valió el calificativo de «Goya mexicano» porque conseguía reflejar en el lienzo algo más que la realidad física del modelo elegido, de modo que en su pintura —especialmente la de caballete— puede captarse una oscura vibración humana a la que no son ajenas las circunstancias del modelo. Conservó este sobrenombre para dar testimonio de la Revolución Mexicana con sus caricaturas en *La Vanguardia*, uniéndose de ese modo a la tradición satírica inaugurada, a finales del siglo XIX, por Escalante y Villanuesa.

## Un año decisivo

Una fecha significativa en la trayectoria pictórica de José Clemente Orozco es el año 1922. Por ese entonces se unió a Diego Rivera, David Alfaro Siqueiros y otros artistas para iniciar el movimiento muralista mexicano, que tan gran predicamento internacional llegó a tener y que llenó de monumentales obras las ciudades del país. De tendencia nacionalista, didáctica y popular, el movimiento pretendía poner en práctica la concepción del «arte de la calle» que los pintores defendían, poniéndolo al servicio de una ideología claramente izquierdista. Desde el punto de vista formal, la principal característica de los colosales frescos que realizaba el grupo era su abandono de las pautas y directrices académicas, pero sin someterse a las «recetas» artísticas y a las innovaciones procedentes de Europa: sus creaciones preferían volverse hacia lo que consideraban las fuentes del arte precolombino y las raíces populares mexicanas.

Los artistas crearon así un estilo que se adaptaba a la tarea que se habían asignado, a sus preocupaciones políticas y sociales y su voluntad didáctica; más tarde —junto a Rivera y Siqueiros— actuó en el Sindicato de Pintores y Escultores, decorando con vastos murales numerosos monumentos públicos y exigiendo para su trabajo, en un claro gesto que se quería

*El dramatismo de José Clemente Orozco, enmarcado en un realismo ferozmente expresionista y crítico, se hace evidente en el cuadro de la izquierda,* El hombre en llamas. *A la derecha,* Cristo destruye su cruz, *lienzo que pone de relieve la actitud vital e ideológica que informó la vida del artista.*

ejemplarizante y reivindicativo, una remuneración equivalente al salario de cualquier obrero. Orozco era pues un artista que optó por el «compromiso político», un artista cuyos temas referentes a la Revolución reflejan, con atormentado vigor e insuperable maestría, la tragedia y el heroísmo que llenan la historia mexicana, pero que dan fe también de una notable penetración cuando capta los tipos culturales o retrata el gran mosaico étnico de su país.

## Embajador artístico e incansable viajero

En 1928 el artista decide realizar un viaje por el extranjero, se dirige a Nueva York para presentar una exposición de sus *Dibujos de la Revolución*; inicia de ese modo una actividad que le permitirá cubrir sus necesidades, pues Orozco se financia a partir de entonces gracias a sus numerosas exposiciones en distintos países. Su exposición neoyorquina tuvo un éxito notable, que fructificó dos años después, en 1930, en un encargo para realizar las decoraciones murales para el *Pomona College* de California, de las que merece ser destacado un grandilocuente y poderoso *Prometeo*; en 1931 decoró, también, la *New School for Social Research* de Nueva York. Pero pese a haber roto con los moldes academicistas y a su

rechazo a las innovaciones estéticas de la vieja Europa, el pintor sentía una ardiente curiosidad, un casi incontenible deseo de conocer un continente ·en el que habían florecido tantas civilizaciones. Los beneficios obtenidos con su trabajo en Nueva York y California le permitieron llevar a cabo el soñado viaje. Permaneció en España e Italia, dedicado a visitar museos y estudiar las obras de sus más destacados pintores. Se interesó por el arte barroco y, desde entonces, puede observarse cierta influencia de estas obras en sus posteriores realizaciones, sobre todo en la organización compositiva de los grupos humanos, en la que son evidentes las grandes diagonales, así como en la utilización de los teatrales efectos del claroscuro, que descubrió al estudiar las obras de Velázquez y Caravaggio, que le permitió conseguir en sus creaciones un poderoso efecto dramático del que hasta entonces carecía, gracias al contraste entre luces y sombras y a las mesuradas gradaciones del negro en perspectivas aéreas.

Se dirigió luego a Inglaterra pero el carácter inglés, que le parecía «frío y poco apasionado», no le gustó en absoluto y, tras permanecer breve tiempo en París, para tomar contacto con «las últimas tendencias del momento», decidió emprender el regreso a su tierra natal. Allí inició de nuevo la realización de grandes pinturas murales para los edificios públicos.

203

Con la clara voluntad de ser un intérprete plástico de la Revolución, José Clemente Orozco puso en pie una obra monumental, profundamente dramática por su contenido y sus temas referidos a los acontecimientos históricos, sociales y políticos que había vivido el país, contemplado siempre desde el desencanto y desde una perspectiva de izquierdas, extremadamente crítica, pero también por su estilo y su forma, por el trazo, la paleta y la composición de sus pinturas, puestas al servicio de una expresividad violenta y desgarradora. Su obra podría enmarcarse en un realismo ferozmente expresionista, fruto tal vez de su contacto con las vanguardias parisinas, a pesar de su consciente rechazo de las influencias estéticas del Viejo Mundo; el suyo es un expresionismo que se manifiesta en grandes composiciones, las cuales, por su rigor geométrico y el hieratismo de sus robustos personajes, nos hacen pensar, hasta cierto punto, en algunos ejemplos de la escultura precolombina. Hay que recordar al respecto que Orozco, Rivera y Siqueiros, el «grupo de los tres» como les gustaba llamarse, defendían el regreso a los orígenes, a la pureza de las formas mayas y aztecas, como principal característica de su trabajo artístico.

## Una vastísima obra monumental

Cuando, en 1945, publicó su autobiografía, el cansancio por una lucha política muchas veces traicionada, el desencanto por las experiencias vividas en los últimos años y, tal vez, también el inevitable paso de los años, se concretan en unas páginas de evidente cinismo de las que brota un aura desengañada y pesimista. Europa nunca llegó a comprenderle, porque sus inquietudes estaban muy alejadas de las preocupaciones que agitaban, en su época al continente, y porque no entendía, tampoco, el contexto social en el que Orozco se movía. Su gigantismo, sus llamativos colores, aquella figuración narrativa que caía, de vez en cuando, en lo anecdótico, respondían a unas necesidades objetivas, a una lucha en definitiva, que parecieron exóticas en el contexto europeo. Era un arte que pretendía servir al pueblo, ponerse al servicio de cierta interpretación de la historia, en unos murales de convincente fuerza expresiva.

Sería absurdo pretender mencionar en tan pocas líneas todos los murales al fresco que Orozco realizó, son muchos y su listado resultaría inútil. Hay que poner de relieve, sin embargo, como muestra del trabajo y las líneas creativas del pintor, los que realizó, entre 1922 y 1926, para la Escuela Nacional Preparatoria de México D. F., entre los que hay un *Cortés y la Malinche*, cuyo tema pone de relieve un momento crucial en la historia de México, en trazos transidos de luces y sombras. De 1932 a 1934, realizó para la Biblioteca *Baker del Darmouth College*, Hannover, New Hampshire, Estados Unidos, una serie de seis frescos monumentales, uno de los cuales, *La enseñanza libresca genera monstruos*, además de aludir oscuramente a su maestro Goya, supone una sarcástica advertencia en un edificio destinado, precisamente, a albergar la biblioteca de una institución docente.

Para la Suprema Corte de Justicia de México D. F., Orozco realizó dos murales que son un compendio de las obsesiones de su vida: *La justicia* y *Luchas proletarias*, pintados durante 1940 y 1941. Por fin, en 1948 y para el Castillo de Chapultepec, en México D. F., Orozco llevó a cabo el que debía ser su último gran mural, como homenaje a uno de los políticos que, por sus orígenes indígenas y su talante liberal, más cerca estaban del artista: *Benito Juárez*.

Miembro fundador de El Colegio Nacional y Premio Nacional de Artes en 1946, practicó también el grabado y la litografía. Dejó, además, una abundante obra de caballete, caracterizada por la soltura de su técnica y sus pinceladas amplias y prolongadas; sus lienzos parecen a veces una sinfonía de tonos oscuros y sombríos, mientras en otras ocasiones su paleta opta por un colorido brillante y casi explosivo. Entre sus cuadros más significativos hay que mencionar *La hora del chulo*, 1913, buena muestra de su primer interés por los ambientes sórdidos de la capital; *Combate*, de 1920, y *Cristo destruye su cruz*, pintado en 1943, obra de revelador título que pone de manifiesto la actitud vital e ideológica que informó toda la vida del artista. De entre sus últimas producciones en caballete, el Museo de Arte Carrillo, en México D. F., alberga una *Resurrección de Lázaro*, pintada en 1947, casi al final de su vida, pues murió en 1949.

En la producción de sus años postreros puede advertirse un afán innovador, un deseo de experimentar con nuevas técnicas, que se refleja en el mural *La Alegoría nacional*, en cuya realización utilizó fragmentos metálicos incrustados en el hormigón. Su aportación a la pintura nacional y la importancia de su figura artística decidieron al presidente Miguel Alemán ordenar que sus restos recibieran sepultura en el Panteón de los Hombres Ilustres.

El carnaval mexicano, *obra de José Clemente Orozco. El arte al servicio del pueblo, de una forma de interpretar la historia, de una ideología. La Revolución como bandera de una corriente estética.*

| | |
|---|---|
| **1883** | **JOSÉ CLEMENTE OROZCO** nace en Zapatlán el Grande (hoy Ciudad Guzmán), en el Estado de Jalisco, el 23 de noviembre. |
| **1906** | Ingresa en la Academia de Bellas Artes de San Carlos. |
| **1909** | Decide dedicarse a la pintura y abandona sus estudios. |
| **1916** | Se celebra su primera exposición en México. |
| **1917** | Realiza su primer viaje a Estados Unidos. |
| **1922** | Inicia con Rivera y Siqueiros el movimiento muralista, que tanta resonancia tuvo en el panorama artístico mexicano. |
| **1928** | Regresa a Estados Unidos, donde instala su residencia hasta 1934. |
| **1930** | Realiza decoraciones murales para el *Pomona College* de California. |
| **1940** | Decora la Biblioteca Gabino Ortiz de Jiquilpán. |
| **1946** | Miembro fundador de El Colegio Nacional y Premio Nacional de Artes. |
| **1949** | Muere en Ciudad de México, el 7 de septiembre. |

# JOSEFA ORTIZ DE DOMÍNGUEZ
## *(1768-1829)*

*Josefa Ortiz de Domínguez integró una casta de mujeres tenaces que defienden su causa sin ánimo de lucro ni poder. La libertad de México fue la causa que defendió.*

*J*osefa Ortiz fue sin duda una mujer enérgica. El retrato que de ella nos queda, de perfil, recuerda a aquellas nobles italianas del Renacimiento que pintó Piero della Francesca, intrigantes algunas, pero rebosantes todas ellas de energía. Josefa Ortiz perteneció a esa casta de mujeres tenaces, siempre entregada a una causa noble, sin ánimo de poder o lucro. Perfil severo, boca mínima, nariz generosa y frente huidiza, ella nunca se acobardó ante la responsabilidad histórica que le tocó vivir: luchar por la libertad de su país. Los momentos más críticos de su vida los pasó encerrada y, sin embargo, la gran llave con la que la encerró su marido se exhibe hoy en el museo de Querétaro como objeto de culto y, precisamente, como paradójico símbolo de las libertades. También

es la única mujer de toda la historia de México que, junto a sor Juana Inés de la Cruz, ha estado presente en la numismática mexicana. Su rostro lució, grave y orgulloso, en las antiguas monedas de cobre de veinte centavos, y hoy nadie pone en duda el heroísmo y la valentía de Josefa Ortiz.

### Bullen las conspiraciones por la independencia

Sofocada a fines de 1809, la conspiración de Valladolid podría considerarse el preámbulo de la que en el año siguiente se formaría en Querétaro en favor de la independencia. Miguel Domínguez ejercía el cargo de corregidor de Querétaro desde la época del virrey Marquina. Su esposa, María Josefa Ortiz, se muestra como el espíritu de la patria en las reuniones que, bajo el pretexto de tratar temas literarios, se efectuaban en aquella ciudad en casa del abogado Parra o en la del presbítero José María Sánchez. A estas reuniones, además de abogados y algunos oficiales y paisanos, asistían secretamente los capitanes Ignacio Allende, Mariano Abasolo y Juan Aldama. Desde 1808, el cura Miguel Hidalgo y estos últimos tenían el objetivo común de proclamar la independencia de México.

Hasta 1910 se daba por sentado que Josefa Ortiz había nacido en Ciudad de México en 1768. Las investigaciones de Alejandro Villaseñor y Villaseñor apuntaron en 1910 la posibilidad de que fuera Valladolid, la actual Morelia, en el Estado de Michoacán, donde habría nacido en 1768 la heroína mexicana; investigaciones que se vieron confirmadas en la década de los ochenta, a las que se acompañó la fecha exacta de su nacimiento, el 8 de septiembre. Quedó huérfana siendo muy niña, por lo que durante su infancia estuvo bajo la tutela de su hermana María Sotero Ortiz. Más tarde ingresó en el Colegio de san Ignacio de Loyola. Allí permaneció entre 1789 y 1791, lapso en el que aprendió a leer, escribir, contar y bordar. No fue, por tanto, una analfabeta, como se ha dicho en ocasiones, pues incluso se han publicado cartas suyas. Al poco de salir del colegio contrajo matrimonio con el licenciado Miguel Domínguez, un abogado hijo de españoles, que se había enamorado de ella durante una visita a la institución. El virrey Marquina, conocedor de los méritos del abogado criollo, lo nombró enseguida corregidor de Querétaro. La joven, de carácter inquieto y acusada personalidad, era ya simpatizante de la causa independentista y pronto logró convencer a su marido para que se uniese a este movimiento. Conocida en la historia como *La Corregidora de Querétaro*, fue, junto con su esposo, uno de los miembros más activos en las juntas conspirativas en favor de la independencia.

Su situación como esposa del corregidor fue clave para muchas acciones del movimiento independentista, ya que podía actuar como enlace entre los caudillos sin despertar sospechas. Enterada de las delaciones hechas por el capitán Arias y el sargento Garrido, en las que se precisaba el lugar en que estaban guardadas las armas que servirían para la revolución de octubre de '810, procuró evitar que éstas fueran a parar a manos realistas.

Ante las denuncias de la conjura, el corregidor Domínguez se vio obligado, para tranquilizar a las autoridades, a efectuar algunos arrestos, como el de los hermanos González. Conociendo el carácter impetuoso de su mujer, tomó la precaución de encerrarla con llave en sus habitaciones. Más tarde, él mismo fue apresado. Pese a encontrarse recluida, doña Josefa encontró la manera de comunicar a Miguel Hidalgo e Ignacio Allende —que se encontraban en esos momentos en Dolores— la necesidad de adelantar la fecha de la proclamación de la independencia, ya que la conspiración había sido descubierta. Conocida esta noticia, los caudillos decidieron iniciar de inmediato la insurrección.

## Tras las rejas del convento

Al ser delatada por el capitán Arias, fue detenida y trasladada a la Ciudad de México, donde fue encerrada en el convento de Santa Teresa la Antigua y, más tarde, en el de Catalina de Siena, donde fue condenada a tres años de reclusión. A causa de su embarazo, su prisión no fue muy severa y en 1817 fue indultada por el virrey Apodaca. Durante el gobierno de Iturbide, al serle reconocidos sus méritos independentistas, se le ofreció el cargo de dama de honor de la emperatriz, pero ella lo rechazó por no ser partidaria del imperio. Por el contrario, siguió fiel a sus ideales y se afilió a los grupos radicales liberales. Murió en Ciudad de México en 1829.

La leyenda en torno a la enérgica personalidad de Josefa Ortiz aumentó con el conocimiento popular de alguno de los episodios de su vida, entre los que se citan el haber reprochado con dureza a Hidalgo las matanzas de Granaditas y al presidente Victoria la expulsión de los españoles. Pese a haber rechazado toda clase de reconocimiento, a su muerte el país le rindió por fin el homenaje merecido. Sus restos fueron exhumados del convento de Santa Catalina de Siena y trasladados con grandes honores a Querétaro, donde fue nombrada por el Congreso del Estado benemérita de la patria.

| 1768 | Nace **JOSEFA ORTIZ DE DOMÍNGUEZ** en Valladolid (hoy Morelia), en el Estado de Michoacán. Conocida como *La Corregidora de Querétaro*. |
| --- | --- |
| 1789 | Estudia en el Colegio de las Vizcaínas. |
| 1791 | Sale del Colegio de las Vizcaínas y contrae matrimonio con Miguel Domínguez, el cual es nombrado corregidor de Querétaro por el virrey Marquina. |
| 1810 | Denunciada la conspiración independentista, es encerrada por su marido para evitar su detención, pero consigue ponerse en contacto con los principales conspiradores, Hidalgo, Aldama y Allende, y evitar que las armas de la revolución de octubre caigan en manos realistas. Es apresada, encerrada en un convento y condenada a tres años de reclusión. |
| 1817 | Es indultada por el virrey Apodaca. |
| 1829 | Muere en Ciudad de México. |

# OCTAVIO PAZ
## *(1914)*

*Creador impar, atento siempre a las corrientes poéticas e ideológicas de su tiempo, Octavio Paz es, quizás, el escritor latinoamericano actual con mayor influencia sobre las jóvenes generaciones; una influencia ejercida a través de sus creaciones literarias y, también, de su teoría poética.*

*T*anto por su poesía, que le ha valido el reconocimiento internacional, como por sus innumerables ensayos y su continuada meditación sobre la literatura y el hecho de escribir, Octavio Paz es una de las personalidades intelectuales de mayor relieve y, tal vez, la figura emblemática de la literatura latinoamericana actual. La actitud poética es, para él, un acto de liberación personal, una actitud vital pero también un modo de situarse ante el mundo, un instrumento que le permite penetrar la realidad circundante. Sus ideas sobre la poesía y su misma poesía, elaborada partiendo de una composición de imágenes, elementos, percep-

ciones sensoriales primarias, han sido relacionadas algunas veces con el modernismo aun difiriendo sensiblemente de sus presupuestos. Fallecidos ya el chileno Pablo Neruda y el peruano César Vallejo, Paz es el creador latinoamericano actual con más decisiva influencia sobre las jóvenes generaciones, hecho éste que pone de manifiesto su importante contribución a la teoría poética, que se ha concretado en textos de gran enjundia literaria, donde se revela como un pensador completo, profundo y sutil.

Nació Octavio Paz en Ciudad de México en 1914. Estudió en las facultades de Derecho y Filosofía y

Letras de la Universidad Autónoma de México con la intención de dedicarse a la diplomacia, actividad que ha desempeñado en ciertas épocas de su vida. Pero su personalidad creadora y sus evidentes dotes literarias se manifestaron ya muy pronto; a los diecisiete años, en 1931, publicaba sus trabajos en la revista *Barandal* y, un poco más tarde, 1933-1934, colaboraba en los *Cuadernos del Valle de México*. De la misma época es una primera recopilación de sus creaciones, que reunirá en el volumen *Luna Silvestre* y en el que se perfila como un autor de poderosa personalidad poética y originalidad lírica.

## Del antifascismo a la diplomacia

Como tantos otros artistas e intelectuales del mundo entero, Octavio Paz estuvo en España durante la guerra civil —dramático episodio considerado por algunos como la «última guerra romántica»— y su poesía se puso al servicio de un pueblo que luchaba para intentar impedir el triunfo de los sublevados; reveladores son, a este respecto, títulos como *¡No pasarán!* (1936), en el que utiliza una consigna bélica que se hizo famosa en el Madrid sitiado. Participó también, y activamente, en la Alianza de Intelectuales Antifascistas. Sin embargo, nunca se ha comprometido con una tendencia política concreta y adopta, frente a la sociedad de su tiempo, una actitud de independencia que le condena a ser un ejemplo vivo de la «heterodoxia y la oposición».

Sus intereses literarios le impulsan a la búsqueda de nuevas vías expresivas, nuevos caminos de creación; así, ya en 1938, funda la revista *Taller*, donde inicia su constante labor investigadora en busca de la renovación de la palabra poética. A esta época pertenecen sus obras poéticas esenciales, haciendo realidad de nuevo la pretensión de que la juventud es un importante elemento de la pureza de la palabra poética. En 1937 publica su libro *Raíz del hombre*; aparece luego *Baja tu clara sombra*, *Entre la piedra y la flor* (1941) y *A la orilla del mundo* (1942), en los que se ha señalado cierto paralelismo con las obras de la denominada generación del 27 española.

En 1945 recibe una beca de la Fundación Guggenheim e, inmediatamente después, ingresa en el Servicio Exterior para desempeñar tareas diplomáticas en París, de 1946 a 1952, y ser nombrado embajador en 1953. Allí entra en contacto con las últimas tendencias poéticas y literarias. Su actividad diplomática le ha permitido viajar por numerosos países y conocer a fondo las culturas orientales. Ha sido también embajador en la India, y su interés por ese país se ha concretado en producciones ensayísticas y en traducciones tan relevantes como su versión de las *Sendas de Oku*, de Matsuo Basho, realizada en colaboración y acompañada por un prólogo que es uno de los más penetrantes y lúcidos ensayos occidentales sobre la poética del Haikú. Su carrera diplomática había de interrumpirse en 1968, cuando, siendo todavía embajador en Nueva Delhi, decide renunciar como señal de protesta por la matanza estudiantil de Tlatelolco.

## Poesía de altos vuelos

Paralelamente, su actividad literaria es intensa y diversificada. Fundador del grupo teatral *Poesía en Voz Alta* (1955), movimiento poético-dramático que tenía como principal objetivo contribuir a la difusión

*El perfil creador del joven Paz se hizo público en 1931, con sus primeros escritos en la revista* Barandal.

*Octavio Paz, Rosa Chacel y Juan Gil-Albert durante la celebración del Congreso Internacional de Escritores y Artistas que tuvo lugar en la ciudad de Sevilla, en 1987.*

del arte entre todas las capas sociales, colabora también en prestigiosas revistas literarias como la *Revista mexicana de literatura* y el mítico *El corno emplumado*. Su producción poética del período se concreta en *Piedra de sol* (1957), poemario arquetípico, uno de los textos fundamentales en la moderna poesía latinoamericana, y *Libertad bajo palabra* (1949), que reúne toda su obra poética escrita entre 1935 y 1938 e incluye algunos de sus más logrados poemas.

Su actividad como impulsor de revistas literarias ha sido incesante; en 1971 aparece *Plural*, publicación que durante cinco años fue dirigida siempre por Paz; luego funda, en 1976, la revista *Vuelta*, que, desde entonces, no ha dejado de aparecer siempre bajo su dirección. La calidad de esta última revista, sus características y el hecho de que sea, hoy, una de las expresiones más genuinas y rigurosas del pensa-

miento y la creación literaria en lengua española, fueron fundamentales en la concesión del Premio Príncipe de Asturias de Comunicación y Humanidades en 1993.

## El erotismo como creación metafísica

Su obra poética iniciada, como se ha visto, bajo la influencia del neorromanticismo modernista, prosigue por caminos presididos por la constante e imperiosa indagación en el propio yo, en los oscuros y contradictorios vericuetos interiores del poeta y del mundo, en el poder genésico de la palabra y el erotismo. Paz parece moverse en un marco de permanente asombro ante la vida y alguno de sus textos fundamentales están embebidos por el aura casi mágica de este asombro, especialmente *A la orilla del mundo*, publicado en 1942. La estética neorromántica de sus primeras composiciones pone también de relieve las preocupaciones sociales del autor, preocupaciones a las que se añadirán muy pronto las pulsiones existenciales, concretadas en un lacerante sentimiento de soledad, y las inquietudes frente a los problemas del tiempo, de la comunicación, del amor y el desamor. La poesía va convirtiéndose así en un instrumento de autoconocimiento, en un útil para penetrar y examinar el mundo, es decir, en una creación «metafísica».

Pero el descubrimiento del surrealismo francés había mostrado a Octavio Paz el poder liberador de la palabra; su valoración de lo inconsciente, de las fuentes irracionales, le indican la posibilidad de devolver al lenguaje la primigenia dimensión mítica. Se inician así, simultáneamente, dos andaduras paralelas que el propio Paz define como «un regreso a la vanguardia» y «un retorno a la palabra mágica».

Fruto de esa tensión creativa son los poemas de la serie *¿Águila o sol?* (1949-1950) y, sobre todo, la extensísima y ya citada composición *Piedra de sol* (1957), elaborada partiendo de los mitos aztecas referentes al tiempo circular; este magno poema significa una obra crucial en el devenir poético de Octavio Paz, una síntesis de sus preocupaciones

*Octavio Paz durante una conferencia de prensa en la ciudad de Nueva York, en 1992.*

personales e históricas. Consta de quinientos ochenta y cuatro versos, uno por cada año del calendario azteca, y el poema finaliza en su comienzo para sugerir el discurrir rotativo y «circular», en el sentido del mito del eterno retorno, que el poeta utiliza para preguntarse sobre el sentido del mundo y de la historia, para hurgar en su yo y en la esencia del amor.

Paz intenta pues fundar, al mismo tiempo, una forma nueva de conocimiento y una vida nueva, original, destruyendo las barreras que suponen para el hombre el desconocimiento de una parte esencial de sí mismo, para abrir, de ese modo, más anchos caminos de comunicación entre los seres humanos. En la poesía de Paz palpita el deseo de restablecer el cálido contacto entre el hombre y la naturaleza, un contacto echado a perder por el predominio de una civilización tecnificada. Por otro lado, su pensamiento se fundamenta en la convicción de que la cultura latinoamericana es fruto de una síntesis en la que no cabe exclusión alguna, una síntesis que actúa como un crisol estético en el que se amalgaman tanto las raíces europeas como el pasado autóctono de las culturas precolombinas y las influencias orientales. Y su interés por el hombre no se limita a las cuestiones metafísicas o existenciales, sino que, por el contrario, contemplando el devenir humano en un marco concreto toma constantemente partido ante los problemas políticos y sociales de su país y lucha contra el conservadurismo establecido, aunque pocas veces sus inquietudes llegarán a instrumentalizar de modo directo la creación literaria.

## Esoterismo versus exoterismo

En 1962 publica *Salamandra*, colección de poemas en los que el elemento irracional, la componente esotérica parece incrementarse; es una poesía que intenta mostrarnos «el otro lado de las cosas» por medio de una exploración investigadora de los poderes ocultos de la palabra, como si Paz se uniera a Valle Inclán en su exigencia de una palabra que fuera, al mismo tiempo, «pentáculo y grimorio». Los poemas tienden, así, a un hermetismo conceptual y a una musicalidad llena de sugerencias.

En *Ladera Este*, que apareció en 1969, se hacen evidentes los contactos del autor con las culturas orientales, que le descubren nuevas dimensiones esotéricas, pero pone también de relieve su conocimiento del estructuralismo lingüístico, que le impulsa

*Portada del libro* Los hijos del limo, *cuya primera edición apareció en 1974.*

a fundamentar la creación poética en la propia escritura. El lenguaje adquiere la libertad suprema, la expresión poética da a las palabras su mayor autonomía separándolas, a veces, de cualquier substrato lógico. El poeta, por otro lado, inicia experimentos con la presentación y la tipografía, como muestra su largo poema *Blanco* (1967) presentado en tres columnas que permiten leerlo de formas distintas.

Prosiguiendo por esta vía investigadora, Paz publica en 1962 dos libros de «poesía espacial» o «poesía visual», *Topoemas* y *Discos visuales,* en los que intenta potenciar una percepción nueva del mensaje que bebe, evidentemente, en los caligramas de Apollinaire y en los experimentos de las vanguardias europeas de entreguerras.

En 1975 aparece un título de reveladoras resonancias, *Pasado en claro.* En él, Paz se lanza a una nueva recopilación de sus vivencias y de sus inquietudes creadoras en un largo y bellísimo poema, que destaca por el giro que el autor parece haber dado en su concepción del lenguaje; opta por una mayor sobriedad pero la palabra adquiere una insólita densidad y

se convierte en una exploración de la conciencia y de la vida de un poeta que, según afirman ilustres estudiosos, es el más importante de cuantos ha dado México. Excepcional lírico, Octavio Paz es ante todo una figura de incalculable talla intelectual y de prestigio internacional reconocido cuyo verbo sigue dando evidentes muestras de su inagotable capacidad, concretada en los últimos tiempos en libros tan significativos como *Árbol adentro* (1987).

## Al margen (pero alrededor) de la poesía

Sin mencionar su excepcional labor como traductor literario, como ensayista nos ha legado obras fundamentales, textos de una brillante y sugerente penetración como *El laberinto de la soledad,* publicado en 1950, donde se interroga sobre el ser y la realidad de México, o *Posdata* (1970) tal vez la más brillante y profunda definición de la mexicanidad, contemplada desde una perspectiva crítica de la historia, la cultura y los mitos que forman el acervo mexicano.

En el campo del ensayo específicamente literario, cabe destacar su *El arco y la lira* (1956), que bucea en los entresijos del proceso de creación poética, *Conjunciones y disyunciones* (1969), su *Ogro filantrópico* (1979) y, posteriormente, *Sor Juana Inés de la Cruz o las trampas de la fe,* publicado en 1982 y que es un completísimo estudio sobre la figura y la obra de Juana de Asbaje.

Octavio Paz es, por encima de todo, un creador impar, un hombre atento a las corrientes poéticas e ideológicas que recorren su tiempo, un poeta de voz múltiple e intensa, consciente de que la humanidad no es unívoca; por eso se abre a las más distintas influencias, por eso contempla con ojos lúcidos todo lo que del hombre procede. Como el clásico, Octavio Paz podría afirmar que nada de lo humano le es ajeno y ha llegado a afirmar, en un reproche muy elocuente sobre su personalidad creadora, que la cultura occidental ha olvidado «que el hombre son los hombres y la cultura, las culturas».

Miembro de El Colegio Nacional y de la Academia Mexicana de la Lengua, su obra ha sido galardonada con innumerables distinciones nacionales e internacionales. La más importante, naturalmente, el Premio Nobel de Literatura que le fue otorgado, en 1990, por la excepcional calidad de su obra poética y su apasionada literatura de amplios horizontes culturales, aguda inteligencia y gran integridad humana.

*Miembro de la Academia Mexicana de la Lengua y de El Colegio Nacional, Octavio Paz recibió, en 1990, el Premio Nobel de Literatura. La excepcional calidad de su obra poética, así como sus importantes aportes a la teoría literaria, fueron galardonados de este modo con el más destacado premio universal de las letras. En la imagen, el escritor mexicano recibe el premio durante la tradicional ceremonia que se celebra cada año en Suecia.*

| | |
|---|---|
| **1914** | Nace **OCTAVIO PAZ** en México, D.F., el 31 de marzo. |
| **1931** | Comienza a colaborar, precozmente, en la revista *Barandal*. |
| **1936** | Se une a los intelectuales y escritores republicanos durante la guerra civil española. |
| **1938** | Regresa a México y participa en la fundación de la revista *Taller*. |
| **1945** | Obtiene una beca de la Fundación Guggenheim. |
| **1949** | Publica *Libertad bajo palabra*, uno de sus poemarios más celebrados. |
| **1946-1952** | Ejerce funciones diplomáticas en París. |
| **1955** | Funda el grupo teatral *Poesía en Voz Alta*. |
| **1962** | Es nombrado embajador de México en la India. |
| **1968** | Renuncia a su cargo de embajador como protesta por la matanza de Tlatelolco. |
| **1974** | Primera edición de *Los hijos del limo*. |
| **1990** | Se le concede el Premio Nobel de Literatura. |
| **1993** | Recibe el Premio Príncipe de Asturias de Comunicación y Humanidades. |

# JOSÉ GUADALUPE POSADA
## (1852-1913)

*F*igura destacada del panorama artístico mexicano, José Guadalupe Posada desempeñó en él tan notoria influencia que su papel podría equipararse a la trayectoria del famoso *douanier* francés, Henri Rousseau, y a su impacto en la evolución del arte europeo de principios del siglo xx; en efecto, la revelación de la obra de Posada confirma su gran predicamento estético y da fe de su empeño en realizar un arte propiamente mexicano.

*José Guadalupe Posada recreó, con aguzada crítica, las miserias de la realidad social y política de su tiempo.*

### De litógrafo a dibujante

Nació el artista en Aguascalientes, en el estado del mismo nombre, en 1852, y murió en Ciudad de México, en 1913. Dado que poseía un talento natural para el grabado, y no sin haberse visto obligado a superar una empecinada oposición familiar, su padre le permitió ingresar, a los dieciséis años, en el taller profesional de Trinidad Pedroso, reputado maestro de quien aprendió los principios, métodos y secretos del arte litográfico.

En estos primeros años de aprendizaje, el joven Posada manifestó una facilidad innata para la caricatura, de tal modo que su mentor logró introducirle en el mundo del periodismo y de la prensa gráfica como dibujante; y logró publicar sus primeras viñetas en el periódico *El jicote* (1871), cuando el artista acababa de cumplir los diecinueve años.

Influido por su familia, que seguía mirando con malos ojos su actividad un tanto bohemia y estaba empeñada en conseguirle una ocupación más segura, José Guadalupe ganó una plaza de maestro de litografía en la Escuela Preparatoria de León. A esta ciudad del estado de Guanajuato se había trasladado, en compañía de su maestro, en 1871. Fue profesor durante cinco años, aunque compartió la actividad didáctica con lo que le gustaba en realidad: la litografía comercial —textos de anuncios y carteles— y la estampación de imágenes religiosas.

### El éxito de la capital

Las graves inundaciones que asolaron León en 1888 le obligaron a trasladarse a Ciudad de México, donde le hicieron rápidamente ofertas para trabajar en distintas empresas editoriales, entre ellas la de Irineo Paz. Allí elaboró cientos de grabados para numerosos periódicos: *La Patria Ilustrada*, *Revista de México*, *El Ahuizote*, *Nuevo Siglo*, *Gil Blas*, *El hijo del Ahuizote*, etcétera. Su nombre cobró una fama inesperada y su cotización se disparó, alcanzando cimas que pocos meses antes le habrían parecido inimaginables. Esta repentina bonanza económica le permitió abordar una serie de experimentos gráficos que culminaron con la exitosa utilización de planchas de cinc, plomo o acero en sus grabados.

A partir de 1890, sus trabajos gráficos ilustraron las publicaciones, de carácter nacionalista y popular, del impresor Antonio Venegas Arroyo: historietas, liturgias de festividades, plegarias, cancioneros, leyendas, cuentos y almanaques, destacando *La Gaceta Callejera* y las hojas sueltas que incluían imágenes e información resumida sobre «acontecimientos de sensación». Las ideas de Posada eran de clara índole progresista y, al servicio de éstas, dibujó caricaturas y bocetos satíricos consagrados, en general, a elaborar una crónica de la vida mexicana de la época o a poner de relieve los sufrimientos de su pueblo bajo el yugo de los grandes terratenientes. Las sátiras de los políticos más influyentes de la época le costaron la cárcel en más de una ocasión. El gran número de encargos que se amontonaban en su taller le obligó a crear una técnica nueva, el grabado al ácido en relieve, mucho más rápida.

## Un genio precursor

Su extensa producción gráfica, estimada en más de veinte mil grabados, realizados en litografía o planchas de metal, podría clasificarse como expresionista, puesto que recrea con extraordinaria imaginación, gran sentido humorístico y profunda capacidad crítica las lacras, miserias y prejuicios de la realidad social y política de su época. Su obra abarca múltiples temas, entre los que cabría destacar las célebres «calaveras» o imágenes de ultratumba; los «desastres», que comprenden catástrofes de tipo natural (inundaciones, epidemias, sucesos astronómicos, nacimientos de seres monstruosos), accidentes, hechos sobrenaturales, crímenes y suicidios; los «ejemplos» o lecciones morales que pueden extraerse ante la perversidad y bestialidad humanas; sucesos sociales y políticos, donde sobresalen las viñetas referidas a las ejecuciones y los «corridos» revolucionarios; los milagros religiosos; la serie denominada *Don Chepito*, que narra las desventuras de un solterón ridículo, una especie de antihéroe; así como los de la vida cotidiana.

Posadas fue considerado como un precursor del movimiento nacionalista en las artes plásticas por algunos de quienes lo protagonizaron: José Clemente Orozco, Diego Rivera, Francisco Díaz de León y Leopoldo Méndez. En 1933, veinte años después de su muerte, fue redescubierto por el pintor Jean Charlot, quien editó sus planchas y reveló la influencia de Posada sobre artistas de las posteriores generaciones.

Gran dibujante, trabajador incansable y un gran técnico del grabado, Posadas murió, tan pobre como había nacido, en Ciudad de México, en 1913. Sus restos, que nadie reclamó, fueron sepultados en una fosa común.

| | |
|---|---|
| **1852** | **JOSÉ GUADALUPE POSADA AGUILAR** nace en Aguascalientes, en el estado del mismo nombre, el 2 de febrero. |
| **1868** | Ingresa como trabajador en el taller de Trinidad Pedroso. |
| **1871** | Colabora en el periódico *El jicote* y, en compañía de Pedroso, se traslada a León. |
| **1875** | Contrae matrimonio con María de Jesús Vela. |
| **1883** | Gana una plaza de maestro de litografía en la Escuela Preparatoria de León. |
| **1888** | A consecuencia de una inundación, se ve obligado a trasladarse a Ciudad de México y empieza a colaborar con la editorial de Irineo Paz. |
| **1890** | Hace amistad con Antonio Venegas Arroyo y comienza a ilustrar sus publicaciones populares. |
| **1913** | Muere en Ciudad de México el 20 de enero. |
| **1933** | El pintor Jean Charlot edita sus planchas y revaloriza sus grabados. |

# JOSÉ REVUELTAS
## (1914-1976)

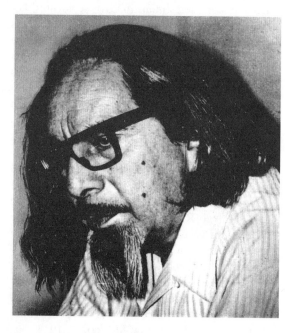

*Hermanado con Kafka en su desesperada angustia, José Revueltas impregnó sus obras de una constante preocupación por los temas sociales.*

Perteneciente a la generación que siguió, de modo inmediato, a la de la Revolución Mexicana, José Revueltas es un escritor cuyos temas predilectos se balancean constantemente entre la fuerza genésica de la vida y la fascinación por la muerte, alternando entre la tragedia y la insignificancia que tantas veces llenaron algunos de los episodios revolucionarios y animaron la vida nacional en los tiempos que la pre–cedieron y en los años posteriores.

### En pos del ideal comunista

Nacido en 1914, en Santiago Papasquiaro, estado de Durango, en una familia con numerosos antecedentes artísticos, lo que le impulsó ya desde la adolescencia hacia la cultura y las letras, muy pronto se vio tam-

bién atraído por las inquietudes políticas que reco-rrían aquella atormentada época, tal vez siguiendo el sino de tantos otros escritores mexicanos. Murió en Ciudad de México, en 1976.

Movido por sus ideales de justicia social, muy pronto, a los dieciocho años, ingresó en el Partido Comunista Mexicano y su militancia política, enérgi-ca y activa, le hizo visitar la cárcel en varias ocasiones; por fin, en 1943, fue expulsado por discrepar abier-tamente con sus dirigentes. Escritor de aliento revo-lucionario, nunca pudo librarse definitivamente de las persecuciones; la claridad y contundencia de sus denuncias, su activa militancia contra lo que le parecía injusto o inaceptable, le acarrearon continuas perse-cuciones y más de un disgusto. En 1968, por ejemplo, al tomar evidente partido contra los autores y respon-sables de la matanza de universitarios en Tlatelolco, fue detenido de nuevo y permaneció algún tiempo en la cárcel.

Tras ingresar de nuevo en el Partido Comunista, volvió a abandonarlo en 1961 para fundar, en com-pañía de otros marxistas radicales como él, la Liga Leninista Espartaco, de la que se separó también, al poco tiempo, impulsado por su espíritu inquieto e inconformista; participó activamente, con su desta-cada personalidad y su ardor combativo, en el movi-miento estudiantil de 1968. Fue uno de los redactores de *El Popular*, órgano del Partido Popular fundado por Vicente Lombardo Toledano, y mantuvo ciertos escarceos con la industria cinematográfica de su país, para la que realizó adaptaciones de argumentos y escribió algunos guiones, entre los que destaca *La ilusión viaja en tranvía*, que fue llevada a la pantalla, en 1963, por el mítico director aragonés, exiliado por aquel entonces en México, Luis Buñuel.

Como no podía ser de otro modo, toda su prosa está marcada por su gran sensibilidad social y sus inquie-tudes políticas; pero nunca aceptó los planteamientos estéticos, nunca comulgó con los postulados del pedestre realismo socialista que tan vigente estaba por aquel entonces y tantos estragos hizo durante años en los medios afectos al comunismo. Se consagró, por el contrario, a la búsqueda de nuevas formas de expresión literaria, indagó en el mundo de las innovaciones estilísticas y se convirtió, así, en el primer narrador mexicano que utilizó las innovaciones y los experimentos literarios que iban apareciendo en los horizontes culturales de Estados Unidos y de Europa.

## La preocupación por «lo social»

José Revueltas conoció y apreció los libros de William Faulkner, leyó con apasionamiento el celebérrimo *Ulises* de James Joyce y a los recientes existencialistas franceses; se sentía hermano de la desesperada angustia de Frank Kafka y anunció con sus obras, en cuyas páginas corren sus personales obsesiones, su preocupación por los temas sociales y su inconformismo literario, la nueva novela urbana mexicana en la que ocupa un lugar destacado, personal y característico, por el relieve de su prosa donde palpitan, entremezcladas, sus experiencias vitales, sus búsquedas estilísticas y las preocupaciones políticas, su decidido empeño en denunciar la injusticia y la miseria.

*El luto humano*, publicado en 1943, le valió el Premio Nacional de Literatura: extraña vida la de este hombre honesto y luchador, dividida entre el galardón y la cárcel, entre el reconocimiento público o el castigo por su obra. No cabe duda de que *El luto humano* merecía el premio concedido: considerada como su novela más ambiciosa, gira en torno a la muerte y, en el transcurso de su acción, en la que se narra la huida de unos campesinos con una niña muerta en los brazos que intentan salvarse de una inundación, van apareciendo, interfiriéndose, escenas y recuerdos de la Revolución Mexicana, y de sus personajes revolucionarios sobresalientes: Pancho Villa y Emiliano Zapata.

## Los diversos caminos de la literatura

José Revueltas es autor de una obra extensa, algunos de cuyos títulos han sido llevados al cine, como, por ejemplo, su novela *Los motivos de Caín*, publicada en 1957. En *Los errores*, 1964, el autor pretende realizar una informe y truculenta descripción del promiscuo mundo que tan bien conoce. En 1968, por su indiscutible aportación al panorama literario nacional, obtuvo el premio Xavier Villaurrutia. Sus trabajos no se limitaron a la narrativa y es, también, importante su tarea ensayística, de la que sobresalen títulos como *México, una democracia bárbara* (1958), *Ensayos sobre un proletariado sin cabeza* (1962) y la aproximación biográfica, publicada en 1966, a la figura de su hermano, compositor, músico y violinista (1899-1940), que lleva por título *Apuntes para una semblanza de Silvestre Revueltas*.

Tentado por el teatro, escribió textos dramáticos como *Israel* (1947), *La otra* (1949) o *El cuadrante de la soledad* (1950). La muerte le sorprendió cuando estaba escribiendo una nueva novela, *Hegel y yo*, cuya idea le había ya servido para publicar un relato, aparecido en 1975.

| | |
|---|---|
| **1914** | **JOSÉ REVUELTAS** nace en Papasquiaro, Estado de Durango, el 20 de noviembre. |
| **1932** | Ingresa en el Partido Comunista Mexicano y organiza la Federación de Juventudes Comunistas. |
| **1941** | Publica *Los muros de agua*, novela escrita en el penal de las islas Marías. |
| **1943** | Es expulsado del P.C. por discrepancias con sus dirigentes; publica *El luto humano* y se le otorga el Premio Nacional de Literatura. |
| **1961** | Funda la Liga Leninista Espartaco, de la que será también expulsado posteriormente. |
| **1963** | Escribe el guión para *La ilusión viaja en tranvía*, película que dirigirá Luis Buñuel. |
| **1968** | Obtiene el Premio Xavier Villaurrutia. |
| **1974** | Publica *Material de los sueños*, uno de sus mejores libros de narraciones. |
| **1976** | Muere en Ciudad de México el 14 de abril. |

# SILVESTRE REVUELTAS
## (1899-1940)

*V*iolinista, pedagogo y compositor mexicano, contaba con poco más de cuarenta años cuando falleció; sin embargo, su vida personal y profesional estuvo marcada por la tensión de los grandes compromisos, que cumplió con entusiasmo y coherencia. En este sentido, hay que mencionar su valiosa aportación a la música contemporánea mexicana, tanto en lo que respecta a sus brillantes composiciones como a su

*Las composiciones de Silvestre Revueltas sobresalen por el extraordinario colorido, al tiempo que incluyen ritmos asimétricos y disonancias, sin que lleguen a perder la tonalidad. Entre sus principales creaciones destacan los poemas sinfónicos.*

faceta de difusor y divulgador de nuevos valores musicales, así como su labor pedagógica y docente.

Silvestre Revueltas fue uno de los principales exponentes del nacionalismo en la música mexicana, cuyos presupuestos estéticos, que sintetizaban las tradiciones con la música de vanguardia, dio a conocer a lo largo de toda su trayectoria profesional, tanto en México como fuera de su país natal. Destaca además por ser un músico que vivió vinculado a los cambios y transformaciones sociales de su época. Su profusa y variada herencia musical —fue un compositor incansable— es una prueba fehaciente de su capacidad para conectar con la mudante trayectoria social de su tiempo. Silvestre Revueltas, uno de los músicos mexicanos y latinoamericanos más internacionales, no sólo escribió música sinfónica, sino también numerosas piezas para el cine, hecho que incrementó considerablemente su fama. Músico de un exuberante temperamento, supo plasmar en sus composiciones un melodismo fluido y espontáneo muy particular, que, inspirándose en el color, la luz y el movimiento impresionistas, lo alejan de la concepción romántica musical de Manuel Ponce y del carácter más ascético y culto desarrollado por el insigne Carlos Chávez.

## Un hogar de artistas

Silvestre Revueltas nació en 1899 en Santiago Papasquiaro, en el estado de Durango, y falleció en Ciudad de México en 1940, víctima de una neumonía, la misma noche en que se estrenaba su ballet infantil *El renacuajo paseador*. Hijo de una familia de artistas e intelectuales que destacaron por su significación y compromiso político, Silvestre era el mayor de sus hermanos Fermín, José y Rosaura. El entorno familiar facilitó su temprana vocación y contribuyó a modelar las extraordinarias aptitudes musicales que, desde su tierna infancia, demostró poseer; así, a los siete años estudiaba solfeo, a los ocho interpretaba melodías propias con una flauta y dirigía poco después una orquesta de niños, a quienes pagaba con los dulces de la confitería de su padre. Después estudió violín en Colima y, a la corta edad de 11 años, actuó en el teatro Degollado de Guadalajara.

Ingresó en el Conservatorio Nacional de Música en 1913, donde fue alumno de E. Campa y de R. J. Tello, para completar sus estudios de violín y, en 1917, viajó a Estados Unidos con objeto de continuar su aprendizaje. Allí asistió a clases de violín en el Saint Edward College de San Antonio (Texas) y, en el mismo año 1917, se trasladó a Chicago, donde estudió violín y composición en el Chicago Musical College, donde, entre 1918 y 1922, tuvo como profesor a Félix Borowsky, un maestro de excepción. En Chicago, precisamente, creó su primera composición, escrita en un estilo netamente debussyano, aunque desconocía la música de este paladín del impresionismo y simbolismo musicales.

Sus hermanos destacaron también pronto en el mundo de la intelectualidad mexicana, aunque cada uno de ellos en una disciplina o rama artística distinta. José tuvo desde la adolescencia una doble pasión: la literatura y la política, actividad esta última que desarrolló militando en el Partido Comunista Mexicano, en el que ingresó en 1932 y al que perteneció durante largos años. En 1961 fue fundador de la Liga Leninista Espartaco, de la que se separó al poco tiempo. Debido a su militancia en partidos y organizaciones de izquierdas y a su actividad política radical fue encarcelado en diversas ocasiones. Fue también un prolífico escritor, tanto de novelas como de ensayos.

Fermín, que había estudiado en el Art Institute de Chicago entre 1913 y 1919, al regresar a México formó parte del naciente movimiento muralista mexicano. En 1922 fundó, junto con Diego Rivera y David Alfaro Siqueiros, el Sindicato de Obreros Técnicos Pintores y Escultores. Así mismo militó en el Partido Comunista Mexicano y perteneció a la Liga de Escritores y Artistas Revolucionarios (1934-1935). Su hermana Rosaura destacó como bailarina y actriz, y, gracias a su talento profesional, pudo trabajar en Alemania con Bertold Brecht y con el teatro cubano. Realizó también numerosos filmes, entre los que destaca su trabajo en la controvertida película *La sal de la tierra*, rodada en 1955.

Su completa formación profesional le abrió las puertas de una vertiginosa carrera, aunque corta debido a su muerte prematura, que le ofreció grandes

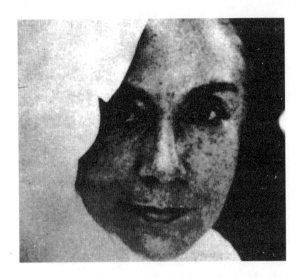

*Rosaura Revueltas, bailarina y actriz, hermana de Silvestre, trabajó en Alemania con Bertold Brecht y ha actuado en películas destacadas como* Morir para vivir *(1954) y* La sal de la tierra *(1955).*

recompensas. Entre 1924 y 1925 organizó con Carlos Chávez un ciclo de conciertos, destinados a divulgar las composiciones de músicos contemporáneos, y en 1926 llevó a cabo una importante gira por México, junto con Lupe Medina y Francisco Agea. Ese mismo año, y hasta 1928, trabajó como violinista y director en varias orquestas del sur de Estados Unidos. Tras estas giras empezó para Revueltas un nuevo período profesional, más tranquilo, pero que le aportaba importantes y radicales cambios, ya que iniciaba su fecunda etapa como docente.

A su regreso a México obtuvo la cátedra de Composición en el Conservatorio Nacional, donde también impartió clases de violín. Carlos Chávez lo llamó entonces para que ocupara la subdirección de la recién creada Orquesta Sinfónica Nacional, cargo que desempeñó entre 1928 y 1935. Posteriormente, en 1936, pasó a dirigir la Orquesta de Alumnos del Conservatorio y sustituyó a Carlos Chávez al frente de la Sinfónica Nacional. Ese mismo año, Silvestre Revueltas inició una etapa profesional y personal mucho más comprometida socialmente. Ocupó la secretaría general de la Liga de Escritores y Artistas Revolucionarios y su compromiso personal lo llevó a tomar una posición más activa y, en 1937, atravesó el Atlántico y viajó a España, país que se encontraba envuelto en una cruenta guerra fratricida. En España, Revueltas participó en la obra cultural del gobierno republicano, ofreciendo conciertos de violín y ac-

tuando también como director de orquesta en numerosos frentes republicanos, como los de Madrid y
Barcelona, ciudades que eran víctimas de terribles
bombardeos.

Tras abandonar España, regresó a México y se
dedicó prioritariamente a escribir partituras para el
cine. Entre sus principales composiciones destinadas
al mundo del celuloide cabe mencionar *Redes*, compuesta en 1935, *Vámonos con Pancho Villa*, música
que data de 1936, *El Indio*, creada en 1938, *Ferrocarriles de Baja California* o *Música para charlar*,
compuesta en 1938, y *La noche de los mayas*, escrita
en 1939, una de sus últimas composiciones, antes de
que le sorprendiera la muerte.

## Compositor prolífico e incansable

Silvestre Revueltas legó a la posterioridad un copio-
so patrimonio musical, ya que fue, pese a su prematura muerte, un compositor prolífico y brillante, lo
que le otorga un lugar destacadísimo en la música
mexicana y latinoamericana contemporánea. Figura
significativa del nacionalismo mexicano musical,
supo combinar los elementos del folclore indígena
rural y popular con una vigorosa y vibrante orquestación. De ahí que sus composiciones musicales, muchas de ellas de carácter sinfónico, presenten una
gran belleza rítmica, un atractivo irresistible y una
factura inconfundible. Sus composiciones sobresalen así mismo por el extraordinario colorido y la
intensidad expresiva, al tiempo que incluyen ritmos
asimétricos y disonancias, aunque sin llegar a perder
nunca la tonalidad. La música de Revueltas es, además, emotiva y presenta un realismo pintoresco, expresado directamente, sin ningún tipo de matiz intelectual,
lo que le lleva a introducir en la orquesta instrumentos
populares. Esa carencia de sofisticación plasma, por otra
parte, perfectamente el profundo sentimiento popular
arraigado en el espíritu de Revueltas.

Entre su principales composiciones cabe mencionar tres importantes poemas sinfónicos, escritos durante el período que trabajó como subdirector de la
Orquesta Sinfónica Nacional: *Cuauhnáhuac*, poema
que describe la vida cotidiana de un pueblo mexicano, y *Esquinas*, que se basa en los gritos de las
vendedoras ambulantes, ambos compuestos en 1930,
y *Ventanas*, este último creado en 1931. Otras piezas
destacadas son *Dúo para pato y canario*, escrito en
1931 para soprano y pequeña orquesta, así como *Tres

*cuartetos de cuerda*, escritos entre 1930 y 1931, el
segundo de los cuales se llama *Magueyes* y el tercero
*Música de Feria*.

También es autor de *Alcancías* (1932); *Colorines*
(1933), poema sinfónico que se inspira en los árboles
de este nombre y los collares hechos con sus semillas;
*8 por radio*, escrito también en 1933 para instrumentos de cuerda y percusión, *Toccata*, obra compuesta
igualmente en 1933 para violonchelo y orquesta, y
*Janitzio*, pieza que data de 1936. Entre sus ballets hay
que mencionar *El renacuajo paseador*, pieza que data
de 1935, y *La coronela*, obra de 1940, que quedó in-
conclusa al sorprenderle repentinamente la muerte.
Dicho ballet fue finalizado, posteriormente, por el
insigne compositor Blas Galindo, uno de los miembros que integraba el destacado Grupo de los Cuatro,
y por Candelario Huízar. Otros poemas sinfónicos
destacados fueron *Planos* y *Caminos*, ambos escritos
en 1934 y, como piezas dignas de mención, *Ranas* y
*El tecolote*, ambas escritas en 1931, y *Caminando*,
creada para voz y pequeña orquesta en 1937.

## La poesía como arma de futuro

Su amplio bagaje cultural y sus vínculos con intelectuales del momento le indujeron a componer piezas
basándose en obras poéticas de importantes autores
contemporáneos. La extraordinaria producción poética del escritor español Federico García Lorca, muerto
durante el curso de la guerra civil española, le sirvió
de fuente de inspiración, para componer tres importantes piezas: *Homenaje a García Lorca* (1935),
*Siete Canciones de García Lorca* (1938) y *Cinco
canciones de niños*, también escrita en 1938. Especial relevancia tiene el poema sinfónico titulado
*Sensemayá*, compuesto en 1938 y basado en un poema
del poeta cubano Nicolás Guillén. Dicho poeta utilizó
los recursos musicales del lenguaje, a los que incorporó
los ritmos trepidantes de los cantos afrocubanos. El
*Sensemayá* de Nicolás Guillén, conocido también
como *Canto para matar una culebra*, reunía ex-
traordinarios valores plásticos de color y movimiento, que fueron magníficamente plasmados en la
composición de Revueltas.

Tras su muerte, México le rindió los honores que
merecía y sus restos mortales, al igual que los de otros
músicos entrañables, como Carlos Chávez o Jaime
Nunó, fueron enterrados en la Rotonda de los Hombres Ilustres de Ciudad de México.

*Después de su estadía en España, Revueltas volvió a México y se dedicó a componer casi exclusivamente música para cine. Entre las numerosas partituras que escribió se encuentra la de la película* Vámonos con Pancho Villa, *del director Fernando de Fuentes, compuesta en 1935. La imagen es copia de un fotograma de este filme.*

| | |
|---|---|
| **1899** | Nace **SILVESTRE REVUELTAS** el 31 de diciembre en Santiago Papasquiaro, en el Estado de Durango. |
| **1910** | Actúa en el teatro Degollado de Guadalajara a los once años. |
| **1913** | Ingresa en el Conservatorio Nacional de Música. |
| **1917** | Viaja a Estados Unidos para ampliar y continuar sus estudios de violín en el Saint Edward de San Antonio (Texas) y en el Chicago Musical College. |
| **1924-1925** | Se dedica a organizar conciertos destinados a divulgar las composiciones contemporáneas. |
| **1928** | Es nombrado subdirector de la Orquesta Sinfónica de México fundada por Carlos Chávez. |
| **1929** | Ocupa la cátedra de composición en el Conservatorio Nacional. |
| **1930** | Compone los poemas sinfónicos *Cuauhnáhuac* y *Esquinas*. |
| **1935** | Escribe *Homenaje a García Lorca*. |
| **1936** | Desempeña el cargo de director de la orquesta de Alumnos del Conservatorio. Es nombrado secretario general de la Liga de Escritores y Artistas Revolucionarios. |
| **1938** | Compone *Siete canciones de García Lorca*. |
| **1940** | Muere de neumonía en Ciudad de México el 5 de octubre. |

# ALFONSO REYES
## *(1889-1959)*

*Formado en la exigente escuela de Ramón Menéndez Pidal, el escritor Alfonso Reyes es autor de una vastísima producción literaria que incluye obras de la más alta creación estética.*

Alfonso Reyes constituye, sin duda, la más alta expresión del humanismo y de la cultura latinoamericana del siglo xx. Se le considera, con razón, uno de los humanistas mexicanos más completos, y su obra emerge, entre la de todos los demás creadores, como uno de los más sobresalientes monumentos, un compendio del acervo cultural contemporáneo de habla española. Su producción literaria, sus trabajos históricos y artísticos, sus páginas autobiográficas son siempre un modelo de la más alta creación estética, obras de arte casi perfectas por las que corre un exquisito sentido literario. Formado en la exigente escuela de don Ramón Menéndez Pidal y parcialmente influido por el moderno pensamiento del italiano Benedetto Croce, nuestro autor dominó con su magisterio la vida literaria e intelectual de su país.

## Leyes y diplomacia

Nacido en Monterrey, en 1889, Alfonso era hijo del ilustre general y político Bernardo Reyes. Tras cursar los primeros estudios en la ciudad que le vio nacer, se trasladó a la capital de la República para estudiar en la Facultad de Derecho; obtuvo su título de abogado en 1913, aunque, en realidad, la labor jurídica no tuvo en su vida excesiva relevancia.

Dejando al margen su tarea y su obra como escritor, en sus actividades de mayor relevancia pueden señalarse tres apartados distintos: su trabajo como maestro y profesor, los viajes y actividades vinculados a la carrera diplomática, y las gestiones que llevó a cabo al frente de El Colegio de México, institución fundada por el propio Reyes.

Fue activo miembro del Ateneo de la Juventud y, en 1914, pese a la incertidumbre provocada por el estallido de la Primera Guerra Mundial, se trasladó a Madrid para trabajar en el Centro de Estudios Históricos; ya en la capital de España, inició una larga serie de colaboraciones en diversas revistas y periódicos españoles, como *España, El Imparcial* y *Revista de Filología Española*.

Permaneció en el extranjero veinticinco años, ocupando varios cargos de segunda fila en la legación de México en España. Fue encargado de negocios en Madrid (1922-1924) y en Francia (1924-1927). Abandonó Europa al ser nombrado embajador en Argentina (1927-1930), ocupó luego, en 1930 y 1936, la embajada mexicana en Brasil, y se hizo cargo otra vez de la representación diplomática de México en Argentina (1936-1937). En 1939 regresó a México y presidió la Casa de España. Estuvo también a la cabeza de la Academia Mexicana de la Lengua, entre los años 1957 y 1959. Su constante entrega a la cultura, sus aportaciones a la literatura mexicana y la calidad de su obra le valieron numerosos premios y reconocimientos públicos, entre los que pueden destacarse por su significado el Premio Nacional de Literatura, que le fue concedido en 1945, el Premio de Literatura Manuel Ávila Camacho (1953) y el del Instituto Mexicano del Libro, que recibió en 1954. Pocas son, en definitiva, las actividades culturales mexicanas que no se vieron influidas, dirigidas u orientadas por su gran maestría y su incansable labor.

Reunió, a lo largo de toda su vida, una impresionante biblioteca particular, cuya sede se convirtió, a su muerte, en la Capilla Alfonsina.

## Insigne polígrafo

Su extensísima obra, la variedad de sus temas y el amplio abanico creativo que cubrió justifican, plenamente, que se le aplique el ambiguo calificativo de «polígrafo»; escribió, efectivamente, mucho, escribió bien y múltiples fueron sus intereses. En lo referente a su variedad, bastará con decir que sus más importantes trabajos literarios florecieron en creaciones líricas (*Obras poéticas*) y narrativas (*El plano oblicuo*, 1920). Es difícil poner de relieve algunos de sus ensayos para mencionarlos olvidando los demás, pues todos ellos merecen, por su interés y calidad, una atenta lectura. Sin embargo, se pueden destacar su ágil *Simpatías y diferencias* (1921-1926), las páginas de *Las vísperas de España* (1937), en las que palpita la tragedia que estaba cerniéndose sobre las tierras hispanas y, también, *El deslinde: prolegómenos a la teoría literaria*, obra de 1944, en la que expone algunas de sus ideas estéticas y artísticas más importantes.

Ningún género literario pudo escapar a su interés. Escribió también para el teatro e hizo una revisión de la tragedia griega, apoyándose en el triste destino de la sacrificada hija de Agamenón, en *Ifigenia cruel* (1922). No fue éste su único poema dramático. Más tarde, en 1925 y 1928, aparecieron *Égloga de los ciegos* y *El pájaro colorado*. Sus trabajos de crítica literaria revelan una vastísima cultura, la multiplicidad de sus intereses y un juicio estético agudo y acertado, que aparece en esbozos teóricos de indiscutible enjundia que pueden espigarse tanto en las páginas de sus primeros escritos, en *Los poemas rústicos de Manuel José Othón* (1910), como en las obras de madurez (*Tránsito de Amado Nervo*, 1937,

*Trayectoria de Goethe*, 1954, y tantas otras). Su interés por el mundo clásico quedó también patente en dos obras de características y temas muy distintos, pese a referirse a un mismo marco geográfico: *El horizonte económico de los albores de Grecia* (1950) y *En torno al estudio de la religión griega* (1951), ensayos rigurosos y profundos que contrastan con el sibaritismo que apunta en sus *Memorias de cocina y bodega* (1953) y también, aunque por otras razones, con su estudio sobre *Nuestra lengua* (1959), en la que hace un interesante viaje por el mundo de la lengua española.

Debe ponerse de relieve también, en la producción literaria de Alfonso Reyes, una actividad, frecuentemente olvidada por los críticos, pero que supone, en realidad, una de las más altas contribuciones a la literatura y las artes; se trata —claro está— de su labor como traductor literario, en la que destacó por la brillantez y precisión de sus trabajos sobre autores tan importantes como Gilbert Chesterton y Anton Chejov; así mismo, la versión de *La Ilíada*, de Homero, que escribió Reyes, continúa siendo considerada una de las mejores que se han realizado en toda la historia de la lengua española.

*Una foto de Dolores del Río, que la actriz mexicana dedicó al escritor Alfonso Reyes. La vida de este prolífico autor se caracterizó por su constante entrega a las artes y las letras.*

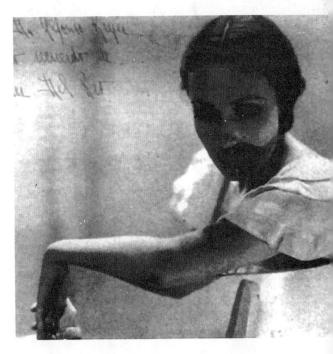

*Ningún género literario escapó al interés de Reyes; en la imagen, el grupo teatral «Cadac Delta» presenta la obra* Ifigenia cruel, *escrita por el autor.*

Alfonso Reyes se lanzó primero a la clarificación de las señas y características que imbuían su temperamento artístico y su gusto literario (*Cuestiones estéticas*, 1910-1911), para adentrarse luego en la creación poética (*Huellas*, 1922), aunque, por la ingente cantidad de sus obras, por la amplitud y variedad de sus intereses, es un autor de mayor extensión y volumen que profundidad; pero tan grandes son sus cualidades y su calidad, tantos matices tiene la sensibilidad de que da pruebas, que la magistral figura de Reyes preside sin discusión un importante período de las letras y las artes mexicanas. Parnasiano y modernista, con un escepticismo que bebe en las fuentes de su talante liberal, enamorado de la Grecia clásica, de los versos latinos de Virgilio, de la irónica y barroca poesía de Luis de Góngora, espíritu apasionado pero teñido, y tal vez atemperado, por un humorismo fino y corrosivo, el autor de tantas y tantas obras demostró la singular riqueza de su humanismo cuando, en vísperas de su muerte, glosó lírica e irónicamente la enfermedad que le corroía:

*Antes de la trombosis, a lo que yo recuerdo,*
*jamás he padecido tan rara sensación:*
*hoy, algo sobra o falta por el costado izquierdo*
*y llevo como a cuestas mi propio corazón.*

Estos versos, ligeros casi pese al drama que revelan, son buena muestra de lo que la poesía fue para Reyes: un desahogo ocasional, la memoria y el recuerdo de amigos ya fallecidos, saludo y homenaje para los vivos, una actividad epistolar, en cierto modo, una correspondencia sensible y amistosa que impide encasillarle, como poeta, en corriente o tendencia literaria alguna.

Haciendo un repaso de sus cualidades y sus características para extraer las de mayor relieve y poder así definirlo, se advierten en su figura las virtudes que lo convierten en un gran humanista del siglo XX, un humanista con espíritu de poeta que se expresa en el más refinado de los estilos. Fue un hombre de profundísima cultura, de pluma certera, directa, que se concreta en una prosa ágil y eficaz, sin desdeñar las expresiones pintorescas, y que realiza una simbiosis, una verdadera amalgama entre la literatura de creación, la actividad crítica y las enriquecedoras vivencias de su viajera vida de diplomático. Alfonso Reyes cultivó todos los géneros literarios, pues ninguno le parecía desdeñable.

## El juicio de Borges

Al considerar que, en Alfonso Reyes, el poeta y el novelista no consiguieron el relieve que parecían prometer, no llegaron a desarrollarse como merecían, el crítico Anderson Imbert llega a preguntarse si no habrá, en el aire americano, alguna influencia letal que impida el florecimiento de sus mejores hijos. En cierto modo, tal vez Alfonso Reyes quedara, como poeta y novelista, por debajo de sus posibilidades, pero quizá si éstas se hubieran desarrollado al completo, lo habrían hecho a costa de un humanista cuyos ensayos no habrían logrado el altivo vuelo que los caracteriza.

El comentarista de todas las grandes figuras de la literatura en lengua castellana, el profundo estudioso y el editor crítico de autores como Lope de Vega y Ruiz de Alarcón, el Arcipreste de Hita y otros muchos, poseía un sentimiento universal y humano que el argentino Jorge Luis Borges supo reconocer y definir admirablemente en sus endecasílabos:

*Dominaba (lo he visto) el oportuno*
*arte que no logró el ansiado Ulises,*
*que es pasar de un país a otros países*
*y estar íntegramente en cada uno.*

## Un símbolo de la cultura mexicana

Cuando tras su muerte, ocurrida en 1959 en Ciudad de México, iba a recibir sepultura en la Rotonda de Hombres Ilustres, el escritor Jaime Torres Bodet, que era por aquel entonces secretario de Educación Pública, pronunció unas emocionadas palabras que resumen, en cierto modo, el significado que para la cultura y la intelectualidad mexicanas tienen la vastísima obra y la vida de Alfonso Reyes: «En esta hora de duelo para las Letras patrias —dijo—, vengo a rendir un conmovido homenaje al insigne autor de tantas páginas prestigiosas, al poeta de *Huellas* y de *Ifigenia cruel*; al ensayista de *Visión de Anáhuac* y *El cazador*, *El deslinde* y *Junta de sombras*; al narrador de *El plano oblicuo*; al comentarista de *Góngora y Mallarmé*, de *Gracián* y de *Ruiz de Alarcón*, de *Sor Juana* y *Amado Nervo*; al traductor de *Chesterton* y de *Murray*; al que cantaba a *Homero en Cuernavaca* y a México en todas partes; al que describió en conferencias incomparables la epopeya moral de la Grecia clásica...»

Esa oración fúnebre, que con emocionadas palabras de homenaje pronunció Jaime Torres Bodet, pretendía poner de manifiesto la importancia que la obra de Alfonso Reyes tuvo y sigue teniendo para la cultura mexicana de los últimos tiempos, una obra ingente cuya publicación emprendió la prestigiosa

*Alfonso Reyes junto al actor Jack Mahoney, durante la filmación de la película* The Western Story, *que se llevó a cabo en el año 1957.*

editorial Fondo de Cultura Económica de México y de la que, ya en vida del autor, aparecieron los diez primeros volúmenes para completarse, tras su muerte, con otros quince más.

| | |
|---|---|
| **1889** | El 17 de mayo nace en Monterrey, Nuevo León, **ALFONSO REYES**. |
| **1912** | Nace Alfonso, que será su único hijo, y es nombrado secretario de la Escuela Nacional de Altos Estudios. |
| **1913** | Obtiene el título de abogado por la Facultad de Derecho de la Universidad de México y viaja a París. |
| **1914** | Se traslada a Madrid, a causa de la Primera Guerra Mundial. |
| **1920** | Publica *El plano oblicuo*, colección de textos imaginativos escritos en distintas épocas. |
| **1924** | Recibe el nombramiento de encargado de negocios en Francia. |
| **1927** | Se hace cargo, por primera vez, de la embajada mexicana en la República Argentina. |
| **1939** | Regresa a México y preside La Casa de España en la capital. |
| **1945** | Se le concede el Premio Nacional de Literatura. |
| **1957** | Es nombrado presidente de la Academia Mexicana de la Lengua. |
| **1959** | Muere en Ciudad de México. |

# DOLORES DEL RÍO
## *(1906-1983)*

*N*ombre artístico de Dolores Asúnsulo López Negrete, su desahogada situación familiar (su padre, director del Banco de Durango, se vio obligado a abandonar México e instalarse en Estados Unidos durante la Revolución) le permitió recibir una esmerada educación en diversos países europeos, y eso contribuyó no poco a la obtención y florecimiento de aquella proverbial prestancia, aquella delicadeza y elegancia de las que haría gala a lo largo de su dilatada carrera.

*Dolores del Río ha sido la figura estelar del universo del celuloide mexicano. Después de un brillante comienzo en Hollywood, donde dio vida a numerosos papeles en los que sobresalían los rasgos de mujer temperamental y provocativa, basada en el estereotipo de mujer apasionada y fatal latina, regresó a México y llevó por nuevos senderos de gloria al cine mexicano.*

Dolores del Río fue la figura estelar por antonomasia, la protagonista arquetípica de toda la producción cinematográfica mexicana, en la que no sólo renovó los laureles que había previamente conquistado en Hollywood, la mítica Meca del cine, sino que los aumentó, alcanzando cimas de dramatismo y profundidades de expresión todavía inéditas e insospechadas.

### Matrimonio precoz y carrera temprana

Había nacido en Durango, en el estado homónimo, verosímilmente en 1906, aunque algunos autores, tal vez menos caballerosos, le atribuyen un año más de vida y fijan su nacimiento en 1905. Su agitado ciclo de vida había de cerrarse en California, Estados Unidos, su segunda patria, en 1983.

En 1921, a la edad de quince años, se casó con el escritor Jaime Martínez del Río, un rico hacendado, licenciado en leyes y dieciocho años mayor que ella, cuyo apellido adoptaría, más tarde, como nombre artístico. Acostumbrada desde muy joven a frecuentar ambientes intelectuales, figura habitual en los acontecimientos y tertulias culturales, su belleza llamó la atención del director estadounidense Edwin Carewe, que había realizado una visita de cortesía a la familia Del Río acompañado por Adolfo Best Maugard, pintor de cierto renombre e íntimo amigo de Dolores. Carewe, impresionado por la personalidad de la joven, la invitó a interpretar un pequeño papel en la película que estaba dirigiendo, por aquellas fechas, en Hollywood. Pese a que la iniciativa carecía por completo de un planteamiento serio, pues la muchacha se lanzó a la aventura por simple curiosidad, casi como un capricho sin futuro alguno, a partir de aquella primera película comenzó a recibir ofertas de trabajo e, incluso, apremiantes solicitudes de intervención en numerosos proyectos.

Aquel éxito inicial tuvo, sin embargo, unas consecuencias no siempre beneficiosas para su futura carrera. En efecto, sus peculiares rasgos físicos condicionaron desde aquella primera película los papeles que se le ofrecieron en Hollywood, interpretando siempre, personajes muy concretos, excesivamente marcados por sus orígenes étnicos y el exotismo de su belleza; fue, en Estados Unidos la «mujer latina» por excelencia, un arquetipo de pasión y fuego alimentado por la fantasía anglosajona.

## La atracción de Hollywood

Su fulgurante éxito la alentó a instalarse en Estados Unidos, y permaneció allí durante el período comprendido entre 1925 y 1942; durante aquellos años de trabajo casi ininterrumpido interpretó veintiocho películas y se convirtió en una de las figuras señeras de la época dorada de Hollywood y, por ende, en una personalidad halagada internacionalmente y perseguida por las revistas especializadas. Aquel éxito, como se ha insinuado, no tuvo siempre efectos benéficos para la carrera profesional de Dolores del Río, que se vio, a veces, obligada a interpretar papeles de muy diversa entidad y de discutible enjundia dramática; fue sólo, en algunas ocasiones, la figura decorativa que se necesitaba para dar un toque de «color local» en ciertas producciones de finales de los años veinte.

Con la llegada del sonoro, Dolores del Río se acomodó perfectamente a los cambios producidos en la industria del cine, algo que no pudieron conseguir todos los astros que habían destacado en el cine mudo; en cambio, la década de los años treinta constituyó, tal vez, la época más brillante en la carrera de la actriz.

De las películas que interpretó en la era del cine mudo destacan sus sugerentes intervenciones en *Joana* (1925), *What Price Glory?* (*El precio de la gloria*, 1926) del mítico Raoul Walsh, *Resurrection* (*Resurrección*, 1927) y *Ramona* (1928).

## ...Y llegó el sonoro

De su etapa correspondiente a los primeros años del cine sonoro, en la que alcanzó gran popularidad, cabe mencionar *The Bad One* (*El malo*, 1930). King Vidor la dirigió en *Ave del paraíso* (*Bird of Paradise*, 1932), una producción del siempre polémico David O. Selznick para la RKO. La película provocó un alud de clamorosas (y gazmoñas) quejas por los atrevidos planos de la pareja protagonista, en los que, aparentemente al parecer, podían adivinarse las figuras

*El exotismo de la belleza latina de Dolores del Río cautivó a la industria de Hollywood que pretendió hacer de ella el arquetipo de la pasión meridional.*

desnudas de Dolores del Río y del galán que compartía con ella la pantalla, el famoso Joel McCrea. Tras esta cinta intervino en *Flying Down to Rio* (1933, estrenada en español como *Volando hacia Río de Janeiro*), película en la que destacaron como pareja unos actores de tercera fila por aquel entonces, pero que estaban destinados a alcanzar el estrellato: se llamaban Ginger Rogers y Fred Astaire, y no tardaron en desbancar a quienes figuraban en los primeros lugares del reparto. Por otra parte, debe reservarse un lugar destacado en su producción cinematográfica a *Madame Dubarry* (1934), basada en la tormentosa vida de la amante de un Luis XV, sexagenario ya, en la Francia del siglo XVIII.

Ante la escasa repercusión de las películas de la RKO, pasó a la órbita de los estudios Warner, para los cuales

227

*En* Flor silvestre *y* María Candelaria *(que corresponde al fotograma de la imagen), Dolores del Río se despojaba del arquetipo de la mujer apasionada latina, en que la había encasillado la industria de Hollywood, y se revelaba, de la mano del extraordinario director de actores que fuera Emilio Fernández, como un gran talento artístico, con un estilo emotivo, temperamental y trágico, que había de convertirla en el mito del cine nacional.*

trabajó en numerosos musicales supervisados por Busby Berkeley, sin obtener el éxito que en un principio parecía presagiar la magistral dirección del gran coreógrafo del estudio. Tras realizar una incursión en el cine europeo con *Acusada* (*Accused*, 1936) y participar en *Estambul* (*Journey into Fear*, 1941), la frustrada tentativa de Orson Welles, decidió regresar a México y abandonar la Meca dorada del cine.

## El regreso de una estrella triste y patética

En 1942, ya en su tierra, Dolores del Río trabajó en diversos filmes dirigidos por Roberto Gavaldón, en los que continuó interpretando los personajes que la caracterizaron en la cinematografía internacional. Son de singular importancia sus actuaciones en películas sobre la vida cotidiana del pueblo mexicano: la mujer primitiva —*la mujer*—, bella pero temperamental, apasionada, triste y sincera, instintiva, patética y, sobre todo, afligida.

Su arte y su oficio de intérprete le hicieron capaz de identificarse con los más diversos personajes; ese

oficio, adquirido sin duda en la mejor y más dura escuela, le permitieron expresarlos. Sus tablas y su experiencia la hicieron triunfar también en el doble papel de *La otra*, asesina de sí misma, muy bien realizada por Roberto Gavaldón, admirable de fotografía y presentación, donde sólo la gran sugestión de la estrella y su magistral labor interpretativa hacen olvidar el tema falso y truculento, muy al gusto de las tragedias hollywoodienses de aquella época.

Fecha clave en la carrera de Dolores del Río fue 1943, año en que protagonizó dos filmes de Emilio Fernández, *el Indio*, que habrían de convertirse en clásicos del cine nacional: *Flor silvestre* y *María Candelaria*. En ellos logró despojarse de la imagen de belleza exótica e imperturbable que le había conferido la industria hollywoodiense, para mostrar un estilo emotivo, temperamental e incluso trágico, que la convirtió en uno de los grandes mitos cinematográficos. Con los años, sus rasgos se afinan y estilizan; las características raciales se acentúan y el gesto se vuelve más intenso, sin perder en sobriedad, y la pasión se torna más desgarradora, aun cuando parezca más contenida. Después de su regreso a México, Dolores del Río colaboró en varias producciones estadounidenses, de las que resaltan las dos obras dirigidas por John Ford: *The Fugitive* (*Fugitivos*, 1947, rodada como coproducción sobre la novela de Graham Greene *El poder y la gloria,* y protagonizada por Henry Fonda) 'y *Cheyenne Autumn* (*El gran combate,* 1964).

Recibió el premio Ariel a la mejor actuación femenina en tres ocasiones: en 1946, por *Las abandonadas*; en 1952, por *Doña Perfecta*, y, en 1954, por *El niño y la niebla*. En 1967, la Organización de Estados Americanos (OEA) le ofreció un homenaje.

## Por unos ojos negros

Durante las décadas de los años cincuenta y sesenta hizo también teatro y televisión, tanto en México como en Argentina y Estados Unidos. Entre otras, Dolores del Río apareció en *Bugambilia* (1944), *La selva de fuego* (1945), *La malquerida* (1949), versión fílmica de la famosa obra teatral de Jacinto Benavente, *A dónde van nuestros hijos* (1956), *La Cucaracha* (1958), *El pecado de una madre* (1960), *Los amores de Carmen, Ninguna otra mujer, La senda del 98, Venganza, La Virgen del Amazonas,* sugerente título que llenó incontables sueños adolescentes con el brillo, prometedor pero ambiguo, de los ojos de Dolores que, en *Por unos ojos negros,* se convirtieron en una canción que llegó al más alejado rincón de la Tierra y arrulló durante decenios nuestros oídos. *Lamer spy, International Settlement, La sirena del puerto, The Man from Dakota,* uno de los mejores «western» de su época norteamericana, *Historia de una mala mujer*, en la que la actriz da libre curso a su talento interpretativo encarnando uno de los arquetipos femeninos que contribuyeron a forjar su leyenda, y *La dama del alba,* adaptación de la obra homónima de Alejandro Casona, constituyen un selecto ramillete de éxitos de su abundante filmografía.

En sus últimos años, Dolores del Río participó en la obra de Don Siegel *Estrella de fuego* (*Flamming Star*, 1960), una película de la Fox para el lucimiento de Elvis Presley, y en *Siempre hay una mujer* (*C'era una volta*, 1966), de Francesco Rossi. Junto a éstas debe destacarse su continuada participación en diversos montajes teatrales —como *Father Hidalgo, El abanico de Lady Windermere, Querido embustero, La reina y los rebeldes* y *La dama de las camelias,* entre otras— y en varios programas y series de televisión.

Dolores del Río había abandonado la exótica imagen de sus primeros trabajos hollywoodienses, pasando por turbulentos y apasionados romances, seguidos de trágicas maternidades, y recreando un continuo melodrama que dejó de ser tal cuando, el 12 de abril de 1983, moría en La Jolla (Los Ángeles), tras sufrir una penosa y larga hepatitis crónica.

| | |
|---|---|
| **1906** | Nace en Durango Dolores Asúnsulo López Negrete, **DOLORES DEL RÍO**. |
| **1921** | Contrae matrimonio con el escritor Jaime Martínez del Río. |
| **1925** | Edwin Carewe le ofrece un pequeño papel en una de sus películas y fija su residencia en Estados Unidos. |
| **1926** | Rueda *El precio de la gloria,* dirigida por Raoul Walsh. |
| **1932** | Tras la llegada del cine sonoro, King Vidor la dirige en *Ave del paraíso.* |
| **1942** | Pone fin a su etapa estadounidense y regresa a México. |
| **1943** | Protagoniza dos películas de Emilio Fernández: *Flor silvestre* y *María Candelaria*. |
| **1946** | Recibe el primero de sus tres premios Ariel, por *Las abandonadas.* |
| **1948** | Realiza *Historia de una mala mujer*, versión de *El abanico de lady Windermere.* |
| **1958** | Debuta en el teatro de Ciudad de México con *El abanico de lady Windermere.* |
| **1965** | Filma en Madrid *La dama del alba.* |
| **1983** | El 12 de abril muere en La Jolla (Los Ángeles), víctima de una hepatitis crónica. |

# DIEGO RIVERA
## *(1886-1957)*

*Diego Rivera junto a su esposa Frida Kahlo, en su casa de Coyoacán. Conocido por todos como «la casa azul», el hogar del matrimonio Rivera-Kahlo albergó a numerosos artistas e intelectuales y fue sede de famosas tertulias políticas de la época. En su vertiente íntima, la relación de los dos artistas fue terriblemente apasionada y tormentosa a la vez.*

No cabe duda de que Diego Rivera es el pintor mexicano más conocido del siglo XX. Su desbordante personalidad artística, su combatividad, su carácter extrovertido y, a veces, violento, dominan un importante período del arte contemporáneo en México. Con vivo colorido, gran sentido de la composición y un dibujo de excelente factura, la suya es una pintura realista y narrativa, plena de contenido social y revolucionario. Nacido en Guanajuato, en el Estado del mismo nombre, en 1886, el artista alardeaba de que por sus venas corría entremezclada sangre de los más distintos orígenes, «español, alemán, portugués, italiano, ruso y judío».

## Un temperamento rebelde para una personalidad creativa

Hijo de un médico perteneciente a una familia de larga tradición liberal, Diego fue, al parecer, en su infancia especialmente díscolo y travieso, provocando la desesperación de su madre, cuya paciencia puso a prueba en numerosas ocasiones. Muy pronto dio muestras del carácter que le acompañaría durante toda su vida, manifestando incluso precozmente un ateísmo que no podía sino escandalizar a quienes le rodeaban. Era, para su familia, «un diablo en carne y hueso que no tenía, por definición, ni fe ni ley».

Siguiendo una tradición familiar, su padre pretendía destinarle a la carrera militar; pero Diego se negó a doblegarse a aquellas exigencias, puesto que el camino de las armas no le satisfacía en absoluto y sus aspiraciones eran muy otras.

La decisión de no ingresar en la academia militar, defendida a capa y espada, con tozudez y determinación, logró que sus padres reconsideraran sus planes y, ante la evidente afición del niño por el dibujo, le permitieron compaginar los estudios secundarios, que efectuaba durante el día, con su asistencia nocturna a la Escuela de Bellas Artes de San Carlos, donde realizó estudios artísticos con maestros tan reputados como Santiago Rebull y José María Velasco.

Diego demostró muy pronto poseer una destacada creatividad, elemento indispensable para la vida de alguien que pretende dedicarse a la actividad artística. Su talento, que quedó puesto de relieve muy pronto por las especiales características de su personalidad, no pasó desapercibido. Cuando abandonó la Academia de San Carlos, estaba ya perfectamente dotado de los medios técnicos necesarios para poder practicar su oficio. Por otro lado, la influencia del agudo y popular caricaturista José Guadalupe Posada fue determinante en su carrera y despertó en él una preocupación temática que no le abandonaría ya y que, por el contrario, se iría afinando y radicalizando con el transcurso del tiempo.

Concluyó, a los dieciséis años, sus estudios secundarios y tomó la decisión de recorrer México pintando sus tipos y paisajes, preparándose para poder realizar un sueño que acariciaba desde que su vocación de pintor se había concretado: marcharse a Europa.

## El viejo continente

Su esfuerzo se vio recompensado en 1906, cumplidos ya los veinte años, cuando obtuvo una beca para estudiar Bellas Artes en la capital de España. Se instaló pues en Madrid y comenzó a trabajar con ahínco bajo la atenta mirada del maestro Eduardo Chicharro.

Su original y extrovertido carácter, así como su físico evidentemente peculiar, le hicieron pronto distinguirse de nuevo. Exuberante en sus expresiones, con los ojos saltones y una enorme boca por la que brotaban, sonoras y comunicativas, las más estentóreas carcajadas, era un buen conversador, de trato fácil y ameno, virtudes estas que contribuyeron no poco a forjar su popularidad. A comienzos de los años

*La actitud militante de Rivera no se limitó a sus creaciones plásticas; en la foto, el artista dirige la palabra a los manifestantes durante la celebración del 1º de mayo de 1930.*

diez, Diego Rivera abandonó España con el proyecto de visitar una Europa de cuya cultura, según se decía en los medios artísticos madrileños, había que impregnarse obligatoriamente. Visitó así Holanda, Bélgica, Inglaterra y Francia, aunque no Italia, en un principio, algo sorprendente en una personalidad tan influida por la tradición pictórica de aquel país. Decidió a continuación instalarse en París y allí conoció y trató a jóvenes artistas nacidos en los cuatro puntos cardinales, desde Diaghilev hasta el gran Pablo Picasso, codeándose con un mundillo artístico que actuaba como crisol de costumbres y de lenguas, que amalgamaba las más diversas tendencias y teorías.

No pudo evitar la influencia del postimpresionismo, que florecía en la capital francesa, y el conocimiento de la obra de Cézanne le produjo tal impacto emotivo que, impresionado, abrazó con su proverbial ardor los planteamientos cubistas, aunque no tardaría en abandonarlos, pues no le parecieron idóneos para vehicular el contenido humano que pretendía dar a su obra, reflejo de una evolución personal cada vez más comprometida en las luchas sociales y políticas.

Trabajador incansable, pudo exponer varias veces en París, pero sus pinturas pasaron casi desapercibidas para el público y la crítica. Tal vez este hecho contribuyera también a su paulatino abandono de la vanguardia cubista, que se ha mencionado anterior-

El hombre controlador del universo, *obra de Diego Rivera, 1934. La alegoría y los personajes históricos.*

mente. Lo cierto es que Diego Rivera comenzó a buscar su propio camino artístico, un estilo personal que pudiera canalizar las inquietudes que bullían ya en el joven. Se mostraba tan exigente, era tan perfeccionista, que montaba frecuentemente en cólera contra su propio trabajo, desesperándose al no poder alcanzar el dominio que grandes figuras del pasado, como Brueghel o Goya, demostraban en el manejo del lápiz o el pincel. Sentía, por aquel entonces, una ilimitada admiración por las obras ingenuistas, sobre todo las del *douanier* Rousseau, y aseguraba, a quien quería escucharle, que Picasso era un genio, el mayor pintor que había producido la humanidad.

## Las inquietudes políticas

Los temas relacionados con lo social, las ideas y comportamientos políticos eran, para Diego Rivera, una preocupación constante. Su posición intelectual y su compromiso histórico lo ubicaban en una línea que se iniciaba en la Revolución Mexicana, que había estallado en 1910, y concluía en la Revolución de octubre de 1917, en Rusia, dividida justo en su centro por el sangriento paréntesis de la Primera Guerra Mundial. Llegó por ello a la convicción, que le acompañaría a lo largo de toda su vida, de que el arte y, más concretamente en este caso, la propia obra creada por él, podía ser un elemento a tener en cuenta en la construcción de un mundo mejor, que podía participar con su pintura en la educación de las masas y en el despertar de una conciencia política y social que desembocara en una nueva sociedad más justa y más verdaderamente humana.

Diego vivió durante diez años, en París, un período de bohemia y de grandes esperanzas, que le enriqueció con sus experiencias y fue un extraordinario acicate para su arte. ¿Cómo podía ser de otro modo si convivió con gente tan fuera de serie, hombres y mujeres que han forjado la historia del arte y la cultura contemporáneos? Incluso sus mismos enfrentamientos, artísticos o personales, sentimentales o políticos, dejaban en sus protagonistas un poso de incalculable valor cultural.

Elie Faure, destacado historiador y crítico de arte, quien fuera gran amigo de Rivera, le permitió comprender que «no hay arquitectura monumental sin cohesión social» y que el individualismo acabaría cuando se volviese a la multitud, al pueblo, cuando el arte se integrase en el monumento. Diego decidió,

*Los hacedores de la historia mexicana retratados con puntillismo y sarcasmo por la mano de Rivera. Un recorrido que se inicia en los orígenes indígenas y en la Conquista y que culmina en la Revolución.*

pues, visitar por fin Italia y regresó, luego, a la tierra que le vio nacer, rebosante de ideas, proyectos y entusiasmo. Iba a convertir sus experiencias europeas en una producción genuinamente mexicana.

## El muralismo mexicano

Había permanecido catorce años fuera de su país, en Europa, y en su arte se podían apreciar tendencias tan dispares como el realismo y el cubismo. Cuando llegó a México, se encontró con que su padre estaba agonizando. La Revolución había dejado su fuerte impronta en el país y se estaba iniciando un proceso social en el que Diego Rivera —entusiasmado y repleto de proyectos de transformación socialista y creación revolucionaria de las masas en lucha— pronto encontraría su lugar.

Fue entonces cuando, con José Clemente Orozco, David Alfaro Siqueiros y otros artistas, creó el movimiento de pintura muralista, de contenido nacional y popular, con la voluntad de llevar el arte al gran público. Su obra mural, realizada en su mayor parte con la técnica de la pintura al fresco, recreaba el pasado prehispánico, sobre todo las civilizaciones maya y azteca; las etapas más significativas de la historia nacional; la vida del campesinado y del proletariado; el amor a la tierra, las flores y la naturaleza en general; las costumbres populares y el mundo indígena.

*La ideología de Rivera tuvo sus fuentes en la Revolución Mexicana y en la rusa de 1917. Como fundador del Partido Comunista Mexicano, en 1927 fue invitado a la celebración de los diez años de la Revolución Soviética.*

En 1922 participó en la fundación del Partido Comunista Mexicano y, un año después, fue elegido miembro del comité ejecutivo del partido, encargándose de editar *El Machete*, periódico de intenciones humanistas, revolucionarias y populares que, sin embargo, fracasó por el tono de sus artículos, demasiado herméticos para las masas trabajadoras.

En calidad de fundador del Partido Comunista Mexicano fue invitado, en 1927, a las celebraciones del décimo aniversario de la Revolución Soviética y recibió el encargo oficial de realizar un fresco en Moscú. Pero las cosas no sucedieron como había previsto. Por una parte, tuvo que enfrentarse con bastantes detractores de su técnica, que consideraban su temática excesivamente moderna y, por otra, cayó enfermo por el frío. Su miedo al dolor físico y al sufrimiento decidieron por él, y regresó a México.

Durante trece años (1930-1943), residió en Estados Unidos. Fue, en su vida, un período de itinerancias, siempre de hotel en hotel, llamado para realizar trabajos de encargo en Detroit (decoración del Institute of Arts, en 1932) o Nueva York. Los murales que realizó para el Rockefeller Center de esta última ciudad, fueron destruidos poco tiempo después, en 1933, por incluir un retrato de Lenin.

Cansado de viajar, se estableció definitivamente en México y conoció a una joven pintora, veintiún años más joven, de la que se enamoró al instante y a la que estuvo unido en un apasionado y tormentoso amor: Frida Kahlo. Ambos se comprendían y complementaban, a pesar de la irrefrenable pasión de Rivera por las mujeres (llegó a fugarse con la hermana menor de su esposa, Cristina), que cristalizó en una ruptura y posterior reconciliación matrimonial.

Se iniciaron entonces unos años de intenso trabajo y felicidad. La «casa azul» de Coyoacán, que compartía con Frida Kahlo, albergaba a artistas e intelectuales, siendo famosas las tertulias políticas celebradas en ella. Por allí desfilaron literatos, ensayistas y polémicos autores como André Breton, con quien publicó un *Manifeste pour l'Art Révolutionaire* en 1938. Fueron también sus huéspedes León Trotsky y su esposa Natalia, que, en su exilio mexicano, recalaron en el hogar de los Rivera —hecho que acarreó su expulsión, aunque posterior readmisión, del partido comunista—, antes de que León Davidovitch fuera asesinado por el catalán Ramón Mercader en el domicilio de Rivera y Frida Kahlo.

## Una obra impresionante

De su vastísima producción sobresalen los murales siguientes: *La creación* (1922, Anfiteatro Bolívar de la Escuela Nacional Preparatoria, México D. F.); *La paz campesina*, *El día de muertos*, *La noche de los pobres* y *Alfabetización* (1923-1928, Secretaría de Educación Pública, México D. F.); *Los campesinos*, *Germinación* y *La tierra dormida* (1926-1927, Salón de actos de la Escuela Nacional de Agricultura, antigua capilla de la ex-hacienda de Chapingo, Estado de México); *La conquista de Cuernavaca* y *Emiliano Zapata* (1929, Palacio de Gobierno, Cuernavaca, Morelos); *El hombre controlador del universo* (1934, Palacio de Bellas Artes, México D. F.); *Historia de México* y *El tianguis de Tlatelolco* (1929-1935 y 1944, respectivamente, Palacio Nacional, México D. F.); *Sueño de una tarde dominical en la Alameda Central* (1947-1948, actualmente en el Museo Mural Diego Rivera, México D. F.), y *Teatro histórico* (1951-1953, mosaico de vidrio, Teatro de los Insurgentes, México D. F.).

De su obra de caballete cabría mencionar *Guadalupe Marín*, 1938, y *Las tentaciones de San Antonio* 1947 (Museo de Arte Moderno, México D. F.). Dibujos y bocetos suyos, así como su colección de arte popular, están reunidos en su casa, convertida ahora en el interesante Museo Estudio Diego Rivera (México D. F.).

En sus últimos años pintó una serie de retratos y realizó, en el Hospital de la Raza, su último mural, sobre la historia de la medicina en México desde los tiempos precolombinos hasta el siglo XX. Así mismo, el que fuera miembro fundador de El Colegio Nacional donó al pueblo de México la Casa-Museo Anahuacali (México D. F.), edificio diseñado por él y construido en piedra volcánica que alberga su extensa colección de cerámica y escultura prehispánica. En ella dejó esbozados algunos murales, siguiendo su propósito de «ligar un gran pasado con lo que queremos que sea un gran futuro de México», frase en que se condensa todo el sentido de su obra. Su vida se extinguió en Ciudad de México, en el año 1957.

| | |
|---|---|
| **1886** | **DIEGO RIVERA** nace en Guanajuato, el día 8 de diciembre. |
| **1892** | Se traslada a Ciudad de México con su familia. |
| **1896** | Inicia sus estudios en la Academia de San Carlos, donde permanecerá hasta los dieciséis años. |
| **1908** | Obtiene una beca para estudiar Bellas Artes y viaja a Madrid, trabajando en la Academia de San Fernando. |
| **1911** | Recorre diversos países de Europa y se instala en París, donde permanece diez años. |
| **1922** | Regresa a México, inicia el movimiento muralista y se afilia al Partido Comunista Mexicano. |
| **1927** | Asiste como invitado al X° Aniversario de la Revolución Rusa. |
| **1929** | Contrae matrimonio con la pintora Frida Kahlo, mucho más joven que él en lo que será una fructífera relación artística y una tormentosa relación pasional. |
| **1930** | Se instala en Estados Unidos donde realiza varios polémicos murales. |
| **1938** | Publica con André Breton el *Manifeste pour l'Art Revolutionaire*. |
| **1957** | Muere en Ciudad de México el día 24 de noviembre. |

# ARTURO ROSENBLUETH
## *(1900-1970)*

Arturo Rosenblueth fue uno de los más destacados neurólogos y fisiólogos mexicanos. El rigor que aplicó a sus investigaciones le condujo al descubrimiento de ciertos mecanismos de funcionamiento neurológico y al establecimiento de las bases de una matemática biológica.

Este científico mexicano nació en Chihuahua, en 1900, el mismo año en que el Congreso de México elegía presidente por sexta vez al general Porfirio Díaz. Cuando Arturo tenía diez años, la Revolución estalló en su país y Chihuahua se convirtió en uno de sus principales focos. En el decurso de los años revolucionarios, la familia Rosenblueth marchó a

*Riguroso investigador, Arturo Rosenblueth fue uno de los más reconocidos científicos mexicanos.*

Ciudad de México. El joven Arturo, quien había visto y sentido el sufrimiento de miles de hombres y mujeres arrastrados por la violencia de la guerra civil, se impuso el deber de una lucha diferente y más fructífera. Un combate por el conocimiento del cuerpo humano y la vida. Y fue así como eligió el camino de la medicina, a cuyo estudio se dedicó entre los años 1918 y 1921, en la capital del país. Para continuar su aprendizaje, Arturo Rosenblueth marchó en 1923 a Europa y allí permaneció cinco años, estudiando en las universidades de Berlín y París, para especializarse en fisiología.

En 1927, Arturo Rosenblueth regresó a México ingresando inmediatamente en la UNAM (Universidad Nacional Autónoma de México) como profesor de Fisiología. Durante tres años permaneció en esta cátedra universitaria, mientras el país continuaba inmerso en un clima de violencia política.

Para Arturo Rosenblueth, como para otros científicos mexicanos, aquel no era el mejor de los ambientes para desarrollar sus trabajos de investigación. Las condiciones ambientales eran extremadamente negativas para quien se interesaba por el estudio de un campo tan vasto, complejo y delicado como el del cuerpo humano. De modo que, en 1930, hizo nuevamente las maletas y marchó a Estados Unidos, donde residió hasta 1943, dedicado plenamente a la investigación fisiológica y neurológica.

### Los frutos del trabajo

Asentado en la prestigiosa Universidad de Harvard durante trece años, Rosenblueth dedicó su tiempo a la enseñanza y a la investigación del sistema neurofisiológico. Durante esos años de trabajo investigó concienzudamente el mecanismo químico de la transmisión de los impulsos nerviosos entre los músculos y el cerebro. A su vez, como miembro de un prestigioso equipo de investigadores, fue, junto con Walter B. Cannon, coautor de la teoría de las dos simpatinas, según la cual se explican los fenómenos de inhibición de los efectos autónomos, es decir, de la capacidad de actividad funcional individual de una célula o un órgano en relación a otros. El método de investigación utilizado y los resultados que obtuvo en este particular fueron expuestos por Rosenblueth en colaboración con Walter Cannon en su *Fisiología del sistema nervioso autónomo*, libro, esencial en su campo, publicado en 1937.

El joven y activo Arturo Rosenblueth colaboró también intensamente en el estudio de la acetilcolina. El trabajo del científico mexicano se centró en la acción específica de la acetilcolina liberada como consecuencia de los impulsos nerviosos en los músculos estriados. En este sentido, estudió principalmente los problemas del músculo cardíaco.

Otras investigaciones capitales de Rosenblueth abordaron las leyes que rigen el *flutter*, es decir, el ritmo auricular del corazón, que se caracteriza por aparecer en el gráfico del electrocardiograma como los dientes de una sierra, y la fibrilación de la aurícula cardíaca (contracción arrítmica de la aurícula, que se hace evidente en el ritmo irregular del corazón). Así mismo dedicó notables esfuerzos al estudio de las bases que hicieran posible la fundamentación matemática de las investigaciones biológicas. Los espectaculares resultados de su trabajo le valieron el respeto de la comunidad científica internacional, que de inmediato pasaría a considerarlo uno de sus más importantes miembros.

En 1943, Rosenblueth regresó a México y, en 1944, fue nombrado jefe del Laboratorio de Fisiología del Instituo Nacional de Cardiología. Como premio a su labor investigadora, le fueron otorgados los cargos de jefe del Departamento de Fisiología y director del Centro de Investigación Científica y Estudios Superiores del Instituto Politécnico Nacional.

## Una visión de futuro

Ya otra vez en casa, Arturo Rosenblueth, consciente de la importancia de dotar a México de una institución específica de investigación, formó parte del grupo que, reuniendo a lo más selecto de la ciencia mexicana, fundó la célebre Academia de la Investigación Científica.

El año en que regresó, Arturo Rosenblueth tenía cuarenta y cuatro años, y, tres años más tarde, fue aceptado como miembro del Colegio Nacional, institución que reúne a las más distinguidas personalidades de la vida cultural de México. Los años siguientes se desarrollaron entre la admiración y el reconocimiento de sus colegas y el constante empeño y rigor de su labor investigadora, fundamento de una rica obra escrita, dada a conocer en gran cantidad de artículos aparecidos en las más importantes revistas especializadas y en numerosos libros. Entre estos últimos, cabe destacar *Mente y cerebro, una filosofía de la ciencia*, publicado en 1970, donde realiza una profunda reflexión sobre el pensamiento como resultado de una actividad fisiológica.

Los últimos años de la vida de Rosenblueth coincidieron con el despegue económico de México y, en particular, con el crecimiento espectacular del D. F., que tuvo su cara y cruz de la moneda en el éxito de los Juegos Olímpicos en 1968, junto al luctuoso episodio de la represión llevada a cabo el mismo año por las fuerzas del orden contra los estudiantes en la plaza de las Tres Culturas. Dos años después, fallecía Arturo Rosenblueth en Ciudad de México, siendo su cuerpo enterrado en la Rotonda de los Hombres Ilustres, como reconocimiento de su valía intelectual y calidad humana. En 1978, en memoria del gran científico, fue creada la Fundación Arturo Rosenblueth para el Avance de la Ciencia.

| | |
|---|---|
| **1900** | Nace **ARTURO ROSENBLUETH** en Chihuahua, en el Estado homónimo. |
| **1930-1943** | Enseña e investiga en la Universidad de Harvard, Estados Unidos. |
| **1937** | Publica, junto con Walter Cannon, *Fisiología del sistema nervioso autónomo*. |
| **1944-1960** | Es nombrado jefe del Laboratorio de Fisiología del Instituto Nacional de Cardiología. |
| **1946** | Funda la Academia de la Investigación Científica. |
| **1970** | Publicación de *Mente y cerebro, una filosofía de la ciencia*. Fallece en Ciudad de México. |

# EMILIO ROSENBLUETH
## *(1926-1994)*

*Emilio Rosenblueth se dedicó a la investigación del comportamiento y la resistencia de los materiales empleados en los sistemas antisísmicos. Los resultados de tales investigaciones permitieron mejorar la seguridad de la población mexicana, amenazada a menudo por la acción de los terremotos.*

*D*urante el año 1926, en México, el presidente Plutarco Elías Calles continuaba con su política de neto corte anticlerical. Un decreto suyo estipulaba que sólo podían ejercer el ministerio religioso sacerdotes de nacionalidad mexicana y, al mismo tiempo, llevaba a cabo la secularización de las propiedades eclesiásticas. Poco después, estas y otras medidas del mismo tenor agudizaron la tensión con la Iglesia Católica y, al finalizar el mes de julio, estallaron una serie de revueltas, conocidas bajo la denominación de *rebelión cristera*. Todo el país fue sacudido de nuevo por la fiebre revolucionaria.

Ese mismo año, en un hogar de Ciudad de México, adonde el rumor de la guerra se filtraba a través del constante paso de los caballos por las calles, los gritos y disparos de los contendientes y el eco lejano de los convoyes ferroviarios, nació Emilio Rosenblueth.

Con el tiempo, Emilio quiso conocer las causas y los modos de controlar aquellas otras conmociones más profundas, las que venían de las entrañas de la tierra. El interés por los movimientos sísmicos orientó los estudios de Emilio Rosenblueth, quien, a los veintidós años, obtuvo la licenciatura en ingeniería civil en la UNAM (Universidad Nacional Autónoma de México) y, en el curso de 1949 y 1951, la maestría y el doctorado en la Universidad de Illinois, en Estados Unidos.

### El hombre y la tierra

Al ser México tierra volcánica y estar sometida permanentemente a la acción de los terremotos, la labor de Emilio Rosenblueth resultaba especialmente ardua en su misión de prevenir y reducir los efectos devastadores de los sismos.

Trabajando en empresas privadas, como la ICA (Ingenieros Civiles Asociados), o en departamentos estatales, como la Secretaría de Agricultura y Recursos Hidráulicos, o como profesor de la UNAM, Emilio Rosenblueth investigó el comportamiento y la resistencia de los materiales empleados en la construcción y en los sistemas antisísmicos utilizados en edificios y grandes obras de ingeniería, fundamentales para la seguridad de la población. Los resultados de tal investigación los fue exponiendo en rigurosos artículos y libros, entre los cuales cabe consignar los siguientes *Consideraciones sobre el diseño sísmico, On earthqueake-resistant design, Presión hidrodinámica en presas debida a la aceleración vertical con refracción de fondo* y *Torsiones sísmicas en edificios de un piso*.

## Los temblores del alma

Otro de los aspectos más destacables de la personalidad de Rosenblueth ha sido su sensibilidad para comprender los problemas humanos derivados de las peculiares condiciones sociales y económicas en que viven importantes sectores del país. Para él ha sido fundamental colaborar en el desarrollo de la investigación académica, pero también en el de la educación general de la población. Una población, la mexicana, condicionada por el mestizaje racial y cultural que Rosenblueth trata con gran altura y delicadeza en *Razas culturales*, libro publicado, en 1982, por El Colegio Nacional, del que fue miembro desde 1972.

Emilio Rosenblueth trabajó así mismo en la mejora de los métodos de enseñanza en escuelas primarias y secundarias desde la Subsecretaría de Educación Pública, entre 1978 y 1982, durante la presidencia de José López Portillo. Previamente, había participado con gran entusiasmo en la fundación de la Academia de la Investigación Científica, institución que presidió durante los años 1964 y 1965.

## Reconocimiento científico nacional e internacional

El extraordinario valor de la obra investigadora del ingeniero Emilio Rosenblueth y su constante preocupación por la seguridad y bienestar de la población·le fue reconocida en 1974 cuando se le otorgó el Premio Nacional de Ciencias y, en 1985, con el título de doctor honoris causa de la UNAM, institución donde se desempeñó como investigador emérito del Instituto de Ingeniería y como asesor del Centro de Investigación Sísmica.

También en el ámbito internacional se valoraron la personalidad y el trabajo de Rosenblueth, quien, en 1985, viajó a España para recibir el prestigioso Premio Príncipe de Asturias de Investigación Científica de manos del mismo príncipe don Felipe y, tres años más tarde, se trasladó a Estados Unidos, donde la American Society of Civil Engineers le había otorgado la medalla Nathan M. Newmark.

Emilio Rosenblueth falleció en Ciudad de México el 11 de enero de 1994.

| | |
|---|---|
| **1926** | Nace **EMILIO ROSENBLUETH** en Ciudad de México. |
| **1948** | Obtiene la licenciatura de Ingeniería en la UNAM. |
| **1949-1951** | Consigue la maestría y cursa el doctorado en ingeniería civil en la Universidad de Illinois, Estados Unidos. |
| **1964-1965** | Preside la Academia de Investigación Científica. |
| **1972** | Miembro de El Colegio Nacional. |
| **1974** | Obtiene el Premio Nacional de Ciencias. |
| **1978-1982** | Ocupa la Subsecretaría de Educación Pública. Publica *Razas culturales*. |
| **1985** | Se le otorga el título de *doctor honoris causa* por la UNAM. Premio Príncipe de Asturias. |
| **1988** | Medalla Nathan M. Newmark de la American Society of Civil Engineers. |
| **1994** | Fallece en México, D. F. |

# JUAN RUIZ DE ALARCÓN Y MENDOZA
## (1580-1639)

*Don Juan Ruiz de Alarcón y Mendoza, poeta dramático mexicano, recibió las puyas y el desprecio del mundillo literario español.*

Creador de la comedia de caracteres, Ruiz de Alarcón fue capaz de dotar a sus personajes de un perfil psicológico perfectamente trazado, que había de convertirlo en uno de los escritores más importantes de todo el Siglo de Oro español, aunque su valía se viera parcialmente eclipsada por el brillo de las grandes figuras de su época. No cabe duda de que su experiencia personal, su enorme capacidad de observación, tal vez incluso los infortunios y amarguras que llenaron su vida, contribuyeron a hacer de su obra un modelo de reflexión y preocupación ética, virtudes éstas que se reflejan en la agilidad del estilo, la penetración de sus juicios y la esmerada composición literaria que la caracterizan.

## La despiadada crueldad de la metrópoli

La inquina que Ruiz de Alarcón despertó en España y, sobre todo, en las grandes figuras del denominado Siglo de Oro, no puede explicarse por el simple hecho de que tuviera un físico desgraciado; su joroba podía justificar, tal vez, algunas burlas inclementes, pero en absoluto la acerba crítica, cuyos motivos deben buscarse, quizás, en la indiscutible calidad de un autor cuyas obras amenazaban la preeminencia y el éxito teatral y literario de sus ilustres contemporáneos.

Los críticos le atribuyen, por lo general, uno de los primeros lugares en lo que sería una supuesta clasificación de los autores que florecieron en el Siglo de

Oro, situándole por debajo de Lope de Vega o Calderón de la Barca, de Tirso de Molina tal vez, pero prefiriéndole a otros escritores y dramaturgos, como Moreto, Rojas, Guillén de Castro y muchos más. Los estudiosos han llegado a la conclusión de que el futuro relator en el Consejo de Indias se caracteriza, como escritor, por la corrección de su lenguaje, la ponderación en los argumentos, el equilibrio y perfección de sus versos y por una consideración y un sentido del honor moral insólitamente humanos, aunque su habilidad para manejar los recursos escénicos resulte, a veces, defectuosa o insuficiente.

## De Nueva España a la Madre Patria

Juan Ruiz de Alarcón nació en 1580, o a comienzos de 1581, probablemente, aunque no consta de modo determinante, en Ciudad de México (por aquel entonces capital del virreinato de Nueva España); se ha especulado también con la posibilidad de que naciera en el Real de Minas de Taxco, en el estado de Guerrero; y falleció en Madrid, en 1639, a los cincuenta y nueve años.

Perteneciente a una familia acomodada de ascendencia española, en la que predominaba sin duda el brillo del apellido materno, el joven Juan Ruiz comenzó sus estudios de leyes, de derecho canónico y civil concretamente, en las aulas de la Universidad Real y Pontificia de Ciudad de México.

Viajó por primera vez a España en el año 1600, graduándose allí como bachiller en Cánones y en Leyes por la Universidad de Salamanca; corría entonces el año 1602. Sin embargo, su permanencia como estudiante en la metrópoli resultó muy pronto insostenible para la familia desde el punto de vista económico, y sólo uno de sus parientes, el sevillano Gaspar Ruiz de Montoya, acudió en su ayuda; tras haber ejercido la abogacía en Sevilla, aun careciendo de título y haberse ocupado de ciertos asuntos legales, consiguió regresar a la Nueva España en 1608.

Un año más tarde, en 1609, obtuvo el título de licenciado en Leyes, pero fracasó por tres veces en sus aspiraciones al profesorado universitario; aceptó por lo tanto algunos empleos menores y acabó embarcando de nuevo, en 1614, rumbo a España. Se ha insinuado que su familia había perdido su posición, hasta entonces acomodada, y su influencia. Lo cierto es que, llegado a la metrópoli, el joven Ruiz de Alarcón no regresaría jamás a su país de origen, pese

a las numerosas dificultades que halló tras haber iniciado su carrera literaria, que le impulsaron a consagrarse por completo al teatro. Hay en la vida del autor una circunstancia que parece significativa: cuando consigue la plaza de relator interino en el Consejo de Indias (1626), parece abandonar por completo la producción literaria que hasta aquel momento le había dado cierto relieve a su personalidad y no menos fama, pero que le había producido así mismo innumerables amarguras y sinsabores. La interinidad de su cargo desaparece en 1633, cuando recibe en propiedad su nombramiento como relator.

## Hostilidad y críticas

Los evidentes recelos, la enemistad incluso, que acogieron al gran dramaturgo mexicano en el mundillo literario español han producido reacciones y actitudes muy diversas en los modernos estudiosos latinoamericanos; ha llegado a comparársele con la

*La obra del dramaturgo Juan Ruiz de Alarcón, representa, junto con la de sor Juana Inés de la Cruz, el máximo exponente del barroco mexicano.*

«Cenicienta» de los cuentos infantiles, lo cual puede parecer divertido y curioso, pero se nos antoja poco serio, infantil incluso. Cierto es que la reacción de enemistad fue muy fuerte, muy profunda, lo que no puede dejar de sorprender a quienes se interesen en la vida y la obra de Ruiz de Alarcón.

Casi todos los grandes nombres de la época le lanzaron sus puyas y sus ataques. No es extraño, pues, que recibiera las sátiras de Francisco de Quevedo, el cual, tras asegurar que la «D» de su firma no se refería al «don» sino que esbozaba sólo la mitad de su retrato, llegó a llamarle «hombre formado de paréntesis». Luis de Góngora, por su parte, lo acusó de plagio. Y alguien tan sereno, tan ponderado como fray Gabriel Téllez, que inmortalizó el seudónimo de Tirso de Molina, le dedicó una décima que no le ahorra insultos como «poeta entre dos platos» o juicios a su apariencia y a su obra que se resumen en estos dos versos: «Por qué es todo tan mal dicho / como el poeta mal hecho». Tampoco se andaron con remilgos Lope de Vega o Mira de Amescua, que llegaron a ser detenidos cuando la representación de *El Anticristo* produjo un monumental escándalo.

No cabe duda de que haber tenido fuerza bastante como para provocar las iras, o la envidia de tantos genios, supone un singular reconocimiento, un homenaje incluso a la importancia y la valía del autor, homenaje de tanto mayor peso cuanto virulenta fue la hostilidad que despertó. No hay que olvidar tampoco que el dramaturgo mexicano consiguió despertar el interés de la familia real y, pese a todos los ataques, pese a todas las descalificaciones, acabó imponiendo su genio. Ruiz de Alarcón, por su parte, no permaneció con los brazos cruzados, con la pluma o la lengua silenciosas, ante los ataques de sus detractores, a quienes dio a veces cumplida respuesta, vengándose de las ofensas con un desprecio que se arraigaba en el convencimiento de su ingenio y valía.

Se le ha reprochado muchas veces la «escasa fecundidad» de su obra, aunque el juicio no resulta del todo exacto, y es curioso advertir que a uno de sus enemigos, el ácido Lope de Vega, se le acusa precisamente de lo contrario. El dramaturgo mexicano no es un escritor vocacional, como sus detractores; se dedica al teatro impulsado por las difíciles circunstancias que rodean su vida y, como se ha visto, abandona la pluma cuando un cargo en el Consejo de Indias parece haber resuelto sus problemas económicos. Lope está muy lejos, y el hecho de haber escrito algunas comedias antes de emprender su se-

gundo, y definitivo, viaje a España, no desmiente la afirmación, que sigue siendo válida, aunque algunos escritos suyos sean posteriores a su nombramiento como relator interino del Consejo de Indias.

Hay que tener presente que las veinte comedias publicadas durante su vida, e incluso las otras tres que se le atribuyen, fueron escritas durante un período de quince años, por lo que resulta harto discutible la posición de quienes critican la supuesta escasa fecundidad del artista. Además, hay constancia cierta de que se han perdido otras obras suyas.

## El arte de la Comedia

Toda la obra de Ruiz de Alarcón se inspira en el género de la comedia de caracteres, en la que los personajes, construidos como tipos psicológicos, revelan una intencionalidad moral ejemplarizante. Sin embargo, su perfil no es el fruto de unos rasgos arquetípicos fríos y abstractos, sino de una descripción llena de sutiles pinceladas que componen un fresco rebosante de matices y espiritualidad.

En 1628 dio a la imprenta su primer volumen, que incluía ocho comedias: *Las paredes oyen, Los favores del mundo, La industria y la suerte, El semejante a sí mismo, Mudarse por mejorarse, Todo es ventura, El desdichado es fingir, La cueva de Salamanca* y *Los empeños de un engaño*.

Seis años después, en 1634, aparecía un segundo volumen con las doce comedias restantes: *La verdad sospechosa, El dueño de las estrellas, La manganilla del Melilla, Ganar amigos, Los pechos privilegiados, La amistad castigada, El Anticristo* (en cuyo estreno, como se ha mencionado, fueron encarcelados Lope de Vega y Mira de Amescua), *El tejedor de Segovia, La prueba de las promesas, La crueldad por el honor* y *El examen de maridos*.

Se ha discutido mucho la paternidad de Ruiz de Alarcón en la primera parte de *El tejedor de Segovia*, obra de calidad muy inferior a la primera y, probablemente, escrita más tarde. Las razones que se aducen para ello son de peso, por lo que es lícito poner en entredicho que esa primera parte pueda atribuírsele.

Quizá sus virtudes dramáticas y literarias, así como su origen transoceánico, tengan algo que ver en la animadversión que despertó Ruiz de Alarcón en unos escritores contemporáneos ilustres, que debieron sentirse amenazados en sus privilegios y temieron que el «indiano corcovado» llegara a arrebatarles el favor de «su público». Pero eso son sólo conjeturas, un intento de explicar un hecho que, de otro modo, nos parecería incomprensible. Lo cierto es que las obras del autor parecen fruto de una visión, una reflexión, mucho más moderna, en la que las conductas y la honestidad prevalecen sobre la sangre: «Sólo consiste en obrar / como caballero el serlo» dice don Beltrán en *La verdad sospechosa*; y, en todos sus héroes, los arquetipos quedan difuminados por el velo de una humanidad que se aleja de los dogmas o, como mínimo, los contempla con cierto escepticismo.

Esa templanza en los planteamientos y esa «modernidad» en los presupuestos han sido atribuidos por algunos autores al hecho de que Ruiz de Alarcón hubiera nacido y crecido en un país que se estaba haciendo, un país joven que buscaba su camino, alejado de las coacciones de la corte, en una distancia que hacía menos presente la autoridad real y los inquisitoriales sobresaltos de la Iglesia.

Es una tesis sugerente y no desdeñable, pero se ha apuntado también que muchos de los caracteres alarconianos pueden deberse a los complejos que le produjo su deformidad física, teoría de un chato psicologismo que parece mucho menos atractiva.

Pero más allá de polémicas e interpretaciones, por encima de la enemistad de sus contemporáneos, la personalidad dramática de Juan Ruiz de Alarcón ha ido afirmándose a través de los siglos, como lo prueba su indiscutible influencia en el teatro clásico francés e italiano, para convertirse en una de las figuras señeras de la literatura dramática en lengua española.

*Portada de una obra de Juan Ruiz de Alarcón, editada en la ciudad de Barcelona en el año 1634. El dramaturgo necesitó de la metrópoli para poder dar difusión a su producción literaria.*

| | |
|---|---|
| **1580 o 1581** | Nace, probablemente, en Ciudad de México **JUAN RUIZ DE ALARCÓN**. |
| **1600** | Se traslada a España. |
| **1602** | Se gradúa como bachiller en Cánones y Leyes por la Universidad de Salamanca. |
| **1608** | Regresa a Nueva España. |
| **1609** | Obtiene su licenciatura en Leyes. |
| **1614** | Nuevo viaje a España. |
| **1626** | Consigue la plaza de relator interino del Consejo de Indias. |
| **1628** | Aparece su primer volumen de comedias. |
| **1633** | Recibe en propiedad la plaza de relator del Consejo de Indias. |
| **1634** | Aparece su segundo libro de comedias. |
| **1639** | Muere en Madrid. |

# JUAN RULFO
## *(1917-1986)*

*La obra de Juan Rulfo, aunque escasa, ha significado para el autor
un general reconocimiento en todo el mundo de habla española.*

*H*ay en la literatura latinoamericana contemporánea una peculiar estirpe de creadores, un grupo de escritores que han sabido poner en pie un universo propio, característico, cérrado, inventando lugares fabulosos, ciudades fabuladas que sirven de repetido paisaje para las historias que brotan de sus experiencias, de su mundo y de su imaginación. Paradigmático es, a este respecto, el caso de Macondo, el marco que el colombiano Gabriel García Márquez levantó para que los Buendía trenzaran su aprendizaje de la soledad; y no puede tampoco olvidarse la Santa María del uruguayo Juan Carlos Onetti. Situados en una geografía reconocible y al mismo tiempo anónima, ambos lugares pueblan la difusa frontera que separa lo real de lo fantástico, un lugar que ocupa, también, la infernal Comala de Juan Rulfo, otro ejemplo de universo personal, levantado por el escritor para albergar a sus particulares criaturas.

Pero Macondo, Santamaría y Comala, lugares coherentes, reconocibles por sus rasgos peculiares y tan distintos entre sí, como lo son sus respectivos autores, tienen algo en común, son el espejo donde se reflejan características y ambientes que el escritor conoce muy bien.

La mítica ciudad de Comala sirve de escenario para la novela y los cuentos de Juan Rulfo, su paisaje es siempre idéntico, una inmensa llanura en la que nunca llueve, valles abrasados, lejanas montañas y pueblos habitados por gente solitaria. Y no es difícil reconocer en esta descripción las características de Sayula, en el Estado de Jalisco, donde el 16 de mayo de 1917 nació el niño que, más tarde, se haría famoso en el mundo de las letras. Su nombre completo era Juan Nepomuceno Carlos Pérez Rulfo Vizcaíno.

## Una niñez agitada

Dividió su infancia entre su pueblo natal y San Gabriel —que así se llamaba la actual Ciudad Venustiano Carranza—, donde realizó sus primeros estudios y pudo contemplar algunos episodios de la sublevación cristera, violento levantamiento que, al grito de «¡Viva Cristo Rey!» y ante el cómplice silencio de las autoridades eclesiásticas, se opuso a las leyes promulgadas por el presidente Calles para prohibir las manifestaciones públicas del culto y subordinar la Iglesia al Estado.

Rulfo vivió en San Gabriel hasta los diez años, en compañía de su abuela, para ingresar luego en un orfanato donde permaneció cuatro años más. Puede afirmarse, sin temor a incurrir en error, que la rebelión de los cristeros fue determinante en el despertar de su vocación literaria, pues el sacerdote del pueblo, con el deseo de preservar la biblioteca parroquial, la confió a la abuela del niño y Juan tuvo así a su alcance, cuando apenas había cumplido los ocho años, todos aquellos libros que no tardaron en llenar sus ratos de ocio.

Cuando alcanzó los dieciséis de edad, intentó ingresar en la Universidad de Guadalajara, pero no pudo hacerlo pues los estudiantes mantuvieron, por aquel entonces, una interminable huelga que se prolongó a lo largo de año y medio. En Guadalajara publicó sus primeros textos, que aparecieron en la revista *Pan*, dirigida por Juan José Arreola. Poco después se instaló en Ciudad de México que, con algunos intervalos, iba a convertirse en su lugar de residencia y donde, el 7 de enero de 1986, le sorprendería la muerte.

## Mil oficios y una afición

Ya en la capital, intentó de nuevo entrar en la universidad, alentado por su familia a seguir los pasos de su abuelo, pero fracasó en los exámenes para el ingreso en la Facultad de Derecho y se vio obligado a trabajar.

Entró entonces en la Secretaría de Gobernación para trabajar como agente de inmigración, en cuyo cargo debía localizar a los extranjeros que vivían fuera de la ley; desempeñó primero sus funciones en la capital para trabajar luego en Tampico y Guadalajara y recorrer, más tarde, durante dos o tres años, extensas zonas del país, entrando así en contacto con el habla popular, los peculiares dialectos, el comportamiento y el carácter de distintas regiones y grupos de población.

Esta vida viajera, este contacto con la múltiple realidad mexicana, fue fundamental en la elaboración de su obra literaria. Más tarde, y siempre en la

*Pedro Páramo, publicada en 1955, fue la única novela que escribió Rulfo. De estructura más poética que lógica, revela la paciente minuciosidad del autor.*

*Fotograma de una escena de la película* En este pueblo no hay ladrones, *con Juan Rulfo (a la derecha) y Abel Quesada como extras. La producción literaria de Rulfo sirvió de inspiración a realizadores cinematográficos.*

misma Secretaría de Gobernación, fue trasladado al Archivo de Migración. Juan Rulfo se ganó el pan en trabajos muy diversos, estuvo empleado en una compañía que fabricaba llantas de hule y también en algunas empresas privadas, tanto nacionales como extranjeras. Simultáneamente, dirigió y coordinó diversos trabajos para el Departamento Editorial del Instituto Nacional Indigenista, fue también asesor literario del Centro Mexicano de Escritores, institución que, en sus inicios, le había concedido una beca.

## Una obra escasa pero brillante

La obra de Juan Rulfo consta sólo de dos libros pero le ha valido un general reconocimiento en todo el mundo de habla española, reconocimiento que se concretó en premios tan importantes como el Nacional de Letras (1970) y el Príncipe de Asturias de España (1983); ha sido también traducida a numerosos idiomas extranjeros.

En 1953 aparece *El llano en llamas*, que incluye diecisiete narraciones —algunas de ellas situadas en la mítica Comala—, que son verdaderas obras maestras de la producción cuentística. En uno de estos cuentos, titulado *El hombre*, se entrelazan distintas líneas temporales, de modo que un hombre que había acosado a otro hasta darle muerte y acabar también con su familia, se convierte luego en un ser perseguido y, dialogando con un invisible vengador, se contempla simultáneamente como víctima y verdugo. Hay en la narración un tono de pesadilla porque, como en esos sueños en los que intentamos correr sin conseguirlo, el hombre huye pero no logra nunca escapar. Siempre se ve obligado a volver atrás como si el horizonte le estuviera cerrado, como si no existiera más allá y el mundo fuera un lugar cerrado, donde la culpa adquiere el peso de un destino ineludible. Los personajes de Rulfo nunca se liberan y su angustia los lanza a largos monólogos en los que el lector se ve abocado a adoptar el papel de confidente, de confesor que recoge las postreras palabras del condenado.

En *Talpa*, otra de las narraciones incluidas en *El llano en llamas*, una pareja de adúlteros deja morir al marido mientras hacen el amor y la figura del muerto se interpondrá, luego, constantemente entre ellos.

Las narraciones de *El llano en llamas* giran todas entorno a la vida de los campesinos mexicanos y eso les da coherencia temática. Son cuentos breves, de extraordinaria y fecunda concisión, en cuyas escenas de intenso dramatismo palpita el hálito poético del autor plasmado en imágenes de brillante sensibilidad y en un estilo que reelabora y recrea el habla popular mexicano. Pero, pese a esta última característica, que podría haber convertido a Rulfo en un escritor regionalista o costumbrista, la persistencia de sus temas esenciales, la obsesiva presencia de la soledad y la violencia, la confrontación con la muerte, el amor y el desamor, los secretos entresijos de la vida y de los hombres, los enigmas que pueblan las calles de Comala son una fulgurante parábola de lo humano, que trasciende el marco del nacionalismo literario y demuestran, de nuevo, que no hay fronteras para la creación.

## Una novela laboriosa y demorada

Cuando, en 1955, aparece *Pedro Páramo*, la única novela que escribió Juan Rulfo, el acontecimiento señala el final de un lento proceso, que ha ocupado al escritor durante años y que aglutina toda la riqueza y diversidad de su formación literaria. Una formación que ha asimilado deliberadamente las más diversas literaturas extranjeras, desde los modernos autores escandinavos, como Halldor Laxness y Knut Hamsun, hasta las producciones rusas o estadounidenses.

Y basta con acercarse a la novela, de estructura más poética que lógica, que ha sido tachada de confusa por algunos críticos, para comprender la paciente laboriosidad del autor, el minucioso trabajo que su redacción supuso y que le exigió rehacer numerosos párrafos, desechar páginas y páginas ya escritas.

Como en una magna sinfonía, donde los temas y las melodías se entremezclan y cabalgan dirigidas por una inflexible voluntad de orquestación, el texto prescinde de las separaciones por capítulos y se lanza a una construcción que incluye breves fragmentos, monólogos o diálogos, voces del pueblo cuyo origen el lector debe adivinar, para describir lo que Jean Franco ha calificado como «una búsqueda del Paraíso que termina en el Infierno de Comala».

Juan Preciado, el narrador, convertido en un nuevo Dante a las puertas del Infierno-Comala y conducido, como el autor de la Comedia, por una Beatriz que ha adoptado las apariencias de un mulero, llega al ardiente valle donde todos los habitantes son hijos de Páramo, donde todos están muertos y la vida es sólo un recuerdo. Pero la fantasmagórica realidad de Comala no es percibida de inmediato por el narrador; sólo lenta, muy lentamente, Juan Preciado advierte que está rodeado de cadáveres y muere, entonces, a su vez, abrumado por el peso insoportable del pasado.

*Otro momento de la película* En este pueblo no hay ladrones, *en la escena Luis Rueda y Carlos Monsiváis (en primer plano), y Abel Quesada y Juan Rulfo.*

Inventor de lugares fabulados, Rulfo mantuvo un largo silencio literario después de la publicación de Pedro Páramo. A partir de 1955 sólo vieron la luz algunos escritos suyos en revistas literarias.

La comunión del autor con el mundo del cine comenzó en 1955 con la adaptación de uno de sus cuentos. En la imagen, fotograma de la película Fórmula secreta o coca cola en la sangre (1964), con textos de Juan Rulfo leídos por Jaime Sabines.

Cada uno de los personajes de la narración, el cacique Pedro Páramo, asesino y ladrón, Susana, el padre Rentería, Fulgor Sedano y tantos otros, es una figura emblemática cuyos rasgos, de oscura e inquietante intensidad, han pasado ya a la historia de la literatura universal; aunque, como ya se ha dicho, el protagonista principal de la novela, como de otras narraciones de Rulfo, es el marco donde la acción transcurre, el universo mítico de Comala donde nacen y mueren las ansias y los ardores de sus habitantes, un «lugar sobre brasas» que se convierte en inolvidable metáfora de un mundo de soledad y opresión, cruel y tierno, pasional o interesado.

La enigmática historia de *Pedro Páramo* y su prosa llena de oscuros simbolismos han generado, como es lógico, una ingente cantidad de interpretaciones, han sido campo abonado para que los estudiosos buscaran significaciones ocultas, metáforas, lanzándose a una fecunda tarea de supuesta elucidación; la crítica se ha inclinado sobre sus páginas, y sin duda seguirá haciéndolo durante mucho tiempo, para interrogarlas con la inútil esperanza de sacar a la luz un significado unívoco. Vana tarea, el propio Juan Rulfo dijo de ella: «En realidad es la historia de un pueblo que va muriendo por sí mismo. No lo mata nada. No lo mata nadie», una interpretación que parecerá, sin duda, demasiado simplista a quienes, empeñados en una paciente pero a menudo estéril labor investigadora, olviden que cualquier novela es, en verdad, la obra de sus lectores y que, por lo tanto, en sus páginas pueden encontrarse todos los universos.

## Un largo silencio

Desde 1955, año de la aparición de *Pedro Páramo*, Rulfo anunció, varias veces y en épocas distintas, que estaba preparando un libro de relatos de inminente publicación, *Días sin floresta*, y otra novela que pretendía ser la historia de una inexistente, aunque no ficticia región de México, «pueblos de Martín Monje», sin duda un trasunto de Comala, desde el siglo XVI hasta nuestros días. Pero el autor no volvió a publicar libro alguno, aunque, de vez en cuando, algunos textos suyos aparecían en las páginas de las publicaciones periódicas dedicadas a la literatura. Así, en septiembre de 1959, la *Revista Mexicana de Literatura* publicó con el título de *Un pedazo de noche*, un fragmento de un relato de tema urbano; mucho más tarde, en marzo de 1976, la revista *¡Siempre!* incluía dos textos inéditos de Rulfo, una narración, *El despojo*, y un poema *La fórmula secreta*.

Pero esta escasa producción literaria ha servido de inspiración y base para una considerable floración de producciones cinematográficas, adaptaciones de cuentos y textos de Rulfo que se iniciaron, en 1955, con la película dirigida por Alfredo B. Crevenna, *Talpa*, cuyo guión es una adaptación, por Edmundo Báez, del cuento homónimo del escritor. Siguieron *El despojo*, dirigida por Antonio Reynoso (1960); *Paloma herida* que, con argumento rulfiano, dirigió el mítico realizador mexicano Emilio *Indio* Fernández; *El gallo de oro* (1964), dirigida por Roberto Gavaldón, cuyo guión sobre una idea original del autor, fue elaborado por Carlos Fuentes y Gabriel García Márquez. En 1972, Alberto Isaac dirigió y adaptó al cine dos cuentos de *El llano en llamas* y en 1976 se estrenó *La Media Luna*, película dirigida por José Bolaños que supone la segunda versión cinematográfica de la novela *Pedro Páramo*.

Fueron tantas las reacciones periodísticas y las notas necrológicas que se publicaron después de la muerte de Rulfo que con ellas se elaboró un libro titulado *Los murmullos, antología periodística en torno a la muerte de Juan Rulfo.* Póstumamente se recopilaron los artículos que el autor había publicado, en 1981, en la revista *Proceso*.

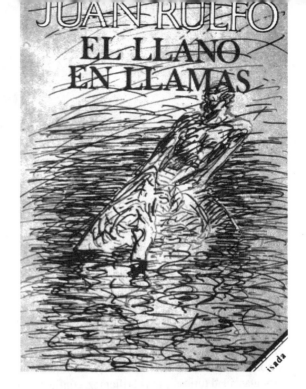

*Portada de* El llano en llamas, *publicado en 1953. El volumen incluye diecisiete narraciones –algunas de ellas situadas en la mítica Comala– que han sido consideradas verdaderas obras maestras del género cuentístico. Los personajes que pueblan estos relatos no logran nunca liberarse y recurren al lector como confesor.*

| | |
|---|---|
| **1917** | El 16 de mayo nace en Sayula, Estado de Jalisco, Juan Nepomuceno Carlos Pérez Rulfo Vizcaíno, que firmó sus obras como **JUAN RULFO**. |
| **1926-1929** | Es testigo presencial de varios episodios de la rebelión cristera. |
| **1953** | Primera edición de *El llano en llamas*, un libro de narraciones crucial en la literatura mexicana. |
| **1955** | Aparece su novela *Pedro Páramo*, la única que publicará en su vida. El director Alfredo B. Crevenna realiza una adaptación cinematográfica del cuento *Talpa*, de Juan Rulfo, que integra la colección cuentística de *El llano en llamas*. |
| **1970** | Se le concede el Premio Nacional de las Letras. |
| **1976** | Publica *Antología personal*, una selección de diversos textos y artículos. |
| **1980** | Aparece una serie de diversos escritos sobre cine, bajo la rúbrica de *El gallo de oro*, título de una película de 1964, con guión de Carlos Fuentes y García Márquez, basada en alguno de estos escritos. |
| **1983** | Recibe el Premio Príncipe de Asturias. |
| **1986** | El dia 7 de enero, Juan Rulfo muere en Ciudad de México. |

# JAIME SABINES
## *(1926)*

*E*n el horizonte de la penúltima poesía mexicana, la figura de Jaime Sabines se levanta como un exponente de difícil clasificación, alejado de las tendencias y los grupos intelectuales al uso, ajeno a cualquier capillita literaria, un creador solitario y desesperanzado cuyo camino se mantiene al margen del que recorren sus contemporáneos. Hay en su poesía un poso de amargura que se plasma en obras de un violento prosaísmo, expresado en un lenguaje cotidiano, vulgar casi, marcado por la concepción trágica del amor y por las angustias de la soledad. Su estilo, de una espontaneidad furiosa y gran brillantez, confiere a su poesía un poder de comunicación que se acerca, muchas veces, a lo conversacional, sin desdeñar el recurso a un humor directo y contundente.

## Política y pesimismo

Nacido en la localidad de Tuxtla Gutiérrez, capital del Estado de Chiapas, el 25 de marzo de 1926, tras sus primeros estudios, que realizó en el Instituto de Ciencias y Artes de Chiapas, se trasladó a Ciudad de México e ingresó en la Escuela Nacional de Medicina (1945), donde permaneció tres años antes de abandonar la carrera. Cursó luego estudios de lengua y literatura castellana en la Facultad de Filosofía y Letras de la Universidad Nacional Autónoma de México, y fue becario especial del Centro Mexicano de Escritores, aunque no consiguió grado académico alguno.

En 1952 regresó a Chiapas y residió allí durante siete años, el primero de ellos consagrado a la política y trabajando los demás como vendedor de telas y confecciones. En 1959, tras conseguir el premio literario que otorga el Estado, Sabines comienza a cultivar seriamente la literatura.

Tal vez por influencia de su padre, el mayor Sabines, un militar a quien dedicó algunas de sus obras, y, pese al evidente pesimismo que toda su producción literaria respira, Jaime Sabines participó de nuevo y repetidas veces en la vida política nacional; en 1976 fue elegido diputado federal por Chiapas, su Estado natal, cargo que ostentó hasta 1979. Y en 1988 se presentó y salió elegido de nuevo, pero esta vez por un distrito de la capital federal. Es difícil compaginar esta actividad política, que parece exigir cierta disciplina ideológica, con un proyecto colectivo de futuro, al menos con el hombre que nos revela sus escritos, el autor de una obra marcada por el pesimismo y por una actitud descreída —aunque a menudo, y paradójicamente, confesional—, imbuida de una concepción trágica del amor y transida por las angustias de la soledad. Su poesía se aparta del vigente «estado de cosas», se mantiene al margen de las actividades y tendencias literarias, tal vez porque su dedicación profesional al comercio le permite prescindir del mundillo y los ambientes literarios.

## La lírica de la muerte

Su primer volumen de poesías, *Horal*, publicado en 1950, permitía ya adivinar las constantes de su obra que destaca por una intensa sinceridad, escéptica unas veces, expresionista otras, cuya transmisión literaria se logra a costa incluso del equilibrio formal. No es difícil suponer así que la poesía de Sabines está destinada a ocupar en el panorama literario mexicano un lugar mucho mayor del que hasta hoy se le ha concedido, especialmente por su rechazo de lo «mágico», que ha informado la creación al uso en las últimas décadas, pero también por su emocionada y clara expresividad. Este rechazo se hace evidente en *Recuento de poemas*, publicado en 1962 y que reúne sus obras *La señal* (1951), *Adán y Eva* (1952), *Tarumba* (1956), *Diario, semanario y poemas en prosa* (1961) y algunos poemas que no habían sido todavía publicados,

En 1965, la compañía discográfica *Voz Viva de México* graba un disco con algunos poemas de Sabines con la propia voz del autor. Sabines refuerza su figura de creador pesimista, su tristeza, frente a la obsesiva presencia de la muerte; pero se advierte luego una suerte de reacción, aunque empapada en lúgubre filosofía, cuando canta al amor en *Mal tiempo* (1972), obra en la que esboza un «camino más activo y espléndido», fundamentado en el ejercicio de la pasividad, un camino que lo lleva a descubrir que «lo extraordinario, lo monstruosamente anormal es esta breve cosa que llamamos vida». Pese a una cierta reacción que le aleja un poco de su primer y profundo pesimismo, sus versos repletos de símbolos que se encadenan sin solución de continuidad están transidos de una dolorosa angustia.

Con un estilo que no teme la vulgaridad ni rechaza las tradiciones, la sabrosa y cordial poesía de Sabines puede también tomar un mayor vuelo, como se pone de manifiesto en el ambicioso proyecto de *Algo sobre la muerte del mayor Sabines* (1973), un poema casi narrativo en el que el padre del poeta se constituye en protagonista del mundo y de la vida. Seguirán luego *Nuevo recuento de poemas* (1977), otro volumen antológico que recoge el material anterior y *Poemas sueltos* (1983). Todos estos textos, así como una segunda parte de *Algo sobre la muerte...*, fueron recogidos en la edición de 1987 de *Nuevo recuento*.

Traducida a varias lenguas, su obra se ha visto galardonada con varios premios como el de literatura otorgado por el gobierno del Estado de Chiapas (1959), el Xavier Villaurrutia (1972) instituido en honor del gran escritor mexicano, el Elías Sourasky de 1982. Finalmente, en 1983, la obra de Jaime Sabines recibió el Premio Nacional de las Letras.

*La obra de Jaime Sabines, creador pesimista e inclasificable, se ha traducido a varias lenguas y ha recibido el reconocimiento en su país a través de numerosos premios literarios, entre ellos el Premio Nacional de las Letras, en 1983.*

| | |
|---|---|
| **1926** | **JAIME SABINES** nace en Tuxtla Gutiérrez, Estado de Chiapas, el día 25 de marzo. |
| **1945** | Ingresa en la Escuela Nacional de Medicina, donde estudió tres años. |
| **1950** | Publica su primera obra poética: *Horal*. |
| **1952** | Regresa a Chiapas y permanece allí hasta 1959, trabajando en el comercio textil. |
| **1962** | Aparece una primera recopilación de sus obras bajo el título de *Recuento de poemas*. |
| **1973** | Sale a la luz la obra que el autor dedica a su padre: *Algo sobre la muerte del mayor Sabines*. |
| **1976** | Es elegido diputado federal por su Estado. |
| **1977** | Se publica su *Nuevo recuento de poemas,* en el que se incluye la segunda parte de la obra *Algo sobre la muerte*. |
| **1983** | Obtiene el Premio Nacional de las Letras. |

# ANTONIO LÓPEZ DE SANTA ANNA
## *(1794-1876)*

*Denostado y alabado por coetáneos e historiadores, el
general Santa Anna supo hacerse siempre imprescindible.*

*D*esde que en 1821 irrumpiera Santa Anna en la vida
política mexicana, hasta que fue derrocado de la
Presidencia en 1855, transcurrieron tres significativas décadas durante las cuales se sucederían la
independencia, el imperio, la república, la dictadura,
sucesivos intentos de restauración monárquica, victorias militares y derrotas determinantes. En una
época en que México buscaba su identidad como
nación, su historia estuvo marcada por la ecléctica y
controvertida personalidad del más influyente de los
políticos del momento. Arbitrario en la política y
valeroso en lo militar, Santa Anna se alzó en armas
contra estamentos políticos de distinto signo, traicionó

a quien había elevado a la más alta magistratura del
poder, accedió él mismo a la Presidencia, estuvo
preso y desterrado, fue héroe en El Álamo, oprobioso
vencido en San Jacinto, perdió la mitad del territorio
mexicano en favor de Estados Unidos y aún así
consiguió nuevamente alzarse con el poder, haciéndose con el pomposo título de Su Alteza Serenísima;
siempre supo, y ahí radica su olfato político, hacerse
imprescindible. Denostado y alabado por sus
coetáneos y también por los historiadores de hoy, lo
asombroso es que él mismo acabase estando por
encima del propio destino de México. Rara habilidad
que poseen sólo un número reducido de hombres.

## Un destino de grandeza y miseria

Entre rebeliones armadas, alianzas improvisadas y pronunciamientos al uso castrense, siempre acabó ingeniándoselas para estar en el poder. Su caso constituye sin duda uno de los enigmas históricos de México: cuanto más grandes eran sus errores, más aparatoso, triunfal y en apariencia inevitable resultaba su regreso salvador a la escena política. Hasta el extremo de perder una pierna en la batalla de Veracruz contra las tropas francesas, y a resultas de lo cual se vio obligado a llevar una pata de palo, fue una desgracia personal que convirtió en gesta, pues, a partir de este momento, Santa Anna fue considerado mártir y héroe, y el miembro amputado pasó a ser, cual reliquia de santo, objeto de veneración unas veces, y motivo de escarnio, otras.

## La vocación castrense

La infancia de Antonio López de Santa Anna discurre entre Jalapa, ciudad en la que nace en 1794 y Veracruz, adonde se trasladará la familia para que su padre se hiciera cargo de la notaría de Alcolea. Muy pronto se rebelaría contra los designios paternos, que deseaban para él un porvenir tranquilo y acomodado, como correspondía a su noble ascendencia. Pero el carácter aventurero del joven Santa Anna, sus enormes deseos de sobresalir, serían más fuertes que la voluntad de su padre, de quien había de conseguir, a fuerza de tenacidad, que lo recomendara para ingresar en el Ejército Real de la Nueva España a los dieciséis años de edad.

En 1811 comenzarían para él una serie de destinos con las tropas realistas que intentaban sofocar el movimiento insurgente surgido a raíz del pronunciamiento del cura Hidalgo. Pero su aparición en la gran escena pública se demora hasta 1821, fecha en que el Plan de Iguala de Iturbide consagra la independencia de Nuevo México de España. Santa Anna inicia entonces, y lo hace de manera espectacular, su larga serie de imprevisibles adhesiones ideológicas. Enviado por el gobierno colonial en auxilio de la ciudad de Orizaba, logra un importante éxito militar por el que es condecorado con la Orden Americana de Isabel la Católica y ascendido a teniente coronel. Sólo unas horas después toma el mando de las tropas independentistas en Veracruz y, aunque fracasa en esta plaza, parte hacia Córdoba y se hace fuerte en Orizaba. Bajo su mandato,

Juan Nepomuceno Almonte ocupa para la independencia diversas poblaciones de la costa.

Como otros muchos militares, Santa Anna ofrece su apoyo incondicional a Iturbide, quien había presentado el Plan de Iguala como una necesidad comprendida por España, aunque sólo se trataba de una estratagema para conseguir las adhesiones de los más tibios. Cuando Iturbide logró entrar en Ciudad de México, los españoles habían sido reducidos a la fortaleza de San Juan de Ulúa, en Veracruz, donde sería precisa una vez más la intervención de Santa Anna.

## Del imperio a la república

La conversión de Nuevo México en un Estado independiente no iba a ser fácil. Por una parte, al rechazar España el Plan de Iguala, se exacerban las ideas independentistas, al mismo tiempo que la necesidad de crear un modelo de Estado hace que salgan a la luz las distintas tendencias ideológicas que convivían en el bando independentista: monárquicos, iturbidistas

*Retrato de Santa Anna montado a caballo. Estampa de la época conservada en la Biblioteca Nacional de París.*

*Pintura de H. A. McArdle de la batalla de San Jacinto, que forma parte de la decoración de la Sala del Senado del Capitolio texano. Después de este enfrentamiento militar, quedó reconocida la independencia de Texas.*

y republicanos se enfrentan entre sí agrupados en distintos partidos. Iturbide se convierte en dictador al disolver la Asamblea Constituyente y Santa Anna aparece de nuevo en la escena política, a través de las armas, tomando Veracruz, declarando ilegal la elección del emperador y pronunciándose a favor de la República. «La victoria no podía ser más espléndida: árbitro en esos momentos de los destinos de la patria, no falté en una letra al programa que di a luz al proclamar la República», escribe en sus memorias, pese a que había sido él mismo quien había impulsado a Iturbide a disolver el Congreso.

Desterrado Iturbide en 1823 y restaurado otra vez el Congreso, comienzan los enfrentamientos por la causa federalista, a la que se apuntó de inmediato Santa Anna. En esta ocasión fracasa su pronunciamiento en San Luis Potosí y tiene que presentarse en México, donde se le instruye un proceso. Pero su arbitrariedad ideológica responde a un fino olfato político, pues se impone el sistema federal con la constitución de los Estados Unidos Mexicanos.

## La ambición de la presidencia

Durante los años siguientes, los acontecimientos ayudan a Santa Anna en su imparable ascenso. La sublevación del padre Arenas de 1827 le da la posi-

bilidad de ponerse al lado del gobierno de forma algo sorprendente, pues el hecho de que su propio hermano, Manuel López de Santa Anna, participara en ella inducía a pensar lo contrario. La suerte de los dos Santa Anna fue bien distinta a raíz de este acontecimiento: mientras Manuel era desterrado, Antonio obtenía el cargo de gobernador de Veracruz.

Poco más tarde se le brinda una nueva oportunidad. La convocatoria a las elecciones de 1828 nacía con la controversia entre las posturas representadas por Manuel Gómez Pedraza y Vicente Guerrero. Los partidarios del primero se oponían a hacer efectiva la medida aprobada por el Congreso un año antes, que había decretado la expulsión de México de los españoles. Apenas once días después de que Gómez de Pedraza ganara la convocatoria electoral, se sublevaba Santa Anna exigiendo la sustitución del presidente electo por el general Vicente Guerrero e incluyendo entre sus demandas la expulsión de los españoles en el plazo de veinticuatro horas.

La variedad de recursos con que contaba Santa Anna para llevar a cabo su resolución se revela en una anécdota acaecida en esas fechas. Necesitado de financiación para continuar con la rebelión, se apoderó del convento de San Francisco en Oaxaca, disfrazó de frailes a sus soldados y convocó la misa. Una vez en la iglesia, mandó cerrar las puertas y exigió a los acomodados presentes su contribución económica, con lo que consiguió reunir los fondos que necesitaba. Sólo un año después, en 1829, Antonio López de Santa Anna puede añadir a su dispar trayectoria política un nuevo ingrediente capaz de atraerle el fervor popular con la victoria en Tamaulipas contra las tropas españolas que se habían propuesto reconquistar el país. Con ella se gana el grado de general de división, es nombrado Benemérito de la patria y, sobre todo, alcanza la categoría de héroe.

Tras una nueva sucesión de motines, Santa Anna fue llamado por importantes personalidades de Veracruz para que encabezara una nueva rebelión armada. El héroe de Tamaulipas negocia junto a Gómez Pedraza, el presidente al que derrocara en 1829, la renuncia de Bustamante y la investidura de Pedraza hasta las elecciones de 1833, en las que el joven general es nombrado presidente de la República.

## Levantamiento de Texas

Entre 1833 y 1835 Santa Anna ejerció la Presidencia en cuatro ocasiones. Al principio pareció que simpatizaba con las ideas liberales y permitió que Gómez Farías emprendiera sus reformas, pero ante las presiones de los conservadores disolvió el Congreso e hizo formar otro que promulgó las Siete Leyes, las cuales dieron paso a un período de conservadurismo y al levantamiento de Texas.

La cuestión texana marcó quizá la faceta más negativa en la historia de este personaje, como estadista y como militar. En Estados Unidos el plan de la anexión estaba establecido desde que las autoridades del vecino del Norte firmaran en 1819 el tratado que delimitaba la frontera en el río Sabina, pero Santa Anna careció de visión de futuro. Impulsadas por Moisés Austin, las familias de colonos norteamericanos, que comenzaron a establecerse en tierras texanas, fueron la excusa para reclamar su emancipación como defensa de sus derechos.

Los colonos de Texas, reivindicando la constitución federalista de 1824, declararon la guerra a México en 1835, nada más ver recortada su autonomía por el gobierno de Santa Anna. Una expedición mandada por el propio Santa Anna partió para combatir la sublevación.

Pese a su victoria en El Álamo, a los pocos días de que Texas se declarara independiente, el Napoleón del Oeste, como se había denominado a sí mismo por sus victorias militares, fue vencido en menos de

*Pintura de W. H. Huddle en la que aparece el momento de la rendición del general Antonio López de Santa Anna tras la batalla de San Jacinto. El lienzo forma parte también de la decoración de la Sala del Senado del Capitolio texano.*

veinte minutos en San Jacinto y obligado a reconocer la independencia de Texas. Para salvar su vida firmó un tratado por el que se comprometía a retirar sus tropas al otro lado de Río Grande, a devolver a los esclavos negros y a no tomar jamás las armas contra el nuevo Estado de Texas.

## La providencial guerra de los pasteles

A su vuelta a Veracruz, tras su liberación, la sospecha se cernía sobre él, y ya había sido destituido de su cargo como presidente. Su buena estrella vino pronto a reforzar su leyenda. Con la Guerra de los Pasteles, llamada así porque entre otras reclamaciones económicas Francia exigía las de un pastelero, Santa Anna volvió a tomar el mando de Veracruz, ocupada por las tropas francesas en 1838. Perdió la batalla, pero la amputación de su pierna pudo más que una victoria.

En 1839 volvió a la Presidencia, cargo que ocupó en otras tres ocasiones entre 1841 y 1844, anunciando ya el estilo totalitario que caracterizaría su último período.

Pero, antes, su trayectoria sufriría un nuevo revés al suscitarse otra vez la cuestión texana, en la que ya había jugado un deslucido papel. Cuando en 1843 Estados Unidos planteó la incorporación de Texas a la Unión, Santa Anna intentó zafarse de una responsabilidad que ya le había costado anteriormente su prestigio, por lo que puso como excusa la muerte de su mujer, Inés García, para retirarse de la Presidencia. A los cuarenta días de la muerte de ésta, Santa Anna contraía nuevas nupcias, escándalo que contribuyó a aumentar su descrédito en un momento en que se le recordaba el anterior episodio de Texas y se le pedían responsabilidades por el mismo. El retiro de la escena política en este crítico momento lo pagó con un largo exilio en La Habana.

## México pierde la mitad de su territorio

En ausencia de Santa Anna la situación interna en México era tan caótica como siempre. Estados Unidos aprovechó el desorden institucional habitual para enviar sus tropas a Río Bravo, dándose inicio así a la guerra entre los dos países. El discutido estratega militar fue llamado para afrontar la situación, pero aunque logró organizar un importante ejército e infundir un valor por el que fueron reconocidas sus tropas, fue derrotado sucesivamente en todos los encuentros.

Después de la toma de Ciudad de México, con la firma del tratado de Guadalupe-Hidalgo de 1848, México perdía Texas, Nuevo México y California, aproximadamente la mitad de su territorio. Atrás quedaron las batallas de Sacramento, Veracruz, Cerro Gordo o Monterrey, en que toda resistencia había fracasado.

## Su Alteza Serenísima

Tras la derrota, Santa Anna abandonó el país después de renunciar a la Presidencia que ejerciera durante la guerra. El fin de las hostilidades y la retirada de las tropas estadounidenses no fueron suficientes, sin embargo, para restablecer la normalidad en el país. El empobrecimiento causado por la guerra, el descontento en todos los ámbitos y las luchas políticas consiguientes, junto con los numerosos conflictos fronterizos, se habían convertido en un mal endémico del que parecía imposible salir.

Con el fracaso de las reformas liberales que pretendieron implantarse sin éxito, los conservadores fueron imponiéndose poco a poco en todos los Estados, hasta conseguir que Santa Anna fuera reclamado una vez más como la única esperanza del país. Santa Anna había demostrado, al menos, que era el único capaz de tomar la riendas de un país ingobernable durante estas décadas, por más que su actuación hubiera sido discutible en todas las ocasiones que había accedido a ocupar el poder.

Así, en 1853, Santa Anna vuelve a desempeñar la Presidencia, pero esta vez con una mayor ambición si cabe. Carente de prejuicios e inmune a las críticas, una de sus primeras medidas fue vender un trozo de territorio mexicano a Estados Unidos para hacer frente a la falta de recursos. Además, restableció a los jesuitas, reinstauró la orden de Guadalupe y se hizo llamar Su Alteza Serenísima, a la vez que dictaba un decreto por el que se declaraba dictador perpetuo. En su empeño por legislar, ningún asunto del país escapó a sus designios: los impuestos afectaban a las ventanas de las casas y a los perros de compañía; las innumerables disposiciones se ocupan incluso de dictaminar el color del uniforme de los empleados públicos o el uso de etiquetas sociales en los actos oficiales. No obstante, esto era lo anecdótico, pues junto a ello fueron creciendo la corrupción y la persecución ideológica.

Creció el descontento popular y con él comenzaron a fraguarse los planes de rebelión. Ebrio de poder, dio muestras de gran crueldad contra los revolucionarios que se le enfrentaron. Dos capitanes rebeldes fueron hechos prisioneros, colgados de un árbol por los pies y abandonados a la interperie, mientras las tropas vencidas de Su Alteza Serenísima arrasaban las localidades que, una a una, iban dejando atrás en su retirada.

## Un exilio definitivo

Era 1855 y el Plan de Ayutla había dado el resultado esperado. Santa Anna se vio obligado a renunciar y a tomar de nuevo el camino del exilio, esta vez a Colombia. Acostumbrado a los vaivenes políticos, Santa Anna no se dio cuenta de que esta vez el retorno sería ya imposible.

En los acontecimientos que se sucedieron dejó oír su voz desde el exilio. Así, estuvo a punto de formar parte de la regencia de Maximiliano, pues ofreció su apoyo a la monarquía que se estaba preparando desde Europa, pero las dos veces que regresó para tratar de participar en la vida pública, sólo consiguió ser desterrado. Finalmente, en 1874, el presidente Lerdo de Tejada le permitió volver al país, donde murió dos años más tarde.

*Detalle de un cuadro que representa la batalla de Tampico. El general Santa Anna, arbitrario en la política y valeroso en lo militar, se levantó en armas contra estamentos políticos de distinto signo.*

| | |
|---|---|
| **1794** | Nace **ANTONIO LÓPEZ DE SANTA ANNA** en Jalapa, en el Estado de Veracruz. |
| **1821** | Iturbide le otorga el título de jefe de la 11ª División del Ejército. Es nombrado brigadier y comandante general de la provincia de Veracruz. |
| **1823** | Elegido Guadalupe Victoria presidente, Santa Anna lanza una proclama federalista en San Luis Potosí y es hecho prisionero. |
| **1829** | Es nombrado gobernador de Veracruz. |
| **1833-1835** | Ejerce la Presidencia de la República. Abandona el poder para luchar contra la independencia de Texas. |
| **1836** | Es derrotado y hecho prisionero por el general Houston; firma un tratado humillante para salvar la vida. |
| **1838** | Se enfrenta al cuerpo expedicionario francés en la Guerra de los Pasteles y es derrotado en Veracruz donde pierde una pierna. El ejército de Estados Unidos conquista la capital de la República e impone el ominoso tratado de Guadalupe-Hidalgo, por el que México perdía Texas, Nuevo México y California. |
| **1839** | Ejerce el poder como presidente interino de México. |
| **1841-1848** | Desempeña en dos ocasiones la Presidencia. Por la responsabilidad de la derrota e independencia de Texas, marcha hacia el exilio en La Habana. |
| **1853-1855** | Vuelve al poder y se hace llamar Alteza Serenísima. Vende 1.000.000 km² de México a Estados Unidos. |
| **1855** | Marcha hacia el exilio en Colombia. |
| **1876** | Muere dos años después de volver del exilio. |

# JESÚS SILVA HERZOG
## *(1892-1985)*

$E$n la ciudad mexicana de San Luis Potosí, capital del Estado del mismo nombre, ciudad de tradición histórica situada en el valle de San Luis, nació, en 1892, el economista Jesús Silva Herzog.

Empezó sus estudios en el Seminario de San Luis, pero una grave enfermedad ocular le obligó a abandonar la secundaria. En 1910, cuando Silva Herzog tenía dieciocho años, la Revolución estalló en México, y en pleno desarrollo de este agitado capítulo de la historia del país, su familia lo envió a Estados Unidos tras inscribirlo en la *Pain up Town Business School* de Nueva York, a la que asistió entre 1912 y 1914.

Al regresar a su ciudad natal, en 1914, escribió en los periódicos *El Demócrata* y *Redención* y, tras el triunfo del constitucionalismo carrancista, estuvo a punto de ser fusilado, pero se salvó gracias a su propia defensa realizada ante un consejo de guerra, que lo condenó a prisión. En 1917 fundó en San Luis la revista *Proteo* y, a finales de este mismo año, decidió mudarse a Ciudad de México, donde se inscribió en la Escuela de Altos Estudios de la Universidad Nacional de México, para graduarse en economía, disciplina de la que habría de ser con el tiempo uno de los especialistas más notables de su generación.

## La generación constructiva

La viveza de su espíritu, la claridad de su análisis y su sensibilidad para comprender la realidad de un país dominado por la violencia y las desigualdades sociales, fueron las bases de las que se sirvió Jesús Silva Herzog para sustentar una corriente de pensamiento humanista dentro del país.

La generación de Silva Herzog, denominada *constructiva*, tuvo gran peso en la vida pública de México, entre los años treinta y cuarenta, y permitió consolidar muchos de los logros revolucionarios. Como una expresión de esa generación, el pensamiento de Silva Herzog y la rigurosidad de sus investigaciones pudieron manifestarse en 1928,

cuando fundó el Instituto Mexicano de Investigaciones Económicas y la *Revista mexicana de economía*.

Para un hombre de altas miras como Jesús Silva Herzog, la fundación de un instituto de investigación y de una revista no bastaron para crear una corriente de pensamiento capaz de influir en los círculos de decisión. Fue ésta la razón que lo llevó, en 1929, a intervenir en el primer proyecto del plan de estudios de una licenciatura en Economía, que permitiría crear cuadros para la gestión pública y privada.

Por ese entonces, la continuidad del poder había dado lugar a que el grupo gobernante fraguara distintas formas de dominio social y tomara las medidas necesarias para la transformación de la economía agraria, de las viejas estructuras de la administración y la enseñanza públicas, de la salubridad y los servicios, que permitieron el resurgimiento de una burguesía nacional económicamente fuerte.

En este contexto, Jesús Silva Herzog desarrolló una intensa actividad docente, desde 1931 hasta 1963, como profesor de historia de las doctrinas económicas en la Escuela Nacional de Economía, institución que dirigió entre los años 1940 y 1942. En esta disciplina, Silva Herzog publicó, en 1936, *Antología del pensamiento económico desde el siglo XVI hasta David Ricardo* y, en 1939, *Historia y antología del pensamiento económico*. Entre 1933 y 1934, durante el gobierno de Lázaro Cárdenas, ocupó la Subsecretaría de Instrucción Pública.

Como profesor influyente de la Escuela Nacional de Economía, Silva Herzog fundó una nueva revista, *Investigación económica*, en la que formuló los lineamientos básicos de su pensamiento económico. En 1942, tras abandonar la dirección de la Escuela, creó y dirigió hasta su muerte la prestigiosa revista *Cuadernos americanos*, donde analizó aspectos relevantes de la industria petrolera, que ya era por entonces generadora de importantes riquezas, y cuyo control, junto con el del ferrocarril, México había logrado recuperar a través de la gestión del insigne presidente Lázaro Cárdenas. El análisis de la cuestión petrolera fue expuesto más a fondo por Silva Herzog en *Petróleo mexicano. Historia de un problema* (1941), *México y su petróleo: una lección para América* (1959) e *Historia de la expropiación de las empresas petroleras* (1964).

Silva Herzog analizó y mostró también su preocupación por los problemas sociales derivados de la reforma agraria, lo que reflejó en artículos y en libros de gran rigor científico, entre ellos *El agrarismo mexicano y la reforma agraria* (1959) y *Breve historia de la Revolución Mexicana* (1960). Los mecanismos aplicados en la reforma agraria, si bien paliaron momentáneamente la situación del campesinado mexicano, según Silva Herzog dejaron sin solución antiguos problemas al tiempo que originaron otros.

## Un pensamiento global

Otro de los soportes más interesantes del pensamiento de Jesús Silva Herzog fue la globalidad que daba a sus análisis. Para él, la economía mexicana es una compleja tela de araña en la que se entretejen distintas fuerzas sociales, políticas y económicas en cuyo núcleo se halla el poder institucional, al margen de quien lo ocupe. En este sentido son reveladoras sus obras sobre la historia mexicana, entre las cuales destacan *El pensamiento económico en México* (1947), *Trayectoria ideológica de la Revolución Mexicana* (1963), *El pensamiento económico, social y político de México: 1810-1964* (1967) y *La economía política en México: 1910-1974* (1975).

Los méritos intelectuales de Jesús Silva Herzog y sus aportaciones al progreso económico y cultural del

*Para Silva Herzog, la economía mexicana era una compleja tela de araña en cuyo núcleo se hallaba el poder institucional, al margen de quien lo ocupara.*

país le abrieron las puertas, en 1948, de El Colegio Nacional y, en 1956, de la Academia Mexicana de la Lengua. Aunque en los últimos años de su vida redujo considerablemente el volumen de trabajo, continuó siendo consultado por altos cargos del gobierno y ejecutivos de grandes empresas nacionales e internacionales, hasta poco antes de su fallecimiento, ocurrido en su casa de Ciudad de México, a los noventa y tres años, en 1985.

| | |
|---|---|
| **1892** | Nace en San Luis Potosí, el 14 de noviembre, **JESÚS SILVA HERZOG.** |
| **1922** | Se gradúa en economía en la Escuela de Altos Estudios de la UNAM. |
| **1928** | Funda el Instituto Mexicano de Investigaciones Económicas y la *Revista Méxicana de Economía*. |
| **1933-1934** | Ocupa la Subsecretaría de Instrucción Pública durante el gobierno de Lázaro Cárdenas. |
| **1936** | Publica *Antología del pensamiento económico desde el siglo XVI hasta David Ricardo*. |
| **1942** | Crea y dirige la revista *Cuadernos americanos*. |
| **1959** | Publica *México y su petróleo: una lección para América*. |
| **1975** | Se publica *La economía política en México: 1910-1974*. |
| **1985** | Muere el 13 de marzo en su domicilio de Ciudad de México. |

# RUFINO TAMAYO
## *(1899-1991)*

*Rufino Tamayo fue un pintor de fecunda y larga vida, cuya vocación artística se manifestó muy pronto. Su independencia de todo planteamiento revolucionario lo separa del grupo integrado por Rivera, Siqueiros y Orozco.*

*F*igura capital en el panorama de la pintura mexicana del siglo XX, Rufino Tamayo fue uno de los primeros artistas latinoamericanos que alcanzó un relieve y una difusión auténticamente internacionales, junto con los representantes del conocido «grupo de los tres», Rivera, Siqueiros y Orozco. Como ellos, participó en el importante movimiento muralista que floreció en el período de tiempo comprendido entre las dos guerras mundiales. Sus obras, sin embargo, por su voluntad creadora y sus características, tienen una dimensión distinta y se distinguen claramente de las del mencionado grupo y sus epígonos.

Coincidiendo en sus aspiraciones con el quehacer del brasileño Cándido Portinari, el trabajo de Rufino Tamayo se caracteriza por su voluntad de integrar plásticamente, en sus obras, la herencia precolombina autóctona, la experimentación y las innovadoras tendencias plásticas que revolucionaban los ambientes artísticos europeos a comienzos de siglo. Esta actividad sincrética, esa atención a los movimientos y teorías artísticas del otro lado del Atlántico lo distinguen, precisamente, del núcleo fundamental de los «muralistas», cuya preocupación central era mantener una absoluta independencia estética de los parámetros europeos y beber, sólo en las fuentes de una pretendida herencia pictórica precolombina, resueltamente indigenista.

También desde el punto de vista teórico tiene Tamayo una personalidad distinta, pues no suscribe el radical compromiso político que sustentan las producciones de los muralistas citados para prestar mayor atención a las calidades pictóricas. Es decir, aunque por la monumentalidad de su trabajo podría incorporarse al movimiento mural mexicano y también por el tamaño y función de sus obras, diverge, no obstante, por su independencia de los planteamientos ideológicos y revolucionarios, y por su voluntad estética que desarrolla el tema indio con un estilo más formal y abstracto.

## Una vocación precoz

Nacido en Oaxaca, en el Estado del mismo nombre, hijo de indígenas zapotecas y, tal vez por ello, sin necesidad de reivindicar ideológicamente una herencia artística indígena que le era absolutamente natural, Rufino Tamayo fue un pintor de fecunda y larga vida, pues murió a la provecta edad de noventa y tres años, en Ciudad de México, en 1991.

Su vocación artística, su inclinación por el dibujo se manifestó muy pronto en el joven y su familia nunca pretendió contrariar aquellas tendencias; como era casi de rigor entre los jóvenes mexicanos que pretendían dedicarse a las artes plásticas. El pintor inició su formación profesional y académica ingresando, cuando sólo contaba dieciséis años, en la Academia de Bellas Artes de San Carlos. Pero su temperamento rebelde, sus dificultades para aceptar la férrea disciplina que exigía aquella institución le impulsaron a abandonar enseguida aquellos estudios y, a finales de aquel mismo año, dejó las aulas y se lanzó a una andadura que lo llevaría al estudio de los modelos del arte popular mexicano y a recorrer todos los caminos del arte contemporáneo, sin temor a que ello pudiera significarle una pérdida de autenticidad.

## Un largo itinerario formativo

En 1926 realizó su primera exposición pública, en la que se hicieron ya ostensibles algunas de las características de su obra y la evolución de su pensamiento artístico, puesta de relieve por el paso de un primitivismo de voluntad indigenista, patente en obras tan emblemáticas como su *Autorretrato* de 1931, a la influencia del constructivismo evidente en sus cuadros posteriores, especialmente en *Barquillo de fresa*, pintado en el año1938. Una evolución que había de llevarlo, también, a ciertos ensayos vinculados al surrealismo.

Paralelamente, Tamayo desempeñó cargos administrativos y se entregó a una tarea didáctica. En 1921 consiguió la titularidad del Departamento de Dibujo Etnográfico del Museo Nacional de Arqueología de México, hecho que para algunos críticos fue decisivo en su toma de conciencia de las fuentes del arte mexicano. En 1926, tuvo lugar su primera exposición de pintura y, gracias al éxito conseguido, fue invitado a exponer sus obras en el *Art Center* de Nueva York. Más tarde, en 1928, ejerció como profesor en la

*En la obra de Tamayo puede encontrarse desde la preocupación cósmica por el destino humano hasta las curiosidades de la vida erótica; al mismo tiempo, de sus frescos y cuadros fluyen permanentemente los orígenes étnicos, que se apoyan en unas tonalidades provenientes también de las más primigenias civilizaciones.*

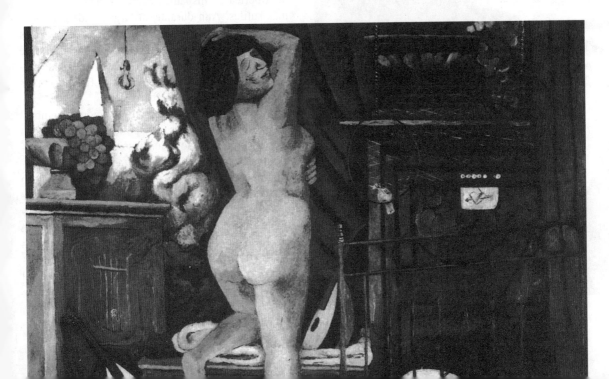

Escuela Nacional de Bellas Artes y, en 1932, fue nombrado director del Departamento de Artes Plásticas de la Secretaría de Educación Pública.

En 1938 recibió y aceptó una oferta para enseñar en la *Dalton School of Art* de Nueva York, por lo que se trasladó a esa ciudad en la que había de permanecer casi veinte años y que sería decisiva en el proceso artístico del pintor; allí, en efecto, dio por concluido el período formativo de su vida y se fue desprendiendo lentamente de su interés por el arte europeo, para iniciar una trayectoria artística marcada por la originalidad y por una exploración absolutamente personal del universo pictórico. En Nueva York se definió, también, su inconfundible lenguaje plástico, caracterizado por el rigor estético, la perfección de la técnica y una imaginación que transfigura los objetos, apoyándose en las formas de la cultura prehis-

*Lejos de los postulados estéticos e ideológicos que defendió el «grupo de los tres», Tamayo rechazó la grandilocuencia y los mensajes revolucionarios.*

pánica y en el simbolismo del arte precolombino, para dar libre curso a una poderosa inspiración poética, que bebe en las fuentes de una lírica visionaria.

Un año después de su nombramiento como director del Departamento de Artes Plásticas, lleva a cabo su primer mural, trabajo que le había sido encargado por el Conservatorio Nacional de México y en el que se pone de manifiesto su ruptura con los presupuestos estéticos que habían informado, hasta entonces, las obras de los muralistas encabezados por Diego Rivera, David Alfaro Siqueiros y José C. Orozco. Hay en ella un voluntario rechazo a la grandilocuencia, un consciente alejamiento de los mensajes revolucionarios y los planteamientos políticos esquemáticos que informaban las realizaciones del grupo y eso le enfrenta con «los tres grandes». No puede afirmarse, sin embargo, que su actitud fuera apolítica o reaccionaria, aunque muchas veces se le acusara de ello, pero no cabe duda, y no se abstuvo nunca de decirlo con claridad, que para él la llamada escuela mexicana de pintura mural estaba agotada, había caído en plena decadencia tras el florecimiento de los años veinte.

## Propuestas muralistas renovadoras

La propuesta mural de Tamayo toma caminos distintos, innovadores, que desdeñan las formas más superficialmente populares, folclóricas casi, de la cultura de su país y, por sendas más elaboradas, busca la plasmación de sus raíces indígenas, sus vínculos con la América prehispánica en equivalencias poéticas más sutiles. Aun durante su larga residencia en el extranjero, que se prolongó a lo largo de casi tres décadas, siguió visitando México para encargarse de los trabajos murales que se le encomendaban, muchas veces porque los representantes fresquistas los rechazaban o no podían abarcarlos.

La parte fundamental de su producción, sin embargo, se encauza a través de la pintura de caballete, en la que Tamayo es uno de los pocos artistas latinoamericanos que cultiva la naturaleza muerta, representando objetos, frutos exóticos y también figuras o personajes pintorescos, por medio de una transmutación formal, un elaborado simbolismo de indiscutibles raíces intelectuales y estética experimental, que lo alejan sin duda de la buscada popularidad pero lo convierten en uno de los grandes artistas representativos de la pintura mexicana de la segunda mitad del siglo XX.

*La paleta del pintor se empapó de tonalidades diversas pero que siempre estaban próximas a los malvas, púrpuras, rosas y naranjas.*

*Sus formas, a veces símbolos irónicos e indescifrables, inaccesibles jeroglíficos de los templos, nacen de una yuxtaposición de colores minuciosamente estudiada.*

Ya a los treinta y siete años, cuando viaja en calidad de delegado al Congreso Internacional de Artistas celebrado en Nueva York, recibe un primer homenaje que le vale, como se ha visto, el nombramiento como profesor de pintura en la *Dalton School*. Pero puede considerarse que su éxito internacional se consolida cuando, a principios de la década de los cincuenta, la Bienal de Venecia instala una Sala Tamayo y obtiene el Primer Premio de la Bienal de São Paulo, 1953, junto al francés Alfred Mannesier.

Se inicia entonces la época dorada en la vida y la producción artística del pintor. Comienzan a llover los encargos y se lanza a la producción fresquista tanto en México, donde realiza su primer fresco del Palacio de Bellas Artes de la capital (1952), como en el extranjero, donde sus obras florecen en los ambientes y países más distintos. Pone en pie así, en Houston, Estados Unidos, su monumental representación de *América* (1955); antes, en 1953, había realizado el mural *El Hombre*, para el *Dallas Museum of Cine Arts*; en 1957, y para la biblioteca de la Universidad de Puerto Rico, lleva a cabo su mural *Prometeo* y, un año después, en 1958, los ambientes artísticos y culturales europeos que tanto le habían influido en

sus comienzos, le rinden un cálido homenaje cuando realiza un monumental fresco para el Palacio de la Unesco en París.

Esta consagración internacional se ve avalada, también, por un largo rosario de galardones, reconocimientos y nombramientos para cargos en organismos artísticos del mundo entero. Es elegido, así, en 1961, para integrarse en la Academia de Artes y Letras de Estados Unidos; antes había recibido ya, en 1959, su nombramiento como Miembro Correspondiente de la Academia de Artes de Buenos Aires. Pero el galardón del que se siente más orgulloso es anterior a todos ellos, lo había recibido en 1957 al ser nombrado en Francia, Caballero de la Legión de Honor, título que siempre había considerado como el reconocimiento valiosísimo al proceder de un país que, para él, siempre había sido la cuna del arte de vanguardia.

En 1963 lleva a cabo las pinturas que decoraban el casco del paquebote *Shalom: Israel Ayer* e *Israel Hoy* como fruto de las controvertidas relaciones que mantuvo con el Estado de Israel, al que apoyó en los difíciles momentos de su conflicto con los estados árabes a causa del problema palestino. Se explica así

*La lucha cósmica engendrada en seres de diversas naturalezas; el púrpura, como fondo, realzando el dramatismo de la escena. El elaborado simbolismo de indiscutibles raíces intelectuales y la estética experimental que caracterizan la obra de Tamayo lo alejaron, sin duda, de la popularidad. Sin embargo, esos mismos aspectos son los que lo convirtieron, al mismo tiempo, en uno de los grandes artistas de la pintura mexicana del siglo XX.*

que varios museos israelíes, especialmente en Jerusalén y Tel-Aviv, posean numerosas muestras de su producción artística, aunque su obra se ha expuesto prácticamente en todo el mundo y sus creaciones forman hoy parte de las más importantes colecciones y museos internacionales. Los innumerables premios recibidos, las exposiciones individuales que realizó en Nueva York, San Francisco, Chicago, Cincinnati, Buenos Aires, Los Ángeles, Washington, Houston, Oslo, París, Zurich, Tokio, etc., dispararon su cotización artística que, en las décadas de los ochenta y noventa, ha alcanzado ya valores astronómicos en la bolsa del arte.

## La madurez mexicana

Al iniciarse la década de los años sesenta, Rufino Tamayo regresa a su México natal. Su obra revela ya la madurez de un hombre que ha bebido de las más distintas fuentes estéticas e intelectuales, integrándolas en una personalidad artística profundamente ori-

ginal. Pese a considerarse a sí mismo «el eterno inconforme con lo que se ha pretendido que es la pintura mexicana», no cabe duda que Tamayo es un crisol en el que se amalgaman las más vivas tradiciones de su país y las investigaciones estéticas en una síntesis superior de personalísimas características e innegable fuerza expresiva.

Hombre de pocas palabras en su vida cotidiana, considerando que el pintor debe manifestarse con sus pinceles y que la única razón de una obra es la propia obra, en la producción de Tamayo sorprende la exquisita disposición de los signos que junto a las superficies que comparten se disputan a veces la tela; hay en el volumen de su materia, lentamente forjada en capas superpuestas de color, paulatinamente elaboradas, un colorido peculiar, suntuoso, fruto de estudiadas y brillantes yuxtaposiciones; el poderoso fluir de sus orígenes étnicos, la fuerza mestiza que alienta en el arte de México, empapa su paleta con todas las calidades e intensidad de los azules nocturnos, la palidez de los malvas, el impacto violento de los púrpura, un espectro de naranjas, rosados, verdes, colores de las más primigenias civilizaciones y que se concretan en símbolos irónicos o indescifrables, fascinantes para el profano, como los antiguos e inaccesibles jeroglíficos de los templos, como un ritual insólito y sobrecogedor. Todo cabe en ella, desde la preocupación cósmica por el destino humano hasta la vida erótica.

En 1964 realiza su mural *El Día y la Noche*, para el Museo Nacional de Antropología e Historia de México D. F., y recibe el Premio Nacional de Artes. Pero, como ya se ha dicho, la parte más significativa de su obra corresponde a su pintura de caballete que no abandonó hasta poco antes de su muerte. Entre sus numerosas obras hay que citar el *Hippy en blanco*, 1972, expuesto en el Museo de Arte Moderno, o sus *Dos mujeres*, 1981, en el Museo Rufino Tamayo.

Sus últimos trabajos monumentales datan de 1967 y 1968, cuando por encargo gubernamental realizó los frescos para los pabellones de México en la Exposición de Montreal y en la Feria Internacional de San Antonio (Texas). A partir de entonces, retirado casi, se dedicó de lleno a transmitir el saber acumulado en su larga e intensa vida artística. Su interés por el arte precolombino cristalizó al inaugurarse, en 1974, en la ciudad de Oaxaca, el Museo de Arte Prehispánico Rufino Tamayo, con 1.300 piezas arqueológicas coleccionadas, catalogadas y donadas por el artista.

*Hombre de pocas palabras, Tamayo consideraba que el pintor debía expresarse con sus pinceles y que la única razón de una obra es la propia obra.*

*Tamayo con uniforme de trabajo. Su consagración internacional se vio avalada por un largo rosario de encargos, galardones y nombramientos para cargos.*

| | |
|---|---|
| **1899** | Nace en Oaxaca, capital del Estado del mismo nombre, **RUFINO TAMAYO.** |
| **1915** | Ingresa en la Academia de Bellas Artes de San Carlos. |
| **1921** | Es nombrado titular del Departamento de Dibujo Etnográfico del Museo Nacional de Arqueología. |
| **1928** | Profesor de la Escuela Nacional de Bellas Artes. |
| **1934** | Abandona México y permanece casi treinta años en el extranjero. |
| **1936** | Recibe en Nueva York el homenaje del Congreso Internacional de Artistas. |
| **1952** | Pinta su primer mural en el Palacio de Bellas Artes de México y obtiene el segundo premio en la Pittsburgh International Exhibition. |
| **1957** | Es nombrado en Francia Caballero de la Legión de Honor. |
| **1967** | Pinta los frescos para el pabellón mexicano de la Exposición de Montreal. |
| **1991** | Muere en Ciudad de México. |

# JAIME TORRES BODET
## *(1902-1974)*

*C*uando, en 1928, aparece en Ciudad de México la revista *Los Contemporáneos* y comienza a actuar el grupo de poetas y escritores que componen su redacción y que, durante tres años, animarán su publicación, se produce uno de los hechos capitales en el devenir de la literatura mexicana posterior.

Sin aquella empresa cultural que optaba por la experimentación creadora defendiendo, al mismo tiempo, la especificidad mexicana, sin su interés por las nuevas tendencias creadoras que aparecían en Europa, pero también sin su empeño en mantener una originalidad que bebía en las fuentes autóctonas que tanto habían influido, anteriormente, en la generación de los grandes muralistas como Diego Rivera, David Alfaro Siqueiros y José C. Orozco, las letras y la cultura mexicana del siglo xx serían muy distintas, habrían quedado amputadas de alguno de sus componentes fundamentales. Junto a José Gorostiza,

*Jaime Torres Bodet, escritor y político, instauró el sistema de libros de textos gratuito durante el período en que fue secretario de Educación Pública.*

Xavier Villaurrutia y otros escritores, Jaime Torres Bodet fue uno de los portaestandartes de aquel grupo fecundo y versátil.

## Del servicio público...

Nacido en Ciudad de México el 17 de abril de 1902, su vida es el paradigma de una estirpe de literatos mexicanos que distribuyeron sus intereses personales, su inteligencia y su laboriosidad entre la creación literaria y las funciones políticas o diplomáticas. Tras sus estudios en las escuelas Normal, Nacional Preparatoria y de Jurisprudencia, se inscribió en la Facultad de Altos Estudios de la Universidad de México donde, en 1921, fue nombrado secretario personal de su rector que, por aquel entonces, era el insigne escritor José Vasconcelos.

Inició de este modo una casi ininterrumpida sucesión de cargos que prosiguió, en 1922, con su nombramiento como jefe del Departamento de Bibliotecas de la Secretaría de Educación Pública, puesto que ocupó hasta 1924, para convertirse luego, de 1925 a 1928, en profesor de literatura francesa en la Facultad de Altos Estudios.

En 1929 ingresó, por oposición, en el Servicio Exterior ocupando el cargo de secretario en la Legación mexicana en Madrid y en París. En 1934 regresó a América como encargado de negocios en Buenos Aires y, al año siguiente, cruzó de nuevo el Atlántico convertido ya en primer secretario de la embajada de México en Francia.

Tras un período mexicano, durante el cual ocupó, en 1936 y 1937, la jefatura del Departamento Diplomático de la Secretaría de Relaciones Exteriores, pasó a ser encargado de negocios en Bélgica (1938) y, de nuevo en México, secretario de Educación Pública entre 1943 y 1946, puesto desde el que promovió la Campaña Nacional contra el Analfabetismo (1944-1946), estableció el Comité Federal del Programa de Construcción de Escuelas (1945) y fundó el Instituto Nacional de Capacitación del Magisterio.

*El rector de la Universidad de México, licenciado José Vasconcelos, presidiendo una junta de profesores. Torres Bodet (sentado a la derecha de la imagen) fue nombrado secretario personal de Vasconcelos, en 1921, tras ingresar en la Facultad de Altos Estudios. De este modo inició una casi ininterrumpida sucesión de cargos.*

Se hizo cargo luego, en 1946, de la Secretaría de Asuntos Exteriores, representando a México primero en la Conferencia Interamericana de Quintandinha (Brasil, 1947), que estableció el Tratado Interamericano de Asistencia Recíproca, y, después, en la IX Conferencia Internacional Americana de Bogotá (1948), que aprobó la Carta de la Organización de Estados Americanos.

En 1948, su carrera diplomática encontró un refrendo internacional cuando fue elegido para el cargo de director general de la Organización de las Naciones Unidas para la Educación y la Cultura (UNESCO), puesto que había de ocupar hasta 1952.

De nuevo como secretario de Educación Pública, Torres Bodet dirigió, a partir de 1959 y hasta 1964, el Plan de Once Años para la Extensión y el Mejoramiento de la Enseñanza Primaria, y puso en marcha el sistema de libros de texto gratuitos, creando, además, los primeros treinta centros de Capacitación para Trabajo Industrial, que supusieron un importante impulso para la formación profesional en México.

Miembro de la Academia Mexicana de la Lengua, de El Colegio Nacional, del Instituto de Francia (cuya Academia de Bellas Artes presidió en 1966 y 1967) y de la Academia del Mundo Latino, fue investido doctor *honoris causa* por las universidades de Albuquerque, Burdeos, Bruselas, La Habana, Lima, Lyon, Mérida, México, París, Sinaloa y del Sur de California, recibiendo en 1966 el Premio Nacional de las Letras.

### ...a la creación literaria

Escritor de pluma fértil y exquisita, Torres Bodet escribe y publica muy pronto, a los dieciséis años, su primer libro de poemas, *Fervor* (1918), en el que pueden todavía rastrearse las influencias y los modos de un modernismo declinante y que se irán atemperando hasta desaparecer en sus obras posteriores, gracias, sin duda, a la lectura de sus contemporáneos franceses y españoles, André Gide, Jean Cocteau, Antonio Machado y Juan Ramón Jiménez, entre otros, escritores que despertarán en el joven creador el deseo de internarse por sendas menos manidas y de lanzarse a ciertos vanguardismos literarios. Así pues, partiendo de sus primeros postulados modernistas, inicia un período de búsqueda estética y estilística que se plasmará en obras como *El corazón delirante*, publicada en 1922, *Biombo* (1925) o la ya posterior *Sin tregua*, que aparece en 1957 y cuya sensibilidad alcanza resonancias personalísimas, que se encarnan en unos versos de refinada exquisitez y en una temática posromántica que se acerca al realismo para utilizarlo como símbolo, como metáfora.

Fundador en 1922 de la revista *Falange*, de ideología claramente conservadora, participa sin embargo, más tarde, en la fundación de *Contemporáneos* —lo que parece señalar un giro en su pensamiento—, integrándose en el grupo de intelectuales y creadores que animan la revista, uno de los hitos más destacados en la reciente historia de la cultura mexicana, que se distinguía por sus afanes vanguardistas y renovadores. Su obra constituye, en este contexto, uno de sus frutos más refinados y, también, más preñados de un dramatismo que adquiere tintes místicos, pues el poeta busca sin cesar, en su obra, los vínculos con la eternidad,

con lo imperecedero, plasmándolos en una sutil melodía que lo mantiene alejado de la desesperanza.

Algunos críticos y estudiosos han puesto de relieve el surrealismo que alienta en la poesía de Torres Bodet y también en sus textos en prosa, haciendo hincapié en su imaginación desenfrenada y en algunas de sus imágenes más extravagantes. Sin embargo, lo cierto es que el poeta intenta hallar un equilibrio personal, una senda que serpentea entre lo tradicional y lo innovador, entre clasicismo y vanguardia, como apuntaban ya los primerizos versos de *Fervor*, un equilibrio que va perfilándose y se impone por la sinceridad de su actitud literaria —incluso en la propia audacia de las imágenes—, y por unas líneas formales que beben en las fuentes de los grandes poetas del Siglo de Oro, Luis de Góngora en especial, sin renunciar al vuelo imaginativo más osado.

## La apremiante invocación a la muerte

Los profundos sentimientos que Torres Bodet manifiesta en su lírica y su preocupación existencial desembocan, casi como una inesperada paradoja, en una ansiosa invocación a la muerte, que sorprende por el vigor, el plástico dinamismo de unas imágenes transidas de anhelo y por las que fluyen el tiempo y la vida, la inalcanzable eternidad como deseo y ensueño. Aparece así, como expresan los versos de *Reloj*, la perspectiva de «una tumba cada vez más profunda» y, en el fondo del alma, «un puntual enemigo» que abrevia el júbilo, pero también el quebranto.

La muerte se convierte de este modo en la única salvación, la única realidad tangible ante la inconsistencia de lo real, el arma que nos libera del mal que atenazaba a Baudelaire: el tedio. Y Torres Bodet la invoca en *Regreso* con un verso que es casi un grito: «¡Afirmación total, muerte dichosa!», pues la existencia, la vida humana, por más que se empeñe en una inútil búsqueda, no permite conocimiento alguno.

Esta afirmación radical, en la que se ha querido ver, a veces, una prefiguración del existencialismo, se tiñe de horror cuando estalla la violencia de la Segunda Guerra Mundial y empuja al poeta hacia una solidaridad en la que palpita ya su postrer humanismo:

*Un hombre muere en mí siempre que un hombre*
*muere en cualquier lugar, asesinado,*
*por el miedo y la prisa de otros hombres.*

*Torres Bodet preside, como secretario de Educación Pública y junto a otros secretarios, la III Semana Nacional de Higiene y Seguridad en el Trabajo, que se celebró en el Auditorio del Seguro Social.*

Esta última etapa, que coincide con su actuación en la UNESCO, justifica la afirmación, un tanto injusta, de José Joaquín Blanco cuando asegura que la fama de Torres Bodet se debe a haberse integrado en el «astuto grupo de poetas mexicanos que se hicieron célebres por sus buenos sentimientos», olvidando sin duda su sólida trayectoria literaria en la que no sólo pueden encontrarse poemarios de «insólita limpieza» (según Carlos Monsiváis) y de logradísimo estilo, como *Cripta* (1937) y *Sonetos* (1949), sino que se vierte también en la prosa de sus novelas, *La educación sentimental* (1929), *Proserpina rescatada* (1931) y *Sombras* (1937), o en sus narraciones cortas, como *Nacimiento de Venus y otros relatos* (1941); para florecer en la deslumbrante muestra de erudición y profundidad crítica que son sus ensayos literarios, de entre los que pueden citarse *El escritor en su libertad*, publicado en 1953, o su lúcido acercamiento a la obra de Proust, que apareció en 1967 con el título de *Tiempo y memoria en la obra de Marcel Proust*, así como en numerosos prólogos e introducciones.

Valiosísima es, también, la serie de sus memorias, que son un documento inapreciable por su sensibilidad y el rico abanico de acontecimientos que contemplan. Iniciadas en 1955 con *Tiempo de arena*, les siguieron *Años contra el tiempo* (1969), *La victoria sin alas* (1970), *El desierto internacional* (1971) y *La tierra prometida*, publicada también en 1971.

«¡Basta ya de palabras, un gesto! No escribiré más», había escrito años antes Cesare Pavese; y no es de extrañar que el poeta que tanto invocó a la muerte, el creador torturado por su deseo de infinito decidiera, por fin, acudir al encuentro de la eternidad. Algún tiempo

*A la izquierda, una imagen del escritor Jaime Torres Bodet. A la derecha, el presidente Luis Echeverría entrega a la viuda de Torres Bodet la bandera que cubrió el ataúd del destacado diplomático.*

después de su suicidio en Ciudad de México (1974), Gabriel Zaid, en su artículo sobre «tres muertos nobles», escribió: «Jaime Torres Bodet se pegó un tiro en la boca dejándose llevar, con exceso poético, de su sentido del deber...» Y añadía a continuación: «...lo ejemplar de estos poetas radica menos en la realización de un paradigma, que en el hecho de haber realizado, y padecido, una necesidad de dar ejemplo».

| | |
|---|---|
| **1902** | **JAIME TORRES BODET** nace en Ciudad de México el 17 de abril. |
| **1918** | Publicación de su primera obra, el poemario *Fervor*. |
| **1921** | Secretario particular de José Vasconcelos, por aquel entonces rector de la Universidad Nacional. |
| **1922** | Aparece su libro *El corazón delirante*. |
| **1943** | Entra a formar parte del gobierno como secretario de Educación Pública. |
| **1948** | Es elegido director general de la UNESCO como culminación de su carrera diplomática. |
| **1957** | Se publica su obra *Sin tregua*. |
| **1966** | Obtiene el Premio Nacional de las Letras. |
| **1967** | Sale a la luz *Tiempo y memoria en la obra de Marcel Proust*, una de sus mejores obras ensayísticas. |
| **1974** | Se suicida en Ciudad de México. |

# SALVADOR TOSCANO BARRAGÁN
## (1872-1947)

*Salvador Toscano Barragán, el «Lumière» mexicano. La sencillez de sus narraciones se aproxima a la del gran director John Ford.*

**S**alvador Toscano nació en Ciudad Guzmán, Jalisco, en 1872, y murió en Ciudad de México, en 1947, tras haberse convertido, por su tenaz actividad y la lucidez de sus apreciaciones, en el pionero y el auténtico introductor del cine en México.

## El *«Lumière»* mexicano

Toscano cursó estudios de ciencias y se graduó como ingeniero civil. A través de *La Nature*, una revista francesa, tuvo conocimiento del descubrimiento que habían realizado y estaban perfeccionando los hermanos Lumière, y, a sus veinticuatro años, en 1896 —fecha que podría considerarse como el inicio de la historia del cine mexicano—, importó, aunque pagándolos a plazos, los primeros aparatos cinemato-

gráficos (proyector y tomador de vistas) que llegaron a México. Los principales temas rodados en los primeros pasos de la cinematografía nacional fueron por lo general imágenes de actualidad y reportajes que constituían una suerte de primitivos noticiarios filmados.

En 1898 abrió la primera sala pública para la exhibición de películas, el Cinematógrafo Lumière, instalado en la calle Jesús María de Ciudad de México. En ella, Salvador Toscano Barragán proyectó cortometrajes de los Lumière, con acompañamiento musical proporcionado por un fonógrafo Edison y, más tarde, tuvo también acceso al sorprendente material del realizador George Méliès (que había imaginado y puesto en práctica numerosos trucajes, patentes en *Viaje a la Luna* o *La conquista del Polo*, con los que dio nacimiento a lo que hoy llamamos cine fantástico). Constituyó, casi simultáneamente, su propio equipo y lo movilizó por diferentes estados de la República.

## Imágenes documentales

Puesto que los aparatos e instrumentos que había adquirido le daban la posibilidad de proyectar, filmar y realizar también el tiraje de copias, no tardó en poseer su propio material documental: llegada de trenes, desfiles y actos oficiales, etc.; las imágenes de los hechos más significativos, en su opinión, del acontecer nacional, como, por ejemplo, *Guanajuato destruida* (por un terremoto, de insospechado realismo), *Carreras de caballos* (donde en algunas de las imágenes se muestra al presidente Porfirio Díaz en el Hipódromo de la Condesa), *Carreras de coches* o *La villa de Guadalupe*. Además, exhibió numerosos documentales referentes a la actualidad internacional de su tiempo, como *Alfonso XIII en París, Gran incendio en Denver, Huelga de los trabajadores rusos, La Revolución en Rusia, La Conferencia de paz en Portsmouth* y *La Guerra de Transvaal*.

## El primer realizador

En 1898, recién adquirida la última novedad de la época en proyectores (el *biograph*, descubierto en uno de sus múltiples viajes a París para comprar película), Salvador Toscano se planteó la posibilidad de producir una película con argumento y optó, para llevar a cabo su proyecto, por el *clásico Don Juan Tenorio*, basada en la obra homónima del escritor romántico español José Zorrilla y protagonizada por el entonces popular actor Paco Gavilanes. A partir de este momento, alentado por el éxito de lo que puede considerarse la primera película genuinamente mexicana, Toscano combinó su actividad de exhibidor (al abrir una nueva sala de cine, el *Salón Rojo*, en Ciudad de México) con la del director cinematográfico que maneja él mismo su cámara.

Gracias a las aportaciones y el empeño de Salvador Toscano Barragán, el gobierno comenzó a dictar las primeras leyes proteccionistas de la producción cinematográfica autóctona, creando el Instituto Nacional del Film, con la misión precisa de elaborar un programa de realizaciones que pudieran representar dignamente al cine mexicano. Además, se aumentaron las tarifas de los derechos de aduanas para las cintas importadas desde otros países, liberando de toda carga fiscal a la producción cinematográfica realizada en México; finalmente, a instancias suyas, se fundaron dos compañías, la *Imperio Producción* y la *Compañía Mexicana de Películas*, que, con el apoyo del Estado, pusieron la primera piedra de la industria cinematográfica mexicana.

## Testimonios para la historia

Durante la Revolución de Pancho Villa y Emiliano Zapata registró en cinta cinematográfica algunas de las escenas del conflicto armado, material que fue editado por su hija, Carmen Toscano de Moreno Sánchez, con el título de *Memorias de un mexicano* (1949-1950), y que constituye el primer largometraje documental de importancia realizado en México. Este material presenta un fondo histórico de inapreciable y reveladora autenticidad: cabalgatas, vida en los trenes —el tren era el espacio vital de la lucha, la génesis revolucionaria, allí transitaban y se establecían las pasiones, en su inmovilidad o en su fuga se cifraban todas las esperanzas, era el paisaje y esencia de la Revolución, su símbolo—, las entradas en las poblaciones recién tomadas, las reuniones en las cantinas o en torno a una hoguera.

Por último, cabe agradecer a los documentales de Salvador Toscano que se haya podido constatar hasta qué punto el cine mexicano posterior falseó el acontecer revolucionario —su aspecto visible e ideológico—; nada hay de esa Revolución sofisticada, fotogénica, con olor a foro cinematográfico que se presenta en los festivales con la única y exclusiva pretensión de ganar premios. Los testimonios de Toscano son narraciones lineales, sin la clásica estructura de exposición, nudo y desenlace: una sucesión de hechos épicos realizados por un grupo de hombres. El estilo emparenta, por su sencillez y por la manera de entender al hombre, con el del gran realizador irlandés-estadounidense John Ford.

| | |
|---|---|
| **1872** | Nace en Ciudad Guzmán, en el Estado de Jalisco, **SALVADOR TOSCANO BARRAGÁN.** |
| **1896** | Conoce, a través de la revista francesa *La Nature*, la invención del cinematógrafo e importa a México los primeros aparatos cinematográficos. |
| **1898** | Se plantea la necesidad de producir películas con argumento y abre la primera sala de exhibición mexicana que proyecta las películas de los hermanos Lumière. |
| **1900** | Comienza a producir su propio material cinematográfico. |
| **1907** | Filma distintos episodios revolucionarios que se convierten en un inapreciable documento histórico. |
| **1947** | Muere en Ciudad de México. |
| **1949-1950** | Su hija edita sus imágenes revolucionarias con el título de *Memorias de un mexicano*. |

# RODOLFO USIGLI
## *(1905-1979)*

*La vida de Rodolfo Usigli estuvo marcada por su profunda pasión por el teatro. Su obra dramática
lo ha transformado en un hito de singular relevancia en el panorama de las letras mexicanas.*

*C*iertos estudiosos han puesto de relieve lo que pa–
rece una singular paradoja: que siendo tan abundan-
tes y de tan alta calidad las producciones literarias
latinoamericanas, las muestras de su arte dramático,
si se exceptúa, evidentemente, la cinematografía,
nunca hayan alcanzado un nivel que pueda compa-
rárseles. Y hay quien ha pretendido explicar el fenómeno aludiendo a la peculiar sociología del teatro, a
su dependencia de la reacción de los espectadores
ante las obras que se le ofrecen y a las relaciones del
escritor con los actores y su público.

Sea cual sea la razón de esta supuesta anomalía, lo
cierto es que Rodolfo Usigli supone un hito de singular
relevancia, una figura señera en el panorama de las
letras mexicanas, en las que sobresale por haber de–
dicado sus esfuerzos a la producción dramática.

## Los inicios

Nacido en Ciudad de México, el 17 de noviembre de
1905, y mostrando especiales dotes para la música,
inició sus estudios en el Conservatorio Nacional de
México, donde entró en contacto con el mundo de la
escena. El sutil «veneno del teatro» actuó enseguida,
descubriéndole una vocación que lo llevó a inscribirse
en la Escuela de Arte Dramático de la Universidad de
Yale (Connecticut, Estados Unidos). Pero, a su regreso, en 1924, comenzó a escribir crónicas teatrales
en la revista *El Sábado*, iniciando así una trayectoria
literaria que culminaría en unos textos que reivindi-
caban una función socialmente crítica para el teatro.

Influido por las obras de George Bernard Shaw, fue
profesor de teatro en la Universidad Nacional Autó-

noma de México y en la Academia Cinematográfica. Fundó el Teatro de Media Noche y fue director de la sección de teatro del Departamento de Bellas Artes de la Secretaría de Educación Pública (1938-1939) y del Teatro Popular Mexicano de 1972 a 1975. Pero en su dilatada existencia desempeñó, también, cargos que nada tenían que ver con su vocación teatral, como la dirección de la Oficina de Prensa de la Presidencia de la República, que asumió en 1935, o funciones di– plomáticas como agregado cultural en París o emba- jador en Líbano (1956-1962) y Noruega (1962-1971).

## La creación dramática

Al margen de sus colaboraciones en la popular revista *El Sábado*, puede afirmarse que Rodolfo Usigli se inició literariamente con el grupo *Contemporáneos*, que editaba una revista crítico-literaria del mismo nombre.

En 1937, y de acuerdo con su exigencia de que el teatro asumiera una función crítica, publicó *El ges- ticulador*, sátira social y política de la hipocresía que dominaba los ambientes oficiales y la alta sociedad mexicana, y que ya es considerada un clásico del teatro mexicano. *El gesticulador* es la obra de un hombre que domina perfectamente la técnica dra- mática y pone sus conocimientos al servicio de una voluntad crítica que no desdeña, sin embargo, la psicología de sus personajes.

Antes, en 1936, había escrito ya un drama histórico *El niño y la niebla*, en el que pueden descubrirse evidentes alusiones al asesinato del presidente Venus- tiano Carranza y que inauguró una larguísima serie de obras. En la misma línea de ficción histórica, se sitúa *Corona de sombra* (1943), cuyo argumento es una recreación imaginaria de lo que hubiera podido ocurrir si la emperatriz Carlota, tras enloquecer, hubiera vuelto a sus cabales con tiempo suficiente para narrar su propia historia y la del emperador Maximiliano.

## El drama de la vida cotidiana

En la producción dramática de Usigli merecen tam- bién ser destacadas las obras que tratan los problemas cotidianos, los conflictos familiares de las clases me- dias, como *Jano es una muchacha*, en la que el autor presenta las peripecias de una muchacha de intachable reputación que lleva una doble vida como prostituta. Recordemos que ni *El gesticulador* ni *Tres comedias políticas*, otra acerada sátira social, pudieron repre- sentarse en su tiempo.

Aunque Rodolfo Usigli es un autor eminentemente dramático, y por ello se le concedió, en 1972, el Premio Nacional de las Letras, cultivó también los demás géneros literarios, la poesía, por ejemplo, en su libro *Conversaciones desesperadas*, que vio la luz en 1938; o el ensayo, en obras como *Caminos del teatro en México* (1933), *Itinerario del autor dramático* (1940) y *Anatomía del teatro* (1966). Por otro lado, su novela *Ensayo de un crimen* (1944) fue llevada al cine por Luis Buñuel. Rodolfo Usigli murió, en 1979, en la misma ciudad que le había visto nacer.

| | |
|---|---|
| **1905** | **RODOLFO USIGLI** nace en Ciudad de México, el 17 de noviembre. |
| **1935** | Director de la Oficina de Prensa de la Presidencia de la República. |
| **1937** | Publica *El gesticulador*, sátira de la hipocresía social y política. |
| **1942** | Imparte cursos de actuación y dirección en la Academia Cinematográfica. |
| **1943** | *Corona de Sombra*, pieza antihistórica. |
| **1956** | Ocupa el cargo de embajador de México en el Líbano. |
| **1963** | Aparece el primer volumen de su teatro completo. |
| **1962** | Es nombrado embajador de México en Noruega. |
| **1972** | Director del Teatro Popular Mexicano, recibe el Premio Nacional de las Letras. |
| **1979** | Muere en Ciudad de México el día 18 de junio. |

# JOSÉ VASCONCELOS
## *(1881-1959)*

*José Vasconcelos, una de las grandes personalidades intelectuales, artísticas y culturales de Latinoamérica, provocó los sentimientos más opuestos y contradictorios entre sus contemporáneos.*

*J*osé Vasconcelos es, a decir de los críticos, una de las grandes personalidades intelectuales, artísticas y culturales de Latinoamérica. Al referirse a Vasconcelos, el escritor francés Romain Rolland dice: «Me parece lo más grande que ustedes tienen en América, y yo querría escribir su vida entre la de mis hombres ilustres». Pero a esta figura señera del pensamiento mexicano y latinoamericano le ocurrió en vida lo que a otros muchos eximios valores de las letras y las artes del México revolucionario: su ejemplaridad provocó los sentimientos más opuestos y contradictorios. Nadie negó su altura intelectual, pero todos, o casi todos, pretendieron favorecer un aspecto de su personalidad, escamoteando o denigrando los restantes.

Así, según Alejandro Gómez Arias, se destaca en función de los intereses «el revolucionario, el educador, el impulsor de las artes, el filósofo, el político visionario y, por último, el gran fracasado hundido en las sombras ¿o elevado hasta la luz? del místico atormentado... Pero la aventura humana de Vasconcelos tiene perfecta y armoniosa unidad. Erizada de quemantes conflictos e hirientes contradicciones corresponde a una mente que busca, en la adversidad o el triunfo, nuevos modos de realización. Ese aparente tumulto y no el trazo lineal de su vida o la crítica parcial de su obra revela el drama vasconceliano: la terrible prueba que una conciencia lúcida y un corazón valeroso sufrieron en años tan tensos, ricos en acontecimientos, en crueles conflictos, en ideas grandes y crímenes sin castigo. Tiempo en el que se formó el México moderno y que, significativamente, corresponde al período creador de Vasconcelos que principia con el siglo y termina cuando México abrió una de sus etapas más sombrías.»

## El ideario del antirreeleccionismo

Filósofo y escritor, nació en 1881, en Oaxaca, y murió en 1959, en Ciudad de México. Cursó sus primeros estudios en Piedras Negras, Coahuila, y en Eagle Pass, Estados Unidos.

Terminada su educación primaria, se trasladó a Ciudad de México donde llevó a cabo sus estudios secundarios y universitarios, hasta obtener, en 1907, el título de abogado por la Universidad de México. Ejerció durante algunos años su profesión por cuenta de una firma estadounidense, presidió El Ateneo de México y se enfrentó al régimen dictatorial de Porfirio Díaz, conspirando a favor de Francisco Madero, y actuó como agente confidencial del movimiento revolucionario de 1910 en Washington. De acuerdo con la línea ideológica que parecía dirigir su vida, había fundado anteriormente el periódico *El Antirreeleccionista*.

## Cultura y política

Al llegar la dictadura de Victoriano Huerta se vio obligado a expatriarse y, comisionado por Carranza, se convierte en agente diplomático del constitucionalismo en varios países europeos. Detenido por orden de Carranza el 8 de octubre de 1914, por haberse negado a acatar su autoridad, se fuga de la cárcel y en la Convención de Aguascalientes es nombrado ministro de Educación Pública en el gabinete del general Eulalio Gutiérrez, a pesar de sus diferencias con Pancho Villa y Emiliano Zapata. Comisionado por Eulalio Gutiérrez, se traslada a Washington para lograr el apoyo del presidente Wilson para el gobierno convencionista, pero la victoria de Carranza le obliga a exiliarse. Regresa a México en 1920 y Adolfo de la Huerta lo pone al frente como rector de la Universidad Nacional. Fundó más tarde el Ministerio de Educación Pública, y fue su primer ministro, desde 1920 hasta 1925, mientras estaba en el poder el presidente Alvaro Obregón.

La ingente obra que llevó a cabo le hizo ser considerado como «maestro de la juventud de América», un apelativo que nadie le ha discutido nunca, no sólo por el alto valor de su producción filosófica y literaria, sino también, y fundamentalmente, por la labor de reforma y orientación que puso en práctica desde el Ministerio que él había creado; durante su gestión se encargaron murales para decorar distintos edificios públicos a los pintores José Clemente Orozco y Diego Rivera, aunque algunos han afirmado que dichos murales tuvieron que vencer la tenaz resistencia del ministro Vasconcelos, a cuyo entender Orozco hacía «horribles caricaturas».

En 1929 se presentó como candidato a las elecciones para la Presidencia de la República, enfrentándose a Pascual Ortiz Rubio; en ellas resultó derrotado tras un proceso electoral al que calificó de fraudulento y, tal vez despechado, abandonó el país permaneciendo en el extranjero hasta el año 1940 cuando, ya de regreso, fue nombrado director de la Biblioteca Nacional durante la presidencia de Ávila Camacho.

*José Vasconcelos en el momento de otorgar la protesta como secretario de Educación Pública, durante el gobierno de Álvaro Obregón el 2 de octubre de 1921.*

*Para celebrar el onomástico del general Plutarco Elías Calles, un grupo de amigos y altos funcionarios públicos le ofreció un banquete de carácter íntimo, el 28 de junio de 1921. En la cabecera del banquete estaba José Vasconcelos (el quinto desde la derecha), a cuya izquierda estaba ubicado el homenajeado.*

## Filosofía y Letras

Su abundante obra literaria ha sido clasificada en cinco apartados fundamentales. La filosofía, en la que, influido sin duda por los escritos de Schopenhauer, al que tenía en gran estima, se convirtió en el adalid de la lucha contra el positivismo y el utilitarismo, que tan gran predicamento tenían en América por aquel entonces.

En el ámbito filosófico, pueden mencionarse libros como *Pitágoras, una teoría del ritmo* (1916) o *Lógica Orgánica* (1945), que organizan un sistema fundamentado en el juicio estético, donde la belleza se convierte en una forma superior de la realidad y el método sintético de la música pone de relieve lo universal concreto; él mismo afirmó que su doctrina filosófica era «un monismo basado en la estética».

En segundo lugar, las obras de sociología y pedagogía, como *La raza cósmica* (1925) y *Bolivarismo y Monroísmo* (1934), en las que pone de relieve una concepción antropológica ˃ histórica que postula la formación en Latinoamérica de una raza cósmica futura, que acabará imponiendo la forma superior de vida nacida e influida por su temperamento estético, contraponiéndola a la de la América anglosajona.

Un tercer y fructífero campo es el del ensayo y su dilatada labor como periodista: «Gabino Barreda y las ideas contemporáneas» (1910) o *Prometeo vencedor* (1920), apartado en el que puede incluirse una abundantísima obra periodística, que abarca e incide en todas las vertientes de la actualidad y la cultura.

Otra faceta destacada de su actividad intelectual tuvo como escenario los trabajos históricos, como su *Breve historia de México* (1937) o *Hernán Cortés, creador de la nacionalidad* (1941); y, por último, algunos libros autobiográficos, como *Ulises criollo* (1935) o *El desastre* (1938). El postrer volumen de su obra autobiográfica, titulado *La flama*, apareció póstumamente (1959).

El ilustre pensador mexicano puso de relieve las alternativas que, a su entender, puede plantearse el continente en su ensayo *¿Qué es el comunismo?* (1937), donde acaba, sin embargo, confesando públicamente su fe católica aun sin renunciar a sus primeras influencias intelectuales y sin que le escandalicen, en la campaña que realiza contra el imperialismo occidental cuando la Segunda Guerra Mundial está en sus inicios (1939-1940), las coincidencias que en su pensamiento pueden encontrarse con las tesis marxistas-leninistas. Sus propósitos regeneradores, que se han considerado paralelos a los de la española generación del 98, le llevaron a combatir sin descanso lo que consideraba vicios de su país, ante los que nunca permanecía callado, pero pese al indiscutible interés de sus ensayos, mayor interés literario tienen sus obras de creación en la que destacan algunas escenas de su tragedia *Prometeo vencedor* y los cuentos de *La sonata mágica*.

## La regeneración de la Patria

En su ideario político, inspirado en un regeneracionismo romántico antiimperialista, la Revolución sólo cabe como —en palabras de Joaquín Cárdenas Noriega— «hombría de bien y progreso, justicia social y dignidad humana, libre de personalismos y de charlatanería demagógica.» Por ello desconfía tanto de las clases bajas como de las altas y considera que sólo la dirección política de las clases medias puede dar continuidad y estabilizar el proceso revolucionario. Así afirma: «Pertenecía Manuel Rivas, lo mismo que yo, a la clase media profesional que inventa, posee y administra los tesoros de la cultura en todas las latitudes. Verdadera aristocracia del espíritu. Se halla esta clase colocada entre la rudeza y la incompetencia de los de abajo y la corrupción, el estulto egoísmo de los de arriba. Desventurado el pueblo en que la clase nuestra no domina, no impone la orientación y el sistema. Destruir la clase cultivada, echándole encima al indio que por sí solo no logrará sino acomodarse a ser paria en la Texas grande que será todo México, he allí uno de los propósitos del Plan Pocho Imperialista, y lo han estado cumpliendo metódicamente.»

Este programa de regeneración de la Patria, y de América entera, tiene en la defensa de la verdad, aun a costa del sacrificio de la vida, el destierro o la cárcel, el norte que guía, en sus propias palabras, su acción profética: «Proclamar la verdad a la faz de los que apoyan su dominación en la mentira, es función del profeta, más aún que la del héroe. ¡Malhaya el que busca complacer al malvado en vez de denunciarlo! ¡Dichoso quien ve hundirse su barca en mares de traición y de cobardía, y no desiste de condenar la injusticia, el error, el engaño! ... Lanzada a la brega, la verdad no puede ser serena, debe ser agitada como la tempestad y luminosa como el relámpago, firme como el rayo que derriba las torres de la soberbia del mundo.»

| | |
|---|---|
| **1881** | JOSE VASCONCELOS nace en Oaxaca, en el Estado del mismo nombre. |
| **1907** | Obtiene su graduación en Leyes por la Universidad de México. |
| **1909** | Es nombrado para ostentar la presidencia del Ateneo de la Juventud. |
| **1910** | Actúa como agente revolucionario en Washington. |
| **1914** | Es nombrado ministro de Educación Pública del gobierno del general Eulalio Gutiérrez en la Convención de Aguascalientes. |
| **1915** | Comisionado por Eulalio Gutiérrez, marcha a Washington. La victoria de Carranza le obliga a exiliarse de nuevo. |
| **1916** | Publica *Pitágoras, una teoría del ritmo*, una de sus obras filosóficas más interesantes. |
| **1920** | Al triunfar la rebelión aguaprietista recibe el nombramiento de rector de la Universidad Nacional Funda el ministerio de Educación Pública y es su primer ministro. |
| **1929** | Se presenta a las elecciones a la Presidencia de la República y, cuando es derrotado, abandona el país por sus acusaciones de fraude electoral. |
| **1935** | Publica *Ulises criollo*. |
| **1940** | Regresa a México y ocupa el cargo de director de la Biblioteca Nacional. |
| **1959** | Muere en Ciudad de México. |

# JOSÉ MARIA VELASCO
## *(1840-1912)*

*L*as corrientes más significativas de la pintura mexicana en el siglo XIX, lo que se ha dado en llamar realismo decimonónico, están fundamentalmente representadas por José María Velasco. Por la temática de sus cuadros, en su mayoría paisajística, se distingue de sus contemporáneos, que se inspiraban en tópicos religiosos, mitológicos, o costumbristas.

Velasco hizo de la geografía mexicana, con marcado acento romántico en sus últimos años, el símbolo de la identidad nacional. Dibujante excepcional, con una técnica depurada, un trazo muy preciso y un refinado colorido, todas sus virtudes artísticas florecen en las monumentales visiones del valle de México, donde plasmó de modo naturalista y, a la vez, poético la grandeza del Altiplano. Fue profesor de numerosos artistas y el espejo en el que se fijaron —en sus primeros años— los muralistas José Clemente Orozco, Diego Rivera y David Alfaro Siqueiros, que luego desearían romper vehementemente con él para adoptar una pintura puesta por completo al servicio de la Revolución.

## Primeros apuntes

Este insigne prócer del panorama pictórico academicista mexicano vio la luz en Temascalcingo, Estado de México, en 1840, y murió en la Villa Guadalupe, México D. F., en 1912. Como muchos artistas de su época y de años posteriores, después de cursar unos primeros estudios en las escuelas del Cuadrante de Santa Catarina y Lancasteriana del Salto del Agua y, tras pasar por el Colegio de San Miguel, ingresó en la Academia de Bellas Artes de San Carlos, gracias a una beca que obtuvo por medio de oposiciones. Allí fue discípulo de Santiago Rebull, Pelegrín Clavé, Manuel Carpio y, sobre todo, del italiano Eugenio Landesio, que consiguió transmitirle el ingenuo romanticismo que le era propio.

A pesar de su clara vocación artística, los pasos del joven Velasco se encaminarían hacia la bótanica por influencia de su familia, toda ella de raigambre científica. Resultado de esta incursión en el mundo de la ciencia fueron la publicación de una obra titulada *La flora en el valle de México* (1868) y su ingreso en la Sociedad Mexicana de Historia Natural.

Previamente, a los dieciocho años, con un magnífico historial académico, fue nombrado profesor de

*José María Velasco hizo de la geografía mexicana, a través de sus pinturas, el símbolo de la identidad nacional.*

278

perspectiva de la Escuela Nacional de Bellas Artes, aunque su carrera docente no finalizó aquí y, cuatro años después, obtuvo la titularidad de la plaza de profesor de paisaje en la misma escuela.

José María Velasco, imbuido plenamente de las enseñanzas de su maestro Eugenio Landesio, quiso independizarse de su entorno familiar, para ello buscó trabajo como dibujante en el Museo Nacional (1880), probando más tarde (1882-1904) fortuna en la última y espectacular novedad que había aparecido en el mercado: el invento de Daguerre, la fotografía primigenia.

Pero, a pesar de todo, los contactos políticos de su familia eran muy importantes y se vio obligado a aceptar el cargo de inspector de dibujo y escultura en la Escuela Nacional de Bellas Artes (1910), que desempeñó con ejemplar responsabilidad.

## Premios para un exaltador del paisaje mexicano

José María Velasco fue, sin duda alguna, uno de los artistas mexicanos más laureados de su época, por lo que recibió numerosas distinciones, entre las que destacan la medalla de oro de las Exposiciones Nacionales de Bellas Artes de los años 1874 y 1876, la medalla en la Exposición Internacional de Filadelfia (1876), su primer premio de la Academia Nacional de México (1878), la medalla de la Exposición Universal de París (1889), la medalla de oro del Centenario de Colón (Madrid, 1893) y la medalla de la Exposición de Bellas Artes de Puebla (1900).

Entre sus óleos sobre tela sobresale *El valle de México* (1877), que ha sido considerada por los críticos como la obra maestra de Velasco; para pintarla, el artista instaló una tienda de campaña en una de las colinas cercanas a la Villa Guadalupe. Se dice que el propio Landesio, cuando pudo ver el cuadro, exclamó: «Nada mejor se puede hacer después de eso.»

Merecen también ser citados su *Pico de Orizaba* (1875), *Estudio de la roca* (1894, Museo de Arte Moderno, México D. F.) y *El candelabro de Oaxaca* (1887).

El conjunto de su producción puede clasificarse en tres etapas: unos primeros años academicistas (1860-1889) a los que pertenecen lienzos como *La Plaza de San Jacinto en San Ángel*, *Las montañas de la Magdalena*, *La Alameda de México*, *El Bosque de Jalapa*, *El cedro de Chimalistac* y *El Ahuehuete de Chapultepec, frente a la gruta*; el período comprendido entre los años 1890 y 1892, en el que entró en contacto con los experimentos que, en Francia, realizaban los impresionistas, cuyas teorías y realizaciones ejercieron sobre el pintor una singular influencia, plasmada en las obras tituladas *Valle de México desde el cerro de Atraeualco* y *Ajusto, visto desde el Tepeyac*; por último, su período más personal, que abarca desde 1892 hasta 1912, con *Rocas del cerro de Atzacoalco*, *Pirámide del Sol en Teotihuacán*, los volcanes *Popocatepetl* e *Ixtlacihual*, *Templo de San Bernardo*, *Cascada de Nevaxa* y *El puente de Metlac*, obra esta última que fue adquirida por el presidente Porfirio Díaz para su alcázar de Chapultepec.

| | |
|---|---|
| **1840** | **JOSÉ MARÍA VELASCO** nace en Temascalcingo, Estado de México. |
| **1868** | Consigue, pese a su juventud, la plaza de profesor de perspectiva en la Escuela Nacional de Bellas Artes y publica *La flora en el valle de México*. |
| **1876** | Se le concede la Medalla de Oro en la Exposición Internacional de Filadelfia. |
| **1877** | Instalado en un cerro próximo a Villa de Guadalupe, pinta *El valle de México*, considerada su obra cumbre. |
| **1880** | Obtiene el cargo de dibujante en el Museo Nacional. |
| **1882-1904** | Prueba fortuna con el daguerrotipo y trabaja como fotógrafo para el Museo Nacional. |
| **1889** | Sus fotografías obtienen una Medalla en la Exposición Universal de París. |
| **1910** | Es nombrado inspector de dibujo y escultura en la Escuela Nacional de Bellas Artes. |
| **1912** | Muere en la Villa de Guadalupe, México D. F. |

# PANCHO VILLA
## (1878-1923)

*Esta imagen familiar de Pancho Villa con la última de sus cuatro esposas, Austreberta Rentería, refleja los rasgos más sobresalientes del Robin Hood mexicano. Arrojo y valor indoblegables, junto con su profundo sentido justiciero y un agudo instinto de supervivencia, forjaron la leyenda del «amigo de los pobres», el personaje más carismático de la Revolución Mexicana.*

*P*ancho Villa podría ser el paradigma del personaje eclipsado por su leyenda; una leyenda forjada a gusto de todos, que compensara a quienes no habían obtenido lo que deseaban y que permitiera la consolidación del nuevo sistema que truncaba las aspiraciones de mayor justicia y mejor reparto de la riqueza de los principales líderes revolucionarios.

### *Robin Hood* en la Sierra Madre

Pancho Villa vió la luz en la hacienda Río Grande de San Juan del Río (Durango) el 5 de junio de 1878. Y ahí comienza la leyenda, puesto que el niño, primogenito del peón Agustín Arango y de Micaela Quiñones, se llamó en realidad Doroteo Arango. Su padre murió pronto y Doroteo recibió la obligación de cuidar de su familia, por lo que tuvo que trabajar duro y jamás fue a la escuela.

A los diecisiete años mató a un hombre de mayor relevancia que la suya que intentaba forzar a una de sus hermanas y, a resultas de este hecho, huyó al monte, donde para sobrevivir se dedicó a robar, delito castigado más duramente que el primero en aquellos tiempos. Doroteo Arango, a cuya cabeza se puso precio, adoptó entonces el nombre de Pancho Villa. El apellido era en realidad el que le hubiera correspondido si su abuelo, Jesús Villa, hubiese reconocido como legítimo a Agustín, su padre. El nuevo hombre se convirtió rápidamente en un bandido generoso, el «amigo de los pobres», cuyas hazañas corrían de boca en boca.

En 1910, a instancias de Abraham González, se levantó en armas contra Porfirio Díaz en apoyo de Madero, el terrateniente norteño candidato a la Presidencia de la República y, tras contribuir de forma decisiva al triunfo del movimiento maderista, gracias a su profundo conocimiento de la región y a su larga experiencia guerillera, Pancho Villa, general honorario de los rurales, se retiró de la vida pública, estableciendo un comercio de ganado y una carnicería.

Sin embargo, la situación no estaba consolidada y ante la rebelión de Pascual Orozco, Villa volvió a las armas en 1912 a las órdenes de Huerta, quien, poco convencido de su conversión en ciudadano respetable, le acusó de insubordinación y fue condenado a muerte. Pero la sentencia le fue conmutada por la de reclusión, a instancias de Alfonso Madero, y Villa aprovechó para aprender a leer y escribir en la cárcel, de donde logró fugarse. Refugiado en la ciudad estadounidense de El Paso, Villa regresó a México tras el asesinato de Madero, en 1913, y en un mes logró reclutar a tres mil hombres, con los que creó la División del Norte, se unió a los constitucionalistas y liberó todo el norte del país.

En su región, Chihuahua, desplegó una importante labor como gobernador provisional poniendo en práctica sus grandes ambiciones: la creación de escuelas y el establecimiento de colonias militares. Estas iniciativas no cuajaron definitivamente y tuvieron serias dificultades debido a la escasez de circulación monetaria, que Villa solucionó con rapidez emitiendo su propia moneda y obligando a cambiar·la moneda oficial mexicana a quien dispusiera de ella.

## General o guerrillero

Tras la derrota y el exilio de Huerta, surgió la guerra de facciones en las filas del constitucionalismo. Enfrentado a Carranza, «el Primer Jefe del Ejército Constitucionalista», la ruptura se hizo efectiva en la Convención de Aguascalientes, a la par que se consolidaba el acercamineto entre villistas y zapatistas con la adopción de un programa político común, basado en el ideario agrarista de los zapatistas y bajo el predominio político y militar de Villa. Sin embargo, las fisuras entre ambas facciones se hicieron patentes y el ejército de los convencionistas tuvo que abandonar la capital de la República.

En enero de 1915, las fuerzas carrancistas, al mando del general Alvaro Obregón, ocuparon la Altiplanicie Meridional mexicana y se dirigieron contra Villa, a quien, demasiado confiado en las cualidades de sus «dorados», derrotaron en cuatro batallas entre Celaya y Aguascalientes.

El «Centauro del Norte» se retiró a su región y, pese a que su estrella declinaba, desde allí comenzó una lucha de guerrillas contra Carranza jugando bazas tan arriesgadas como el ataque a personas y enclaves estadounidenses a fin de enemistar a ambos países y provocar la intervención norteamericana. Pero sus escaramuzas no dieron el resultado ambicionado, sino que la intervención, derivada del ataque a Columbus, fue calificada de «punitiva» y su objetivo se limitó, en teoría, a capturarlo. Villa se convirtió a partir de entonces en un simple guerrillero hasta que en 1920, tras el asesinato de Carranza, depuso las armas en la Convención de Sabinas y se retiró a su hacienda El Canutillo, al norte del Estado de Durango. Allí, con unas ochocientas personas, trató de crear una de sus soñadas colonias militares.

Durante los años que vivió en El Canutillo, Villa sufrió diversos atentados de los que salió ileso, pero el 20 de julio de 1923, al subir a su coche junto con seis escoltas, fue asesinado por un grupo de hombres al mando de Jesús Salas, que lo tirotearon desde una casa en ruinas. Enterrado en Parral en 1926, su tumba fue profanada y su cabeza desapareció.

| | |
|---|---|
| **1878** | 5 de junio: nace Doroteo Arango, **PANCHO VILLA**, en la hacienda de Río Grande, Estado de Durango. |
| **1913** | Asesinado Madero, Villa regresa a México y organiza la insurrección contra Huerta en Chihuahua y el norte del país. Se casa con Juana Torres. |
| **1914** | La Convención de Aguascalientes aproxima a Villa y Zapata; ambos se entrevistan en Xochimilco. |
| **1915** | La División del Norte con sus «dorados» es derrotada en cuatro batallas entre Celaya y Aguascalientes por Álvaro Obregón. Se casa con Luz Corral. |
| **1916** | Villa y sus «dorados» asaltan el cuartel de la población estadounidense de Columbus provocando muertos, saqueos y heridos. |
| **1923** | El 20 de julio, Villa es muerto a balazos, en Parral, por un grupo de hombres al mando de Jesús Salas. |

# XAVIER VILLAURRUTIA
## (1903-1950)

*L*a tercera década del siglo xx señala un período extraordinariamente fecundo para la poesía latinoamericana, un período que se prolongará a lo largo de los años veinte y treinta, y en el que florecerán obras de gran intensidad lírica y, también, creaciones experimentales influidas por las distintas experiencias vanguardistas que emergían en el panorama de la literatura universal.

Ciudad de México fue entonces, junto a Buenos Aires y La Habana, el centro neurálgico de la vanguardia poética latinoamericana y vio aparecer tendencias literarias que revelaban la influencia de las ideas revolucionarias, como el «estridentismo», influido por la poesía futurista, que cantaba el progreso técnico como fuente de liberación humana y una ciudad ideal en la que no existían ya los trabajos serviles.

En este contexto de efervescencia creativa debe enmarcarse la figura de Xavier Villaurrutia. Nacido en Ciudad de México en 1903, abandonó muy pronto los estudios de jurisprudencia para consagrarse por entero a la literatura, fundando junto con otros intelectuales mexicanos, como el poeta y dramaturgo Salvador Novo, las revistas *Ulises* (1927), cuyo nombre es un homenaje de admiración al escritor irlandés James Joyce, y *Contemporáneos* (1928), que marcó un hito fundamental en el panorama de la literatura mexicana al aglutinar a un grupo de magníficos poetas comprometidos en una tarea de depuración lingüística y de apertura y renovación del quehacer poético.

*La producción literaria de Xavier Villaurrutia ha sido esencialmente poética; sin embargo, el autor se adentró también en el mundo del teatro, apoyándose en un lirismo que se acercaba más al lenguaje de la poesía.*

## Nadar en la nada

En este marco se inscriben los versos de sus *Nocturnos*, publicados en 1933 en el poemario *Nostalgia de la muerte*, que recurren a la ensoñación, a un mundo onírico en el que el autor da libre curso a sus interrogaciones existenciales, un universo móvil y cambiante como «el latido de un mar del que no sé nada, en el que no se nada», cuya ambigüedad es puesta de relieve, y magníficamente, por un juego de palabras, caro al estilo del poeta cuando utiliza el doble valor del vocablo «nada» como sustantivo y como forma verbal.

Su poesía otorga una indiscutible importancia, una sugerente función inspiradora, al principio del error freudiano y a la técnica, utilizada ya por los surrealistas, de la inconsciente asociación de ideas potenciada por un mismo fonema, que alude a planos muy distintos de la experiencia. La palabra adquiere así un carácter casi fantasmagórico, que actúa como un espejo donde el poeta se ve siempre devuelto a sí mismo en un insatisfactorio vaivén lleno de ansiedad, revelador de una carencia que es la propia esencia del vivir y que sólo puede concluir con la muerte.

Su breve obra poética, que los estudiosos consideran la parte más perdurable de su labor, se completa con *Décima muerte y otros poemas*, donde Villaurrutia contempla desesperanzado la nada que le acecha, y *Cantos a la primavera y otros poemas*, publicados póstumamente, en los que parece brillar cierta esperanza de trascendencia, una salida humana a la soledad y la muerte.

## Y el veneno de la escena

Pero no debe olvidarse el relevante papel desempeñado por el autor en la renovación de la escena mexicana. En 1935 y 1936, becado por la Fundación Rockefeller, estudió arte dramático en la Universidad de Yale y, ya en su madurez, el poeta se inclinó cada vez más por el teatro, aunque sus obras dramáticas son menos experimentales de lo que podría suponerse considerando su producción poética y el interés que Villaurrutia y sus compañeros de aventuras literarias sentían por las experiencias europeas contemporáneas.

Algunos estudiosos han mencionado el parecido de sus obras dramáticas con las de Eugene O'Neill; se le ha reprochado que atiendan más a lo literario que a lo dramático, con muy pocos elementos coloquiales en el diálogo y unas líneas didascálicas muy próximas al terreno narrativo. Incidiendo en el drama psicológico, utilizando temas que giran en torno a las relaciones familiares, opta a menudo por situaciones extraídas de los mitos clásicos griegos, trasladándolos a ambientes contemporáneos. Así, en *La hidra* hace una incursión en el tema de Fedra cuando Hipólito, que odia a su madrastra Teresa hasta el punto de verse obligado a alejarse de la familia, regresa convertido en un hombre y no la contempla ya como madrastra sino como una mujer deseable, a la que puede amar.

Su producción dramática está siempre teñida por un lirismo que confirma sus inquietudes poéticas, dando a sus fábulas una particular carga psicológica que sobresale en su *Yerro candente*, 1944, o en una *Tragedia de las equivocaciones* que Villaurrutia no pudo ver representada, pues se estrenó después de su muerte, ocurrida en Ciudad de México, en 1950.

Destaca también su actividad como fundador de empresas teatrales, como *Teatro de Ulises* y *Orientación* que, por su caracter experimental, tuvieron una indiscutible importancia en el desarrollo del teatro vanguardista mexicano y lo llevaron, posteriormente, a dirigir la sección teatral del Departamento de Bellas Artes.

Hombre de amplios intereses culturales, Xavier Villaurrutia cultivó también el ensayo *Textos y pretextos* (1949), el guión cinematográfico *La mujer de todos* (1946), la novela *Dama de corazones* (1928) y tradujo a numerosos autores, como André Gide, William Blake o Anton P. Chéjov.

| | |
|---|---|
| **1903** | Nace en México D. F., el 27 de marzo, **XAVIER VILLAURRUTIA.** |
| **1927** | Funda, con Salvador Novo, la revista *Ulises*. |
| **1928** | Se integra, con otros destacados poetas de su generación, en el grupo *Contemporáneos*. |
| **1933** | Publica *Nocturnos*, su más conocido poemario. |
| **1935** | Realiza estudios de arte dramático en la Universidad de Yale. |
| **1941** | Se estrena su obra *La hidra*, en la que se hace una actualización del mito de Fedra. |
| **1950** | Fallece en México D. F., el 25 de diciembre. |
| **1951** | Se estrena póstumamente su obra *Tragedia de las equivocaciones*. |
| **1953** | Se publica *Poesía y teatro completos de Xavier Villaurrutia*. |

# AGUSTÍN YÁÑEZ
## (1904-1980)

*L*a abundantísima obra de Agustín Yáñez marca en la literatura mexicana un punto de inflexión, una etapa de transición que la aleja de la protesta social, la voluntad de realismo que había predominado hasta entonces, para orientarla hacia objetivos más específicamente literarios y experimentadores. Hombre absolutamente vinculado al poder, político de larga e intensa trayectoria, vierte en sus libros un trabajoso optimismo, teñido por la «buena conciencia», por un discutible conformismo que, sin embargo, no empaña la innegable calidad de su obra.

*Agustín Yáñez, gobernador del estado de Jalisco durante el período 1953-1959 y Secretario de Educación Pública de 1964 a 1970. Su vasta obra se alejó del tono de protesta presente en la literatura mexicana.*

### El desvelo por sus semejantes

Nacido en Guadalajara, en el Estado de Jalisco, el 4 de mayo de 1904. A los veinticinco años, en 1929, concluyó sus estudios de Leyes en la Escuela de Jurisprudencia de su ciudad natal. Más tarde, en 1951, obtuvo el título de Maestro por la Facultad de Filosofía y Letras de la Universidad Nacional Autónoma de México, en la que posteriormente desempeñaría una intensa actividad docente como profesor y director de su Departamento de Humanidades, uniendo así la enseñanza a las actividades literarias y políticas que ocuparon su vida.

Las relaciones mantenidas con numerosos personajes de la vida pública mexicana orientan sus actividades hacia la política, hasta que el primero de marzo de 1953 se convierte en el gobernador de su Estado natal, Jalisco, cargo que ocupará hasta el 28 de febrero de 1959. Su voluntad de servicio y su decidido empeño renovador se plasman en el programa que intentó, y en buena parte consiguió, llevar a cabo mientras ocupaba este importante cargo.

Los objetivos principales que marcaron su proceder se encaminaban a dar garantías y seguridad al pueblo, devolverle la confianza en sus administradores, asistirle en sus más apremiantes necesidades que se concretaban, fundamentalmente, en tres apartados: el cuidado de la salud y la mejora de los servicios asistenciales, la educación y las condiciones y posibilidades de trabajo.

### Una fecunda obra política

Logró así que aumentara considerablemente el respeto por la vida y los derechos humanos, que dejaba mucho que dèsear por aquel entonces, y consiguió una drástica disminución de la actividad delictiva en el estado que gobernaba. Ejemplo de ese interés cívico es la Ley de readaptación juvenil, elaborada durante su mandato, que disolvía el Tribunal Tutelar de Menores para convertirlo en un Consejo Paternal. También en el campo de la sanidad y la prevención su obra de gobierno fue espectacularmente efectiva, como lo demuestra la radical disminución de los casos de paludismo en el Estado que, habiendo sido de 10.249 en 1953, año en que Agustín Yáñez se hizo cargo del gobierno, pasaron a sólo 595 cinco años más tarde, en 1958.

Tras abandonar el cargo, se convierte en consejero de la Presidencia de la República y ejerce como subsecretario de dicha presidencia de 1962 a 1964, y entre 1964 a 1970 es secretario de Educación Pública. En otro orden de cosas, más vinculado al campo de la cultura y la literatura, presidió de 1949 a 1951 el Seminario de Cultura Mexicana y la Academia Mexicana de la Lengua, de 1973 a 1980. Miembro, desde 1952, de El Colegio Nacional, se le concedió el Premio Nacional de Letras en 1973.

## Al filo de la Revolución

En *Flor de juegos antiguos*, publicada en 1942, Yáñez pone ya de manifiesto su deseo de abarcar en un ingente ciclo novelístico toda la vida de México, tanto la provinciana como la de la capital, antes, durante y después de la Revolución. Un proyecto ambicioso por demás que le exigió una abundante producción literaria.

Su novela más conocida, *Al filo del agua* (1947), plasma —utilizando la técnica del flujo de concien-cia— la vida cotidiana de una pequeña ciudad de Jalisco, una ciudad imaginaria pero perfectamente reconocible, que vive en condiciones «prehistóricas» muy poco antes de la Revolución, oprimida por las fuerzas vivas y un poder inmovilista que se opone a cualquier tipo de cambio. La Iglesia, representada por el puritanismo del padre Dionisio María Martí-nez, es el sostén principal del orden constituido e impone, por medio de las Hijas de María, una «rígida disciplina, muy rígida disciplina en el vestir, en el andar, en el hablar, en el pensar y en el sentir de las doncellas, traídas a una especie de vida conventual, que hace del pueblo un monasterio». El ritmo de la población es el del año litúrgico, que impone una estabilidad casi intemporal y en el que la aparición del cometa Halley es considerada el anuncio de futuros desastres y trastornos, que parecen confirmarse, cuando la novela termina, por la proximidad del ejército revolu-cionario, que no sólo liberará a la ciudad de una tiranía ancestral sino que hará desaparecer también la artifi-cial inocencia impuesta por el cura.

*Al filo del agua* se ha considerado el punto de par-tida de la narrativa mexicana contemporánea, muestra de una nueva concepción de la novela en lo que respecta a la utilización del espacio narrativo, en el que se enmarcan temas y tramas tratados con explí-cita voluntad realista, una voluntad que revela la influencia de la generación del 98 española y, espe-cialmente, de Pío Baroja.

El estilo subjetivo y lírico de Yáñez, que alcanza en *Al filo del agua* su mejor expresión, no es el instru-

*Los miembros del jurado de los Juegos Florales de la Revolución, Agustín Yáñez, Mauricio Magdaleno y otros más, durante una visita que hicieron al secretario de Gobernación, Adolfo Ruiz Cortines. Las relaciones mantenidas por Yáñez con numerosos personajes de la vida pública mexicana lo orientaron, poco a poco, hacia la política.*

mento idóneo para poner en pie un gran fresco social en el que se describan y analicen las causas de una situación o se denuncie la opresión y la miseria de la gente sencilla. Por este motivo, se ha acusado a Yáñez de rehuir o acallar la lacerante realidad para concentrarse en un tejido de destinos personales, en una valoración de lo sentimental y psicológico, que rechaza el compromiso literario del autor, alejándolo de aquella «novela colectiva», típica de cierta narrativa mexicana, didáctica y combativa, en la que el protagonismo es asumido por unas masas campesinas oprimidas y rebeldes.

## La novela de la tierra

Yáñez, aun abandonándose de vez en cuando a cierta retórica pausada y casi solemne, construye en *Al filo del agua* una obra de sólida arquitectura, polifónica, lírica y compleja, como un retablo de múltiples figuras que, sin dejar de tener valor documental, cierta intención denunciadora —dígase lo que se diga—, hace mayor hincapié en el estudio de tipologías individuales, expuestas con una voluntad de experimentación estructural en lo que respecta a los planos narrativos, y con un amplio reparto dramático que el autor describe, previamente, en el *Acto preparatorio*.

*Al filo del agua* representa así un momento culminante de la literatura mexicana, pero también un punto de partida, la insinuación de un camino que otros creadores recorrerán más tarde y que el autor había iniciado ya al publicar, en 1945, su *Pasión y convalecencia*. Un camino cuya marcada tendencia a la elevación de los

*Antonio Ortiz Mena y el gobernador del estado de Jalisco, Agustín Yáñez, inaugurando el Hospital de los trabajadores del I.M.S.S., en Guadalajara.*

niveles estéticos y culturales puede desembocar en cierto amaneramiento, como sucede en su obra *La creación* (1959), donde Agustín Yáñez prosigue su anterior novela.

## De la política en la literatura

La experiencia como gobernador del Estado de Jalisco tiene, para el Agustín Yáñez escritor, unas peculiares consecuencias. Su alejamiento del realismo combativo y de la protesta social, su orientación hacia modelos experimentales —que le acercan a su compatriota Juan Rulfo— se ven trastornados cuando el escritor asume la responsabilidad del gobierno en el Estado de Jalisco y se ve abocado, de nuevo, a la temática de la tierra. Pero la atalaya desde donde contempla a sus conciudadanos, su visión gubernamental de los problemas, le impulsan a adoptar un sorprendente punto de mira, insólito en la narrativa de lengua hispana. En efecto, puede considerarse a Yáñez como el único novelista latinoamericano que escribe algunos ejemplos de lo que podríamos describir como «novelística de la burocracia progresista», extrayendo sus protagonistas, sus héroes en cierto modo, de entre los funcionarios llegados de la capital o los elementos autóctonos incorporados a la administración pública. Quizás haya que recurrir a ciertas novelas soviéticas, a los avatares literarios de los «héroes socialistas» para encontrar otro ejemplo de esta «narrativa burocrática».

En *La tierra pródiga* (1960), unos desaprensivos caciques locales, codiciosos y sin escrúpulos, pretenden utilizar en beneficio propio la ayuda que el gobierno había destinado al desarrollo turístico de un paraje costero; pero un ingeniero ministerial acabará desbaratando sus manejos y, mientras las excavadoras se disponen a iniciar su trabajo, los terratenientes acaban matándose entre sí.

Del mismo estilo, aunque tal vez literariamente más lograda, es *Las tierras flacas* (1962), en la que un valiente campesino acaba convirtiéndose en autoridad e impone, con su actitud gallarda, la necesaria justicia y el orden civilizador. Yáñez, a pesar de esa visión «gubernamental» y optimista, comienza a analizar con mayor atención y detenimiento los problemas que plantean la miseria y la opresión local, lo que da un nuevo cariz a sus creaciones literarias posteriores, como *Los sentidos del aire* (1964) o *Las vueltas del tiempo* (1975).

## Una figura innovadora

La aparición de Agustín Yáñez en el panorama literario mexicano supuso una auténtica innovación, en primer lugar por su valoración de las facetas estilísticas y estructurales, su juego con los planos espacio-temporales, que se alternan y se superponen al servicio de una nueva voluntad narrativa, pero también por su abandono de la figura del autor cuyo relato responde a una voluntad de introspección. Esto supone un giro, una ruptura incluso con la narración histórica que había caracterizado, hasta entonces, la novela de la Revolución. Y aunque sin duda, como se ha dicho ya, sus cargos políticos, sus contactos y su ejercicio del poder tuvieron una indiscutible influencia en las obras del escritor, no cabe duda de que su opción estilística había sido tomada mucho antes. Pese a la aparición del «héroe positivo», que se ha mencionado anteriormente, entre sus primeras obras, como en los cuentos y relatos de *Flor de juegos antiguos*, o en *Archipiélago de mujeres* (1943), y su narrativa de madurez (*Tres cuentos*, publicada en 1964, y las ya citadas *La tierra pródiga* y *Las tierras flacas*) existe una unidad estilística, una voluntad renovadora y una innegable coherencia temática.

Agustín Yáñez abordó también otros géneros, como la crítica literaria en *El contenido social de la literatura iberoamericana*, publicado en 1943; el ensayo en *De la naturaleza y carácter de la literatura mexicana* (1960) o *Conciencia de la revolución* (1964); y

*El licenciado Agustín Yáñez, cuyos objetivos se encaminaban a dar garantías y seguridad al pueblo, da lectura a un mensaje, después de haber protestado como gobernador de Jalisco.*

la biografía, género éste en el que sobresale su *Fray Bartolomé de las Casas, el conquistador conquistado*, que apareció en 1942.

Su fecunda y variopinta existencia se extinguió en Ciudad de México el 17 de enero de 1980. Sus restos, como los de tantos otros intelectuales y artistas mexicanos, reposan en la Rotonda de los Hombres Ilustres.

| | |
|---|---|
| **1904** | **AGUSTIN YÁÑEZ** nace en Guadalajara, en el Estado de Jalisco, el 4 de mayo. |
| **1929** | Obtiene la licenciatura en Leyes por la Escuela de Jurisprudencia de Guadalajara. |
| **1947** | Publica su novela *Al filo del agua*. |
| **1949** | Es nombrado presidente del Seminario de Cultura Mexicana. |
| **1951** | Obtiene el título de Maestro por la Facultad de Filosofía y Letras de la Universidad Nacional Autónoma de México. |
| **1953** | Es nombrado gobernador de Jalisco. |
| **1959** | Abandona su puesto de gobernador y publica *La creación*. |
| **1962** | Aparece *Las tierras flacas*. |
| **1973** | Obtiene el Premio Nacional de las Letras. |
| **1980** | Muere en Ciudad de México, el 17 de enero. |

# EMILIANO ZAPATA
## *(1879-1919)*

*Emiliano Zapata, la imagen de un líder que, forjado entre los hombres de campo del estado de Morelos, logró elevar la dignidad de los campesinos tras luchar por la divisa de «Tierra y libertad». En ningún momento el revolucionario mexicano claudicó ante los oropeles de la gloria ni ante las prebendas de los poderosos; fue un abanderado de la justicia hasta el fin de sus días.*

*E*l problema de la propiedad de la tierra afectaba a todo el México de principios de siglo, pero era particularmente agudo en el Estado de Morelos, donde los hacendados, apoyados por el presidente Porfirio Díaz, habían ampliado sus plantaciones azucareras a costa de ocupar las tierras comunales y desalojar a los pequeños propietarios.

### La forja de un líder

No existe acuerdo sobre la fecha de nacimiento de Emiliano, el noveno de los diez hijos de Gabriel Zapata y Cleofás Salazar. La más aceptada por sus biógrafos es el 8 de agosto de 1879, en Anenecuilco (Morelos), pero otros proponen los años 1877, 1873, 1879 e, incluso, 1883. Huérfano a los trece años, heredó, con su hermano mayor, un poco de tierra y unas cabezas de ganado para su subsistencia y el de sus dos hermanas, María Jesús y María de la Luz, puesto que el resto de la prole había muerto. Eufemio, su hermano, abandonó el pueblo, pero Emiliano permaneció en Anenecuilco, donde, además de trabajar sus tierras, era aparcero en una hacienda vecina y comerciaba con caballos, su gran pasión.

Los Zapata vivían en una casa de adobe y tierra y no en una simple choza, pero Emiliano, «el Miliano», era considerado uno más entre los habitantes de la aldea. Buen mozo, los días de fiesta se engalanaba y paseaba con magníficas monturas, espléndidas sillas, buenas botas y relucientes espuelas.

Tal era el hombre que, en una asamblea clandestina convocada por los ancianos representantes, fue elegido presidente del concejo regente de la aldea el 12 de septiembre de 1909 para hacer frente a la proclamación de la Ley de Bienes Raíces, consagradora del predominio de los hacendados sobre los campesinos. El nuevo concejo acudió a abogados capitalinos, en su mayoría opositores a Díaz, para defender sus derechos, y es posible que ello influyera en la toma de conciencia de Zapata en febrero de 1910.

A su regreso al pueblo, las autoridades no permitían cultivar unas tierras en litigio de la hacienda del Hospital. Esta última podía esperar, pues disponía de más tierras, pero los campesinos dependían de ellas para su supervivencia. Es más, el administrador de la hacienda arrendó esas tierras a los agricultores de Villa de Ayala, y Zapata decidió actuar: armó a unos ochenta hombres, obligó a retirarse a los de Ayala y repartió lotes de tierra entre las familias de la aldea. El ejemplo cundió y, en el invierno de 1909-1910, Emiliano Zapata se convirtió en presidente de la junta de defensa de las tierras de la región de Ayala.

## Abanderado de la justicia

El anuncio en 1910 de que Díaz se presentaba a una séptima reelección y la detención del también candidato Francisco I. Madero propiciaron al estallido de la Revolución Mexicana.

En Morelos, la junta de defensa seguía actuando en solitario con buenos resultados y Zapata, para unirse a los maderistas, puso dos condiciones: la cuestión agraria y los nombramientos. Elegido coronel por Torres Burgos, máximo dirigente de la rebelión, ascendió a general y, luego, a Jefe Supremo del Movimiento Revolucionario del Sur a la muerte de éste.

El 25 de mayo, Díaz renunció a la presidencia y Madero entró en Ciudad de México el 7 de junio, conferenciando al día siguiente con Zapata, quien le exigió garantías con respecto a la cuestión agraria. Madero prometió soluciones y le ofreció el cargo de jefe de la policía del estado de Morelos. Convencido de que la situación se había normalizado, Emiliano licenció a sus tropas y el 26 del mismo mes contrajo matrimonio con Josefa Espejo.

Sin embargo, los hacendados impidieron su nombramiento, a la par que, con el apoyo del ejército, aplicaron la política de «recolonización», agrupando a los campesinos en campos de concentración y quemando los lugares evacuados. En consecuencia, la guerrilla reanudó su lucha y se extendió a pueblos muy cercanos a la capital. Madero, presionado por los sectores conservadores, exigió la rendición, pero Zapata respondió con el Plan de Ayala (1911), consistente en la devolución de las tierras usurpadas a los pueblos. Reanudadas las hostilidades, el gobierno restó apoyo a la guerrilla zapatista, ahora secundada por intelectuales anarquistas y comunistas.

Tras el asesinato de Madero, el movimiento revolucionario se reavivó y, mientras Zapata se imponía en Morelos, Pancho Villa ganaba la partida en el norte del país. Ambos dirigentes unieron sus fuerzas frente a los carrancistas en la Convención de Aguascalientes y entraron en Ciudad de México en noviembre de 1914, pero su alianza fue efímera y, en 1915, Carranza, tras haber derrotado a Villa, centró sus ataques contra Morelos.

Ante la imposibilidad de doblegar el movimiento, Carranza planeó el asesinato de Zapata y, con el señuelo de sumarse a él, el coronel Guajardo le atrajo, el 10 de abril de 1919, a la hacienda de Chinameca, donde le dispararon a quemarropa. La guerrilla zapatista desapareció tras la muerte de su líder, aunque varios de sus principios fueron recogidos en la nueva legislación revolucionaria mexicana.

| | |
|---|---|
| **¿1879-1883?** | Nace en san Miguel Anenecuilco, Morelos, **EMILIANO ZAPATA**. |
| **1909** | Zapata inicia sus actividades revolucionarias como presidente de la junta de defensa de las tierras de la región de Ayala. |
| **1911** | Marzo. Tras el asesinato de Torres Burgos, es elegido Jefe Supremo del Movimiento Revolucionario del Sur. 19 de mayo: conquista Cuautla para controlar todo Morelos. Noviembre: ruptura entre Zapata y Madero, que exige la rendición. Se lanzó el Plan de Ayala. |
| **1914** | Éxito de zapatistas y villistas en la Convención de Aguascalientes. Entrada de los convencionistas en Ciudad de México en noviembre de 1914. Zapata y Villa se entrevistan en Xochimilco. |
| **1919** | 10 de abril: Zapata es asesinado, víctima de una emboscada en la hacienda de Chinameca. |

# IGNACIO ZARAGOZA
## *(1829-1862)*

*R*epresentante de la vida militar mexicana de mediados del siglo XIX, Ignacio Zaragoza, miembro del Partido liberal, participó en la revolución de Ayutla y en la guerra de la Reforma, así como derrotó a las tropas francesas en Puebla. Fue declarado benemérito de la Patria, y en reconocimiento al valor y la lealtad con que salvaguardó la ciudad de Puebla, ésta fue denominada oficialmente Puebla de Zaragoza.

*Retrato del general Ignacio Zaragoza, que se destacó por su heroica defensa de la ciudad de Puebla, venciendo a las tropas francesas al mando del general Lorencez, el 5 de mayo de 1862.*

## Un buen militar

Nació en Bahía de Espíritu Santo, en Texas, en 1829, pero su familia se trasladó a Monterrey, donde Zaragoza realizó estudios en el Seminario de la ciudad que, sin embargo, pronto abandonó para dedicarse al comercio. En 1853, cuando estalló la revolución de Ayutla, se alistó en la Guardia Nacional de Nuevo León con el grado de sargento. Este hecho despertó en el joven Zaragoza su vocación militar, para la cual demostró tener notables dotes, pues, cuando un año más tarde se incorporó al Plan de Ayutla, era ya capitán. Militó con los liberales, con los que participó, en 1855, en la batalla de Saltillo y al año siguiente en la defensa de Monterrey contra las fuerzas conservadoras.

En 1857, como consecuencia de las maniobras golpistas en la ciudad de México del presidente Ignacio Comonfort, quien había pactado con los conservadores, Zaragoza se dirigió al norte del país, donde organizó la lucha armada en favor de la Constitución que había sido promulgada ese mismo año. Por este motivo, el joven militar participó en varios combates bajo las órdenes de los generales Santos Degollado y Jesús González Ortega, quienes estaban al mando de las tropas del ejército federal, leal a la Constitución y al presidente Benito Juárez. Debido a su gran valor y apoyo al ejército federal, Zaragoza obtuvo, una serie de victorias decisivas, pues junto a Pedro Ogazón derrotó las tropas conservadoras al mando de Leonardo Márquez en Sinaloa; y un mes más tarde venció a las fuerzas de Miguel Miramón, sustituyó al general Degollado al mando del ejército liberal y tomó Guadalajara. A finales de 1860 fue ascendido a general y participó activamente en la batalla de las lomas de San Miguel de

Calpulalpan, donde, de nuevo, derrotó a las fuerzas de Miramón. Esta victoria puso fin a la guerra de la Reforma, restableciéndose en 1861 la República liberal, tras la entrada triunfal del ejército federal con Benito Juárez en la capital del país.

## Contra el ejército de Lorencez

En ese mismo año, Zaragoza fue nombrado ministro de Guerra y Marina del gabinete juarista, cargó que abandono unos meses más tarde para trasladarse a Veracruz y tomar el mando del ejército de Oriente. En abril de 1862, con sus tropas se dirigió a Acultzingo para combatir contra el ejército francés, con el que se enfrentó en las Cumbres de Acultzingo e intentó impedir su avance hacia la ciudad de Puebla, aunque no lo consiguió y tuvo que replegarse en San Agustín del Palmar. Sin embargo, Zaragoza no se dio por vencido y, en menos de veinticuatro horas, reunió a sus tropas y organizó,la defensa de la capital desde los fuertes de Guadalupe y Loreto, y el 5 de mayo de 1862, cuando el ejército francés, al mando del general Lorencez, intentó apoderarse de Puebla, las fuerzas del general Zaragoza se impusieron a las tropas de Napoleón III. Cuatro meses más tarde, Ignacio Zaragoza murió a causa de una fiebre tifoidea.

*Monumento dedicado a Ignacio Zaragoza, general y político mexicano que fue nombrado ministro de Guerra por el gobierno de Benito Juárez.*

| | |
|---|---|
| **1829** | Nace **IGNACIO ZARAGOZA** en Bahía del Espíritu Santo,Texas. |
| **1853** | Se alista en la Guardia Nacional de Nuevo León. |
| **1855** | Participa con los liberales en la batalla de Saltillo. |
| **1856** | Toma parte en la defensa de Monterrey contra las fuerzas conservadoras. |
| **1857** | Organiza en el norte del país la lucha armada en favor de la Constitución. |
| **1860** | Derrota las tropas conservadoras de Leonardo Márquez. |
| **1861** | Es nombrado ministro de Guerra y Marina del gabinete de Benito Juárez. |
| **1862** | Derrota a las tropas francesas al mando del general   Lorencez. |
| | Muere cuatro meses más tarde de una fiebre tifoidea. |

# PRESIDENTES DE MÉXICO

## ALEMÁN VALDÉS, MIGUEL

Nació en Sayula, en el Estado de Veracruz, en 1905; murió en Ciudad de México el 14 de mayo de 1983. Estudió leyes y fue magistrado del Tribunal Superior de Justicia del Distrito y Territorios Federales, senador de la República, gobernador constitucional de Veracruz, en el período comprendido entre 1936 y 1940, y presidente del grupo de gobernadores que se constituyó para apoyar al Ejecutivo Federal en la expropiación petrolera (1938); dirigió la campaña para la Presidencia del general Manuel Ávila Camacho, fue posteriormente, de 1940 a 1945, secretario de Gobernación y, en 1946, asumió la Presidencia de la República, ostentándola hasta 1952.

Las consecuencias de la posguerra, ya muy evidentes en 1946, se agudizaron a continuación y afectaron considerablemente el período presidencial de Alemán, con una disminución de las exportaciones y un aumento del déficit en la balanza de pagos. Las reservas del Banco de México disminuyeron, pero, durante su presidencia, también creció la industria siderúrgica y las campañas sanitarias lograron que bajara de modo considerable la tasa de mortalidad.

Fue miembro de las academias Mexicana, Española, Colombiana y Nicaragüense de la Lengua y doctor *honoris causa* por varias universidades nacionales y extranjeras.

## ÁLVAREZ, JUAN

Nacido en Santamaría de la Concepción Atoyac, en el Estado de Guerrero, en 1790. Falleció en la hacienda La Providencia del mismo Estado, en 1867. Fue expoliado de sus bienes cuando tenía diecisiete años y, en noviembre de 1810, se unió como soldado raso a las fuerzas de Morelos, ascendiendo rápidamente a capitán. Ya con el grado de comandante, participó en el asalto de Tixtla y fue perseguido por los españoles por su contribución a la lucha insurgente. Al proclamarse la independencia, fue nombrado capitán general de Acapulco. Se adhirió a Santa Anna para derrocar a Bustamante y luchó con Guerrero para deponer a Iturbide. Combatió a Bustamante por su denodado centralismo y al movimiento para defender la religión, los fueros y los privilegios del clero y del ejército. En 1838, aun repudiando a Santa Anna, le ofreció sus servicios para luchar contra la agresión francesa. En 1841, con el gobierno de Nicolás Bravo, creó el departamento de Acapulco, que no llegó a tener aprobación constitucional.

Al triunfar la Revolución, Álvarez fue nombrado presidente provisional el 4 de octubre de 1855. Y, en diciembre del mismo año, renunció por sus conflictos con los liberales moderados. Durante la guerra de los Tres Años, encabezó en su Estado natal la lucha constitucionalista.

## ANAYA, PEDRO MARÍA

Nacido en el municipio de Huichapan, en el Estado de Hidalgo, el 20 de mayo de 1794, falleció en Ciudad de México el 21 de marzo de 1854. Siendo capitán, se adhirió al bando insurgente en junio de 1821. Ascendió a general en 1833 y fue ministro de la Guerra, de agosto a diciembre de 1845, con José Joaquín de Herrera en la Presidencia. Fue elegido diputado y presidente del Congreso. En dos ocasiones ocupó, de forma interina, la Presidencia de la República (del 2 de abril al 30 de mayo de 1847 y del 8 de noviembre del 1847 al 8 de enero de 1848). Durante la invasión estadounidense, fue hecho prisionero cuando dirigía la defensa del puente y el convento de Churubusco. Del 22 de septiembre de 1852 al 5 de enero de 1853, fue ministro de Guerra y Marina en el gobierno de Mariano Arista.

## ARISTA, MARIANO

Nacido en la ciudad de San Luis Potosí, en 1802, falleció en alta mar, a bordo del Tagus, en 1855. Fue el primer presidente de la República Mexicana que recibió pacíficamente el poder, de manos del general José Joaquín Herrera, el 15 de enero de 1851. Pero las consecuencias de la guerra contra Estados Unidos, especialmente graves en cuanto a la situación económica del país, la ruina del erario público y la falta de apoyo del Congreso, le obligaron a presentar la renuncia el 5 de enero de 1853. Durante el período en que ocupó la presidencia, intentó moralizar la administración y atraerse a hombres de reconocida valía, sin que le importaran las banderías. Le sucedió Juan Bautista Ceballos.

## ÁVILA CAMACHO, MANUEL

Nacido en Teziutlán, en el Estado de Puebla, el 24 de abril de 1897, murió en La Herradura, en el Estado de México, el 13 de octubre de 1955. A los diecisiete años de edad, se incorporó al movimiento revolucionario y fue subteniente en la brigada Aquiles Serdán, de las fuerzas constitucionalistas. Participó en las tomas de Puebla y de la capital de la República en 1915 y por ello fue ascendido a teniente. En 1918, pasó a la brigada Benito Juárez y alcanzó el grado de teniente coronel. En 1920, ascendió a coronel a propuesta del general Cárdenas. En 1929, participó en la campaña de los Estados de Sonora y Sinaloa y fue ascendido a general de brigada. Cuando Cárdenas se hizo cargo del gobierno de la República, Ávila Camacho fue designado oficial mayor de la Secretaria de Guerra y Marina. En 1937, el presidente le nombró secretario del ramo, cargo al que renunció el 17 de enero de 1939 para presentarse a las elecciones a la Presidencia de la República, que se efectuaron en julio de 1940. Ávila Camacho asumió la Presidencia de la República el 1º de diciembre del mismo año. Su gobierno se caracterizó por el absoluto respeto a los derechos humanos y dio paso a gobernantes de extracción civil.

## BARRAGÁN, MIGUEL

Nacido en Valle del Maíz, en el Estado de San Luis Potosí, en 1789, falleció en Ciudad de México en 1836. Formó parte del Ejército Trigarante, que logró la Independencia y el 20 de junio de 1824 fue nombrado comandante general de Veracruz.

Al enterarse de la precaria situación de los españoles que ocupaban el fuerte de San Juan de Ulúa, el 5 de noviembre de 1825 exigió la rendición de la fortaleza y, al día siguiente, obtuvo su capitulación. Como recompensa de esta acción, el Congreso de Veracruz lo nombró jefe político.

Comprometido en el Plan de Montaño, estuvo exiliado en Ecuador, Guatemala y Estados Unidos. De regreso al país, fue ministro de Guerra y Marina con Santa Anna y Gómez Farías. Del 28 de enero de 1835 al 27 de febrero de 1836, fecha de su fallecimiento, sustituyó al general López de Santa Anna en la Presidencia de la República.

## BOCANEGRA, JOSÉ MARÍA

Nacido en Labor de la Troje, en el Estado de Aguascalientes, en 1787, murió en San Ángel, D.F., en 1862. Estudió Leyes y fue diputado en el primer Congreso Constituyente; apoyó la subida al trono de Iturbide, aunque se opuso al ejercicio abusivo del poder. En 1887, regresó al Congreso y el 26 de enero de 1829 fue nombrado ministro de Relaciones Interiores y Exteriores por el presidente Victoria. A partir del 1º de abril, mantuvo el cargo en el gabinete de Vicente Guerrero. El 16 de diciembre, tras el pronunciamiento de Anastasio Bustamante, Guerrero pidió autorización al Congreso para salir a combatirle y Bocanegra se hizo entonces cargo de la Presidencia, con carácter interino, por designación de la Cámara. Permaneció en la Presidencia cinco días pues, el 23 de diciembre, los militares acuartelados en Ciudad de México pusieron en la Presidencia a un triunvirato formado por Pedro Vélez, Lucas Alamán y Luis Quintanar. Bocanegra fue ministro de Hacienda de Gómez Farías y Santa Anna y de Relaciones con Santa Anna, Bravo y Canalizo.

## BRAVO, NICOLÁS

Nacido en Chilpancingo, en el actual Estado de Guerrero, en 1786, murió en la misma ciudad en 1854. El 16 de mayo de 1811 se unió a las fuerzas de Hermenegildo Galeana y obtuvo por méritos de guerra el mando militar de la provincia de Veracruz, cargo en el que destacó por su entereza y magnanimidad.

Consumada la independencia, el 11 de abril de 1822, el Congreso Constitucional lo nombró miembro de la Regencia. Gobernó con Casa de Heras y Miguel Valentín hasta el siguiente 18 de mayo, cuando una facción militar proclamó emperador a Agustín I.

Derrocado Iturbide el 19 de marzo de 1823, el Congreso entregó el Poder Ejecutivo a un triunvirato formado por Bravo, Guadalupe Victoria y Pedro Celestino Negrete, que lo ejerció hasta el 10 de octubre de 1824.

En 1839, fue llamado para desempeñar la presidencia del Consejo, por lo que debió ocupar de forma interina la Presidencia de la República entre el 10 y el 19 de julio. Tras entregar el poder a Bustamante, permaneció retirado hasta que, en 1841, fue elegido diputado por el Estado de México. Sustituyó al presidente López de Santa Anna del 26 de octubre de 1842 al 4 de marzo de 1843. Ocupó de nuevo la Presidencia el 28 de julio de 1846, cuando Paredes se puso al frente del ejército; pero sólo duró en el poder una semana, pues el día 5 de agosto triunfó el pronunciamiento federalista de Mariano Salas.

## BUSTAMANTE, ANASTASIO

Nacido en Jiquilpan, en el Estado de Michoacán, en 1780, falleció en San Miguel de Allende, en el Estado de Guanajuato, en 1853. Durante la guerra de Independencia obtuvo el grado de coronel. El 19 de marzo de 1821, a instancias de Iturbide, proclamó en la hacienda de Pantoja la separación de España. El mismo Iturbide lo nombró miembro de la Junta Gubernativa y de la Regencia. Más tarde, el presidente Victoria le dio el mando de las provincias internas, teniendo ya el grado de general de división. En diciembre de 1828, fue nombrado vicepresidente de la República, con Vicente Guerrero. El 4 de diciembre de 1829, Bustamante se levantó y, con carácter interino, el 1º de enero de 1830 asumió la primera magistratura del país. Un año más tarde, tras el pronunciamiento de Veracruz, los sublevados pidieron a López de Santa Anna que dirigiera el movimiento y, el 14 de agosto de 1832, Bustamante cedió el poder a Melchor Múzquiz para combatir a los rebeldes. En 1833, como parte del plan de pacificación, Bustamante fue desterrado. Regresó en diciembre de 1836 y el 17 de abril de 1837 el Congreso lo declaró presidente de la República. Del 20 de marzo al 18 de julio de 1839, Bustamante dejó la Presidencia para luchar contra el general Urrea. De nuevo en la Presidencia, permaneció en el cargo hasta el 22 de septiembre de 1841 cuando cedió el gobierno a Javier Echeverría, un día antes de que los revolucionarios expidieran las Bases de Tacubaya.

## CANALIZO, VALENTÍN

Nacido en Monterrey, en el Estado de Nuevo León, en 1794, murió en Ciudad de México en 1850. En 1811, entró como cadete en el Regimiento de Celaya, para jurar la independencia el 2 de marzo de 1821. Fue ascendido a teniente coronel y, consumada la separación de España fue ayudante del general José Joaquín de Herrera en la campaña de Jalisco. Fue miembro de la junta que condenó a muerte al general Guerrero (1931) y fue ascendido a general.

De 1835 a 1841, combatió activamente a los liberales. En 1843, apoyó el establecimiento de la dictadura de Santa Anna y éste le confió la presidencia interina del 4 de octubre de 1843 al 4 de junio de 1844. Tras devolver el poder a Santa Anna, se puso al frente del ejército del Norte y ocupó de nuevo la Presidencia durante la licencia que se concedió a Santa Anna del 21 de septiembre al 6 de diciembre de 1844 cuando, extendida la Revolución por toda la República, los soldados apresaron a Canalizo y entregaron el gobierno a José Joaquín de Herrera. Exiliado, Valentín Canalizo regresó a México en 1846 y fue ministro de Guerra y Marina en el gabinete Gómez Farías.

## CARRERA SABAT, MARTÍN

Nació en Puebla, en 1806, y falleció en Ciudad de México en 1871. En 1821, se unió al Ejército Trigarante y, a los dieciséis años, obtuvo el grado de teniente. Ocupó distintos cargos mientras iba ascendiendo en su carrera militar y, en 1843, formó parte de la Junta Nacional Legislativa encargada de redactar las Bases Orgánicas. Fue senador de la República (1844-1846) y consejero del gobierno (1846). Cuando se produjo la invasión norteamericana, era comandante general de artillería y, terminada la guerra, fue general en jefe de las tropas permanentes y de la Guardia Nacional. Consultor confidencial del Ministerio de Guerra, de 1850 a 1852, y gobernador militar y político del Distrito Federal de 1853 a 1855, cuando el general Santa Anna renunció a la Presidencia de la República, a consecuencia del Plan de Ayutla, una junta de representantes nombró presidente interino al general Carrera, que ostentó el cargo del 15 de agosto al 12 de septiembre de 1855, fecha en la que renunció a la Presidencia para dejar el poder al general Rómulo Díaz de la Vega.

## CARVAJAL, FRANCISCO

Nacido en Campeche, en el Estado homónimo, el año 1870, murió en Ciudad de México en 1932. Cuando el general Victoriano Huerta, que había disuelto previamente el Congreso, se vio obligado a abandonar el poder acosado por la sublevación villista, Carvajal ocupaba la Secretaría de Relaciones Exteriores en su gabinete. Se hizo cargo entonces, ante el vacío de poder, el 15 de julio de 1914, de la Presidencia de la República, aunque su mandato fue muy breve, pues el día 13 de agosto del mismo año, mientras la insurrección triunfaba en todo el territorio nacional, Francisco Carvajal se vio obligado a entregar incondicionalmente el poder a los revolucionarios.

## CEBALLOS, JUAN BAUTISTA

Nació en Durango, Nueva Vizcaya, en 1811, y murió en París, Francia, en 1859. Gracias a la influencia de Santos Degollado y Melchor Ocampo, fue elegido diputado al Congreso de la Unión en 1842 y 1851. De 1845 a 1848, actuó como secretario general del gobierno y, en mayo de 1852, fue nombrado presidente de la Suprema Corte de Justicia. A la caída de Mariano Arista, el 5 de enero de 1853, fue presidente de la República por ministerio de la ley y obtuvo y asumió, inmediatamente, las facultades extraordinarias que el Congreso había negado a su antecesor. Sin embargo, el 19 de enero disolvió la Cámara militarmente, lo que provocó la intervención de la guarnición de la plaza que puso el Poder Ejecutivo en manos del general Lombardini.

## COMONFORT, IGNACIO

Nacido en Puebla, en 1812, falleció cerca de Chamacuero, Estado de Guanajuato, en 1863. En 1832, se sumó al movimiento de Santa Anna contra Anastasio Bustamante, alcanzando el grado de capitán de caballería. Al término de esta campaña fue, hasta 1834, comandante militar del distrito de Izúcar de Matamoros. En 1842, llegó a Ciudad de México como diputado. Estando al mando de la guarnición de Acapulco, ésta secundó el plan de Ayutla y Comonfort viajó a San Francisco y a Nueva York para obtener fondos. Santa Anna abandonó el país el 9 de agosto de 1855. El general Juan Álvarez asumió la Presidencia de la República y nombró a Comonfort ministro de Guerra y Marina, cargo que desempeñó hasta el 10 de diciembre de 1855 cuando, tras la renuncia de Álvarez, Comonfort asumió como sustituto la Presidencia hasta el 30 de noviembre de 1857. Proclamada la nueva Constitución, fue elegido presidente de la República, pero, el 11 de enero de 1858, el pronunciamiento de la guarnición de Tacubaya declaró presidente a Zuloaga. Comonfort se trasladó a Veracruz y, de allí, a Estados Unidos. En 1863, ya en plena guerra

contra los franceses, Juárez aceptó su ofrecimiento y lo puso a la cabeza del Ejército del Centro. Nombrado general en jefe de un ejército derrotado, el 13 de noviembre, cerca de Chamacuero, cayó en una emboscada y murió herido por una lanza que le atravesó el corazón.

## CORRO, JOSÉ JUSTO

Nacido en Guadalajara, e, el Estado de Jalisco, en 1794, murió en la misma ciudad, en 1864. Cursó estudios de abogacía y fue ministro de Justicia y Negocios Eclesiásticos (del 18 de marzo de 1835 al 26 de febrero de 1836). Cuando falleció el general Miguel Barragán, presidente interino por la ausencia del general López de Santa Anna, que estaba batallando contra los texanos, la Cámara de Diputados, en su sesión del día 27 de febrero de 1836, lo designó presidente de la República, cargo que ostentaría hasta el 19 de abril de 1837. Durante su período presidencial, se produjeron algunos acontecimientos señalados, como la retirada de las fuerzas mexicanas del territorio de Texas, que se perdió por completo para México, debido a la derrota de Santa Anna, y la promulgación por el Congreso, el día 30 de diciembre de 1836, de las Siete Leyes constitucionales. Corro convocó elecciones y cedió el poder a Anastasio Bustamante para retirarse a la vida privada.

## DÍAZ ORDAZ, GUSTAVO

Nació en San Andrés Chalchicomula (en Ciudad Serdán), en el Estado de Puebla, en 1911 y falleció en Ciudad de México, el 15 de julio de 1979. Cursó los estudios de abogacía en la Universidad de Puebla, donde se graduó en 1937. Tras ocupar diversos cargos y ser, de 1958 a 1963, titular de la Secretaría de Gobernación, en noviembre de 1963 fue designado candidato a la Presidencia de la República por el Partido Revolucionario Institucional. El 8 de septiembre de 1964, el Congreso de la Unión lo declaró presidente electo.

Asumió el poder el 1° de diciembre de 1964 y, durante su mandato, se pusieron en marcha programas tan importantes como: uno para simultanear la inversión y el financiamiento; otro de aerofotogrametría, que abarcó todo el territorio nacional; uno de control de los contratos de obras públicas y, finalmente, otro de coordinación del sector agropecuario.

Los objetivos planteados fueron alcanzar un crecimiento económico del 6% anual, dar prioridad al sector agropecuario, impulsar la industrialización, corregir los desequilibrios en el desarrollo y conseguir una mayor equidad en la distribución de los ingresos nacionales.

El 1 de diciembre de 1970, Díaz Ordaz entregó el poder al licenciado Luis Echeverría y, al reanudarse las relaciones diplomáticas con España, fue nombrado embajador el 4 de abril de 1977.

## DÍAZ DE LA VEGA, RÓMULO

Nacido en Ciudad de México, en 1804, falleció en Puebla en 1877. En 1830, combatió junto a Nicolás Bravo contra Vicente Guerrero y Juan Álvarez. Se sublevó en 1833 y permaneció dos años confinado en Puebla. Durante la invasión estadounidense, cayó prisionero y fue llevado a Nueva Orleáns (1847). Regresó gracias a un canje de prisioneros y fue nombrado comandante general de la plaza de México y, en 1848, segundo jefe de la División de Oriente. Firmada la paz con Estados Unidos, desempeñó diferentes comandancias militares y gobernó Yucatán entre 1853 y 1854. En 1855, fue designado gobernador de Tamaulipas y, con el triunfo de Plan de Ayutla y siendo Martín Carrera presidente interino, fue comandante general y gobernador del Distrito Federal. Cuando Martín Carrera renunció a la Presidencia interina, el 12 de septiembre de 1855, Díaz de la Vega asumió de hecho, de septiembre a noviembre de 1856, la máxima autoridad del país.

En 1863, fue miembro de la Junta de Notables que eligió como soberano a Maximiliano de Habsburgo.

## ECHEVERRÍA, FRANCISCO JAVIER

Nació en Jalapa, en el Estado de Veracruz, en 1797, y murió en Ciudad de México en 1852. Autodidacta, fue diputado local en 1829. En 1834, el presidente López de Santa Anna le confió el Ministerio de Hacienda del 5 de mayo al 1º de septiembre de 1834. Formó parte del Consejo de Estado durante la Presidencia de Bustamante y fue de nuevo ministro de Hacienda del 27 de julio de 1839 al 23 de marzo de 1841. El 22 de septiembre de 1841 asumió la Presidencia de la República, ostentándola hasta el 10 de octubre de aquel año, cuando la abandonó por el triunfo de los liberales. En 1850 regresó a la política como diputado.

## ECHEVERRÍA ÁLVAREZ, LUIS

Nació en Ciudad de México, el 17 de enero de 1922. Cursó estudios de abogado en la Universidad Nacional Autónoma de México e inició su carrera política, a los veintidós años, como secretario particular del general Rodolfo Sánchez Taboada, que presidía el Partido de la Revolución Mexicana. Tras ocupar distintos cargos oficiales, entre ellos el de secretario de Gobernación en el gabinete del presidente Díaz Ordaz, el 14 de noviembre de 1969 fue elegido candidato del Partido Revolucionario Institucional a la Presidencia de la República. Las elecciones del 5 de julio de 1970 le dieron la victoria y gobernó del 1º de diciembre del mismo año hasta el 30 de noviembre de 1976.

El período presidencial de Echeverría cargó con las consecuencias, muy recientes todavía, de la represión oficial del movimiento estudiantil de 1968; en el ámbito internacional y económico, se iniciaba un fenómeno de inflación-recesión que puso de manifiesto la vinculación de todas las economías nacionales. El gobierno optó por una política de «apertura» que permitiera restaurar la normalidad de la vida democrática. En sus relaciones con el exterior pretendió diversificar el comercio, las fuentes de tecnología y el financiamiento.

Pero el desorden económico mundial produjo en México un fenómeno calificado como «de atonía». Y, durante todo el mandato de Echeverría, la tasa de inflación fue creciendo hasta alcanzar, en 1976, el 27%.

## GÓMEZ FARÍAS, VALENTÍN

Nacido en Guadalajara, Estado de Jalisco, en 1781, falleció en Ciudad de México en 1858. Catedrático de la Universidad de Guadalajara y médico en ejercicio, fue un precursor del liberalismo y acudió a las Cortes españolas que se reunieron en Cádiz en 1812. Diputado en el primer Congreso Nacional, firmó la proposición para que Iturbide fuera elegido emperador, pero se sumó luego a la insurrección de Santa Anna. Fue ministro de Hacienda con Gómez Pedraza y ejerció el Poder Ejecutivo en cinco ocasiones: siendo vicepresidente de Santa Anna, y por enfermedad de éste, asumió el gobierno desde el 1º de abril hasta el 16 de mayo de 1833; del 3 al 18 de junio del mismo año, mientras Santa Anna combatía al general Gabriel Durán; del 5 al 27 de octubre y, finalmente, del 16 de diciembre de 1833 al 24 de abril de 1834.

El 23 de diciembre de 1846, nombrado presidente interino Santa Anna y vicepresidente Gómez Farías, éste se hizo cargo por quinta y última vez del gobierno, hasta la reincorporación de Santa Anna, el 21 de marzo de 1847.

## GÓMEZ PEDRAZA, MANUEL

Nació en Querétaro, en 1789 y murió en Ciudad de México en 1851. Fue ministro de la Guerra con el presidente Guadalupe Victoria y, con elementos heterogéneos, formó un grupo político que sirvió como base del Partido Moderador. Se presentó como candidato a la Presidencia de la República en las elecciones de 1828, pero el 3 de diciembre, tras haber ganado los comicios, renunció a sus derechos y abandonó el país ante la amenaza militar de sus adversarios.

El 5 de noviembre de 1832 fue llamado a ocupar la Presidencia, entrando en Ciudad de México el día 3 del siguiente enero. Gómez Pedraza, pocos días después de su nombramiento, convocó el Congreso que eligió presidente a Santa Anna.

En 1841, fue ministro de Relaciones; en 1846, formó parte del Consejo de Gobierno y ostentó de nuevo la cartera de Relaciones en 1847. En febrero de 1848, fue presidente de la Cámara de Senadores y, en 1850, optó a la Presidencia, pero fue derrotado por el general Arista.

## GONZÁLEZ, MANUEL

Nacido en el rancho El Moquete, municipio de Matamoros, en 1833, murió en Chapingo, en 1893. En 1847, inició la carrera militar enfrentándose a la invasión estadounidense y obtuvo, en 1877, el grado de general de división.

En 1862, Porfirio Díaz lo destinó al Ejército de Oriente y, en 1863, fue jefe del Ejército del Centro. De 1871 a 1873, fue diputado federal por Oaxaca; se adhirió a los planes porfiristas y, en 1877, cuando comenzó el primer período de Porfirio Díaz, fue nombrado gobernador y comandante militar de Michoacán. Designado secretario de Guerra y Marina del 28 de abril de 1878 al 15 de noviembre de 1879 y presidente de la República del 1º de diciembre de 1880 al 30 de noviembre de 1884, fecha en la que entregó el poder al general Porfirio Díaz, durante su mandato, se fundó el Banco Nacional de México y, al terminar éste, fue elegido gobernador de Guanajuato, cargo que mantuvo hasta su muerte. Su cadáver reposa en la Rotonda de los Hombres Ilustres del Panteón de Dolores.

## GONZÁLEZ GARZA, ROQUE

Nació en Saltillo, en 1885, y murió en Ciudad de México, en 1962, ambos en el Estado de Coahuila. Luchó con Madero y tomó parte en las batallas de Casas Grandes y Ciudad Juárez, donde actuó como parlamentario ante el general Navarro. Tras el asesinato de Madero, ingresó en el villismo y tomó parte en distintas batallas. Representó a Villa en la Convención de Aguascalientes y fue uno de los redactores del Manifiesto que publicó la Convención el 13 de noviembre de 1914. Cuando cayó el general Eulalio Gutiérrez, ocupó la Presidencia de la República del 16 de enero al 11 de junio de 1915. El constitucionalismo carrancista, victorioso, le obligó a exiliarse y sólo regresó tras la muerte de Carranza.

## GUTIÉRREZ, EULALIO

Nació en Santo Domingo, Estado de Coahuila, en 1880 y murió en Saltillo, en el mismo Estado, en 1939. En 1906, se sumó al Partido Liberal Mexicano y, posteriormente, al Antirreeleccionista. Cuando murió Madero, en 1913, combatió a Huerta hasta la victoria de Carranza, en agosto de 1914. Aquel mismo año fue nombrado presidente interino de la República por la soberana Convención de Aguascalientes, cargo que ocupó entre el 6 de noviembre de 1914 y el 16 de enero de 1915. En esta última fecha, se dirigió a San Luis Potosí e hizo público un manifiesto en el que se pronunciaba contra Villa y Carranza y explicaba su comportamiento. El 2 de junio del mismo año hizo público en Ciénaga del Toro un nuevo manifiesto en el que declaraba que sus funciones presidenciales habían concluido. Se exilió en Estados Unidos y, a su regreso, fue senador por Coahuila y, más tarde, gobernador y comandante militar de San Luis Potosí. Tomó parte en el levantamiento escobarista y, tras la amnistía otorgada por el gobierno, se retiró de la vida pública.

## HERRERA, JOSÉ JOAQUÍN DE

Nació en Jalapa, Estado de Veracruz, en 1792 y falleció en Ciudad de México, en 1854. Inició la carrera militar en el Regimiento de la Corona. En 1817, fue comandante de Acapulco y de Tecpan. El 5 de agosto de 1820 se retiró como teniente coronel, pero, en 1821, tras la proclamación del Plan de Iguala, tomó el mando de la guarnición de Perote, dirigiéndose a las cercanías de Orizaba donde se reunió con Santa Anna el 22 de marzo.

Representó a su Estado en el primer Congreso Constituyente y el 19 de marzo de 1823 fue uno de los diputados que aceptaron la abdicación de Iturbide como emperador. El día 31 del mismo mes fue nombrado capitán general de Ciudad de México. Tras ocupar varios cargos políticos y militares y cuando presidía el Consejo de Estado, en 1844, el Senado nombró presidente interino de la República a Valentín Canalizo, que se encontraba en San Luis Potosí y por ello lo sustituyó en el cargo del 12 al 21 de septiembre. Herrera volvió a asumir el Poder Ejecutivo, como sustituto de Santa Anna, desde el 7 de diciembre de 1844 al 14 de junio de 1845, fecha en la que fue elegido presidente constitucional, hasta ser depuesto por la rebelión el 30 de diciembre del mismo año.

Tras el tratado de paz del 2 de febrero de 1848, se le eligió presidente constitucional y mantuvo el cargo hasta el 15 de enero de 1851, fecha en la que entregó pacíficamente el poder a Arista.

## HUERTA, ADOLFO DE LA

Nació en Hermosillo, Estado de Sonora, en 1881, y murió en Ciudad de México, en 1955. En 1908, inició una activa propaganda política contra la dictadura, como representante del Club Antirreeleccionista de Guaymas.

El 20 de febrero de 1913 se presentó en Monclova a Carranza que se había levantado en armas contra el general Huertas. Derrotado el usurpador, fue gobernador provincial de Sonora, de mayo de 1916 al 31 de agosto de 1917. Tras ser senador de la República, fue cónsul general en Nueva York, 1918, y gobernador constitucional de Sonora, del 1° de septiembre de 1919 al 23 de abril de 1920.

El Congreso de la Unión lo nombró presidente sustituto de la República, el 1° de junio de 1920. Desempeñó la cartera de Hacienda y Crédito Público del 1° de diciembre de 1920 al 25 de septiembre de 1923. Renun-

ció al cargo para presentar su candidatura a la Presidencia de la República. Pero, cuando Obregón dio su apoyo a Calles, De la Huerta se levantó en Veracruz, el 7 de diciembre de 1923. El movimiento fue sofocado en junio de 1924 y De la Huerta huyó a Estados Unidos.

## LAGOS CHÁZARO, FRANCISCO

Nacido en Tlacotalpan, en el Estado de Veracruz, el año 1878, falleció en Ciudad de México, en 1932. A los treinta y un años, en 1909, se incorporó al movimiento antirreeleccionista que se oponía a las pretensiones de Porfirio Díaz y que iba a desembocar, más tarde, en la insurrección maderista. Fue elegido, en 1911, síndico del Ayuntamiento de Orizaba. En 1913, pasó a presidir el Tribunal Superior de Justicia del Estado de Coahuila. Por decisión de la Convención de Aguascalientes y para terminar con los enfrentamientos entre las distintas facciones revolucionarias, asumió la Presidencia de la República del 10 de junio al 10 de octubre de 1915.

## LASCURÁIN PAREDES, PEDRO

Nació en Ciudad de México, en 1856 y murió en el mismo lugar en 1952. Obtuvo el título de abogado y, en 1910, al triunfar la Revolución, fue síndico y presidente del Ayuntamiento de la capital. Actuó por dos veces como secretario de Relaciones Exteriores en el gobierno de Madero.

El 18 de febrero de 1913, Victoriano Huerta y Félix Díaz firmaron el pacto de la Ciudadela, que entregaba al primero el Poder Ejecutivo. El día 14 Madero renunció y, para cubrir los trámites legales, Pedro Lascuráin asumió el cargo de presidente, en el que sólo duró 45 minutos, el tiempo necesario para nombrar a Huerta secretario de Gobernación y renunciar inmediatamente.

## LEÓN DE LA BARRA, FRANCISCO

Nació en Querétaro, en 1863 y murió en Biarritz, Francia, en 1939. Fue representante de México en varios países de América y Europa; en 1905, representó a su país en la Conferencia de Paz de La Haya y, en 1909, se le designó embajador mexicano en Washington y fue, por dos veces, secretario de Relaciones Exteriores (con Porfirio Díaz, 1911, y con Victoriano Huerta, de febrero de 1913 a julio de 1914).

Cuando el 21 de mayo de 1911 se firmaron los Tratados de Ciudad Juárez y Díaz renunció al poder, el día 25 León de la Barra asumió, con carácter provisional, el Poder Ejecutivo, ostentándolo hasta el 6 de noviembre de 1911, para entregárselo en esta fecha a Madero.

## LERDO DE TEJADA, SEBASTIÁN

Nació en Jalapa, Estado de Veracruz, en 1823 y falleció en Nueva York, en 1889. Recibió las órdenes menores, pero renunció al sacerdocio para dedicarse a la abogacía.

Sirvió como fiscal en la Corte Suprema (1855) y fue ministro de Relaciones Exteriores con el presidente Comonfort, del 5 de junio al 16 de septiembre de 1857. Elegido para el Congreso de la Unión, fue su presidente en tres ocasiones. El 31 de mayo de 1863, cuando el gobierno republicano abandonó la capital, se unió a Juárez y fue nombrado ministro de Relaciones, de Gobernación y de Justicia, el 12 de septiembre, en San Luis Potosí. Durante la intervención francesa y el imperio, fue el hombre más cercano al presidente.

Cuando triunfó la República, llegó a ser, de manera simultánea, ministro de Relaciones y Gobernación, presidente de la Corte Suprema y diputado. En 1871, optó a la Presidencia de la República, pero, reelegido Juárez, volvió a la Corte Suprema. El 19 de julio de 1872, al producirse la muerte de Benito Juárez, asumió la Presidencia por imperativo legal.

En 1876, el general Porfirio Díaz se pronunció contra la reelección de Lerdo y lo derrotó en la batalla de Tecoac (16 de noviembre). El 26 de noviembre Lerdo se dirigió a Nueva York, donde residió hasta su muerte.

## LOMBARDINI, MANUEL MARÍA

Nacido en Ciudad de México, en 1802, falleció en la misma capital en 1853. En 1836, tomó parte en la guerra de Texas y, en 1838, combatió contra Francia. Durante la invasión norteamericana, en 1847, sobresalió por su actuación en la batalla de La Angostura y, en el mismo año, se le nombró comandante militar de la plaza de Querétaro. En 1849, asumió la jefatura de la plana mayor del ejército.

En 1835, cuando Juan Bautista Ceballos se negó a seguir en la Presidencia de la República, fue nombrado para sucederle y ostentó el cargo del 7 de febrero al 20 de abril de 1853, entregando luego el poder al general Antonio López de Santa Anna.

## LÓPEZ MATEOS, ADOLFO

Nació en Atizapán de Zaragoza, el 26 de mayo de 1910 y falleció en Ciudad de México el 22 de septiembre de 1969. Actuó como secretario particular del gobernador del Estado de México, coronel Filiberto Gómez, y de Carlos Riva Palacio, presidente del Partido Nacional Revolucionario (PNR). Llegó a ocupar la secretaría general del comité del PNR en el Distrito Federal.

En 1928, optó por el vasconcelismo y, tras el triunfo de Pascual Ortiz Rubio, en 1929, se exilió voluntariamente a Guatemala, aunque regreso poco después.

Fue durante más de diez años interventor del Banco Nacional Obrero y de Fomento en los Talleres Gráficos de la Nación, desde 1933 hasta 1943.

En 1946, cuando el licenciado Alemán asumió la Presidencia de la República, Isidro Fabela fue elegido senador por el Estado de México, llevando como suplente a López Mateos. Al ser nombrado Fabela representante mexicano en el Tribunal Internacional de La Haya, López Mateos, a los treinta y seis años, ocupó su lugar en la Cámara Alta y lo ostentó hasta 1952.

El 4 de noviembre de 1957 se anunció su candidatura a la Presidencia de la República y fue elegido el primer domingo de julio de 1958. Gobernó el país hasta el 30 de noviembre de 1964.

## LÓPEZ PORTILLO Y PACHECO, JOSÉ

Nació en Ciudad de México el 16 de junio de 1920. Estudió Leyes en la Facultad de Derecho de la Universidad Autónoma de México. Durante el gobierno Echeverría fue secretario de Hacienda y Crédito Público y el 20 de septiembre de 1975 aceptó su designación como candidato del Partido Revolucionario Institucional a la Presidencia de la República. El 12 de diciembre le apoyó también el Partido Popular Socialista y el 11 de enero de 1976 el Partido Auténtico de la Revolución Mexicana. Resultó elegido por 17.695.043 votos, es decir el 68% del censo. Asumió el Poder Ejecutivo el 1º de diciembre de 1976.

Su mandato se distinguió, en el plano internacional por el establecimiento de relaciones con el gobierno del rey Juan Carlos I de España, tras cancelar las mantenidas hasta entonces con la República española en el exilio. En mayo de 1979, se rompieron los vínculos con la dictadura somocista y, tras constituirse el gobierno sandinista, México se opuso en la OEA a cualquier intervención en los asuntos internos de Nicaragua. Además, junto a Francia, la diplomacia mexicana trató de impulsar una solución negociada para El Salvador.

En el plano nacional, debe destacarse que, en septiembre de 1980 y por primera vez en la historia de México, se cubrió por completo la demanda de educación primaria.

## MADRID HURTADO, MIGUEL DE LA

Nació en la ciudad de Colima, el 12 de diciembre de 1934. En la Facultad de Derecho de la Universidad Nacional Autónoma de México, cursó estudios para abogado y obtuvo una beca para llevar a cabo una maestría en Administración Pública en el extranjero.

De 1975 a 1979, fue director general de Crédito y secretario de Hacienda. De 1979 a 1981, fue secretario de Programación y Presupuesto. Antes, en 1963, había ingresado en el Partido Revolucionario Institucional que, el 17 de septiembre de 1981, lo nombró candidato a la Presidencia de la República. En las elecciones de julio de 1982 obtuvo una aplastante victoria, superando en unos trece millones de votos a su más cercano rival. Asumió el Poder Ejecutivo Federal el 1º de diciembre de ese año y lo ostentó hasta el 1º de diciembre de 1988.

El 9 de octubre de 1991 fue nombrado presidente del Comité Internacional de Alto Nivel para la Década, dependiente de la ONU.

Durante su Presidencia, México sufrió una de las peores catástrofes de su historia: el jueves 19 de septiembre de 1985, a las 7h. 19' la capital fue sacudida por un terremoto de intensidad 7.8 de la escala Richter y de una duración de 90"; el seísmo se repitió, aunque de intensidad algo menor, por la tarde del día siguiente.

## MÉNDEZ, JUAN NEPOMUCENO

Nacido en Tetela de Ocampo en 1820, murió en Ciudad de México en 1894. En 1847, se inició en la carrera de las armas luchando contra la invasión estadounidense y, más tarde, combatió en las filas liberales defendiendo el Plan de Ayutla.

Tras haber participado en numerosas escaramuzas y en la guerra de Reforma, siempre defendiendo el ideario liberal, cayó prisionero de los franceses en la batalla del 5 de mayo. Enviado al destierro, regresó poco después y participó en el sitio de Querétaro, en las revoluciones de Noria y Tuxtepec.

Cuando el general Porfirio Díaz venció en esta última, lo dejó encargado del gobierno de la República, mientras él salía en persecución de Iglesias, que había sido vicepresidente con el depuesto Lerdo de Tejada y que se oponía a la revolución. Más tarde, fue, por dos veces, gobernador del Estado de Puebla y presidió la Corte Suprema de Justicia Militar.

## MIRAMÓN, MIGUEL

Nacido en Ciudad de México, en 1832, murió fusilado en el Cerro de las Campanas, en Querétaro, en 1876. Inició la carrera de las armas ingresando, en 1846, en el Colegio Militar. En 1852, ascendió a subteniente y, en 1853, a capitán.

Miembro del Partido Conservador, fue encarcelado el 27 de abril de 1857 por haber conspirado contra Comonfort. El 18 de junio de 1858 asumió el mando del Ejército del Norte y, gracias a los triunfos que había obtenido, ascendió a general de división. El 12 de enero de 1859, tras el pronunciamiento del general Echegaray que depuso a Félix Zuloaga, una junta de 47 vocales eligió a Miramón como presidente sustituto.

Regresando de Jalisco, asumió la Presidencia de la República el 2 de febrero de 1859. El 1º de abril desembarcó el diplomático estadounidense Robert McLane, que otorgó el reconocimiento de su gobierno a la administración de Juárez. El presidente Miramón no cejó en su empeño y, en marzo de 1860, sitió Veracruz, acción que fracasó por la intervención de naves estadounidenses. El 26 de septiembre, los constitucionalistas atacaron Guadalajara y el 22 de diciembre aniquilaron en Calpulalpan a las tropas fieles a Miramón, que huyó a La Habana.

Regresó a México y se puso al servicio de Maximiliano, impidiendo, en 1866, con Márquez y otros ministros, la abdicación del emperador.

Condenado a muerte, «por delitos contra la independencia», fue ejecutado junto al emperador Maximiliano y el general Tomás Mejía el 19 de junio.

## MÚZQUIZ, MELCHOR

Nació en Santa Rosa (hoy Múzquiz), en el Estado de Coahuila, en 1790, y murió en Ciudad de México en 1844. En 1810, se incorporó al movimiento de Independencia y fue ascendido a teniente en 1812. Se alineó en favor del Plan de Iguala y, en 1823-1824, era jefe superior político de la provincia de México.

El 2 de marzo de 1824 se instaló el Congreso del Estado de México disponiendo que Múzquiz siguiera ostentando su cargo de jefe político, pero Manuel López Pedraza rechazó el gobierno que se le ofrecía, por lo que Múzquiz asumió el Poder Ejecutivo hasta el 6 de octubre de 1826.

Cuando Santa Anna se sublevó en 1832, exigiendo el regreso de Gómez Pedraza, el presidente Bustamante se hizo cargo del ejército y dejó el poder a Múzquiz del 14 de agosto al 24 de diciembre. Once meses más tarde, Gómez Pedraza asumió la Presidencia y Múzquiz se retiró de la vida política, aunque, en 1836, presidió el Supremo Poder Conservador, en el que participó de nuevo en 1840.

## NEGRETE, PEDRO CELESTINO

Nació en San Esteban de Carranza, Vizcaya, España, en 1777; falleció en Burdeos, Francia, en 1846. Fue seminarista en Vergara y guardia marina en El Ferrol, hasta que, en 1802, se dirigió a Nueva España, donde, como teniente de fragata, persiguió a los corsarios. En el año 1808, se produjo la rebelión de los comerciantes que obligó a Negrete a dejar el puerto, pero regresó a Veracruz en 1810 para formar parte del ejército realista de Nueva Galicia. Durante diez años combatió a los insurgentes en el occidente del país, pero el 2 de junio de 1821 se adhirió al Plan de Iguala, lo que supuso la independencia de Jalisco.

A comienzos de 1823 apoyó el Plan de Casa Mata que derrocó el Imperio de Iturbide y fue miembro, con Nicolás Bravo y Guadalupe Victoria, del triunvirato que asumió el Supremo Poder Ejecutivo del 31 de marzo al 10 de octubre de 1824.

En 1827, al creérsele implicado en la conspiración del padre Arenas, fue procesado a instancias del ministro de Guerra, Manuel Gómez Pedraza, y, hallado culpable, fue encarcelado en Acapulco y México. Una vez absuelto, el Congreso lo desterró a Francia donde murió.

## ORTIZ RUBIO, PASCUAL

Nació en Morelia, Estado de Michoacán, el 10 de marzo de 1877, y murió en Ciudad de México el día 4 de noviembre de 1963. Fue diputado en el Congreso de la Unión como miembro del grupo renovador. El 30 de abril de 1915 obtuvo el grado de general de brigada y, en 1917, asumió el gobierno de Michoacán. Al triunfar el movimiento de Agua Prieta, fue secretario de Comunicaciones y Obras Públicas. En diciembre de 1924, el presidente Calles lo nombró ministro en Alemania y, luego, embajador en Brasil (1926).

El 17 de noviembre de 1929 fue nombrado candidato a la Presidencia por el Partido Nacional Revolucionario, enfrentándose a José Vasconcelos. Tras haber vencido en las elecciones, tomó posesión el 5 de febrero de 1930 y aquel mismo día, al abandonar el Palacio Nacional, fue herido por disparos de pistola y se vio obligado a dejar el poder en manos de sus colaboradores durante 60 días. Ostentó el poder hasta el 4 de septiembre de 1932 cuando se vio obligado a renunciar por la oposición de ambas cámaras, de los gobernadores de los estados y del general Plutarco Elías Calles.

## PAREDES Y ARRILLAGA, MARIANO

Nació en Ciudad de México, en 1797, y murió en 1849, también en Ciudad de México. En 1812, ingresó en el ejército como cadete del Regimiento de Infantería de México. Tras participar en numerosas acciones militares y siendo mayor de la plaza de Puebla, se pronunció contra el Imperio en 1823; el 21 de diciembre de 1829, siendo jefe de armas en Guadalajara, apoyó el Plan de Jalapa. En 1832, ascendió a general de brigada y fue gobernador de Jalisco del 3 de noviembre de 1841 al 28 de enero de 1843.

Al estallar la guerra con Estados Unidos, se le confió la defensa del país pero, aduciendo falta de recursos financieros, se sublevó contra el presidente Herrera y, en lugar de combatir al enemigo, entró en la capital el día 2 de enero de 1846, siendo nombrado el mismo día presidente de la República por una junta de representantes que él mismo había nombrado. Creyó que la mejor defensa contra Estados Unidos era convertir al país en una monarquía regida por un soberano español. Pero eso provocó el pronunciamiento del Estado de Jalisco y Mariano Salas le arrebató el poder reimplantando el federalismo.

## PAVÓN, JOSÉ IGNACIO

Nació en Veracruz, en 1791 y falleció en Ciudad de México en 1866. Fue regidor honorario en 1818 y secretario de la Junta de Censura en 1820. Una vez consumada la independencia, ocupó varios cargos públicos. En 1851, fue nombrado ministro suplente de la Corte y ocupaba este cargo cuando asumió, del 13 al 15 de agosto de 1860, la Presidencia de la República, sólo para convocar la Junta de Representantes que eligió presidente al general Miguel Miramón.

## PEÑA Y PEÑA, MANUEL DE LA

Nació en Tacuba, D.F., en 1789, y murió en Ciudad de México en 1850. Estudió en el Seminario Conciliar y se licenció en jurisprudencia civil y eclesiástica. El 26 de diciembre de 1813 fue nombrado síndico del Ayuntamiento y el 23 de febrero de 1820 se le concedió una toga en la Audiencia territorial de Quito, pero no pudo asumirla al producirse la independencia de México. Como algunos oidores se negaran a jurar la separación de España, la Regencia dispuso entonces que Peña ocupara una de esas magistraturas el 4 de noviembre de 1821. Promulgada la Constitución Federal, fue nombrado magistrado de la Suprema Corte de Justicia el 25 de diciembre de 1824. El 22 de abril de 1837 asumió la cartera de Interior. En 1845, fue ministro de Relaciones Exteriores y Gobernación y, en 1847 con la entrada en la capital del ejército de Estados Unidos, asumió el gobierno por su condición de presidente de la Suprema Corte, concluyendo el Tratado de Guadalupe-Hidalgo que puso fin a la guerra.

## PORTES GIL, EMILIO

Nació en Ciudad Victoria, Estado de Tamaulipas, el 3 de octubre de 1890, y murió en México, D.F. el 10 de diciembre de 1978. Estudió Derecho y, tras ocupar varios cargos públicos, en 1925 fue gobernador constitucional de su estado natal. Del 28 de agosto al 30 de noviembre de 1928, desempeñó el cargo de secretario de Gobernación. El 17 de julio de aquel año fue asesinado el presidente electo Álvaro Obregón y

Portes Gil fue designado por el Congreso para asumir, provisionalmente, la magistratura cuando concluyera el período del presidente Calles. Se hizo cargo del poder el 30 de noviembre y, conociendo la brevedad de su interinato, afirmó que su objetivo más importante sería garantizar la limpieza de la siguiente elección presidencial.

Durante su mandato tuvo que enfrentarse a la *rebelión cristera* y a los escobaristas, y el conflicto religioso se encaminó hacia una transacción. Portes Gil entregó el poder el 5 de febrero de 1930 y fue, más tarde, secretario de Gobernación con el presidente Ortiz Rubio y primer representante de México ante la Liga de las Naciones (1931-1932).

## QUINTANAR, LUIS

Existen pocos datos biográficos de este hombre que vivió durante el primer tercio del siglo XIX y ocupó un lugar destacado en la obtención de la independencia mexicana. Junto al presidente Anastasio Bustamante, proclamó en Jalisco el régimen federal con la intención de facilitar el regreso de Iturbide. Cuando los cabecillas del pronunciamiento contra la Presidencia de Guerrero se hicieron dueños de la capital, el general Luis Quintanar fue nombrado para formar parte, con el general Lucas Alamán y con Pedro Vélez, entonces presidente de la Suprema Corte de Justicia, del triunvirato que el 23 de diciembre de 1829 se hizo cargo del Poder Ejecutivo.

## ROBLES PEZUELA, MIGUEL

Nació en Guanajuato, en 1817, y murió en San Andrés Chalchicomula el 23 de marzo de 1862. Cuando estalló la guerra contra Estados Unidos, era teniente coronel y fue ascendido muy pronto a coronel (1847) por su actuación en combate. En 1851, fue ministro de la Guerra, pero dimitió al año siguiente para hacer un viaje de estudios por Europa. En 1856, fue ministro de Relaciones Exteriores y de nuevo ministro de la Guerra durante la Presidencia de Zuloaga. En 1858, apoyó la sublevación del general Miguel María Echegaray, que terminó con la presidencia de Zuloaga, y fue nombrado presidente provisional el 30 de diciembre de 1859. El 21 de enero del año siguiente puso el poder en manos del general Salas que, a su vez, lo abandonó cuando fue elegido Miramón. Fue de nuevo ministro de la Guerra y, luego, se retiró a Guanajuato, pero volvió a Ciudad de México durante la intervención francesa, de la que era partidario. Descubierto por los republicanos, fue fusilado en San Andrés Chalchicomula.

## RODRÍGUEZ, ABELARDO

Nació en Guaymas, en el Estado de Sonora, el 12 de mayo de 1889, y murió en La Jolla, Estado de California, Estados Unidos, el 13 de febrero de 1967. Emigrado en su juventud a Estados Unidos, regresó a México en 1913, incorporándose con el grado de teniente al ejército constitucionalista.

El 21 de mayo de 1920 obtuvo el grado de general brigadier y, en 1923, fue nombrado gobernador del territorio de Baja California Norte. El 23 de diciembre de 1929 renunció a la gubernatura para estudiar en Europa y, a su regreso, fue nombrado subsecretario de Guerra. El 22 de enero de 1932 ocupó la Secretaría de Industria, Comercio y Trabajo. Aquel mismo año estalló la crisis política que obligó a Ortiz Rubio a renunciar a la Presidencia y el Congreso eligió por unanimidad a Abelardo Rodríguez como jefe del Poder Ejecutivo.

Durante su mandato se enfrentó al poder eclesiástico y expulsó del país al delegado apostólico de la Santa Sede. El 1º de diciembre de 1934 entregó el mando al presidente electo Lázaro Cárdenas.

## RUIZ CORTINES, ADOLFO

Nació en Veracruz, el 30 de diciembre de 1890, y falleció en la misma ciudad el 3 de diciembre de 1973. A los veintidós años, se instaló en Ciudad de México donde hizo amistad con el ingeniero Alfredo Robles Domínguez, uniéndose a él, para luchar contra el usurpador, cuando el presidente Madero fue asesinado, en febrero de 1913. En agosto de 1914, Robles Domínguez fue nombrado gobernador del Distrito Federal y Ruiz Cortines permaneció a su lado, para ayudarle en las labores administrativas, tarea que prosiguió más tarde junto al general Heriberto Jara. Al triunfar la revolución constitucionalista, ocupó varios cargos públicos y, en 1920, apoyó la sublevación de Agua Prieta. En 1944, Ruiz Cortines fue elegido gobernador de Veracruz hasta que, dos años más tarde, el 30 de junio de 1948 asumió el Ministerio de Gobernación, que abandonaría en 1951 para emprender su campaña a la Presidencia. Nombrado candidato del Partido Revolucionario Institucional, fue elegido y asumió la presidencia el 1º de diciembre de 1952. Durante su mandato, la mujer obtuvo, en 1953, su derecho a votar y ser votada. Tras haber agotado su presidencia, Ruiz Cortines se retiró a la vida privada.

## SALAS, MARIANO

Nació en 1797, en Ciudad de México, y allí murió en 1867. Eligiendo la carrera de las armas, en 1813, ingresó en el Regimiento de Infantes de Puebla, donde logró sus primeros ascensos luchando contra los insurgentes. En 1826, cuando se proclamó el Plan de Montaño, fue defensor del gobierno. En 1832, obtuvo el grado de teniente coronel y mandó una de las columnas que atacó el fuerte de El Álamo. El 15 de julio de 1840 se encargó de rechazar a los sublevados que pretendían tomar el Palacio Nacional y, en 1844, fue nombrado jefe de la plana mayor del ejército.

El 4 de agosto de 1846 lanzó su pronunciamiento desde la ciudadela de Ciudad de México y, arrebatando el poder al general Paredes, proclamó el restablecimiento del régimen federalista. Ostentó la Presidencia de la República desde el 5 de agosto al 23 de septiembre de este año, puso de nuevo en vigor la Constitución de 1824, convocó un nuevo Congreso y entregó el poder a Santa Anna. Del 21 de enero al 2 de febrero de 1859, a la espera de que regresara el general Miramón, estuvo encargado del Poder Ejecutivo. Entre 1863 y 1864 formó parte, con Almonte y el arzobispo Labastida, de la Regencia del Imperio Mexicano.

## SALINAS DE GORTARI, CARLOS

Nació en México, D.F., el 3 de abril de 1948. Obtuvo su licenciatura en Economía en 1969 y aquel mismo año inició sus actividades políticas en el Partido Revolucionario Institucional. En 1973, obtuvo la maestría en Administración Pública por la Universidad de Harvard y, en 1978, se doctoró en Economía Política y Gobierno por la misma universidad. De 1979 a 1981 fue director general de Política Económica y Social de la Secretaría de Programación y Presupuesto, y del 1 de diciembre de 1982 al 4 de octubre de 1987, secretario de Programación y Presupuesto.

El 4 de octubre de 1987, el Partido Revolucionario Institucional lo nombró su candidato a la Presidencia de la República para las elecciones que iban a celebrarse el 6 de julio de 1988. La Comisión Federal Electoral proclamó los resultados la noche del día 13 y Carlos Salinas de Gortari resultó elegido presidente con el 50'36% de los votos emitidos. Su labor de gobierno se centró en la modernización del país mediante la liberalización de la economía y la democratización de las instituciones políticas, introduciendo un nuevo estilo de liderazgo alejado del populismo y rompiendo con la confusión entre partido y gobierno, que había dominado la escena política en los últimos cincuenta años. La victoria en la lucha contra la inflación, la reducción del déficit público y el formidable crecimiento económico sentaron las bases para la firma en 1993 del Tratado de Libre Comercio (TLC) entre Canadá, Estados Unidos y México. Sin embargo, el levantamiento armado de los campesinos indígenas de Chiapas tras el Ejército Zapatista de Liberación y el asesinato del candidato del PRI, Luis Donaldo Colosio, a la Presidencia de la República, dejaron, en 1994, una estela de incertidumbre en el último tramo del mandato de Salinas.

## VÉLEZ, PEDRO

Nacido en Zacatecas, en 1787, falleció en Ciudad de México en 1848. En su profesión de abogado, presidió la Suprema Corte de Justicia y, cuando a causa del Plan de Jalapa fue depuesto el presidente José María Bocanegra que había sustituido a Vicente Guerrero, el 23 de diciembre de 1829, Pedro Vélez se hizo cargo de la Presidencia de la República, compartiendo el Poder Ejecutivo con Lucas Alamán y Luis Quintanar. El triunvirato ostentó el poder hasta el día 31 de diciembre y le sucedió el presidente Anastasio Bustamante.

## VICTORIA, GUADALUPE

Manuel Félix Fernández, conocido en la vida pública como Guadalupe Victoria, nació en Tamazula, en el Estado de Durango, en 1786 y falleció en Perote, Veracruz, en 1843. Incorporado a las fuerzas insurgentes, en 1814, por orden del Congreso de Chipalcingo, tomó el mando de la Revolución en Veracruz. Su propuesta de modificar el Plan de Iguala para que el gobierno fuera asumido por un antiguo insurgente y no por un príncipe extranjero le valió ser relegado, por lo que nunca manifestó adhesión al Imperio. Así, a la caída de Iturbide, se encargó del Poder Ejecutivo, del 31 de marzo de 1823 al 10 de octubre de 1824, formando triunvirato con Nicolás Bravo y Pedro Celestino Negrete.

Celebradas las elecciones de 1824, fue elegido el primer presidente de la historia de la República Mexicana y tomo posesión el 10 de octubre. Durante su mandato se decretó la abolición de la esclavitud y, terminado éste, Victoria se retiró a su hacienda de El Jobo.

## ZEDILLO PONCE DE LEÓN, ERNESTO

Nació en Ciudad de México el 27 de diciembre de 1951 en el seno de una familia humilde. Mediante becas cursó estudios en la Escuela Superior de Economía, el Instituto Politécnico Nacional y las universidades de Bradford (Gran Bretaña) y Colorado y Yale (Estados Unidos). En esta última, se doctoró con una tesis sobre la deuda externa mexicana. Afiliado al PRI en 1971, fue designado subsecretario de Control Presupuestario en 1987, defendiendo la aplicación de un riguroso plan para combatir la inflación. Nombrado secretario de Educación, abandonó este cargo en 1994 para dirigir la campaña del candidato presidencial del PRI, su amigo Luis Donaldo Colosio. Asesinado este último el 23 de marzo de 1994, fue nombrado nuevo candidato presidencial por la dirección del PRI, venciendo en los comicios del 21 de agosto de 1994.

## ZULOAGA, FÉLIX MARÍA

Nació en Álamos, Estado de Sonora, en 1813, y murió en Ciudad de México en 1898. En 1853 fue nombrado presidente del Consejo de Guerra de la plaza de México. Tras haber combatido a los conservadores, el 17 de diciembre de 1857 se pronunció contra la Constitución y el 22 de enero del 1858, tras el triunfó del Plan de Tacubaya, fue elegido presidente interino de la República, ostentando el cargo hasta febrero de 1859. Cuando se instauró el Imperio, intentó aliarse con los franceses y, al no lograrlo, se exilió en Cuba en 1865. Años más tarde, regresó a México y, desde entonces, consagró su vida al comercio de tabaco.

# ÍNDICES

# ÍNDICE

# ÍNDICE ONOMÁSTICO

*Las cifras arábigas en **negrita** indican las páginas correspondientes a la biografía de este personaje cuya semblanza aparece en la obra.*